# 中国世界古文化

刘丰 编著

时事出版社

# 前　言

在茫茫宇宙中，各类星球数以万亿计，地球只不过是其中很普通的一颗。但是，它也是最不平凡的一个，因为迄今为止只在这里发现了生命，产生了文明。

自生命出现的6亿年来，有难以计数的生物在地球上留下了自己的印记。然而，真正伟大的还是人类的出现，这可以说是自地球出现生命以来最重大的事件。因为不管是鱼类的产生、两栖动物的形成，还是恐龙的出现，地球上都从来没有出现过文明的亮光。只有人类的到来，才揭开了地球历史上文明的一页。

经过漫长的演化，地球上的一些早期文明开始形成，后来随着各地区文化的演变，逐渐形成四个文明古国：古代埃及、古代巴比伦、古代印度和古代中国。稍晚一些又有诸如古希腊文化和印第安文化等。这些辉煌的文化影响了一些文明程度相对较低的地区，又形成了其他众多的地区性文化。正是在这些各具特色的文化基础上，经过战争、外交、贸易等一系列的手段和渠道，才形成了今天多姿多彩的世界文明。

在今日世界上，每个地区或每个种族的人都有自身独特的文化，这些特点正是由其古代文化的遗留造成的。这些文化对他们有着巨大的影响，使他们的语言文化、风俗信仰乃至衣食住行等各个方面都迥异于其他地区。而且，这些文化也决定了身在其中的每个人的行为方式，因此也决定了某些地区或某个民族、国家的行为方式，影响着它的历史发展进程。

现在的世界其实和古代各类型的文化是有着非常紧密的联系的。今日世界的众多民族性、宗教性、地区性和国际性问题，也正是因为某些文化的遗留问题造成的。认识了古代世界的文化，我们也就了解了历史，认识了世界历史和文明的真正起源和发展之路，看到了人类从古到今的一步步艰辛历程；了解了古代文化，我们还能据此而推断某些地区政治经济形势的发展动向；认识古代世界的文化，也对各个国家和民族继承和发扬具有自身特色的文化有着非常重要的意义。

为了让更多的读者了解博大精深的中国世界古文化，了解中国和世界的经典文化，我们特地编撰了这套经典文化系列丛书，以飨读者。本书即是其中的重要组成部分，其全面介绍了中国和世界的所有古文化，带有发掘历史的意味。书中综合了古代中国和世界各个地区的种类繁多的各类型文化，就其历史起源、发展走向、文化特色、重大影响，以及当时人们的生活状况、人文风俗、语言特点、宗教信仰等展开论述。书中内容丰富而详细，考证科学而具体，论证严谨而明晰，人文气息浓郁。既是相关专家、学者研究世界各地古文化的重要参考图书，也是普通读者了解古代世界文化风情的休闲性知识读物。



由于编写时间仓促，加之编者水平有限，本书难免有错漏之处。在此希望广大读者朋友和专家批评指正，谢谢。

编者<br>2007 年 8 月

# 目录

# 第二部分　世界古文化

# 引子：世界古代文化的形成、发展与分布

要讨论世界古代文化的形成与分布，就不得不先从人类的起源说起。根据达尔文的进化论，人类是由远古类人猿进化来的。约在 200 万年前，这些类人猿开始学会打造石器，后来又渐渐学会了用火，这标志着人类的形成，由此人类文化的演进序幕也徐徐拉开。

那么人类最早出现在哪里？多数考古学家认为：人是由腊玛古猿进化而来的。这是一种生活在距今约 1400 万—800 万年之间的古猿。美国耶鲁大学研究生刘易斯是腊玛古猿的第一个发现者，他于 1934 年在印度的西瓦立克山区发现了这种古猿的骨骼化石。但其同类的化石在中国云南禄丰、开远等地，以及非洲和土耳其安那托利亚地区、匈牙利路达巴尼亚山区也有发现。腊玛古猿在人类祖先进化的历史中占有很重要的地位，是人类分化出来的第一阶段，恩格斯称它们为“正在形成的人”。而从腊玛古猿发现地的分布来看，亚洲、非洲、欧洲等地都有它的踪迹，这说明类人猿可能是遍布亚、欧大陆和非洲的许多地区。这种情况表明：人类最早诞生在亚洲、欧洲、非洲其中任何一个地区的可能都很大。而迄今为止，南北美洲和大洋洲地区还没有发现 10 万年以前的人类遗址，因为这几个地区的原始人类应该是从亚洲、欧洲、非洲地区迁徙过去的。

由人类的起源来看，人类文明的发展也经历了相当漫长的过程。自人类形成的 200 万年以来，旧石器时代占据了其中绝大部分时间；距今约一万年前，人类终于迈进了新石器时代。石器时代是以人类能使用石制工具、用具等为标志的文明阶段。旧石器时代是人类应用打制石器为主的粗

石器阶段；新石器时代是指人类应用磨制石器为主的细石器阶段，但两个阶段的过渡是渐进式的。

在新石器时代，人类已能烧制陶器。也许正因为经常烧制陶器，人类发现了铜，接着人类进入了铜石并用时代，这个时期最早发生在距今9000年左右。约在6000年前，人类进入了青铜时代，而在这之后的2000年间，世界上的青铜铸造文明把世界划分成几个重要的地区，这些地区最终成了人类古代文明形成的中心，即四大文明古国。

继青铜时代之后，人类迈入了铁器文明阶段。就世界范围而言，这一时代约开始于公元前1500年至前1000年。随着这一时代的推进，人类文化在各方面都开始丰富起来。1405年，郑和率领庞大船队开始了人类历史上首次大规模远航。几十年后，欧洲地区的大航海时代开始了。这标志着各大洲的人类不再偏安一隅，人类文明的全球化时代开始了。1769年，瓦特发明了蒸汽机，它的广泛使用引发了第一次工业革命。在此后短短的200多年内，人类又陆续经历了蒸汽时代、电力时代、石油时代、信息时代，而人类文明的脚步还在加速度地前进着……

但需要指出的是：并不是所有地区的人类都经历过这些文明阶段。古埃及人建造金字塔时，欧洲大部分地区还处于使用石器的蛮荒阶段；当欧洲开始工业革命时，美洲印第安人还在丛林之中过着原始的铜石并用的生活；当库克船长第一个来到澳洲大陆时，这里的人们还在像旧石器时代的人类一样到处游走；而直到今天，南美、东南亚和非洲一些地区的丛林部落，仍在过着刀耕火种的原始生活，他们的文明还处于未开化的阶段。

世界古文化的形成、发展与分布状况大致如此，但人类创造的古文化数不胜数，迄今发现的约有数万种，本书不能一一列出，只能精选各地区著名而富有特色的文化来加以介绍。这些文化见证了人类从远古一步步走来的艰辛历程，也显现了人类智慧的伟大、气势的磅礴，而其中的一些辉煌文化至今仍在熠熠生辉。下面就让我们跟随这些文明的光彩，一起走进历史，畅游在人类的远古时代中吧！

# 第一部分　中国古文化

# 一、华北地区

## 泥河湾文化——早期人类的发源地之一

（约公元前 200 万—约前 8000 年）

### 文化概况与影响

泥河湾文化是位于河北省张家口市阳原县桑干河畔的诸多古文化的总称，该遗址群包括了距今 200 万年至数千年间的整个石器时代的文化，是研究我国旧石器时代早期人类生活状况和第四纪地质学的圣地。

经过中外专家 80 年的考古发掘和研究，在桑干河畔东西长 82 公里、南北宽 27 公里的区域内，人们发现了含有早期人类文化遗存的遗址 80 多处，出土了数万件古人类化石、动物化石和各种石器，几乎记录了人类从旧石器时代至新石器时代发展演变的全部过程。

在我国目前已经发现的 25 处距今 100 万年以上的早期人类文化遗存中，泥河湾遗址群就占了 21 处。在这里，有距今 200 万年的马圈沟遗址、距今 136 万年的小长梁遗址、距今 110 万年的东谷坨遗址和飞梁遗址、距今 78 万年的马梁遗址、距今 10 多万年的摩天岭遗址、距今 10 万年的侯家窑遗址、距今 7 万年的板井子遗址、距今 3 万—4 万年的新庙庄遗址、距今 1 万多年的西白马营遗址，以及许家窑遗址、于家沟遗址、姜家梁遗址、马鞍山遗址等，这些都属于中国北方小石器文化传统。

泥河湾早期文化遗存的密度之高，年代之久远，不仅在国内绝无仅有，在世界上也极为罕见。在阳原县境内，仅登记在册的旧石器文化遗址就有 105 处，其中早期 26 处，中期 13 处，晚期 66 处，这还不包含有待确认和部分新发现的遗址。在国内，探索古人类起源科学价值较高的早更新世旧石器遗址共计发现 30 余处，其中泥河湾就有 26 处之多。

泥河湾也是世界上旧石器文化序列最为完整的地区，这说明泥河湾在探索古人类起源研究中的重要地位。它们构成的考古文化序列，勾画出泥河湾旧石器文化发展的脉络。这一文化序列突出的特性是：所有旧石器文化遗存都表现出了强烈的继承性和发展性，反映出一部一脉相承的厚重历史和文化传统，具有极强的文化连续性。直至旧石器时代晚期，即约距今 2 万年前后，才出现了以油房、二道梁遗址和籍箕滩、虎头梁遗址群为代表的细石器工艺技术，从而取代了粗石器文化阶段。

在泥河湾遗址群出土的古人类化石、动物化石、各种石器总计达到数万件。特别是 2001 年马圈沟遗址的发掘，首次发现了约 200 万年前人类用餐的遗迹。这是迄今为止我国发现的最早的人类起源地，在探索我国早期人类起源的研究上有了重大突破，使得世界上对人类起源地的已有观点发生了动摇，说明了人类的始祖不仅可能从东非的奥杜维峡谷中走来，也有可能从中国的泥河湾中走来。

泥河湾的考古发现，为中国旧石器时代考古区系类型学的研究和建立提供了坚实的依据，同时也为中国古人类文化找到了来龙去脉。早在 20 世纪 70 年代，考古学家贾兰坡先生首先提出在华北地区存在两个文化传统，即小石器传统和大石器传统。其中小石器传统起自中国猿人遗址，终止于峙峪遗址，这首次为中国猿人的发展去向找到了归处。

许家窑、侯家窑遗址的发现，被贾兰坡先生称为“北京人文化和峙峪文化之间的重要环节，也可以说是过渡的桥梁”。之后，早至 200 万年前的马圈沟遗址，晚到 1.8 万年前的西白马营遗址之间一系列的文化遗址，既对中国旧石器考古区系类型学进行了完善，也为中国古人类文化找到了来源和去向。

在研究人类从旧石器时代向新石器时代过渡进程中，泥河湾文化也起到过重要作用。几十年来，泥河湾以其独特的标准地层和它蕴含的古生物、古人类信息吸引着国内外众多科学家前来研究发掘。从 1990 年泥河湾被国务院批准为第一个中外合作考古项目以来，已经有美国、日本、韩国、俄罗斯等20多个国家和地区的500多名专家学者踏上这块古老的土地。泥河湾考古也不仅仅限于旧石器考古研究，还在岩石地层学、生物地层学、古动物学、古气候学、古环境学、磁性年代学等多学科研究上取得令人瞩目的成就。在学术界，专家们把泥河湾称为世界人类文化的宝库，是中国第四纪地质学、古人类学、旧石器考古学的圣地，这些构成了今天引起全世界关注的泥河湾文化。

中国著名第四纪地质学家刘东生院士称："泥河湾是中国乃至东亚人类活动的发源地之一。"美国著名考古人类学家鲍立克教授称："泥河湾是东亚乃至全世界人类活动最早的地区之一，我荣幸地祝贺在这里成功地找到了最古老的人类。"中外专家学者考古表明：泥河湾盆地很有可能是除非洲奥杜韦峡谷之外的另一个人类起源中心——东方远古人类从这里走来，因此泥河湾是中国的奥杜韦峡谷，是东亚地区的奥杜韦峡谷。

泥河湾向全世界展示出人类进化史研究的重要价值，它对于研究人类进化、探索中华民族起源、发展桑干河流域的现代经济文化，都具有重大历史意义和现实意义。20世纪末至21世纪初，泥河湾获得了许多荣誉。2000年，在中国考古学术界评选的"中国20世纪100项考古大发现"中，泥河湾遗址群的考古发掘研究被列为百项之首。1998年，泥河湾于家沟遗址的考古发掘被评为"全国十大考古新发现"。2001年，泥河湾遗址群被国务院公布为全国重点文物保护单位。2002年，泥河湾被批准为国家级自然保护区。泥河湾是中国河北省张家口市的历史文化遗产，也是世界乃至全人类的共同财富。

### 人文自然与生产生活

属于泥河湾文化的于家沟等遗址的发掘表明，泥河湾的制陶业出现在1.1万年以前，是中国北方最早的陶器。在制陶业出现前后，有可能出现了畜牧业。尽管没有在这里找到农业起源的直接证据，但泥河湾发达的细石器工业很可能参与了当地的农业革命。

马圈沟遗址是泥河湾最早的文化遗存，年代可能达到距今200万年。在第三文化层，揭露出一组古人类饮食活动遗迹，展现了远古时期古人类食一头草原猛犸象的历史画卷。在第二文化层，清理出一批清晰完整的大象足迹，可能是草原猛犸象留下的。

观察这里出土的石器，从选料、打片、加工和使用都具有了较高的思维和技术水平。依此可以判定，这些决不是泥河湾最早的石器，更加久远的人工制品还应该埋藏在更为古老的地层中。在泥河湾，低于马圈沟遗址的泥河湾层还很厚，这说明或许还有更早的文明等待我们去发现，并为进一步探索古人类及其文化起源与发展提供了物质基础。

许家窑人及其文化遗址的问世，揭开了泥河湾盆地旧石器文化研究的新篇章。1974 年，中国著名考古学家贾兰坡先生等在许家窑—侯家窑遗址进行大规模发掘，发现了距今 12.5 万年的 9 件古人类化石，还有万余件哺乳动物化石和大量旧石器，这对研究现代人的起源具有重要的价值，由此把在这里发现的古人类命名为“许家窑人”。1976 年，中国著名考古学家卫奇又在这里发掘出 17 件人类化石和古人类投掷石器。



许家窑文化和许家窑遗址的发现与研究，毫无疑问地被载入泥河湾盆地旧石器考古研究的史册。它的意义不仅在于找到了一处旧石器时代中期的文化遗存，发现了至今为数不多的晚期智人化石，更重要的是它证实了泥河湾的确包含着上更新世的地层。同时，在文化渊源探索中，它将早期中国猿人文化和晚期的峙峪文化连接起来，充当了过渡的桥梁。

小长梁遗址的发现与研究，可以看成泥河湾旧石器考古发展史上的里程碑。它是更新世时期生活在泥河湾湖滨岸人类活动的第一批考古证据。20 世纪 90 年代，中美考古专家在大田洼台地的官厅村西北的泥河湾地层中联合发掘出了大量三趾马等动物化石和人类化石，石制品也相当丰富。通过对上千个泥土样品的反复测定，确定年代为距今 136 万年，英国《自然》周刊、美国《科学》杂志对此都发表了研究报告和评论。小长梁遗址年代的科学确认，使得“亚洲没有人类文明”的论断不攻自破。

此外，虎头梁遗址不仅发掘出用于雕刻、砍砸、投射的各种石器，还有穿孔贝壳、石珠、鸵鸟蛋、扁珠等装饰品，表明一万年前这里已经发展到细石器文化，成为北太平洋地区马蹄形文化带在华北的代表。于家沟遗址发掘出了距今 150 万年连续的地质和文化剖面，除大批石制品、装饰品、动物遗骨，还有数件超过万年的陶片。马鞍山遗址发现一处一万多年前完好的灶坑和多处火塘。姜家梁遗址发掘出数十座公元前 5000—公元前 4000 年的墓葬，还有两座公元前 8000—公元前 7000 年的墓葬和房子等等。

# 西侯渡文化——火种的最早传播者

（约公元前 180 万年）

## 文化概况与影响

西侯渡文化是我国华北地区旧石器时代早期文化。该文化遗址位于山西省芮城县风陵渡镇西侯渡村“人疙瘩”北坡，在黄河左岸高出河面约 170 米的古老阶地上，是目前我国境内已知的最古老的旧石器时代遗址之一。

该遗址发现于 1959 年 10 月，著名考古学家贾兰坡和王建等都曾来到这里发掘。在厚约 50 米的红色土层之下的砂、砾石层中，人们发现了数十件石器和成批的动物化石，以及一些烧骨和带有切痕的鹿角石。1961 年和 1962 年，山西省文物工作委员会在这里先后进行了两次发掘，发现石制品等文化遗物和动物化石，其地质时代属早更新世，据古地磁初步测定为距今 180 万年。

西侯渡遗址的发现在世界考古界产生了很大的影响，该遗址发掘后，贾兰坡、王建编写了题为《西侯渡——山西更新世早期古文化遗址》的专刊报告。1985 年以来，先后有美国、前苏联、意大利、澳大利亚、日本、韩国等国家的专家学者前来参观考察。1988 年，国务院还将西侯渡文化遗址公布为全国重点文物保护单位。

经大规模挖掘和专家考证，西侯渡遗址地质时代被确认为属早更新世初期，它地层清楚、时代明确，第三纪和第四纪地层发育齐全，且保存完好。其顶部为晚更新统的黄土；其下为中更新统的红色土；红色土之下为早更新统的一套河流相堆积，称为西侯渡组。

从地质情况来看，西侯渡位于中条山西南端向黄河倾斜的黄土丘陵地带，附近新地质构造活跃，沟谷的切割密度和切割深度都比较大，但整个遗址的剖面很完整，时间上从 1000 多万年前的早更新世到现代的地层，在剖面上都可以看到。而且，属于早更新世的地层达 18 米，所有文化遗物和哺乳动物化石都集中在砂层中，但垂直幅度平均只有一米左右。从地层剖面上来看，西侯渡遗址的发现代替了20世纪20年代以来一直是我国北方地区早更新世地层代表的河北省阳原县泥河湾层，可谓意义巨大。

西侯渡文化是我国早期猿人进化阶段文化遗存的典型代表之一。180万年前，西侯渡人便在此采集、渔猎，开始了人类文化的漫长进程。这里是人类文明的重要起源，有着非常明确的象征意义。

## 出土遗物的文化价值

烧骨是西侯渡遗址文化层中发现的一种特殊的化石标本，其颜色有黑、灰和灰绿几种，大多是哺乳动物的肋骨、鹿角及马的牙齿。化验结果表明，其中大部分标本是用火烧过的。北京人用火是人们熟知的，但人类用火的历史并不是从北京人开始的。西侯渡这批烧骨材料的发现把人类用火的历史推到180万年前。目前，世界上其他国家还没有发现如此古老的烧骨。因此这里烧骨的发现，是目前中国最早的人类用火证据，同时也是世界最早的人类用火证据，因此考古界常称西侯渡人为“人类烹调之祖”。

在这里出土的动物化石中，有一个保存有带着两段鹿角的布氏真梳鹿的头骨化石，长80厘米。它左角靠近角节的主枝上有一个与主枝斜交的横断面呈V形的沟槽，深5厘米，其上具有明显的人为切割或砍斫的痕迹，右角也有刮削痕。另外还有一件具有类似人工刮削痕迹的鹿头盖骨。这两件标本表明，当时人类已会使用制作的石器做生活用具，并有可能已会制作骨器。

这里出土的石器数量不多，主要包括石核、石片和石器共32件。其原料绝大部分为石英岩，其次是脉石英和火山岩。石核有巨型石核、漏斗状石核、两极石核等。三棱大尖状器只有1件，系脱层采集品，由于附近未见其他文化层，所以判断它与发掘所得的石制品应出于同一地层。

这里的石器有用砾石和石片加工的。生产石片采用了锤击、砸击、碰砧三种方法。特点主要是用石片加工，在加工时以向器身单面加工为主，这同欧洲石核技术传统存在着根本差异。刮削器、砍斫器以石片加工为主。刮削器有直刃、圆刃和凹刃三类。砍斫器有单边和多边之分，其中一件多边砍斫器用大石片制成，在周边修整成4个刃口，为西侯渡文化中的典型器物。

以上这些都说明西侯渡人已开始用石片加工制造工具，这是世界上最早用石片加工技术的标志。尽管西侯渡石制品在打制技术上很原始，但从其选料准确、非单一的打片方法、小型漏斗状石核、有脊台面石片和纵背脊石片的存在以及石器类型多样化等方面，均可看出这些石制品是经历了漫长历史的产物，预示着在西侯渡文化之前，可能还有人类及文化在这一带存在过。

### 野生动物与自然环境

西侯渡文化的遗物埋藏在河流沉积的砂层中，说明当时人们是沿河岸地带活动的。这里发现的古脊椎动物化石计有25种，重要的有双叉麋鹿、晋南麋鹿、巨河狸、鲤鱼、布氏真梳鹿、粗面轴鹿、山西轴鹿、步氏羚羊、粗壮丽牛、古中国野牛、剑齿象、平额象、山西披毛犀、中国长鼻三趾马和三门马等，这些动物都属早更新世动物群，可能曾作为西侯渡人的狩猎对象而被猎捕烤熟食用。



由遗址中出土的鱼类和巨河狸来看，当时这里有较广的水域，而根据鲤鱼鳃盖骨判断，鲤鱼体长一般超过0.5米，表明这里的水域较深。当地的哺乳动物中绝大部分是生活在草原上，表明当时西侯渡一带为疏林草原环境。而绝大多数哺乳动物属暖温带以北的种类，则说明当时的气候可能比今天凉爽干燥，不但适合动物的生存，也很适合人类生活。

## 蓝田文化——亚洲直立人的最早见证

（约公元前100万—约前60万年）

### 文化概况与影响

蓝田文化是指在陕西省蓝田县陈家窝村和公王岭等地发现的古人类文化，这些古人类生活在距今100万年左右。公王岭位于陕西灞河左岸的最高地，陈家窝则处于灞河右岸。这里是一个古老的厚砾石层，堆积着厚约

30 米的棕红色砂质粘土，即地质学所称的“红色土”或“离石黄土”，属华北中更新世堆积层。在最上一层的红色土层中，古老而神秘的蓝田文化的印记就埋藏在其中。

1963 年，我国考古工作者分别在蓝田县的公王岭和陈家窝两地发现了古人类化石。其中发现于公王岭的化石有头盖骨、鼻骨、右上颌骨以及三颗臼齿，经确定，它们同属于一个成年人，可能是女性。她的头盖骨低平，额部明显倾斜，眉脊骨粗壮、骨壁厚，吻部向前突出，表现出较为原始的人类头部形态；脑容量较小，只有 780 毫升左右。据测定，其年代为距今 100 万年左右。陈家窝发现的化石则是下颌骨，属于一个老年女性，其年代为距今 60 万年左右。她们都属于旧石器时代早期人类，已成为直立人，这也是在亚洲北部发现的最古老的直立人，被称为“直立人蓝田亚种”，又称“蓝田人”。这个发现的意义十分重大，因为能直立行走是古猿进化为人的重要标志。因此，蓝田人的出现可以说是亚洲大陆上人类足迹的初现。

## 相伴而生的野生动物

考古学家黄万波是“蓝田人”的发现者之一，他认为“蓝田人”虽然在陕西蓝田发现，但其故乡却不在西安，而在秦岭以南。因为蓝田一带的地质构造主要是黄土，根本不适合原始人类居住。那时中国的气候特征是冰川间隔冰川，所以蓝田人应该是在某一个时期气候变暖后，从今天的三峡地区迁移过去的。佐证是：在发掘工作中他们找到的都是南方动物种群。

人们在公王岭的红色土中共发现了 42 种哺乳动物的化石，其中不但包括较多的华北中更新世常见种属，如中国缟鬣狗、李氏野猪、三门马和葛氏梅花鹿等，而且存在少量的第三纪残存种和第四纪早期典型种，如蓝田剑齿虎、中国奈王爪兽、更新世猎豹和短角丽牛等。这表明公王岭人类化石的时代比北京人要早，属中更新世早期的古人类。

在陈家窝一带，人们共发现哺乳动物的化石 14 种，其中多数曾在公王岭出现，但也有晚更新世的动物。许多学者认为，陈家窝的时代晚于公王岭，大致和北京人的时间相当；也有人认为其年代可能与公王岭相同。而用古地磁法测定的年代数据表明，公王岭所处地的时期早于陈家窝。

公王岭动物群最引人注目的地方是它具有强烈的南方色彩，如其中的大熊猫、东方剑齿象、华南巨貘、中国貘、毛冠鹿和秦岭苏门羚等，都是华南及南亚更新世动物群的主要成员。公王岭动物群中存在这么多南方森林性动物，一方面表明当时蓝田一带气候温暖、湿润，林木茂盛；另一方面也表明那时的秦岭不像今天这么高，还未成为妨碍南北动物迁移的地理屏障。

陈家窝则与公王岭不同，它缺少带有强烈南方色彩的哺乳动物，软体动物也基本上都是现代生活于华北的种类。有的学者认为，两个地点的直线距离只有22公里，动物群却存在如此大的差别，这一事实也反映了两者时代的不一致。

## 人文风俗与特色



在蓝田文化阶段，人们过着原始的采集和狩猎生活，但已会使用工具，主要是打制的粗石器。所用石器的石质主要是石英岩，加工方法为简单的锤击法，石片一般未经第二步加工即付诸使用。这些石器多发现在与猿人遗骸出土地相近的红土层中，共发掘出200余件，有刮削器、石片、大尖状器、大型砍砸器和石球等石器。尖状器形状和特征很像是人类早期使用的万能工具石斧。砍砸器是砍砸东西的用具，有大型盘状多边砍砸器、中小型交互打制的多边砍砸器和小型砍砸器等。刮削器有直刃、凸刃、凹刃和复刃四种形式，是用来剥取兽皮和刮削木棍的用具。由于其时代过于久远，在目前材料不足的情况下，一般暂时将它们都看作是蓝田人的文化遗物。除蓝田外，这种石器在丁村文化、合河文化、西侯渡文化等地也有发现。

蓝田人生活的地区气候温和湿润，他们以猎捕野外的动物、采集林间的干鲜野果为食。另外，在蓝田的这两处遗址还发现了灰烬和灰屑等，散布范围均不大，是他们用过火的痕迹，这说明蓝田人不仅会制造和使用石器，还会使用火。而会使用火是人类文明的重要象征，这表明蓝田人已经进入了人类的行列。

据科学测定，蓝田人的脑容量比北京猿人的要小，仅为780毫升，说明蓝田人更为原始。除蓝田人骨骼化石以及200余件石器外，这里还发现了蓝田剑齿象、大熊猫、小古熊、大角鹿、古野牛、丽牛、鬣狗、猎豹、巨貘、剑齿虎、李氏野猪、三门马、葛氏梅花鹿等中更新世的动物化石。

这些动物应该都是蓝田人的狩猎对象。

蓝田文化是世界上最古老的早期人类文化遗存之一，蓝田文化遗址也是为数不多的旧石器时代早期人类化石的发现地之一。公王岭古人类化石是亚洲北部迄今发现的最古老的直立人化石，连同陈家窝人及动物化石和石器等的发现，它们为研究古人类进化提供了宝贵的实物资料，可谓影响深远。现在，蓝田县的陈家窝村和公王岭已被列为全国重点文物保护对象。1979 年，国家在公王岭建立了蓝田猿人遗址保管所，并设立展室陈列文物，供科学研究和游人参观。



## 周口店文化——古人类化石的宝库

（约公元前 70 万—约前 1.6 万年）

### 文化概况与影响

周口店文化是指发现于北京市房山区周口店龙骨山的旧石器时代的人类文化，这是我国华北北部地区旧石器文化的代表。周口店文化遗址是闻名世界的古人类和古生物遗址，其范围较大，以龙骨山为中心，包括周口店周围的部分地区，南北长 3 公里，东西宽 1.5 公里，包括很多遗址地，各地点所包含的年代不一，有早有晚。早的距今约 70 万年左右，晚期的文化典型是山顶洞人遗址，其地质时代属晚更新世，距今约 1.8 万年左右。

20 世纪 20 年代，这里因出土了较为完整的北京猿人化石而闻名于世，尤其是 1929 年，这里发现了第一块北京人头盖骨，从而为北京人的存在提供了坚实的基础。这是古人类研究史上的里程碑事件，说明大约在 20 万—70 万年前，北京房山周口店地区就有人类劳动、生息了。

北京人居住在周口店龙骨山北坡的山洞中，这里遗留着他们的骸骨化石、使用过的工具和大批哺乳动物的化石。这是一座打开人类起源之谜的历史宝库。周口店遗址出土的古脊椎动物化石是非常丰富的，而且几乎各个地点都有出土，在周口店附近的一些山洞中也发现不少古脊椎动物化石。周口店遗址第一地点出土的动物化石最多，达 98 种，这些化石分别埋藏于猿人洞沉积物不同的层面中。猿人洞沉积物已发掘的部分共分13层，第11层以下化石很少，第10层和第11层发现有剑齿虎、豹子、猞猁、棕熊、洞熊、中国鬣狗、狼、中国貉、赤狐等食肉动物化石，这些都是出没于森林幽谷中的动物。此外还出土了大角肿骨鹿、葛氏斑鹿、李氏野猪等同样属森林动物的化石。猿人遗址出土的鸟类化石有1000件以上，分属于62种。

1973年，人们在龙骨山的东南角又发现一处古人类遗址，考古工作者在一个山洞里发现牙齿一颗，以及石器和大量动物化石。这颗牙为成年个体左上牙，因多食熟食，该牙比中国猿人牙小，但比山顶洞人牙大，牙根也长，科学家称他们为“新洞人”。新洞人是介于北京猿人和山顶洞人之间的古人，在体质特征等方面比北京人有了很大进步。经科学测定，他们生活在距今约10万年的旧石器时代中期。

到目前为止，这里出土的人类化石包括6件头盖骨、15件下颌骨、157枚牙齿及大量骨骼碎块，代表约40个北京猿人个体。为研究人类早期的生物学演化及早期文化的发展提供了实物依据。周口店文化遗址除出土了大量古人类化石外，还出土了丰富的哺乳动物化石。因此，这里不仅是举世闻名的人类化石宝库，而且是古人类学、考古学、古生物学、地层学、年代学、环境学等多学科的综合研究基地。周口店遗址的发现是古人类学研究史上划时代的事件，它确立了人类进化过程中猿人阶段的存在，并建立起环环相接的旧石器时代文化序列。

北京人化石和文化遗存在北京周口店的发现，以及其人骸骨化石个体数目之多、文化遗存之丰富、发掘记录之完整，在世界远古人类发展历史的研究上是绝无仅有的。这不仅是中国远古文化的瑰宝，也是世界文化遗产中的奇珍。1987年，该文化遗址被列入《世界遗产名录》。

## 以石器为代表的文化

北京猿人在周口店龙骨山的洞穴中生活了几十万年，他们使用的工具是很简陋的石头、兽骨以及鹿角、树枝等经过简单加工制出的器具。木器遇湿易朽很难保存，骨器和角器数量很少又难辨认，能够在数十万年的沧桑变化中保存下来的主要是石器。经过近半个世纪的发掘，北京猿人遗址中出土的石器约10万件。所以，北京猿人的文化以石器文化为代表。

根据洞穴沉积物发掘研究，北京猿人的石器文化发展可分为三个时期，即早期、中期和晚期。划分的主要依据是石器的形状和大小，以及所用石料的质地和制造技术。早期石器文化的特点是以大型和中型石器为主，石器长度一般在 70 毫米以上，约占总发掘量的 70%，主要采用的是碰砧法；中期石器明显变小，多数石器长度不足 40 毫米，制造方法主要是砸击法；晚期石器更小，石料质地以乳白色或半透明的石英石较多。

北京猿人使用的石器，大致可分为砍砸器、刮削器和尖状器三种。砍砸器又称砍斫器，其用途是用来砍伐木柴或狩猎，再就是用来砸击较大野兽的肢骨以使其断裂，食其骨髓或骨骼连接处的筋肉。砍砸器一般都是扁圆的鹅卵石，一面或两面打出刃口，有时因鹅卵石打出的石片边棱不适用，或因多次砍砸刃口变钝，只得用石锤砸击出新口。北京猿人遗址出土的砍砸器类的石器式样很多，但用途基本一致。

北京猿人使用的石锤都是结实的圆形或扁圆的鹅卵石。石锤大致分两种：一种是较长较圆，由于多次敲击一头崩掉了许多碎块；另一种是圆而厚的鹅卵石，由于用其砸击放在石砧上的石块，石砧和石锤的表面留下许多凹槽和疤痕。

北京猿人使用的刮削器，均由大小不同的石片制成。根据石片加工后刃口的形状可分为直刃、凸刃、凹刃、多边刃和盘形等。刮削器的用途较广，一般用来割兽皮、切兽肉、刮树皮。若划分得细一些，大型的凹刃刮削器适于刮削狩猎用的木棒，因凹形刃口和一般适于手握木棒的圆径相吻合。直刃和凸刃的刮削器则适于切割兽皮和兽肉。小型刮削器的用途说法不一，有人断定是生活用具，其用途相当于灵便的小刀。

遗址中发现的尖状器虽然不多，但因其制作精致，可以反映出北京猿人一定的石器制作技术水平。尖状器的制作比刮削器又进了一步，一般是先从石块上打下石片，再沿石片边缘把石块一头修制成尖状。尖状器虽然大小和厚薄不一，但制作程序和方法基本相同。而且北京猿人制造的尖状器，与世界同一时期其他地区出现的古人类制造的石器相比，算是最先进的。尖状器的用途，考古界至今还没有一致的看法。

北京猿人使用的石器，除了以上说的砍砸器、刮削器和尖状器外，还有少量的石锥和雕刻器。他们使用的石器虽然简单，但其制作也是有一定目的和程序的。

另外，骨器在北京猿人的生活中已很普遍。考古工作者在北京猿人洞穴堆积物中，发掘出不少破碎的兽骨。有许多鹿角分割成两段，斫痕清楚，显然是加工过的。截断的鹿角根粗壮而结实，可以当锤子用；截断的鹿角尖，据分析是做挖掘工具用的。

北京猿人在龙骨山一带的生活就是从一开始制造些简单的石器以及骨器，直到学会了用火并保存火种，一点点地使自己和动物区别开来成为能直立行走的人类的。

## 身体状况与特征

古人类学家按解剖学原理并参照猿类解剖学知识，不仅复原了北京猿人头骨，而且得出北京人的体态特征。北京猿人头骨的特征是前额低平，不像现代人那样凸起；眼眶上缘有两个互相连接的粗大眉骨，像房檐一样遮盖着两眼；脑壳很厚，大约比现代人要厚一倍；北京猿人的嘴巴特别向前伸；北京猿人还有宽的鼻骨和高的颧骨，颧骨又是朝前的，表明他们有宽的鼻子和低而扁平的面孔。



北京猿人的脑容量比现代人小，大约为 1088 毫升；牙齿则比现代人的牙齿粗壮得多，齿面的构造也比较复杂。北京猿人的肢骨相对地比头部进步，基本上已具有现代人的形状了。

人类学家根据牙齿和骨骼生长发育和变化的规律，推断出一件件牙齿和骨骼化石主人的死亡年龄。据对大约分属于 38 个猿人化石的统计，除了其中 16 人不能鉴定死亡年龄外，在其余 22 人中，大约有近 40%的人死亡时还不到 14 岁，有大约近 30%的人死于 15—50 岁，活到 50—60 岁的人少之又少。

## 自然环境与人文生活

古植物学家从北京猿人遗址堆积的泥土中采集样品，抽取植物孢子和花粉标本进行研究，得出的结论是：在北京猿人居住的几十万年间，这里的气候确曾有过一些波动，时冷时热，时燥时潮，但大体上还是温带气候，没有出现过热带或寒带的气候。这里的植被以温带的针叶和阔叶混交林为主，茂密的森林中常有剑齿虎、棕熊等大型动物出没。山前有广阔的湖泽，水中有鱼和甲介类生物。还有大片的草原，草原上有三门马、双角犀、鼠等动物。

北京猿人遗址出土的肿骨鹿化石超过2000头，葛氏斑鹿化石超过1000头，因此古生物学家断定，鹿肉可能是北京猿人的主要肉食品。此外，洞内还发现有许多鸟类化石。总的来说，北京人生活的初级阶段，以植物果实及根茎为食物；后来，采集之外又捕捉鱼类和贝类；等到学会用火及狩猎，动物性食物随之增多。食草类动物鹿、犀牛、羚羊、盘羊、三门马、象以及鸟类是主要肉食来源，他们偶尔也能捕食一些大型猛兽。从只吃植物到同时也吃肉，是由猿转变到人的重要的一步，具有决定性的意义。

火的使用是人类发展史上的一个里程碑。北京人已经使用了火，并学会了保存火种。在北京猿人居住的洞穴中，由上到下发现有四层面积较大而且较厚的灰烬层，说明当时的北京猿人过着群居的生活，无论是采集到的东西还是捕获到的动物，都是原始群中所有人共享。因为当时的生产力极为低下，离开了集体是无法生存的。

有学者认为北京猿人应该是有语言。其实，语言并非从北京猿人开始，或许语言的产生会更早些。恩格斯说："语言是从劳动中并和劳动一起产生出来的。"北京猿人的语言就是从彼此呼唤并借助手势发出的一个个音节开始的，尽管还不完善，但毕竟有了语言。也不要把北京猿人的语言看得过于简单，因为北京猿人离开最初制造工具的祖先已相当遥远。



## 大窑文化——远古文明的奇葩

（约公元前70万—约前8000年）

### 文化概况与影响

大窑文化是内蒙古自治区呼和浩特市东郊两处旧石器时代文化遗址的总称，位于内蒙古呼和浩特市东北33公里处，在保合少乡大窑村的南山上，1973年被发现并发掘。1979年，中国文化部把这一石器制造场所代表的文化命名为大窑文化。大窑文化的年代为距今70万年至1万年，分旧石器时代早期、中期、晚期三个阶段。该文化遗址海拔1420米，占地面积约两平方公里，是考古学家和文物工作队发现的旧石器时代早期的石器制造场。据说距今已有五六十万年之久，即相当于北京周口店中国猿人的时代。

长期以来，人们都认为人类发源于黄河流域，而北京周口店就是中华民族的摇篮。由于大窑文化的发现，证明了北方阴山之南也早有原始人活动，他们与北京周口店人共存。大窑遗址的发现，不仅为研究我国北方旧石器时代石器文化的分布和发展提供了极为重要的资料，也为研究我国文化发源提供了极为重要的科学论证资料，同时也将内蒙古的古人类活动年代从河套人为代表的旧石器时代晚期推溯到了旧石器时代早期，实现了质的突破。

大窑文化遗址它的面积之大，出土文物之多，场面之宏观是少见的。这一发现，对研究呼和浩特地区及祖国北疆古老经济、文化的发展以及研究民族起源都提供了新的史料和充分的证据，目前在世界上也是独此一处。



因此，大窑文化堪称远古文明的奇葩，它拉开了呼和浩特地区人类历史的帷幕，是中华民族远古文明的发祥地之一。自遗址发现以来，其重大的科学价值和学术地位一直受到国内外人士的瞩目。1980 年，内蒙古博物馆在大窑村建立了“大窑文物保护管理所”，对遗址进行保护和从事科研工作。1988 年，国务院将这里列为第三批全国重点文物保护单位。北京大学考古系将其选定为旧石器文化考古教学基地。

## 石器制造与生产生活

大窑文化遗址发现在由太古界花岗片麻岩和隧石构成的小山上，隧石质地坚韧，适于制造石器。山下有土坡，地层构造上为黄土，下为红土。经挖掘考证发现，远古人类曾长期在此开采石料和制造石器。特别是大窑村南山四道沟地点的发现，表明从几十万年前我们的祖先就生活在这块土地上，他们开采石料制造工具，使这里成为世界上已发现的面积最大的石器制造场。

在两平方公里的遗址上，古人打制的石器、半成品石器和石料遍地皆是。这里还发掘出了人股骨化石、动物化石、石器及石片等，经鉴定其年代约为旧石器时代初期至晚期，开始于约 50 万年之前，与北京周口店第一地点相当。因此说明内蒙古阴山地带远古人类活动有着悠久的历史。

大窑文化时期的石制品种类多样，有石核、石片，多种砍砸器和刮削器，其中龟背形刮削器独具特色，是该文化的典型石器。与人类同期的其他哺乳动物有：肿骨鹿、真马、啮齿动物、驼鸟、羚羊、原始牛、赤鹿、披毛犀、虎、古菱齿象等。

大窑文化遗址现有著名的景点“无字天书”，位于兔儿山四道沟遗址人工发掘的百米长廊中，高15米。它是一个完整的地层剖面，土质层次分明，虽然无字，但其中却鲜明地记载着大窑文化的历史年代，即记载着人类旧石器时代初期到新石器时代晚期、1万年前到50万年前的漫长岁月和地球所经历的千万年沧海桑田的变化，是一部令人难以读尽的历史巨著。

在“无字天书”景点下，还有古人烧火的灰烬遗迹，也有古人吃过的肿骨鹿和普氏羚羊残骨化石，人工打成的大量石器和半成品石器，其中以龟背形刮削器最富有特色，另外还有石渣等等遗迹到处可见。该景点不但能使慕名而来的游客大开眼界，更能让我们感受到远古人类在这里生产生活的场景。



## 丁村文化——在石头上建立起来的文化

（约公元前15万—约前10万年）

### 文化概况与影响

丁村文化是山西省中南部汾河流域的旧石器时代中期的文化遗存。丁村文化遗址在山西襄汾县丁村附近的汾河两岸，北起史村，南至柴庄，长约11公里，是1953年在修建临汾飞机场的挖砂工程中发现的。

考古工作者对丁村文化遗址先后进行过两次阶段性的调查发掘，发现了分属于旧石器时代早、中、晚三个时期的文化遗存20余处。从发掘的2000多件石器来看，丁村石器以石片石器为主，绝大部分是以角页岩为原料，经过摔砸、碰砧而成。石器的类型都比较规则，这表明其用途已有明显的分工。其中的三棱厚尖状石器是其突出的代表性器物。由于这里的石器有独特的文化特点，故将这类石器文化命名为“丁村文化”。



1954年9月，由著名考古学家贾兰坡带队的发掘队在北起史村（今襄汾县城）南至柴庄火车站，南北长 11 公里的范围内进行了 52 天调查发掘，在汾河东岸发现含有旧石器和动物化石的地点 11 处，并对 9 个地点进行了不同程度的发掘，共获得石制品 2005 件、大量哺乳动物化石和 3 枚“丁村人”牙齿化石。

丁村遗址是新中国成立以后，在周口店以外地区首次发现的、保存较为完好的、规模较大的、国内少有的旧石器时代文化遗址，是我国旧石器考古学史上的一个里程碑。它的发现使我国的旧石器考古工作由北京周口店转向了更为广阔的中华大地。丁村遗址发掘之后，山西成了中国旧石器考古工作最重要的地区。截至目前为止，山西境内发现的旧石器时代遗址和地点达 300 余处，这些都与丁村遗址的发掘分不开。1961 年，丁村遗址被国务院公布为首批全国重点文物保护单位。

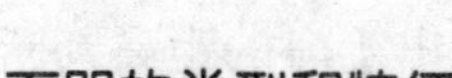

## 石器的类型和特征

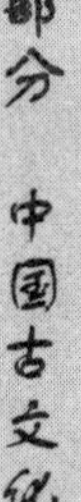


丁村遗址中发现的石制品绝大部分以角页岩为原料。据统计，1954 年调查发掘所获的 2005 件石制品中角页岩占了 94.7%，而燧石、石灰岩、绿色页岩、砂岩、石英和闪长岩所占比例甚小。角页岩是一种灰黑色变质岩，质地均匀，产于丁村以东 7 公里的低山基岩上。角页岩砾石在汾河东岸的各条冲沟中都可见到，在地层中也较常见，这为丁村人打制石器提供了优质丰富的原料。

丁村的石制品一般都较大，可分为石核、石片和石器三大类。这些石制品虽然都埋藏于汾河的砂砾层中，一部分石器还有被水冲磨的痕迹，但大部分还保留着较为锋利的棱角，这证明丁村人在附近就地取材制作石器。即使有的石器被河水搬运过，距离也不会太远。

丁村人首先从大石核上打下石片，然后再把大石片加工成各种各样的石器。丁村的石器类型有砍砸器、似“手斧”石器、石球、单边形器、多边形器、三棱大尖状器、鹤嘴形尖状器、小尖状器和刮削器。这些石头制品有的适用于砍伐树木，有的可做挖掘的工具。

在这些石器中，最为特殊的要数三棱大尖状器，由于首次发现于丁村，又称丁村尖状器。这类石器多数是用大厚石片加工而成，器身一端为截面呈等腰或等边三角形的三棱状器尖，另一端为厚钝的手握部分；器身的加工多由石片破裂面向背面修制而成。

这里还有一种较为特殊的石器——石球，也是最先在丁村遗址中发现，如今在华北地区的许多遗址中都能见到，说明它在旧石器时代是一种不可或缺的工具。丁村的石球一般在300—500克之间，最大的重1500克左右，最小的200克上下。与丁村遗址中的其他石球不同，这些石球大多数不用角页岩打制，而是用质地较软的石灰岩、闪长岩制成。可见这些石球不是用来砸击硬东西的，据研究：它们是一种打猎的武器，或是成对地用皮条链起来当作飞石索缠绕动物的四肢，或是单个投掷打击猎物。

## 人种特征与自然环境

在丁村文化遗址中，“丁村人”牙齿化石的发现是一件很有影响的考古事件。虽然只有3颗牙齿，但在当时是我国首次发现的早期智人化石。根据3颗牙齿的大小、形状、颜色、磨蚀程度以及出土时的距离判断，它们同属于一个十二三岁的儿童个体。齿冠和齿根的尺寸比北京人（中国猿人）的同型牙齿细小，下第二臼齿的嚼咬面的模式比现代人复杂得多，但在许多细节上与现代人接近，其特征介于北京人与现代人之间。两枚门齿与现代蒙古人种一样，舌面呈铲形，有明显的齿面隆突和指状突。

1976年，山西省文物部门又在丁村遗址中发现幼儿顶骨化石一块。其骨壁较薄，后缘和上缘骨缝的锯齿保存完好。颅内矢状窦沟和脑动脉沟都很明显。后上角有一天然缺刻，可能意味着此个体生前有印加骨，说明丁村人与北京人及蒙古人种的亲缘关系。据吴新智研究：新发现的幼儿顶骨化石与1954年发现的牙齿化石一样，其个体在人类发展史上属早期智人阶段。

从丁村文化遗址出土的石器类型来看，丁村人会熟练地运用这些工具进行生产，与石器同时发现的还有与丁村人同时生存的哺乳动物化石——梅氏犀、披毛犀、野马、纳马象、斑鹿、方氏鼠、原始牛等28种哺乳动物以及5种淡水鱼类、30多种软体动物的化石。

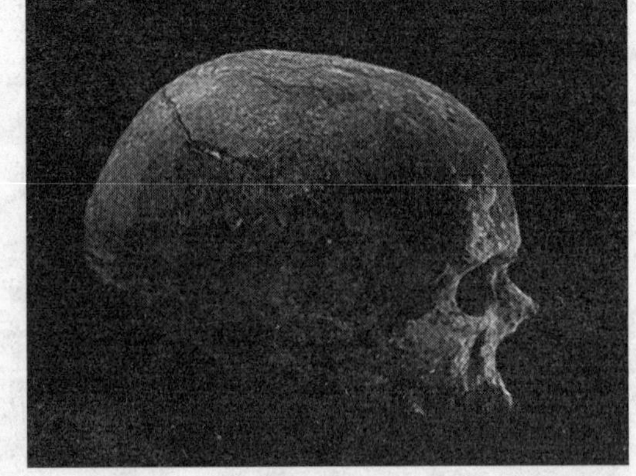

丁村人头骨

这说明在丁村人生存的时代，这里的自然环境十分优美，动植物丰富多样，当时丁村一带的河大且深，河水清澈可鉴。河湖沼泽里长满了香蒲、黑三棱、泽泻等水生植物，还生存有鲤鱼、青鱼、鲩鱼和鲶鱼等。水边大片的草地上有蒿、藜、野菊等旱生草本植物，在较高的东山坡上长有许多落叶阔叶树木，如栎、榆、桦、臭椿、木犀、鹅耳枥等。林中有野猪、熊、斑鹿、野牛、野马、野驴、披毛犀和象类等。

丁村人就在这样的环境下进行狩猎和采集活动。小伙子们用石球追猎大兽，老、少和妇女们用三棱大尖状器挖掘植物块根，其生活内容相当丰富多彩。



## 柿子滩文化——我国旧石器考古的重要发现

（约公元前 1.8 万—约前 5000 年）

### 文化概况与影响

柿子滩文化属于黄土高原上旧石器时代的文化。该文化位于黄河的支流清水河下游，隶属于山西省吉县东城乡西村，地处黄土高原的东部边缘，1980 年首次被发现。该遗址是中国目前距今 2 万—1 万年间现存面积最大、堆积最厚、内涵最丰富的一处原地埋藏遗址。柿子滩遗址群可能有 4 个时期古人类生活层面，而且保存得十分完好。

2000 年后，考古工作者发现了包括遗址中心区在内的 25 处旧石器和动物化石地点，并对其中 20 个地点进行了定量阶梯式发掘，基本搞清了遗址群内石器文化的分布范围、分布高度、分布密度、地质成因和遗址的埋藏性质。而且此次发掘的一个重要收获是发现了方圆 2 公里的古人类活动中心区域，并发现一处距今 2 万年左右的篝火遗迹。

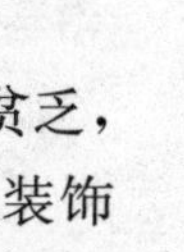


与欧洲相比，中国旧石器时代遗址出土的艺术品和装饰品十分贫乏，而此次挖掘发现了一些至少有 2 万年历史、制作精美的蚌贝类穿孔装饰品，是近年来中国旧石器考古较为重要的发现。

柿子滩遗址石制品组合特征，代表了旧石器末期分布于黄土高原和黄

河中游一种独特的区域文化。柿子滩课题的深入开展，对建立西部史前文化的时空构架，探索中国细石器文化的区系类型以及华北旧石器时代晚期向新石器时代早期过渡特点等都有着重要的学术意义。

## 生产生活和人文特色

柿子滩遗址的地层，自下而上由三迭系红色砂页岩、灰色砂岩、泥岩构成，厚 30 米。底砾层由角砾、砾石和粗砂混合堆积，成分为砂岩、页岩、泥岩和灰岩等，角砾长轴在 30—90 厘米之间，小砾石在 2—12 厘米之间，筛选与磨圆不好，顶面凹凸不平，层内产粗壮石器及动物化石、烧骨、烧石、灰烬等，厚 1.3—3.5 米；灰褐色粉砂土层土质松散，含砂量大，中夹小砾石与粗砂混合的透镜体，有少量石器及动物化石，厚 2.5 米；灰黄色土层质地较细，土质坚硬，含有细石器、石片石器及动物化石、灰烬、烧骨等，厚 5.5 米；黑垆土层颜色褐赭，下部逐渐变红，质地较硬，具垂直节理，白色钙丝发育，含大量细石器及石片石器，厚 1 米；耕土层土质松散，为现代耕作面，散见少量细石器，厚 0.4 米。

2000 年时，人们发现了距今 1 万—2 万年间三个层面的古人类活动遗址，发现一处比较完整的篝火遗迹；清理出 4 个用火遗迹、修整石器的工作区、2000 余件石制品、动物化石以及制作精美的蚌质穿孔装饰品。

从发掘的层面上，我们仍能看到具有一定分布规律的烧土、烧骨、碳灰、动物碎骨和石制品。初步考察这里可能是一处原地埋藏的古人类临时营地，这一发现对探索当时人类的生活方式和食物结构具有重要意义。

篝火形状为椭圆形，最大直径约 70 厘米，燃火于地面，周围用土块相绕，既可防止火蔓延，又能维持中心火温、保存火种。此次考古共发现 5 处用火遗迹。据了解，中国不少旧石器时代洞穴遗址都发现过用火遗迹，但旷野用火遗迹非常少见。

另外，在这里还发现了两处以赭红赤铁矿绘制的表现当时人们精神生活与信仰崇拜的岩画。这样的岩画没有任何的束缚和限制，只是一味地涂抹，看似稚气然而却形态生动，是人类最早的绘画遗迹之一。它反映了人类在物质生活中寄寓的精神追求，也说明正是劳动、生活创造了艺术，创造了世界。

由上述情况分析来看，柿子滩文化时期的先民可能是一个氏族集团，他们集中在一起，过着采集和渔猎生活，而且有了自己的精神文化。成批羊牙的发现，至少说明羊肉是他们的主要食物，而羊皮则是他们的衣服来源。他们的工具以打制石器为主，用间接打击法制作的典型细石器尤为盛行，仅有个别的磨制石器，陶器还没有产生。其文化时代不会早到旧石器时代，因为遗址没有发现磨光石器和陶片，也不会晚至新石器时代，而是在两者之间偏早一些，即中石器时代早一阶段。

## 东胡林文化——新石器文化的革命者

（约公元前8000—约前6000年）

### 文化概况与影响

东胡林文化遗址是新石器时代早期的人类文化遗址，为新石器时代早期文化类型，1966年被发现。该文化遗址位于北京市门头沟区军饷乡东胡林村西侧，地处永定河支流清水河北岸的二级阶地的马兰黄土上，高出河床29米。

在该文化遗址内出土的有人骨化石，经鉴定属两个成年男性和一个少年女性个体，在少女遗骸的颈部位置有用小螺壳串制的项链，腕部佩戴有牛肋骨制成的骨镯。因发现于东胡林村，被命名为“东胡林人”。这一发现表明，北京的先民已经离开山地的穴居，不再过着原始猎人的生活，而是定居下来营造房屋，从事农业生产了。他们能做较精致的装饰物，使用的工具也是磨光的石器。

更为重要的是，在此次遗址发掘中，还首次揭露了自更新世晚期以来的连续地层剖面，剖面中既有古代人类活动的文化堆积，又有自然形成的地层堆积，对于研究远古人类活动及华北地区环境变迁具有重要的意义。

东胡林文化遗址是北京地区继北京人和山顶洞人旧石器文化遗址之后的又一重要发现。据考古专家说：东胡林人遗址考古挖掘中发现了我国最早的新石器早期完整人类骨架，这么完整的墓葬在全国仅此一处。同时，还挖掘出一批新石器早期的陶器、石器、骨器、装饰品和烧火遗迹等重要文化遗存。此次发现找到了北京创造新石器文化的鼻祖，因而东胡林人被

称作是新石器文化的创造者、革命者，是新文化的迎接者。

很多考古专家一致认为东胡林文化遗址是十分难得的考古研究基地，对研究华北地区环境的变迁，我国早期农业、早期陶器的出现及其人地关系具有重要意义。该遗址的发掘为研究华北地区乃至整个中国新石器时代早期人类及其文化提供了十分重要的资料。东胡林遗址发现的烧火遗址等更早的人类遗存，将东胡林人的活动时间往前提了几百年到一千年。

东胡林文化遗址属新石器早期文化层，该文化为旧石器文化变革到新石器文化的最早记录。东胡林人是创造新石器文化的鼻祖，与其同时出土的有新石器、陶器、动物骨骸、火坑等重要文化遗物。如此完整的新石器早期文化堆积在我国实在罕见，它写下了我国华北新石器考古文化的第一章。



## 自然环境与人文特色

东胡林文化遗址选址很高明：在一个河岸高地上，坐北朝南，背山面水，东暖夏凉，而且少受西北风的侵袭。据考证：在“东胡林人”生活的时期，河道正经过阶地旁边，可以说遗址是傍水而建，但是由于几千年自然环境的变迁，河道变化很大，现在不但南移，而且地面也逐渐升高，所以目前看到的遗址位置要高出地面很多，落差已超过 25 米。有专家通过地层学和地质学的方法来对其分层鉴定，其中第五层即为最下层的“东胡林人”的活动层，为河漫滩活动层。

东胡林文化是最寒冷的末次冰川期之后转暖的冰期后时期的人类文化创造，研究它的古环境，可解开旧石器文化为何转变为新石器文化之谜。东胡林文化层部分被全新世早期约一米厚含湖沼沉积的冲积层所覆盖，是弥补我国距今 1 万年至 8000 年间全新世早期古环境认识不足的难得研究对象，也是解开东胡林人离去原因的难得研究对象。因此，东胡林遗址对新石器早期人类如何选择与适应生活环境以及古环境问题亦有不可替代的重要意义。

2005 年 10 月，人们在又一次的发掘中发现在半山坡的一棵椴树下还有首个曲肢葬，并有小型磨制石器、螺壳项链等随葬品，另外还发现了一个火塘和打制石器。此次发掘还首次发掘出了赤铁矿，专家们根据一个研磨盘上遗留的红色印记和磨痕，推测是东胡林人早期用来染衣服或者染身体的颜料，这也许与古人类对大自然的崇拜和祭祀有关。

另外，这里还出土有平底盂形陶器，它是现今从东胡林遗址所发现的第一件可以复原的陶器，陶器上端还印有精美的绳纹，底部可能是炭化了的食物。这是年代最早的陶器（约 1 万年），对东胡林文化以及农业植物的研究都很有帮助。

从出土的磨制石器、陶器、螺壳项链、火塘、赤铁矿等文物来看，东胡林人已经掌握了较复杂的工具制作技术，已有了审美意识，生产生活都迈开了文明的步伐。

## 北辛文化——彩陶文化的始祖

（约公元前 6400—约前 5300 年）

### 文化概况与影响

北辛文化是山东省枣庄、济宁等地区的新石器时代文化。北辛文化的主要遗址在滕州市官桥镇的北辛村北，位于薛河故道北岸突起的土岗上，东依龙山，三面被薛河环抱，地理位置很好。

该文化遗址发现于 1964 年春，由中国社会科学院考古研究所山东队同该县文化馆对本县境内进行考古调查时发现。1978 年秋和 1979 年春又对遗址进行了两次发掘，后不断有专家学者来此考察。

据测量，该遗址东西长约 500 米，南北宽约 100 米，面积 5 万平方米，堆积层厚达 1.5 米以上。发现的遗迹有窖穴和瓮棺葬，遗物有陶器、石器、骨、角、牙器等。

北辛文化遗址中发现的文物，最能反映该文化特点的是陶器，它们均为手制，有夹砂陶和泥质陶两种。纹饰有窄堆纹、蓖纹、划纹、压划纹等。窄堆纹以数条为一组，组成各种纹饰，颇有特色；蓖纹、划纹、压划纹也有一定的代表性。器形有鼎、釜、罐、钵、碗、盆、壶、支座等。遗址中还出土了使用单彩的“红顶碗”，这为其后我国东方原始文化中出现的彩陶找到了根源。

该文化出土的石器有打制和磨制两种，打制石器数量较少，有敲砸器、盘状器和斧、铲、刀等，制作虽较简单，但器形相当规整，已经定形。磨制石器有铲、刀、镰、磨盘、磨饼、磨棒、凿、匕首等。其中铲的

残片居多，在千件以上，呈长方形、长梯形、舌形等几种，器形较大，通体磨光，制作比较精制，有使用痕迹。磨盘呈三角形的为多，这里出土的矮足磨盘甚为罕见。

另外，这里出土的骨、角、牙器有镞、鱼镖、鹿角锄、凿、匕、梭形器、针、锥、笄等，都颇具特色。

北辛文化处于母系氏族社会趋向繁荣时期。在时间上与河南仰韶遗址、庙儿沟遗址，陕西半坡遗址、姜寨遗址相比较，北辛遗址比它们早1000余年。在山东地区，北辛文化相对年代也早于大汶口文化，因此它是山东大汶口文化发展的源头，它的发现与研究将山东、苏北、皖北地区的史前考古向前推进了一大步，具有重大的历史意义和重要的学术价值。

从出土的遗物和建筑遗迹看，北辛文化遗址曾是一个氏族部落的聚居地，具有独特的文化面貌和内涵，被视为目前我国东南沿海最早的文化遗址，为“东夷文化”及此后发展起来的“齐鲁文化”渊源的探究提供了十分可贵的科学资料。1991年，山东省政府公布其为“省级重点文物保护单位”，现为“全国重点文物保护单位”。

北辛文化出土的红陶钵



## 简易而实用的住所建筑

北辛文化中的居住建筑属庐居形，为单体房屋，从房屋的结构造形和营建技术分析，其建筑均为木骨泥墙锥形屋顶，平面呈椭圆形，每一居室面积约5平方米，为半地穴居式，地面以下部分穴坑深60—70厘米，坑底经过夯实，为保持穴坑干燥均经过了陶烧。沿坑穴周围发现有柱基，从残存的腐蚀质遗物分析确定为木柱，一般为6根，柱距约80厘米，柱子洞距穴坑边沿的长度一般为20—30厘米，柱的直径为20—30厘米，柱基深40厘米。柱洞从纵剖面看洞底呈弧状，据分析鉴定，底部的土层均曾用木棒或石棒砸捣夯实，夯土层上尚存有20厘米厚、经过夯捣的砂砾石基础；也有仅深20余厘米的柱坑，洞底只铺设一块约5厘米厚的石片；

还有的仅是夯实的土基柱洞。地面以上柱子高度约200—250厘米。

从发掘的红烧土块看，有两木棒垂直或斜交用草绳绑扎的痕迹。专家分析认为北辛人在周围柱子顶上，用草绳绑扎横木棒连接，而两柱间用树条编成笆里外糊泥形成墙壁。屋盖是用草绳绑扎在木柱上的斜木杆形成圆锥顶，上面树枝结扎糊泥，并用草盖上。房屋建造虽不太坚固，但能起到遮风避雨、防止野兽侵袭的作用。

居室门一般是南向，也有北向或斜向的。从门口进入室内，有的是二至三级阶梯式台阶，亦有外窄里宽的斜坡式台阶。门外均有曲尺形挡风墙，一般开口向东。据分析，这是在人类共同生产、共同消费的生活环境中，形成的由许多小屋环绕着中心一座公用大屋的格局。有些南向小屋亦可能是一对配偶的居住用房。

## 生产生活与人文特色

北辛遗址的堆积层厚达 1.5 米以上，反映了当时的居民在这里生活了相当长的时间。其社会经济以农业为主，这时期的原始农业已经进入锄耕阶段，遗址中出土了配套齐全的农耕工具和粟类颗粒。从翻地的石铲、鹿角锄，播种用的尖状角器，到收割用的蚌镰，脱粒用的石磨盘、石磨棒等一应俱全；储粮仓囤的形状一般为椭圆形，有的还存有碳化谷物，其径长 40—60 厘米，深度一般在 150 厘米上下，最深的一个不超过 200 厘米。这充分说明了农业生产是他们生活资料的主要来源，也是定居得以巩固的重要保障。

在农业生产之外，狩猎、捕鱼等采集经济也比较发达。手工业生产在这时也有了萌芽，出土的骨针、纺轮、陶器上的席纹等，说明以野生纤维和动物毛绒为原料的纺织、缝纫、编织已经出现。

北辛文化遗址中还发现了家猪型的头骨，这刷新了我国开始养猪的历史。在发掘出两具完整小猪骨骼的地方，有明显的圈养遗迹，似是利用自然坑洼地作为猪圈，因而平面形状不规则，但也进行过修葺，有放置工具的土台和供猪避雨的壁洞。猪圈的深度一般为 1 米多，最深的一处达 3 米，较浅的猪圈四周埋有木柱绑扎成的栅栏。为便于饲养，圈坑有加工过的供上下的坡道。

北辛文化的墓葬也很独特，在发掘的北辛一号房基偏西北方向，有一根柱子往里凹进，房外留出的空地为陶棺葬穴，坑穴为椭圆形，面积约

0.35 平方米，残存深度一般在 35 厘米上下。

火种已是原始人类赖以生存和发展的希望，在北辛文化时期，人们已能自由用火，其房屋中间均设有用石块堆砌成的火塘。火塘一般深 20 厘米以上，面积一般为 30—40 平方厘米，用于烘烤、烧煮食物和取暖。

# 后李文化——中国新石器文化的典型

（约公元前 6200—约前 5800 年）



## 文化概况与影响

后李文化是目前山东地区已知最早的新石器时代文化，首先发现于山东省淄博临淄地区齐陵镇后李官庄村西北 500 米处的台地上。该文化类型已发现的 8 处文化遗址均分布于泰沂山系北麓的前平原地带，分布范围东起淄河东岸，经邹平、章丘，西到济南市西部的长清，东西距离超过 150 公里。其距离和时代延续之长，内涵之丰富在全国都较为罕见。

其实后李文化遗址上不仅仅有后李文化，还有其他时代的文化，后李文化只是其中最早的文化遗存。后李文化遗址最突出的特点是文化层次多而丰富，文化堆积厚达 2—5 米，由上到下共分 12 层，包含了新石器文化遗存、“两周”（西周、东周）文化遗存和晚期文化遗存三大阶段。从新石器时代早期的遗物到清代的器皿，首尾跨越了 8000 年，这些人类生活的痕迹和佐证物经岁月的洗礼被层层叠压在这一方小小的土地上。

被考古界正式命名的“后李文化”是后李文化遗址上最特殊、最主要的新石器文化，分为后李一期文化和后李二期文化。发掘中不但出土了房址、灰坑、灰沟、墓葬、陶窑等遗迹，还出土了陶器、石器、骨器、角器和蚌器等遗物。经过发掘的后李、西河、小荆山三处遗址，均发现后李文化的聚落。

后李文化的后李官庄遗址出土遗物以陶器为主，另有少量石、骨、角、蚌器。在文化性质上应属于北辛文化的一个地方类型。新时期时代早期的遗址有房址、陶窑、灰坑、沟和墓葬等。



西河遗址坐落在泰沂山脉西段主峰泰山北侧的山前平原上，位于章丘市龙山镇村西北约200米处，东距著名的城子崖遗址约1600米，发现于1987年。西河遗址中的后李文化主要有房址、灰坑和灰沟等。出土遗物以陶器为主，还有少量石、骨器。

小荆山遗址位于章丘市刁镇茄庄村西南约500米处，南依长白山西端的小荆山而得名，发现于1991年春。遗迹主要有房址、灰坑和墓葬，难得的是发现了一处氏族墓地。出土遗物以陶器为主，并有相当数量的石、骨、角、牙、蚌器。

后李文化遗址发掘的真正意义不仅仅在于其文物所代表的文明程度，还在于它把整个山东地区的文化历史提前了一大步，并最终连成了一个完整的体系。长期以来，由于受资料、实物等诸多条件的限制，考古学者一直把北辛—大汶口文化视为山东地区最早的文化，但是，后李文化遗址的发掘，将山东文化的发源年代向前推进了1000多年，同时整个海岱地区史前文化的谱系脉络也从此清晰地显现了出来，即后李文化—北辛文化—大汶口文化—龙山文化—岳石文化。



## 文化典型——陶器和骨器

后李文化的典型代表是该时期的陶器和骨器，一期文化的陶器都是夹沙陶，陶胎的质地与当时地层土的成分极为相似，只有极个别掺蚌壳和掺云母的现象，说明当时制作陶器是就地取材；陶器的烧成火候较底，个别遇水即溃；陶色有红褐陶、红陶、灰褐陶和黑陶，红褐陶最多；陶器的纹饰简单，大部分仅见于器物的口部，种类有花边纹、附加泥条堆纹和少量绳纹；陶器的种类单调，主要为圜底器，平底器和圈底器极少；器形有釜、钵、盆、罐、碗、盂、小口壶、实心陶支脚等。

骨器有凿、匕等形状，其中的一件骨凿是将长骨劈开，两面略加修整，总体上呈长条状，横断面呈半圆形，长13.8厘米，宽2.5厘米。另一件骨匕，用肩胛骨打磨而成，柄与首的交接处的两侧有弧状突出，首端成匙状，通体光滑，残长12.5厘米，宽4.4厘米，厚0.2厘米。

## 生产生活及人文特色

后李文化的房址均为半地穴式建筑，呈不规则圆形，由门道、地穴、柱洞组成，平面形状多为圆角方形或长方形。灰坑主要有圆形和不规则形两大类，其中又有筒状和锅底状之分。陶窑仅在后李遗址发现一座，陶器的制作工艺比较原始，种类单调，造型简单。

这一时期农业不仅很发明，而且已经达到相当的水准。同时，渔猎和采集仍是不可缺少的经济活动，是重要的经济来源；家畜饲养业已经出现；各种原始手工业门类比较齐全；建筑技术比较进步。

后李文化的墓葬为土坑竖穴，墓口长 2.15 米，宽 0.65 米，深 1 米。有熟土二层台，没有发现葬具。为单人仰身直肢葬，头向东。随葬的两件陶鼎，置于脚端左侧的二层台上。20 世纪 80 年代末，后李文化遗址上的一座春秋时期大墓被发掘，里面埋藏着古车 10 辆、殉马 35 匹，是国内发现的同时期规模最大的殉车马坑，被评为 1990 年全国十大考古发现之一。依托这一考古成果在车马坑原址建立的临淄中国古车博物馆，将考古现场与文物陈列融为一炉，向世人展示了“轮运三代五霸盛世，辐集九州七雄精英”的东方古车文化内涵，已经成为文化旅游中一处古韵十足、光彩照人的新景点。

从总体上看，后李文化的生产力水平还比较低，创造财富也比较少，没有或很少有剩余财富。按世系划分的观点，后李文化无疑应属于母系氏族社会阶段。而在所有制形态上，这一时期则属于氏族所有的原始公有制阶段。

## 郭村文化——关中一带的文化常青树

（约公元前 6000—约公元前后）

郭村文化是陕西省关中平原一带从新石器时代延至汉时的一处时间较长的文化，距今 8000—2000 年，是关中地区的文化常青树。

郭村文化遗址位于陕西省乾县新阳乡郭村村北，东临漠谷河，西迄堰口村，北依善化寺村，面积广阔，总面积为 150 万平方米，文化层厚 1—2.5 米。

该文化遗存中有很多的灰坑，其灰层中包含着大量的残板瓦、筒瓦片、瓦当、方格纹砖等。其出土文物主要有：夹砂灰陶、褐陶绳纹鬲、泥质灰陶、轮制素面宽沿盆、小口罐、云纹瓦当、绳纹筒瓦、方格纹铺地砖、残铁刀柄、筒瓦残片等。2003 年 9 月，该文化遗址被陕西省政府公布为省级重点文物保护单位。

## 小客龙山文化——内涵丰富的文化

（约公元前 6000 年）

小客龙山文化是河北省石家庄市一带的新石器时代晚期文化，该文化遗址位于河北省正定县县城西北小客村正东，距县城 11 公里。遗址自小客村东面 250 米处开始，东西约 320 米，南北约 100 米，文化层深 50—100 厘米，总面积约 3.2 万平方米。遗址分布在一条南北水渠的两侧，由于这里是农田，长期耕作用土，地表已遭破坏。1982 年 7 月 23 日，河北省人民政府公布小客龙山文化遗址为重点文物保护单位。

小客龙山文化遗址内涵比较丰富，出土器物大部分属龙山文化时期，少数属商、周、战国时期。从遗址的断崖处可看到残留的红烧土和灰坑。从地表拣到的石器有石斧、石铲、石凿、石杆、石镰等。陶器有灰陶、磨光黑陶、红陶、加沙红陶等。灰陶数量最多，大部是瓮、罐、盆、尊、豆、鬲等器物的口沿和腹足。其纹饰有篮纹、蓖纹、绳纹、指甲纹、方格纹、同心圆纹、弦纹等。



## 磁山文化——以“世界之最”著称的文化

（约公元前 6000—约前 5600 年）

### 文化概况与影响

磁山文化是 1972 年发现的一处新的新石器时代文化遗存。该文化遗址位于河北省武安市西南 20 公里磁山村东南台地上，北靠红山，南临洺河，总面积 14 万平方米，现已列为全国重点文物保护单位。

磁山文化于 1976 年开始发掘，主要发现有房基、粮窖 400 多个，出土各种文物、遗物5000余件，出土遗物有陶器、石器、骨角器、蚌器、动物骨骸、植物标本等6000余种。遗物中以陶支架（座）和石磨盘最具特点。石器中有打制石器、打磨兼制石器和磨制石器三种，主要器形有石磨盘和石磨棒。陶器均为手工制作，用泥条盘筑法和捏塑法制成，以素面为主，主要器形有陶盂和陶支架（座）等。

此外，磁山文化遗址还出土了一批植物炭化物和动物骨骼标本，其中植物有粟、榛子、胡桃、小叶松等；动物有兽、鸟、龟、鱼、蚌5大类23种。这些文物证明：早在7300多年前，先民们已经居于半地穴式的房子之中，过着以原始农业为主、辅以渔猎、采集而定居的生活。

磁山文化的发现是中国半个世纪以来考古工作的重大突破，它把新石器仰韶文化考古年代上溯了1000多年，缩短了新、旧石器时代之间的一段距离，为研究原始社会提供了新的重要佐证，在国内外的考古界引起了巨大的轰动。它不仅从年代上突破了已知仰韶时期诸文化距今不超过7000年的大关，从文化面貌上跨出了所谓“彩色陶器”或黑、灰等“单色陶器”的界限，而且为新石器时代早期文化的起源、内涵、区系类型的研究及社会经济、文化艺术、宗教祭祀等领域的探索提供了新的资料。

## 水平较高的农业生产

磁山文化遗址出土有大量动植物标本和器物，为寻找中国农业、畜牧业、制陶业的文明起源，提供了可贵的线索。据专家考证，磁山文化遗址出土的文物中，有三项“世界之最”：一是粟的发现，证明我国黄河流域是世界上由人工培植粟类最早的地方；二是家鸡骨的发现，证明我国是世界上最早饲养家鸡的国家；三是出土的炭化核桃，纠正了核桃是汉代张骞从西域带入中原的说法，将中国产核桃的记载往前推了5000多年。

中国原始农业起源，至今仍是一个未解之谜，但磁山文化遗址中出土的粟、黍、核桃证明它绝不是由于外来的影响。至少粟、黍一类的耐旱作物，七八千年前已栽培于华北黄土地带，成为新石器时代有史记载以来的传统作物。磁山先民在长期采集活动中，将野生植物狗尾草驯化成栽培作物粟，他们将山林砍倒烧光，从“焚而不耕”的“火耕农业”阶段，进入“翻土耕种”的锄耕农业阶段。磁山文化向世人宣告，中国磁山才是粟的发源地。

这说明在7000多年前的磁山文化时期，生活在今河北武安市磁山村一带的人类已经结束了“逐水草而居”的游牧生活，开始了从事农业生产，并渐渐创造了比较发达的农业。他们还饲养家畜、家禽，过着定居的生活，这对研究中华民族起源与发展都是有力的依据。

从1976年到1986年，考古工作者曾对磁山文化遗址进行过三次正式发掘，他们发现了88个圆角长方形粮食窖穴，库存粟谷14万斤，这说明使用粮食窖是很普遍的，也可见当时农业相当发达，已达到连年有余的地步。

## 人文与科技成就

磁山文化出土有陶蓍草器和圭盘，有专家认为这可能是制订历法和二十四节气的东西。磁山文化同伏羲、女娲正好处于同一时期。圭盘和陶蓍草器同时在磁山文化遗址出土，说明伏羲时代的“作甲历、定四时”在磁山文化时期已初步形成，二十四节气由此而来，这说明磁山也是我国农业历法的最早发源地之一。



二十四节气告诉人们太阳在黄道上划分的二十四个具有季节意义的位置的日期，用以指导粮食作物的播种、种植和收获，几千年来它对我国农牧业发展起了重要作用。从这点上讲，磁山文化遗址出土的文物遗迹与伏羲文化也完全一致。

在发掘磁山文化遗址时，人们还发现了两座房基址，均为半地穴式房屋。在房基遗址器物中，有一烧土块，沾有清晰可辨的席纹，说明在7000年前这一带就已编制苇席，考古学家称此器物为全国之最。磁山与传说中女娲补天的凤凰山相距很近，这也为女娲为何“积芦灰以止淫水”（《淮南子·览冥训》）产生于此而作了注脚。

磁山文化石雕人头像

磁山文化出土的陶钵

# 北福地文化——制作面具的史前文化

（约公元前 6000—约前 5000 年）



## 文化概况与影响

北福地文化是河北易县一带属于新石器时代早期的文化遗存，其起始于距今约 8000 年左右。该文化遗址位于河北易县县城西南 12.5 公里易水河北岸的台地上，地处太行山东艇山丘陵地带，发现于 1985 年，总面积约 3 万平方米，文化层堆积厚 1 米。其年代与磁山文化、兴隆洼文化的年代大体相当（公元前 6000—前 5000 年），并在地域上填补了此两支文化之间的空白。但同时这里还发现有商周、战国、汉代、辽金等时代的文化遗存，地层堆积比较复杂。

北福地文化遗址有大量的房屋遗址、独特的陶器群、丰富多样的陶刻面具、陶玉石器堆积的祭祀场等，展示出距今约 7000—8000 年前风格鲜明的地域文化。根据地层关系，考古人员将北福地遗址分为两期。北福地一期是目前华北地区较早的早期新石器遗存，北福地二期遗存特征以釜、钵与支脚为典型陶器，有泥质陶器，属前仰韶时代遗存。该文化遗址是河北最重要的史前遗址之一，对研究北方地区史前文化具有特别重要的意义，并一直备受学术界关注。

北福地文化遗址正处在新石器时代中原、北方、山东三大文化区之间的夹缝交界地带，地理位置十分重要，是研究三者之间错综复杂关系的重要地域。此外，遗址属于史前村落遗址，是研究早期人类生存发展与环境之关系的较好个案标本。

## 精美的陶器与陶刻面具

这里出土的陶器群具有鲜明的特征。陶质均为夹云母陶，未见泥质陶。器表颜色以褐色为主，有灰褐、深褐、红褐、黑褐、深灰色等，颜色

北福地文化出土的人面雕刻

多不纯，常杂有灰色或黑色斑块。器表装饰主要是刻划或压印的几何形纹饰，种类有折线、斜线等，多饰于陶器口沿下一周。器形主要是盂与支脚两种，其中盂可分为大、中、小型，形制基本一致。支脚为倒靴形，陶质与纹饰同盂。盂是数量最多的器类，方唇，直口，直壁或斜直壁，平底，口径一般大于器物的高度，口沿下均饰有纹饰。

陶器群与基本同时代的冀南地区磁山文化有些相似之处，两者均以盂与支脚为典型陶器，但北福地陶器群更具有鲜明的自身特点：器类单调，主要是盂和支脚两种类型，并且盂也与磁山的差异较大；陶盂上所饰的纹饰主要为刻划和压印的几何形纹饰；不见流行于磁山遗址的绳纹和深腹罐、三足钵等器形。

在陶质器物中有大量陶刻面具作品的残片，其中完整和复原完整的面具有 10 余件。面具原料均取材于陶盂，面具边缘常见有切割修整痕迹。面具的形制有大小之分，大者与真人面部基本相同，小者 10 厘米左右。雕刻技法属平面浅浮雕，单面雕刻，具体技法为阳刻、阴刻、镂空相结合，表现形式为阴刻与阳刻线条、凹与凸块面浮雕、镂孔等几种形式交叉组合构成面孔。面具的边缘有小穿孔，应为系戴时穿绳之用。面具的内容主要为人面和兽面。其中人面又分为写实、抽象两种类型。兽面可观出种类者有猴面、猪面、猫科动物面等。陶刻面具的风格集写实性、象征性、装饰性于一体，为史前原始艺术的精品。

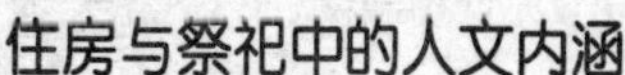

## 住房与祭祀中的人文内涵

2003—2004 年，河北省文物研究所又对这一遗址进行发掘，总发掘面积有 1200 多平方米，已探明的遗址面积约 3 万平方米，文化层堆积厚 0.5—1 米左右。其中发现了大量房址、灰坑，并且这里的祭祀场较多，已发现的祭祀场所面积有 90 多平方米，在其中出土了玉器、石器、陶器等共 90 余件祭品，特别是还发现了大量刻陶假面面具，是目前所见年代最早、保存最完整的史前面具作品，为研究原始宗教或巫术提供了重要新资料。

北福地一期发现的遗迹主要是灰坑和房址。房屋遗迹分布较为密集，在平面布局上具有一定规律，应属史前村落遗址。保存较完整的房址发现 10 座，形制均为半地穴式，平面形状分长方形、近方形和近圆形三种，室内地面中央存红烧土灶面，周围分布有柱洞。

这里还发现一座大房子，平面圆角近方形，南北长 390 厘米、东西宽 385 厘米、深 45—50 厘米，建筑形式为半地穴式，填土灰黑色，内含大量石块、石器及陶器残片。门道设在北部，长条形斜坡状，宽 90 厘米、坡残长 40 厘米。居住面为红褐色硬土，比较平整，中央位置设椭圆形红烧土灶面，长 78 厘米、宽 62 厘米，红烧土厚 5—7 厘米。居住面近四壁处发现柱洞 13 个，中央近灶面处发现 1 个，另在室外门道西侧发现柱洞 2 个。柱洞均为圆形竖穴状，底部有平底、尖底之分，口径一般在 16—20 厘米、深 20—30 厘米。房址中出土遗物非常丰富，包括天然石块、石料、各种类型的石制品、陶器残片、陶刻面具作品、胡桃等。

这次发现的一个大的祭祀场所位于遗址中房屋区的西侧，平面近长方形，东西长 10.8 米，南北宽 8.4 米，总面积约 90 余平方米。从保存较好的西北部观察，其构造应是直接挖建于生土之上，存深 20 余厘米。场内祭祀遗迹的构成内容主要是中小型盂、各种唐制石器、绿松石饰、玉器、小石雕、水晶等 90 多件物品的分组堆积，其中以中小型盂和各种不同类型的精制石器为主。小型盂中有些器形个体细小，实际上是陶杯。磨制石器中发现一件通体磨光的大型石耜，长达 46 厘米，可能是迄今为止所发现的形体最大者，制作非常精致。但玉器数量较少，仅发现两种器形。祭祀物品堆放的方式以平地铺排为主，辅以斜坡高低错落，但叠压现象少见。从平面上整体观察，祭祀物品群有几个集聚小群现象，似平分为若干个组合。

据专家们初步考察分析后认为，这个祭祀场所可能是举行祭天地、祈丰年的宗教仪式场所。在祭祀场内，人们还发现 90 多件非常精美的石器、陶器，还有小石雕，分组堆积。据此推测，这里的祭祀仪式可能是通过奉献祭品来完成。

总的来看，北福地文化所发现的房址、陶刻面具、祭祀场等重要遗存，是探索北方早期新石器文化发生及农业起源的重要线索，为研究早期人类的生产生活提供了新资料。

## 青莲岗文化——黄淮地区的新石器文化

（约公元前5400—约前4400年）

### 文化概况与影响

青莲岗文化是我国黄淮地区的新石器时代文化，主要分布在鲁中南和苏北地区。该文化的首次先现地青莲岗位于江苏省淮安市楚州区城东北35公里的宋集乡青莲村向北4公里处，临近黄河故道。

青莲岗文化遗址在沭阳万北、灌云大伊山、阜宁梨园、连云港二涧村、邳县大墩子均有发现，它是淮河下游新石器时代早期文化，社会发展处于母系氏族社会时期。青莲岗文化的出土器物有石器、陶器，还发现有红烧土建筑残迹、地面营建的房屋残迹及墓葬。

该遗址分布范围很广，西起宋集乡严码村，东至土城三棵松，约4平方公里。中心地带原来地势较高，又名东岗，面积7万平方米，后因历年挖黑土积肥，高墩变成黑土塘。1958年发掘时，在其南部和西北部开了四个探方，探明地面向下2米为洪水冲积的黄褐色淤土，再向下有2米左右的文化层。

青莲岗文化的发现使得东南沿海地区的原始文化同中原黄河流域的诸原始文化在地域上连成一片，形成了我国新石器时代文化的完整体系。遗址处现建有文保所和小型文物陈列室。1982年2月，青莲岗遗址被省政府调整公布为第一、二批省级文物保护单位。但因山东滕州北辛遗址的出土物比青莲岗遗址丰富和典型，故也有人主张将这一文化改称为北辛文化。

### 器物制作与生产生活

青莲岗文化的出土石器有穿孔石斧、石锛、石凿、砺石等。出土陶器种类不多，制作较为粗糙，常见器形有红陶钵、鼎、釜、双鼻小口罐，还有一定数量的深腹圜底罐、碗、支座、带流壶以及角状把陶器。这里的彩陶器制作比较发达，主要有水波纹和网纹，以及弧线纹和八卦纹、十字形纹等器具，上绘红、褐、紫等色，线条简练流畅，与其他新石器时代彩陶相比，风格迥然有别。

遗址发现两处红烧土堆积。每处厚约1米，面积5—10平方米。另有一处发现大块红烧土上留有芦苇杆粗细的凹槽，这是居住建筑的残迹，可以看出当时居住的墙壁是用植物杆涂泥经烤干后使用的，其质地坚硬，表面平整。

上述情况表明：青莲岗文化时期的居民主要从事农业，饲养猪、牛、鸡等家畜，辅以渔猎。生产工具有石斧、石锛、石凿、石铲和鹿角锄等。生活用具主要是陶器，种类有鼎、釜、甑等炊器及豆、碗、钵、杯等饮食器。



# 上宅文化——依河而生的文化

（约公元前5000—约公元1200年）

## 文化概况与影响

上宅文化是北京地区的以新石器时代为主的古文化，包括上宅遗址和北埝头遗址等。上宅文化遗址位于平谷县韩庄乡上宅村北200米处山坡台地上，北埝头文化遗址位于北京市平谷县大兴庄乡北埝头村西500米处。

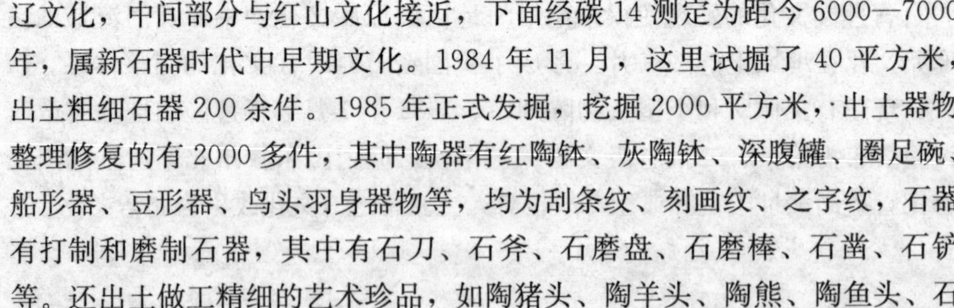

上宅文化遗址的文化层堆积深达4米多，共分8层，上面为商周至唐辽文化，中间部分与红山文化接近，下面经碳14测定为距今6000—7000年，属新石器时代中早期文化。1984年11月，这里试掘了40平方米，出土粗细石器200余件。1985年正式发掘，挖掘2000平方米，出土器物整理修复的有2000多件，其中陶器有红陶钵、灰陶钵、深腹罐、圈足碗、船形器、豆形器、鸟头羽身器物等，均为刮条纹、刻画纹、之字纹，石器有打制和磨制石器，其中有石刀、石斧、石磨盘、石磨棒、石凿、石铲等。还出土做工精细的艺术珍品，如陶猪头、陶羊头、陶熊、陶鱼头、石网坠、耳珰、刮削器、石猴、异形器等。

北埝头遗址面积约5000平方米。该遗址北部为古河床，距遗址台地顶部6—7米，北400米处为错河河道。该遗址的年代经碳14测定距今也为6000—7000年。1984年4月，考古工作者对遗址被蚕食破坏部分（约60平方米）进行清理发掘，发现8处人类居住遗址，其中有石垒灶坑，坑旁有人类存留火种用的深腹罐，里面积满木炭。还出土陶器13件，有红陶钵、灰陶钵、圈足碗、陶磨盘、鸟头羽身器等，均为刮条或之字纹；出土石器有打制石器、盘状器、石刀、石斧、石磨盘、棒、异形器等25件。这一发现填补了北京地区新石器时代人类发展史的空白。

人类在新石器时代的活动在北京地区留下了众多的遗迹，最具有代表性的就是上宅文化，它是北京地区迄今发现的最早的原始农业萌芽状态中的新石器时代文化，它与周口店龙骨山的北京猿人遗址共同生动地再现了首都北京灿烂的远古文化，而且它也是继河南仰韶文化、龙山文化，甘肃马家窑文化，山东大汶口文化之后的又一处重要远古遗迹。



### 器物制作与人文状况

上宅文化的生产工具主要是打制、琢制、磨制的大型石器和一些细石器，如斧、铲、磨盘、磨棒、盘状器、砧石、石球、网坠、柳叶形石刀、复合刃器、镞、尖状器等。生活用具主要是陶器，有深腹罐、圈足钵、碗、盆、盂和鸟首形镂孔器等。另外还出土有反映上宅人文化生活的艺术品如石雕小动物，陶塑猪头、羊头和耳珰形器等装饰品。其中鸟首形陶柱的发现，表明上宅人已有了“图腾崇拜”的祭祀活动。

上宅文化出土的生产工具、房屋和其他场所遗址表明当时的人类生产生活状态已有了很大改善，同时也标志着生活在北京地区的远古人类摆脱了居于洞穴，靠狩猎、采集觅食的单一的生活方式，开始进入农业社会。

## 仰韶文化——彩陶文化的代表

（约公元前4950—约前2950年）

### 文化概况与影响

仰韶文化是黄河流域古文化的典型代表，因1921年发现于河南三门峡市渑池县仰韶村而得名。仰韶文化属于新石器时代晚期文化，处于母系氏族向父系氏族过渡的社会阶段。仰韶文化遗址的东西南三面为饮牛河环绕，北依韶山，遗址面积 30 万平方米，文化层厚达 4 米，自下而上依次是：仰韶文化中期—仰韶文化晚期—龙山文化早期—龙山文化中期。

上述是纯粹意义上的仰韶文化。在概念上，仰韶文化又包含有众多的文化遗址；在范围上，它以黄河中游为中心，南达湖北，北抵内蒙。曾经发掘过的仰韶文化遗址有安阳后冈、同乐寨、侯家庄、高井台子，浚县刘庄、大赉店、巩县塌坡、赵沟、马峪沟、广武陈沟、青苔等。半坡文化遗址也属于仰韶文化的一处，这些遗址大都分布在黄河流域。

通过对这些遗址的发掘，人们基本弄清了仰韶文化的内涵，发现了仰韶和龙山两个考古文化、四个不同发展阶段的地层叠压关系。仰韶村第一期文化，属于仰韶文化的庙底沟类型；第二期文化属于豫西、晋南和关中东部地区仰韶文化的晚期遗存；第三期文化属于河南龙山文化的庙底沟类型；第四期文化属于河南龙山文化的三里桥类型。



经过考古工作者 80 余年的不断努力和艰苦细致的工作，仰韶文化的分布范围也基本搞清。其主要分布于黄河中下游一带，以陕西渭河流域、山西西南和河南西部的狭长地带为中心，东至河北中部，南达汉水中上游，西及甘肃洮河流域，北抵内蒙古河套地区。截止 2000 年底，全国发现的仰韶文化遗址共有 5000 余处，其中河南约 1000 处（三门峡市约有 200 处，占全省总数的 1/5）。另外，陕西有 2000 处以上。通过对以上遗址的调查和发掘，人们获得了大批新资料，发现了众多村落遗址和墓地，挖出了大批房基、窖穴、灰坑、陶窑和墓葬遗迹以及大量石器、骨器、陶器等遗物。

仰韶文化遗址从发现至今，共经过三次有计划的发掘。其主要出土器物有石器、骨器、陶器、蚌器。1921 年 10 月由安特生和中国学者袁复礼等 5 位工作人员对仰韶村遗址进行了第一次发掘。此次发掘共开挖发掘点 17 处，获得了丰富的文物资料，证实了中国在阶级社会之前存在过较为发达的新石器时代。仰韶文化的发现宣布了“中国无石器时代文化”论调的彻底破产，成为中国新石器时代考古篇章中第一个被正式命名的远古文化体系。为后来发现并被命名的其他新石器时代文化奠定了规范化基础。从此揭开了中国现代考古学史上的新纪元。



仰韶文化遗址给我国历史和科技人员研究人类发展史提供了丰富的实

物资料，对世界考古史的研究也作出了重要的贡献，因而仰韶文化遗址被中外考古界誉为“文化圣地”。1961年3月国务院将仰韶文化遗址定为国家重点文物保护单位。1994年，中国历史博物馆组织中国和美、英、日等国的考古专家进行国际田野文物考察，在仰韶村附近的班村，发现了大量珍贵文物，其中最有价值的是数十斤5000年前的小米，这证明中国农业发展具有悠久的历史。

## 典型的彩陶文化

仰韶文化以彩绘陶器为特征，所以有时人们称它为彩陶文化。因为这一文化现象首先在仰韶村发现，故将具有这一特征的文化现象命名为“仰韶文化”。

仰韶文化以橙红色或棕红色绘有深红或黑色花纹的陶器最引人注目。当时人们的生活用具几乎均为陶质，有鼎、罐、碗、盆、钵、杯、瓮、缸等。各种水器，如甑、灶、鼎、碗、杯、盆、罐、瓮等，日用陶器以细泥红陶和夹砂红褐陶为主，主要呈红色，多用手制法，用泥条盘成器形，然后将器壁拍平制造。红陶器上常有彩绘的几何形图案或动物形花纹，是仰韶文化的最明显特征。

特别引人注目的是陶器上精美的装饰图案，其纹饰有宽带纹、网纹、花瓣纹、鱼纹、弦纹和几何图形纹等。这些纹饰充分反映了古代劳动人民的聪明智慧和对生活美的追求。



## 布局整齐的村落和墓葬

仰韶文化遗址中出现了布局整齐的村落和墓葬群，说明当时人们的生活状况已相当稳定。仰韶房屋的建筑结构有半地穴式和地面建筑两种，房屋的形状有圆形和方形，有单间也有多间。墙壁和室内地面结构也有所不同。具体来说，早期多系地穴式，圆形单间，晚期多为地面建筑，方形、多间房略多。墙壁有用草拌泥垒筑，也有采用木骨泥墙。木骨泥墙结构是在房间周围竖埋一排圆木，再用横木把竖排圆木捆扎连接，内外铺上一层苇草，上面敷上厚实的草拌泥，然后用火燃烧而成。经过火烧的墙壁，既结实坚固，又可防潮湿。一般房间地面有的用石块铺成，有的用草拌泥铺抹，室内一般都设有用于炊事或取暖的火灶。多间房内有的用草拌泥或木骨泥墙间隔，有的则用木板分隔。各地发掘的仰韶房屋，建筑结构和形式大同小异，建筑技术的进程和发展则比较接近。

调查和发掘的仰韶村落遗址面积规模不一，大的面积有几十万平方米乃至百万平方米以上，小的面积也有几万平方米。规模较大的村落遗址，发掘出数量较多、分布密集的房基、窑穴、灰坑和较多陶窑遗迹；规模较小的遗址，发掘出的房基、窑穴、灰坑和陶窑的数量也较少。大的村落有一定的布局，其共性是：村落有居住区、窑场、墓地之分，居住区外都有大围沟，房子的布局均以大型房子为中心，周围分布中小房子。但这类村落遗址发现不多，更多的是没有一定布局的村落。因此，它与各地仰韶村落相比又有其特殊性。它们的发现有其重要意义，它代表了仰韶文化早期原始村落结构，对研究中国早期农业村落的形成和发展很有价值。

仰韶文化早期盛行集体合葬和同性合葬，几百人埋在一个公共墓地，排列有序。各墓规模和随葬品差别很小，但女子随葬品略多于男子。墓葬的发掘资料也很丰富。从现存资料看，仰韶时期埋葬死者有公共墓地，埋葬方式则因时因地略有差异。墓地的规模有大有小，墓穴的分布早期和晚期有所不同。早期墓的墓穴横竖排列，井然有序；晚期墓的墓穴分布则没有一定的规律，比较散乱。墓葬的葬式，早晚时期也有变化。墓葬的随葬品，早晚期也有所不同。早期墓有的有随葬品，多数墓没有。随葬品种类各地情况有所不同，汝州洪山庙遗址墓葬中出土的陶缸和盖上绘有大量记事性图案，包括人、龟、鸟、蜥蜴、鹿以及它们的塑像，这是研究中国远古神话起源的珍贵资料。

## 生产生活的状况与水平

仰韶文化时期人类的生产方式以农耕为主，出现了较发达的农业，这是仰韶文化时期最主要的生产部门和生活来源，并且仰韶文化实际上也是黄河流域比较发达的原始农业文化，主要作物为粟和黍，用于农耕的石器有斧、铲、凿、锛等工具。

各地的仰韶遗址，毫无例外地包含着典型的农业文化因素。村落遗址是农业生活的定居点，各遗址也都出土有石斧、石铲、骨铲、石刀、石磨盘等农业劳动工具与粮食加工工具，并有大量与农业生活相关的陶器与窖穴，不少遗址还出土有已碳化的粟的遗迹。这些情况表明仰韶时期的人类已经过着比较稳定的定居生活，农业耕作已进入锄耕阶段，生产力和生产水平都有一定的提高。

在进行农业生产的基础上，人们还从事一定的渔猎生产。各地的仰韶遗址，都出土了一定数量的渔猎工具，其中有骨鱼镖、鱼叉、鱼钩、网坠等，用于狩猎的则有石镞、弹丸、石饼等；有的遗址中渔猎经济因素还很突出，发现的野生动物遗骨，种类和数量也较多。

畜牧业在仰韶文化时期也开始出现，人们养的牲畜主要有猪和狗，因为各地的仰韶遗址都不同程度地出土有狗和猪的遗骨，但羊骨发现较少。

仰韶时期的手工业也占有重要位置。各地仰韶遗址都出土有手工业劳动工具，数量较多的有石锛、石凿、骨凿、骨针、纺轮、陶拍、陶锉等。在仰韶陶器上还发现有布纹、编织纹。由此表明，木作、纺织、制陶、制骨、制皮、编织等已成为仰韶时期的重要生产活动。从各地出土的手工业工具种类和技术水平来看，当时手工业生产发展的进程和技术水平，大体上是接近的，如制陶技术，早期为手制，后采取慢轮加工，中期以后出现轮制陶器。



综上所述，仰韶文化的基本面貌是原始农业已获得一定的发展，并成为当时的重要经济生产部门和生活来源，渔猎和采集已是一种辅助性的生产活动。由于农业的发展，人们已经过着稳定的定居生活，农业村落普遍建立并有所发展。由于农业的发展也推动着畜牧业和手工业的兴起和发展，社会经济出现了早期的繁荣，精神文明得到了一定的提高，社会财富也得到了一定的积累。从埋葬制度的变化来看，当时的氏族制度，也开始发生变革。人类社会的历史，又开始进入一个新时代。

在仰韶文化早期，人们的生产工具以较发达的磨制石器为主，常见的有刀、斧、锛、凿、箭头、纺织用的石纺轮等。另外，其制作的骨器也相当精致。在出土的仰韶文化遗物中，最丰富的是劳动生产工具、生活用具和装饰品。此外还有家畜及野生动物的遗骨等。从这些遗物中，我们也可以看出仰韶时期的经济生产，包含有农业、渔猎、采集、畜牧及手工业等几种成分。

# 半坡文化——中华文明曙光的初现

（约公元前4800—约前4300年）

## 文化概况与影响

半坡文化是指发现于黄河中游的原始文化，它是我国关中地区仰韶文化的代表。半坡文化遗址位于陕西省西安市以东，是一个典型的母系氏族公社村落遗址。这类遗址仅在黄河流域的关中地区就发现了400多处，正因这些文化遗存的发现，黄河流域才有了“中国古文化发源地”的美称。因此，半坡文化时期的到来，也正是中华文明曙光的初现。

半坡文化是我国最重要的历史文化遗存之一，它向人们展示了6000多年前母系氏族社会中人类的生产、生活等场面的遗迹。在这些古老历史遗迹的背后还有着丰富的文化内涵，像当时的婚俗文化、民俗文化、葬俗文化、社会关系等都是人们感兴趣的问题。通过这些珍贵的历史遗迹，人们领略到了当时人类的社会风情，使单调的远古遗迹活现在人们的面前，为人们提供了更多历史知识和生活情趣。

1953年，人们在建设灞桥火力发电厂的施工中偶然发现了半坡遗址。半坡文化的遗址主要有半坡、北首岭和姜寨三处，现存面积约5万平方米，分为居住区、制陶区和墓葬区三部分。现发掘面积为1万多平方米，共发现房屋遗址46座、圈栏2座、储藏物品的地窖200多个、成人墓葬174座、小孩瓮棺葬73座、烧陶窑址6座，以及大量生产工具和生活用品。这些遗址生动地展现了6000多年前处于母系氏族社会繁荣时期的半坡人的生产与生活的情景。

在半坡出土的生活用具有石斧、石铲、石磙、石磨盘、石磨棒等，石斧多数装有木柄。陶器有粗砂罐、小口尖底瓶等，以红陶为主。在一些陶器的黑彩上发现了22种刻画符号，这对研究我国乃至整个东亚地区的文字起源有重要的参考价值。

从目前来看，半坡文化遗址是黄河流域规模最大、保存最完整的母系氏族公社村落遗址，也是我国首次大面积发现的新石器时代聚落遗址，在国内外都有较高的知名度。在遗址内出土了大量石、骨、角、陶质的生产工具，还有粟、白菜籽，以及猪、狗、鸡等家畜的残骨，并且遗址的场面恢弘，将原始人类的生活状况一览无余。

## 出色的彩陶制作工艺

半坡人的彩陶制作工艺十分出色，常见的彩陶器形有卷唇平底和圆底盆，此外还有小口尖底瓶、敛口束腰葫芦形瓶等，诸如杯、钵、罐、瓮、盉、甑、釜、壶等也都有出现。

半坡文化出土的鲵鱼纹瓶

半坡型彩陶典型的装饰纹样有具象、抽象两种。早期为写实风格，后期逐渐几何化、抽象化，更具图案特征。装饰花纹则多为宽带纹或由三角、竖线、斜线构成，少用曲线，有人面纹、鱼纹、蛙纹、鸟纹、鹿纹、龙纹，其中以鱼纹为代表，说明当时渔猎盛况空前。纹样一般饰于盆、钵的内侧，人面鱼纹盆即是如此。

就纹饰方面来看，以鱼纹和人面纹居多。其中最著名的是绘有人的脸和鱼的身体结合而成的人面鱼纹盆，盆上的人面鱼纹线条明快，人头像的头顶有三角形的发髻，两嘴角边各衔一条小鱼。这一情景反映了半坡人和鱼之间的密切关系和特殊感情，也反映了半坡人丰富的艺术想象力。鱼纹有单体、复体两类，单体是指一条鱼的纹样，复体是指由两条或两条以上的鱼纹构成的一组图案。人面纹则通常将人面画作圆形，眼或睁或闭，眉以上和人中以下为黑底白纹，中间为白底黑纹，这种黑白黑的对比增强了装饰效果。另外在头顶和太阳穴、嘴等部位大多装饰有鱼纹或向上弯的钩纹，异常奇特。这很可能是原始人在水中捕鱼的真实描绘，也可能是缘于早期原始的动物崇拜。当时的人们在日常生活中常常遭到水的威胁，在洪水泛

半坡文化出土的人面纹盆

滥和在水中作业时，溺水致死的事常会发生。于是人们深感自己比不上水中的鱼，希望能有鱼的本领，甚至希望自己变成一条鱼，这些想法自然使人们产生了对鱼的崇拜。

尖底瓶是半坡出土的最有特点的陶器之一，是一种巧妙运用重心原理的汲水器。具体方法是：在双耳上系上绳子，由于水的浮力，瓶子一接触水面就自动倾斜，灌满水后又因为重心移动而自然竖起。用它盛水还有两大特点：一是便于手提与肩背；二是口小，灌满水后从河边到居住区的路上水不容易溢出。另外，半坡人通过长期的生活实践，发现水蒸汽可以将食物做熟，于是制作了陶甑，这是人类历史上最早利用蒸汽蒸食物的例子。



## 人文风俗与特色

半坡人属于新石器时代的人类，使用的工具主要是木制和石制用具。因处于母系氏族社会时期，因此女性是主要的生产者，制陶、纺织、饲养家禽都由她们承担，男人则多从事渔猎活动。

由遗址上看，半坡人的生活区域分为居住、制陶、墓葬三个区，其中居住区是村落的主体。半坡村的原始居民实行定居，他们以氏族或部落为单位建立村落，由于实行的是原始社会的公有制度，所以这里没有贫富差别。居住区有壕沟围绕，以防野兽侵袭。房屋有地面和半地下两种，呈方形或圆形。居住

半坡人的生活情景复原图

区中央有长方形大屋，可能是氏族集体活动的场所。遗址中出土了很多农具和渔猎工具，说明半坡人的生产方式已经是农业和渔猎并重。

在葬礼方面，半坡人死后有埋入公共墓地的习俗，随葬物品有陶器及骨珠等装饰品。遗址中有两座同性合葬墓，分别埋着两个男子和四个女子，这说明当时人们的夫妻观念还很淡薄。小孩死亡后则埋在居住区，多采用瓮棺葬。孩子死后，大人先在房屋附近地上挖个坑，然后放一个大陶瓮或罐，再把孩子的尸体放在里面，上面盖上陶钵或陶盆，并在盖子的当中凿个洞，可能是供死者灵魂出入的通道。较大的孩子则用两个陶瓮对起来埋。将孩子埋葬在房屋附近，这体现了父母对子女的眷恋之情。因为当时自然条件很差，人们的生活十分艰苦，加上疾病的流行，所以小孩的死亡率很高。

## 姜寨文化——母系社会的生活画卷

(约公元前 4600 年)

### 文化概况与影响

姜寨文化是黄河中游地区新石器时代中期的文化。该文化遗址位于陕西省临潼县临河东岸二级台地上的姜寨村，发现于 1972 年，以仰韶文化遗存为主，1972—1979 年的发掘发现了许多原始聚落遗迹。

姜寨遗址是一处与西安半坡遗址同时期的原始社会部落遗址，总面积约 5 万平方米，已发掘面积约 1 万平方米，是迄今发掘的中国新石器时代面积最大的一个遗址。遗址文化层厚 3—4 米，由下向上分五个类型序列：仰韶文化半坡类型、史家类型、庙底沟类型、半坡晚期类型和客省庄第二期文化，以仰韶和龙山两种文化遗存为主。出土有石器、陶器、铜器、骨角器、蚌器等生产工具和生活用具 1 万余件。陶器纹饰中的“蛙图”，被称为中华始祖女娲时代的“图腾”。此外，在遗址内仰韶文化层中还首次出土了黄铜片。陶器上的刻画符号对研究中国文字的起源也有着重要价值。

姜寨遗址是世界上为数不多的保存较完整的史前人类聚落遗址之

一，具有极高的历史、艺术和科研价值，在中华民族历史和世界文明史上都占有十分重要的位置。姜寨文化持续时间之长、规模之大也是罕见的。它的发掘为研究当时的社会形态、生产技术、婚姻制度、文化艺术、墓葬习俗和意识形态等方面，提供了宝贵的实物资料。1996 年，该文化遗址被列为国家级文物保护单位。现该遗址已回填，地表为农田，保存较为完好。

## 生产生活与人文特色

姜寨文化中的人类聚落遗存保存得较完整，由居住区、陶窖场和墓地三部分组成。居住区略呈圆形，布局较整齐，总面积约 2 万平方米。该区西南以临河为天然屏障，东、南、北三面有人工壕沟环绕，中心有大广场。广场周围分布着房子 100 余座，分为 5 个建筑群，每群包括一座大房子与若干中小型房子，均朝向中心广场，形成一个圆圈，门户也向中央开，略晚的房子还施以白灰。

建筑有地穴、半地穴和地面建筑三类。居住区内还有陶窑、窖穴、牲畜圈栏和儿童若干瓮棺葬等。房屋有圆形和方形的，屋内设有炉灶。此聚落是由若干氏族组成的部落居住地，反映出当时氏族社会的组织结构。墓地位于居住地区外东南方，共发现墓葬 600 余座，以单人葬为主，也有合葬墓，墓内有陶器等随葬品。其中有 400 座属于半坡类型，有 200 座属于史家类型。

从姜寨遗址的布局可以看出，姜寨是一座有血缘关系的几个氏族聚居的村落，代表了母系氏族社会的社会结构与生活形式。它的发掘为研究关中地区仰韶文化的发展次序提供了宝贵的实物依据，也向人们展示了一幅原始人丰富多彩的生活画卷。

姜寨遗址出土生产工具和生活用具有 1 万多件，生产工具以磨制石器为主，还有许多骨器；生活用具主要为陶器，彩陶器中有许多件前所未有的葫芦形鱼鸟纹彩陶瓶，表现了精湛的技艺，说明制陶作为一个重要的手工业部门已有相当发展。

遗址中出土的彩陶别具风格，陶盆内画有对称的鱼、蛙、人面等像生性花纹，形象逼真。一件鱼鸟纹葫芦瓶，形式新颖、花纹美观极为罕见。一座墓内出土了一套绘画工具，包括石砚、研磨棒与黑色矿物颜料等，对探讨彩陶绘画工艺弥足珍贵。遗址中还有史家、庙底沟和半坡晚期类型的遗存。

# 大汶口文化——新石器时期的典型文化

（约公元前4300—约前2500年）

## 文化概况与影响

大汶口文化因发现于山东省泰安市泰山南麓的大汶口镇而得名，后又以其泛指中国黄河下游地区的新石器文化。该类型文化主要分布在山东省及江苏省淮北地区，包括北辛文化和龙山文化。大汶口文化的发现及其与山东龙山文化传承关系的确定，证明当时山东、苏北一带，是一个以大汶口文化、山东龙山文化为主体的自成系统的文化区。

一般认为：大汶口文化早期属于母系氏族社会末期向父系氏族社会过渡阶段，中、晚期已进入父系氏族社会。大汶口文化的发现为山东地区的龙山文化找到了渊源，也为研究黄淮流域及山东、江浙沿海地区原始文化提供了重要线索。

山东泰安市郊区大汶口镇的大汶口文化遗址于1959年发现，文化层堆积2—3米，是大汶口文化的发现地和命名地，总面积约82万平方米，已发掘面积5400平方米。大汶口遗址发现后，1962年中国科学院考古研究所在山东曲阜西夏侯遗址又发掘到文化面貌与之大体相同的一处墓地。1964年将这类遗存定名为大汶口文化。目前发现遗址已有200来处，经过发掘的除大汶口、西夏侯外，还有山东省邹县野店、兖州王因、茌平尚庄、胶县三里河、日照东海峪、诸城呈子，江苏省邳县刘林、大墩子等十多处。遗址多为墓地，也有村庄等。

大汶口文化分为早、中、晚三个发展阶段。公元前4300年至前3500年间为早期，以刘林、王因遗址为代表，这一时期以红陶占绝大多数，典型器有觚形器、釜形鼎、钵形鼎、彩陶盆、钵等，彩陶有单色的红彩或黑彩，稍晚盛行白衣多色彩陶，纹样为花瓣纹、圆点钩叶纹、菱形纹等；公元前3500年至前2800年间为中期，以大汶口墓地早、中期墓为代表，典型器物有折腹罐形鼎、大镂孔圈足豆、深腹背壶等，彩陶纹样除仍见早期

的花瓣纹外，多用波折纹、方格纹，稍后出现红色圆点彩绘；公元前2800年至前2500年间为晚期，以大汶口晚期墓为代表。灰黑陶、黄陶剧增，典型器物有篮纹鼎、瓶、磨光黑陶高柄杯、篮纹大口尊等，彩陶数量减少，流行螺旋纹，还有石矛、骨矛等大型投刺猎具和较多网坠。

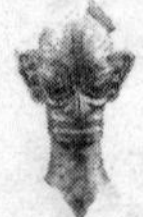

上述这些表明大汶口文化的社会经济已发展到较高水平，说明整个社会已接近阶级社会的门槛了。有些器物上的刻画符号还被认为是古老的象形文字。

大汶口文化遗址包括了大汶口文化发展的全过程，它是四海皆知的中华文明发祥地之一，也是新石器时期的典型文化遗存。1982年，该文化遗址被国务院公布为全国重点文物保护单位。



人们对大汶口文化遗址共进行了三次发掘，发现该文化遗址内涵相当丰富，共发现墓葬、房址、陶窑等遗迹100余处。出土了大量石器、陶器、玉器、骨器和牙角器等生产生活用具。陶器主要包括红陶、彩陶、灰陶、黑陶和白陶几种。

## 器物制作工艺与发展

大汶口文化也是以特点鲜明的陶器为主要特征。以夹砂红陶和泥质红陶为主，也有灰陶、黑陶，并有少量硬质白陶。泥质陶器上常饰镂孔、划纹，有彩陶和简单的朱绘陶。砂质陶器上少数饰加堆纹或篮纹。三足器、圈足器发达，也有平底器、圜底器和袋足器。典型器物为觚形器、釜形鼎、钵形鼎、罐形鼎、镂孔圈足豆、双鼻壶、背壶、宽肩壶、高柄杯、瓶和大口尊等。

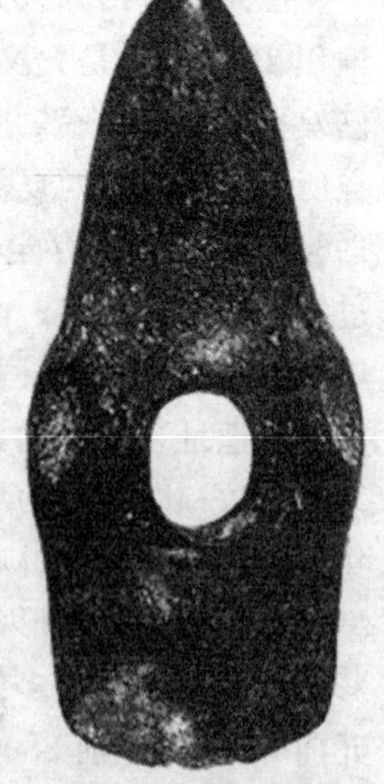

大汶口文化出土的石镐

大汶口文化陶器生产的发展，表现出明显的阶段性。早期陶器均为手制，砂质陶烧制火候较低，陶器种类不多，造型简单，仅见觚形器、盆、钵、罐、杯、鼎、豆、大口尊等；中期开始使用轮制技术，有了少量的轮制小件器物，烧制出火候较高的灰白色陶器，器类也开始增多，出现了背壶、篮形器等；晚期已使用快轮生产大件陶器，如大汶口墓中就随葬有轮制的大陶盆，制陶原料也有了新的来源，发现了坩子土，用以烧制一种质地坚硬、胎壁薄匀、色泽明丽的白色、黄色、粉红色细砂陶器，统称为白陶。这类细砂陶器有宽肩壶和筒形豆等，这时所烧制的薄胎磨光黑陶高柄杯代表了当时制陶工艺的最高水平，为以后山东龙山文化蛋壳陶的问世准备了条件。大汶口文化还发现有仿动物造型的陶制工艺美术品，中期所生产的兽形提梁器堪称工艺美术史上的珍品。

### 神秘的鸟形“神器”

据考古专家考证，大汶口文化的“中国原始第一村”是中国迄今发现的最完整、最丰富、规模最大的史前建筑遗存。神秘的鸟形“神器”就是在离这个原始村落大型广场不远的一处探方中发现的。这只“神器”经复原由三部分组成，最底层是一个平底的椭圆形罐子，中间是一个圆锥筒，圆锥大头向下反扣在圆柱上，同圆柱连为一体，在圆锥的两边有两个酷似鸡冠的饰物，圆锥的顶端是一只鸟状的东西，发掘时鸟嘴部分有残缺。据测量，整个器物高约 60 厘米，底径 16 厘米，上径 20 厘米。



从“神器”本身看，它不是一件实用器具，专家分析它是一件象征性器物。从最上面的鸟类图形可判断出它是一种图腾，这种图腾极有可能是跟聚落有关系的权威的象征，而且是被摆放在固定的神台上供古村落的村民敬仰和膜拜。

有考古专家说，这只“神器”是迄今为止发现的中国原始社会大汶口文化遗址中最为完整的图腾，在考古界称得上是“惊天的发现”，对史学界研究早期的陶器史、聚落考古史、宗教、图腾等方面有突破性的意义。

### 丰富的墓葬文化

在大汶口遗址，人们于 1959 年发掘出墓葬 133 座，时间相当于大汶口文化的中、晚期。这里的大、中、小墓差别极大。大墓不但规模大，且常有木椁葬具，随葬品丰富精美，如有洁净的白陶、乌黑而略带光泽的黑陶和优雅的彩陶，还有玉器、石器、象牙器、骨器等。小墓墓坑窄小，有的仅随葬 1 件陶鼎或再加 1 颗獐牙。大小墓的鲜明对比，表明当时产生了私有制，已出现贫富分化。

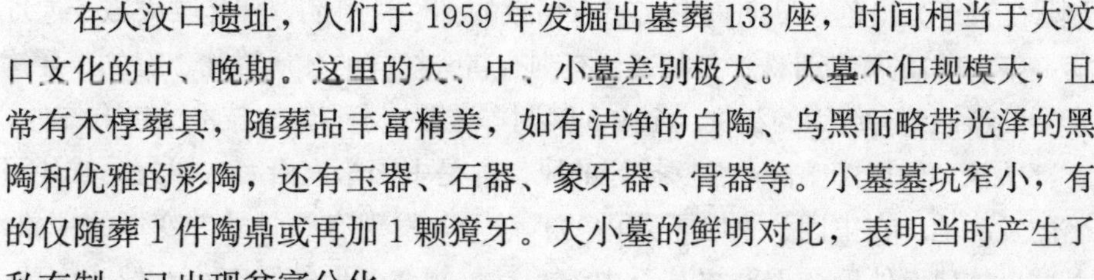

大汶口文化的早期墓葬无葬具，中、晚期出现木椁。早期有反映氏族

成员间牢固血缘关系的同性合葬墓，中、晚期有属于父权制确立后葬俗的夫妻合葬墓。在莒县陵阳河、大朱村、杭头和诸城前寨等遗址，还发现刻在陶尊上的陶文，这引起了考古学家和古文字学家的重视。大汶口文化渊源于北辛文化，后继为山东龙山文化。该文化居民的种族，一般认为是中国古代的东夷族。

大汶口文化的早期，随葬品的数量、质量差别不甚悬殊。至中、晚期，在墓的规模、葬具、随葬品方面显示出贫富差别，有的墓简陋狭小，随葬品很少或空无一物；而有的墓却十分宽大，如大汶口10号墓，有结构复杂的葬具，死者佩戴精致的玉石饰物，随葬玉铲、象牙器和近百件的精美陶器，还有兽骨、猪头和可能是“鳄皮鼓”残留下来的成堆鳄鱼鳞板。贫墓、富墓形成强烈的对照。

另外，大汶口遗址的墓葬中普遍盛行随葬獐牙的习俗，葬式以仰身直肢葬为主。许多墓葬中还随葬有数量不等的牲猪。

## 生产生活与人文自然

大汶口文化时期的人类以农业经济为主，种植适合黄河流域的耐旱作物——粟。农业生产工具有石铲、鹿角锄等，木质农具如耒等已经出现。这一地区的居民还饲养猪、狗等家畜，也从事渔猎和采集。生产工具有石制的斧、铲、刀、镞，骨角制的锄、鱼镖、鱼钩和镞等。

另外，大汶口文化时期的制石、制玉业也比较发达。早期就已大量生产出磨制精致的石器，较多地使用穿孔技术。中期以后，选用高硬度的蛋白石、流纹岩等为石料；石器的造型更加规整；器类、器型增多，出现了系列工具，在一些墓中随葬有成套的大、中、小型石锛。同时出现了精致的玉铲，并有更多的玉、石装饰品，包括以不同形状单件组成的串饰。而且，制骨工艺十分出色。早期墓中出土有精致的小件骨雕品，如邳县大墩子遗址有一串10粒的雕花骨珠、刘林遗址有刻有猪头纹样的牙质饰物、有的獐牙钩形器的器柄刻有纤细的花纹。至中、晚期，透雕技术和镶嵌技术已趋于成熟。

大汶口的居民盛行青春期拔牙的风俗，是中国东南沿海古代先民拔牙习俗的发源地。在王因、大墩子墓中的骨骸上，发现有颌骨异常变形的现象，某些个体臼齿外侧严重磨损甚至内缩，有数例在变形处置有小石球或陶球，因此变形处是由于长期口含小球所致。这是大汶口文化所独有的奇特习俗。

大汶口文化的一些遗址中还发现有獐、斑鹿、狸和麋鹿等的残骨，这些野生动物当是狩猎的对象。因遗址出土了至少分属于 20 多个个体的扬子鳄残骸，与鱼、龟、鳖、蚌等同弃于垃圾之中，说明当时已能捕获大的水生动物。

# 米家崖文化——骨器制作发达的文化

（约公元前 4000—约前 3000 年）

## 文化概况与影响

米家崖文化是黄河中游重要的新石器时代文化。该文化遗址位于陕西省西安市东郊浐河西岸，中心区域在灞桥米家崖村周围。遗址南北长约 2.5 公里，宽约 0.5 公里。现发掘面积约 4000 余平方米，已经清理出灰坑 118 个，房屋基址 5 座，陶窑两座。其中灰坑有的是人类居住的遗址，有的是墓葬遗存等，多为圆形，这些遗存让人们基本搞清了米家崖遗址的分布与内涵。

有专家认为：该遗址出土的文物数量之巨，表明此处在新石器时代是先民高密度活动的居住区域。作为黄河中游一处重要的古文化遗址，米家崖文化遗址的年代从早到晚基本上可划分为两大段时期，即半坡文化晚期遗存和客省庄文化遗存。

米家崖一带出土的红陶与半坡文化遗存接近，比如有与姜寨遗物相似的陶罐、陶盆、陶碗，这些器物在造型及装饰手法上与姜寨器物不分伯仲。米家崖遗址出土的许多物品属于客省庄文化遗存，比如双耳斝、鬲、三耳罐、双耳罐等与康家遗址中遗物如出一辙。米家崖的无耳罐与赵家来遗址器物也极为相似，而康家遗址与赵家来遗址都是客省庄的典型文化遗存。专家认为：米家崖遗址的发掘为陕西新石器时代考古学提供了新资料，增添了新光彩。

## 出土文物与人文状况

在米家崖遗址出土有一件炊器陶鼎，器足宽扁，有棱，附加堆纹，为典型的河南地区龙山文化类型器物。还出土了一件双耳罐，与甘肃、青海早期人类的使用器具相似。同属关中平原的半坡遗址、客省庄遗址的文化影子也不时在米家崖的历史地层上反映出来，如红尖底瓶、袋足平腹的灰陶斝等。这说明米家崖人与别的人类群落交往频繁，因此米家崖文化也与其他地区的古文化有着广泛的联系。

米家崖遗址的出土物主要为陶器、石器、骨器及少量的玉器、牙器等300余件。陶器以夹沙灰陶为主，另外有夹沙红陶、泥质灰陶、泥质红陶以及少量的黑陶、白陶等，这些器物烧制温度较高，质地较为坚硬。器型主要有盆、盘、豆盘、漏斗、鬲、斝、罐、双耳罐、三耳罐、澄滤器、器盖、陶拍、网坠等。其中一件高约15厘米的陶制“漏斗”十分罕见，显示出了数千年前先民很高的智慧和技术水平。



这里的骨器制作技术也极为发达，出土数量多，大多磨制精细。器形主要有骨锥、骨针、骨镞、骨笄等。但石器制作较为粗糙，主要有石球、石斧、石锛、石凿、石笄、石环、网坠等。玉器只有少量发现，并多数残损。

除上述物品外，这里还发现有两具呈十字形叠放的尸骨埋葬在一个直径4米多的灰坑之内，为什么这样埋葬？还没有让人信服的解释。

有关专家指出：在新石器时代，渭河流域、黄河流域都分布着人类聚落，他们逐水而居，因战争、气侯、生活变动而流动，各地文明随之交融汇合。米家崖遗址作为黄河中游一处重要的古文化遗址，其出土的许多珍贵文物对研究黄河流域人类文化发展脉络有着重要的文化意义。

## 三里河文化——图画上发现的文化

（约公元前4000—约前2000年）

### 文化概况与影响

三里河文化遗址位于山东省胶州市南关北三里河村西河旁高地上。该文化距胶州城约2000米，南北长约250米，东西宽约200米，面积5万平方米左右。该处遗址的发现比较特殊，是山东大学历史系的刘敦愿教授在20世纪60年代初根据清代著名书画家高凤翰的作品《博古图》发现的，因此这也称得上是一处在图画上发现的文化遗址。

该文化遗址的地层可分为上下两层：上层属龙山文化，下层属大汶口文化。但是这又与以城子崖遗址为代表的龙山文化、以大汶口遗址为代表的大汶口文化都有着较大的差别，故有人把它们称之为“三里河第一期文化”和“三里河第二期文化”。这两期文化有明显区别，但其间的承袭关系清晰，对研究山东地区原始文化的发展、原始社会的解体及向阶级社会的过渡问题有着重要意义。

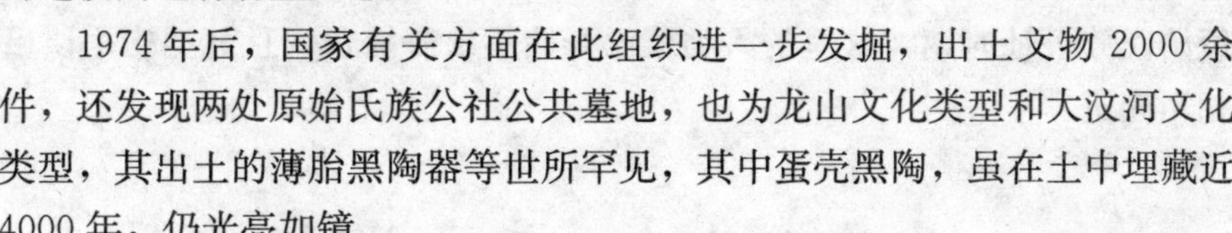

1974年后，国家有关方面在此组织进一步发掘，出土文物2000余件，还发现两处原始氏族公社公共墓地，也为龙山文化类型和大汶河文化类型，其出土的薄胎黑陶器等世所罕见，其中蛋壳黑陶，虽在土中埋藏近4000年，仍光亮如镜。



三里河原始社会遗址是我国考古事业上的一次重大发现。数次挖掘出土的大量文物如薄胎黑陶器（又称“蛋壳陶”）和兽型陶鬶等，大多被定为国家一二级文物，陈列于国家、省、市各大博物馆中。三里河遗址的发掘，为研究东夷文化提供了珍贵的实物资料，该处文物对研究我国古代文化发展具有重大科学价值，先后被青岛市政府和山东省政府列为重点文物保护单位。

另外，遗址上下两层叠加的发现，不仅证实了大汶口文化早于龙山文化的相对年代，更重要的是明确了这一地区的大汶口文化和龙山文化的基本面貌和龙山文化对大汶口文化的继承关系。

## 工艺制作与生产生活

三里河文化遗址出土了许多造型奇特、制作精致的陶器等文物，这些文物堪称我国工艺美术史上的珍品。出土文物中还有两件钻形黄铜器，是目前我国发现年代最早的铜器，比欧洲出现黄铜早两三千年。另外，从发现的鱼骨和鱼鳞分析，该遗址是首次被确认的一处具有海滨特色的古文化遗址。以上种种被发掘出的遗存说明，我国东部地区的史前文化发展至少与中原同步，甚至在某些方面还处于领先地位。

通过发掘，人们发现上层的属于龙山文化的第一期出土房屋4座，表面涂有黄土泥浆，房里还有“窖穴”，贮有大量粮食——粟，而且属于这个时期的许多墓葬中还有陶器等随葬品。下层为大汶口文化遗址，在一些墓葬中，被葬者口中含有玉，手中握有獐牙，随葬品还有蚌器。说明其已有贮藏财富的行为，私有制已经产生。

在三里河遗址中，人们发掘出来的鲅鱼骨非常多。在一处离房屋遗址不远的地方，仅吃剩的鲅鱼骨就有数吨，考古工作者将其摆成了20多米长、半米多高小墙。通过对鱼骨的测量，证明当时的三里河人在黄海捕获的鲅鱼大多在60厘米到80厘米之间，也有长达1—2米的。三里河人还用这些鲅鱼骨做出各种装饰品和小工具。也就是说，至少早在原始氏族公社时期，这里的人类就已开始了出海捕鱼，且其捕捞手段已相当先进。



## 康家文化——房屋独具特色的文化

（约公元前4000—约前2000年）

康家文化是陕西省中部的新石器时代文化，该文化遗址位于陕西省西安市临潼区相桥镇康家村北。

康家文化遗址是一处文化内涵丰富、聚落布局清晰的客省庄文化遗址，是剖析中国原始社会晚期的社会组织结构的典型遗址。

康家文化遗址区面积19万平方米，主要属龙山时代的客省庄文化遗存。这里发现的房址约有300余座，排列很有特色，多为东西成行排列，行距6—9米；南北成排，多为东北—西南方向，个别为东西方向，每排分数组，每组二三间或五六间。

这里的单个房址为半地穴式，圆角长方形，有的平面呈内外双室的“吕”字形或“凸”字形。房屋前檐为土坯和草拌泥砌筑，其余三面墙夯筑。房内白灰地面，多设有灶，灶坑内有1—2件陶器。

这里的墓葬为单人葬，葬式有仰身直肢、侧身曲肢和俯身。另发现陶窑、窖穴和灰坑等遗迹。

该文化遗址出土有陶、石、骨、角等类遗物近万件。陶器以灰陶为主，纹饰以绳纹，篮纹居多，器形中尖底器，三足器多。

## 后冈文化——人殉现象的见证

（约公元前4000—约前1000年）

### 文化概况与影响

后冈文化是我国黄河中游地区新石器时代与青铜时代的文化，该文化遗址位于河南安阳高楼庄北面的后冈，处于洹河的河湾处，西、北、东三面沿洹河，于1931年被发现后开始发掘。建国前共发掘过4次，建国后又发掘7次。1934年，著名考古学家梁思永到这里发现了著名的仰韶文化、龙山文化、殷商文化的三叠层遗迹，解决了三者的年代顺序问题，轰动了中外学术界。

根据该遗址内的“三叠层”，这里首先发现了三层文化遗迹，首次判明了中原地区仰韶文化、龙山文化和殷商文化三种文化的相对年代关系，始知仰韶在先，龙山居中，小屯在后。后冈遗址的殷商文化与中国新石器时代的文化一脉相承，为探索商代文明乃至中国古代文明起源提供了重要线索。

这里有仰韶文化特点鲜明的彩陶钵、碗、罐形鼎，以及三角斜线纹、多道短线纹等彩陶纹样，其遗存被命名为仰韶文化后冈类型，年代为公元前4390—前4180年；带有龙山文化的建筑遗迹的有房址39座，有的房屋还用幼童作奠基牺牲；另外还发现商代大墓与圆形祭祀坑，此坑是商代晚期杀人祭祀的重要遗迹，反映了商代奴隶社会的残酷人牲制度。

### 残酷的人殉现象

1958—1959年，人们又在后冈发现了一个杀殉坑，坑呈圆形袋状，口径2.20米，底径2.30米，深2.40米，坑壁平整光滑，坑底夯实。内埋人骨73个个体，分为三层。下层有19个个体，其中全躯7个，头骨

10个，另外还有下肢骨和上腭骨各1个，人骨旁有骨笄和贝等；中层为29个个体，其中全躯19个，无头躯体1个，头骨9个，人骨附近有玉饰、骨笄和贝等；上层有25个个体，其中1具侧身屈肢的骨架在上，另有全躯16个，无头躯体2个，头骨7个在下，有的人头骨上有骨笄，臂上佩玉饰。在上层还发现有戍嗣子鼎、卣、爵、戈、刀等青铜器，鬲、簋、罐、甑、盆等陶器，成堆的贝、谷物和烧焦的麻丝织物等。经鉴定，坑中所埋人骨，大部分是男性青壮年及儿童，少数是青年女性及婴儿。葬式各不相同，个别头骨额部有刀砍痕，所有的骨架上都撒有朱砂。

从坑中的人骨及器物的埋葬方式看，此坑应是与某种祭祀仪式有关的祭祀坑，坑中所埋者就是用于祭祀的人牲。联系烧焦的丝麻织物来看，此坑有可能是商代末年一次祭祀活动的遗迹，是商代奴隶主贵族人殉时留下的罪证，但也有人认为此坑是一座墓葬。



## 生产生活与人文特色

在建国前的一次发掘中，人们发现了一堵板筑土墙和一个殷代大墓。土墙宽2—4米，长70多米。殷代大墓为奴隶主贵族墓，被盗过两次，但仍发现殉葬人头28个，陶、石、玉、铜、骨、蚌、贝器、车马饰件及兽形雕石等不少随葬品，由于这个大墓的发掘，使考古工作者推测到安阳可能有殷王陵墓，于是促成了以后的殷王陵区的发现。

1979年春，人们在后冈又发掘了600平方米。这一层面的年代较早，人们发现房屋基址38座，都是地上建筑，排列整齐，建筑方法不一，有的房屋墙壁是用黑色或黄色土坯垒起来的，房基内多数有白灰地面，为了解河南龙山文化房屋的建筑方法提供了新的资料。同时人们还发现一个圆形房基内是用经过加工的木条做成的圆形地面。地板的中心有一个圆形灶坑，地板下发现有经过烧烤过的一层薄薄的红土面。这在龙山文化中还是第一次发现。

这次发掘出土的器物绝大部分是陶器，多达1000多件。其中还发掘一些农具和一个骨梭。所以有人认为，牛郎织女的神话传说可能就开始于这一时期，也是对这个开始进入父系氏族时期的男婚女嫁、男耕女织社会生活的一种反映。

# 庙底沟文化——有独特内容的文化

（约公元前 4000 年）

## 文化概况与影响

庙底沟文化是河南陕州一带的新石器时代文化，与仰韶文化和龙山文化类型相符。庙底沟文化遗址是一处原始氏族公社的村落遗址，位于河南省陕县原县城东南，距市区 4 公里。黄河支流青龙涧流经其北，庙底沟遗址就位于青龙涧南岸较为平坦的塬上，东西两侧各被一条南北向的深沟所切断，西边的沟俗称庙底沟，深 40 多米，沟旁营建了许多窑洞，形成一个不大的村落。因村名庙底沟，遗址也由此而得名。遗址总面积约 24 万平方米，为河南省重点文物保护单位。

庙底沟文化遗址与仰韶文化由于形成的时代、地域及部族的不同，有其独特的内容，因首先在庙底沟发现，所以被称为庙底沟类型文化。经碳 14 测定其开始于公元前 3910 年，上下浮动 125 年。

1956 年后，为配合三门峡大坝的建设，考古人员在该遗址进行了大规模的发掘，共发现房屋 3 座、灰坑 194 个、窑址 11 座、墓葬 156 座，出土文物极其丰富，基本都属于新石器时代的仰韶文化和龙山文化类型。但遗址内涵又可分为二期：一期（下层）为仰韶文化遗存，命名为仰韶文化庙底沟类型；二期（上层）遗存属仰韶文化向龙山文化过渡性质的遗存，命名为庙底沟二期文化，它是承袭仰韶文化发展而来，又发展为河南的龙山文化。在此已出土仰韶文化和龙山文化陶器上千件，在中国考古界引起轰动。

庙底沟遗址的发现，解决了仰韶文化和龙山文化的分期，更重要的是解决了仰韶文化和龙山文化之间的关系。从而证明了中华民族的祖先从远古时代起经过仰韶文化、龙山文化直至商周，在黄河流域不断地发展并创造了高度的文明，为研究中国古代文化的发展提供了重要的实物例证。

据考证，庙底沟文化时期的人类住的房子有的是方形，半地穴式，屋内有一保存火种与取暖用的圆形火塘，四周墙壁用木柱做骨架，外边敷一层草拌泥的墙壁，跟仰韶文化遗址发掘出土的差不多；有的房子则是半地下圆形，底部铺一层白灰作为居住面，墙壁也很光滑，是火烧过呈灰白色的硬面，看起来可能是属于尖锥顶形的房屋，而这种类型的房屋是龙山文化的代表。

## 彩陶制作及特色

庙底沟遗址出土的陶器基本上是泥条盘筑式制作，也有用手捏制的。颜色主要是红色，比较典型的陶器有卷缘曲腹盆、曲腹钵、敛口瓮、夹砂罐、小口尖底瓶和陶灶等。彩陶纹饰主要有花瓣纹、豆夹纹、网纹、窄带纹等。



庙底沟型彩陶晚于半坡型彩陶，器型以大口鼓腹小平底钵为最典型。此外还有敛口浅腹盆、敛口罐、长颈罐、重唇尖底或平底瓶等，口沿部分一般都经过慢轮修整。典型陶器有曲腹小平底碗、卷唇曲腹盆和双唇小口尖底瓶等。

彩绘主要用黑或紫黑色，红色少见，两色兼用的更少，但有少量白衣彩陶。彩绘一般在器腹，也有绘在折沿盆口沿上的。纹饰有几何形图案，如圆点、勾叶、弧线、三角带状纹、平行条纹、回旋钩连纹、网格纹等，同时也有仿生纹和植物纹等。一般碗多饰垂弧纹，盆多饰花瓣纹和花叶几何形纹，最富代表性的是花卉纹饰；动物形花纹有鸟和蛙等。从整体上看，其纹饰组合富有弧线美，显得圆润流畅。

半坡彩陶的几何形花纹是由鱼纹变化而来的，庙底沟彩陶的几何形花纹是由鸟纹演变而来的，所以前者是单纯的直线，后者是起伏的曲线。庙底沟型彩陶的典型器具纹样是鸟纹，这时对线的把握已显得很有信心，由半坡的直线发展为活泼流畅的曲线，直线与曲线相结合，在器物的腹部形成一条连贯的装饰带。纹样并没有一定的程序，一般随意画成，形成天真自然的图案。在图案的构成上似乎找到了一定的方法，如先定点后联线，绘成黑白相间的效果。这些视觉效果强烈的装饰纹样很难分析出庙底沟人要表达的意思，但是纹样所显示出的节奏和韵律似乎可以使人感受到远古人的生活气息。

# 西水坡文化——有神秘图案的文化

（约公元前 4000—约前 500 年）

## 文化概况与影响

西水坡文化是中国黄河中游地区的新石器时代与青铜时代文化，时间与仰韶文化相似，但要延续至周代。该文化遗址位于河南濮阳县城内西南隅新民街南，环城路之西，京广公路之北，是 1987 年 5 月河南省中原化肥厂在修建引黄供水调节池时发现的，之后考古工作者对其做了大面积的发掘。目前已发现一批房基、墓葬和窖穴，出土了一些陶器、石器和骨器，获得一批宝贵资料，其中大多属仰韶文化、龙山文化与东周时期的遗存。

因为该遗址周围的地势稍低，常年积水，芦苇丛生，因此当地人们称其为西水坡。西水坡遗址面积约 5 万余平方米。遗址的南部被五代时期的古城墙所压，北部是比较低洼的沼泽地。在地表以下，普遍有 1.5 米左右的淤土，淤土下即是文化层，文化层厚度约 2.4 米，共分 5 层。

第一层：在遗址探方内分布不太普遍，厚 0.1—0.3 米，红褐色，夹有红色和褐色的斑点，土质结构紧密，坚硬。遗物较多，陶片以仰韶时期的红陶为主，仅有数块商和周代以后的陶片。

第二层：在遗址探方内分布普遍。距地表 0.3 米左右，厚 0.35—0.9 米。浅灰色，土质较软，杂质较少。遗物较多，陶片中红陶多，灰陶较少，器种有盆、钵、鼎、碗、罐、瓶等，另外还有一些兽骨和石器残片。

第三层：距地表 0.6—0.95 米、厚 0.4—0.7 米。灰褐色，有较多红烧土碎块，土质结构紧密，较硬。遗物较多，陶片以红陶为主，器种有饰弦纹的盆、罐、红顶碗、小口双耳罐、敛口钵及鼎足等，也有几件残石器和兽骨。同期的灰坑 H20，坑口开在此文化层下。

第四层：在遗址探方中分布不太普遍，集中于南部。距地表 1.1—1.35 米，厚 0.1—0.2 米。土色灰白，土质细腻，结构紧密。遗物不多，陶片较碎，器种主要有盆、红顶碗、小口双耳罐和深腹罐等，造型和风格

与第三层遗物区别不大。同期灰坑 H34、H53，坑口开在此文化层下。

第五层：距地表 1.25—1.5 米，厚 0.4—0.7 米。土色黄灰，结构紧密，土质较软。遗物不多，陶片较碎，其中能够看出器种的有盆、罐、碗、瓶等，造型与三四层出土的遗物区别不大，另外还发现一些蚌壳。

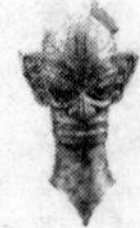

根据地层和遗迹中的遗物，第一层属周代或周代以后翻动的扰土层；第二、三、四、五层均为仰韶时期的堆积。其中三、四、五层的文化面貌比较接近。第二层和第三、四、五层相比，前者陶胎较厚，后者陶胎较薄；前者的钵多敛口，后者的钵多敞口；前者的鼎足横剖面多为扁圆形，有的更扁或呈宽带形，鼎足上的凹槽较深长，后者的鼎足多圆锥状，鼎足上的凹槽浅而短；前者的盆多为厚圆唇，后者的盆方唇和平折沿较多。另外罐、瓶等器物也有一定的差别，可能具有分期的意义。



西水坡文化遗址的遗迹主要有房基、窖穴和墓葬。目前完整的房基尚没有发现，仅发现一些柱洞、墙壁和居住面的残块。从所发现的建筑材料分析，当时房屋修筑已相当讲究，墙壁用木骨结构，外部经火烧烤，地面坚硬、平整。

窖穴的平面形状有圆形、椭圆形和不规则形几种。多数口大底小，仅有少数为口略大于底的袋形坑。大多为圜底。例如：灰坑 H9，坑口开在第四层下，打破第五层和生土。平面椭圆形，口大底小，底部较平，周壁修筑规整。西北和东北部分别被东周墓 M10 和同期灰坑 H4 打破。填土黄灰色，里面夹杂有较多的红烧土块，土质松软，口径 1.8—2.1 米、底径 1.6—1.9 米、深 1.5 米。遗物比较丰富。

这里的墓葬有土坑墓、瓮棺葬和利用灰坑埋葬三种形式。土坑墓的墓穴一般较浅，多数仅能容身，只有个别较大。平面形状有长方形、方形、人头形、梯形和不规则形几种，以长方形最多。

这里有一次葬，也有二次葬；有单人葬，也有集体合葬。葬式以仰身直肢为多，也有侧身和俯身的。墓中绝大多数没有随葬品，仅有个别墓内用蚌壳摆塑动物图案。

## 生产生活与人文特色

这里出土的生产工具主要是石器，有少量的骨器和陶器。器物的种类有上窄下宽、横断面呈椭圆形、一端两面弧形刃的石斧，圆顶扁平长条形两面弧形刃的穿孔石铲，平顶弧形两面刃的石铲，圆形中间穿一小孔的陶纺轮及骨锥等。器均为磨制，制作较精。

生活用具主要是陶器，以泥质红陶居多，夹砂红陶次之，泥质灰陶和米黄陶的数量较少，器物多素面，仅有少量夹砂陶上饰弦纹，如指甲纹、划纹、乳钉纹、锥刺纹和麻点纹。另外还有少量彩陶，彩绘的颜色以褐色为主，少量为红色。主要施于敛口钵的口沿外围，彩绘的图案有平行线纹和斜线纹。陶胎较薄，烧制火候较高，制作比较规整。制法为手制，但不少陶器上有轮制的痕迹。器物的种类有斜腹平底的“红顶碗”，敛口深腹圜底钵，敛口浅腹圜底、口沿外饰平行线纹和斜线纹的彩陶钵，敛口卷沿、腹上部饰数周弦纹的深腹罐，敞口卷沿圜底、下附三凹槽纹足的盆形鼎，方圆唇平折沿深腹盆，厚圆唇深腹平底盆，小口高领斜肩平底瓶，小口双唇球形腹的圜底瓶，大口圜底、口沿外饰一周鹰嘴小钩的缸，倒置成圈足碗的器盖，敛口卷沿浅腹平底三耳罐。另有骨针、骨笄等。

考古工作者曾在该遗址的第 45 号墓里发掘出三组用蚌壳摆塑的龙、虎、熊、蜘蛛等图案，这些蚌壳为直线式排列，却不相连，年代距今约 6400 年。墓主为一壮年男性，身长 1.84 米，仰身直肢，头南足北，埋于墓室正中。墓主左右两侧用蚌壳精心摆砌有龙虎图案。龙居右，身长 1.78 米，昂首拱背，躯体弯曲，形象生动；虎居左，身长 1.39 米，高 0.63 米，墓室东、西、北三面各设一小龛，各置一尸体，死者年龄较小。正如发掘者所指出：三组蚌塑的动物图案以及龛内的尸骨，很可能是埋葬 45 号墓死者时搞祭祀活动而留下的遗迹。对于墓主人的身份，有人曾根据文献资料与传说中的英雄人物相对应，但尚缺乏说服力。不过可以肯定，45 号墓墓主人的身分是高贵的，并非一般的氏族成员，而是凌驾于一般氏族成员之上，能够“骑龙升仙”、“乘龙游四海”，生前掌管祭祀活动以沟通天地鬼神的巫师。

## 雪山文化——以红陶为主的文化

（约公元前 4000—约前 2000 年）

雪山文化是北京地区的新石器时代文化。该文化遗址位于北京市昌平县到南口公路南侧的雪山村。遗址分布在雪山东南的台地上，地势西北高东南低，于1958年被发现，1962年开始正式发掘，整个遗址面积为1平方千米。

从时间划分上看，该文化可分为早、中、晚三个时期：早期文化遗址与中原仰韶文化、东北的红山文化有相似之处，距今6000年，陶器以红陶为主；中期属龙山文化范畴，已属于原始社会末期，距今5000年。雪山文化遗址文化层的早期和中期的社会性质为原始社会阶段，相当于母系氏族社会向父系氏族社会转化期。在晚期时，雪山文化已近似于中原地区的商文化的遗址。

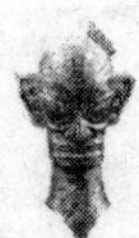



## 北阳平文化——有“十里长街”美誉的文化

（约公元前3000年）

### 文化概况与影响

北阳平文化位于河南省灵宝市阳平镇北阳平村西，是新石器时代的文化遗址。该遗址南北长近5000米，东西宽300—500米，有“十里长街”之称。北阳平文化也不是单一的文化遗址，它主要包括北阳平遗址、西坡遗址、东常遗址等30处古文化遗址，是目前国内面积最大、包藏物最丰富、延续时间最长的一个仰韶时期的古文化遗址群。

北阳平文化遗址位于灵宝阳平荆山脚下，属铸鼎原遗址群中重要的仰韶文化遗址。北阳平遗址堆积层较厚，有3—5米，文化内涵也很丰富，其中以庙底沟类型为主，具有仰韶文化中晚期中心地位的特点，是探索中国文明起源的重要地区。由于这里过去曾建过砖瓦窑场，所以遗址表面破坏严重。目前这里的发掘面积320平方米，发现灰坑27个，其中5000年前后的仰韶时期的灰坑24个，西周灰坑3个；发掘古墓葬5座，其中仰韶时期的墓葬2座，战国墓葬3座，发掘仰韶时期的房子3座。发现各种陶片、石器、骨器数10万件，有平底红陶盆、小口尖底瓶、夹砂灰陶缸等，有100多件较为完整，大都属于仰韶文化和龙山文化时期。

经过发掘，人们基本搞清了北阳平遗址的文化内涵，该遗址以仰韶文化庙底沟一期为主，有较早类型，也有较晚类型，还有周代的文化层，说明这里的古人类居住时间很长，但最发达的还是庙底沟时期。

近年来，随着国家社会科学院和河南省文物研究所连续不断地大面积考古发掘和考察研究，公布了一系列震惊中外考古界的重大发现，国家也将其纳入了中华文明探源工程的 11 个考古研究课题之中。

## 工艺制作和生产生活

从北阳平文化遗址出土的大量陶器、石器和骨器看，这里的生产工具可谓种类繁多，制作精细，绝非一般工匠所为。一些大型器物更令人震惊，如口径 94 厘米的大缸、口径 90 厘米的黑陶大瓮、口径 50 厘米的夹砂大缸，在同时期其他遗址里是不多见的；超薄大型红陶小口尖底瓶，即使现在的工匠制作起来也有一定难度；另有制作精细的庙底沟时期的小口尖底瓶瓶盖和陶塑人头艺术像，这些在河南豫西考古史上实属罕见。更为惊喜的是在两块彩陶盆沿上发现两处符号，这究竟是最早的文字还是记事符号，有待专家进一步研究。



另外，从出土的大量兽骨来看，以圈养的家猪为主，野兽骨和鱼骨较少，这说明当时生产力已比较发达，人们食肉的对象以圈养动物为主，狩猎业和捕渔业已退居次要位置。发掘的窖藏灰坑排列有序，多数灰坑有台阶，其中最大的口径在 3.7—4.5 米，坑深 3.2 米以上，这种深而大且密度较高的窖藏坑在别处也是不多见的。在窖藏灰坑南侧，发现有仰韶时期的陶窑，这种陶窑在仰韶时期的其他遗址中很少发现。

此外，人们还从北部、中部发现有双间房基 4 处，屋基面的白灰层厚 3—4 厘米，密度大而坚硬，为半地穴型。中部、南部有多处竖穴墓葬，距地表 1 米多，中部两侧各有壕沟一条，为灰土堆实，内含红陶、灰陶残片等。在北部还发现 3 处圆形烧陶窑。在遗址中部西侧发现含有金矿渣铺底的屋基面，屋基暴露于悬崖边上，距地表 40 厘米，长 4.1 米，下层为 1 厘米厚的草拌泥铺底，上为 6 厘米料礓石和金矿混合砸碎夯成的平整光滑的层基面。这些都表明其社会已较为安定，生产生活都已达到较高水平。

# 龙山文化——黑陶文化的代表

（约公元前 2900—约前 2100 年）

## 文化概况与影响

龙山文化是中国黄河中下游地区新石器时代晚期一类文化遗存的泛称。该遗址中常见轮制漆黑光亮的黑陶和薄壁蛋壳黑陶，故曾称为黑陶文化，后因首次发现于山东省章丘龙山镇，后遂改称龙山文化。龙山文化属于大汶口文化的重要一环，社会状态上为父系氏族社会时期，该类型文化反映了原始社会解体并向奴隶社会过渡时期的状况。

龙山文化的遗址遍布于黄河中下游广大地区，由于各地区文化内涵存在差别，渊源也不相同，因此实际上它不是单一的考古学文化。20 世纪 50 年代后将不同地区的龙山文化冠以省名加以区分，如山东龙山文化、河南龙山文化、陕西龙山文化等。龙山文化研究的历程大概划分为三个阶段：约从 1932 年至 1959 年为初始阶段；约从 1960 年至 1978 年为发展阶段，这一阶段以海岱龙山文化明确地从泛龙山文化中分离出来开始，到 70 年代末海岱龙山文化内部地方类型的研究展开为止；约从 1979 年到现在为全面振兴阶段，这一阶段的考古调查工作由于进行了几次全省性的文物普查，新发现的龙山文化遗址成倍增长，总数已达千处以上。

## 传承时代文明的黑陶

龙山文化因为出土器物以黑陶为主，为区别以彩陶为主的仰韶文化，故又称为“黑陶文化”。黑陶作为龙山文化的代表性器物，具有“黑如漆、明如镜、薄如纸、声如磬”的特点，尤其是一种蛋壳陶，漆黑乌亮，薄如蛋壳，代表着这一类型陶器的较高成就。该陶作为龙山文化的典型代表物，又称为“标准黑陶”，山东龙山文化又因之被称为典型龙山文化。

山东龙山文化的黑陶是继仰韶文化彩陶之后的又一优秀品种的陶器。其成品里外透黑，陶胎厚薄均匀，器形精致，造型美观，漆黑光亮，胎质坚硬，胎骨紧密，反映了中国古代制陶技术的纯熟，传承了时代的文明，是中国古代早期文化的代表。

黑陶工艺主要使用陶轮轮制的方法。它不以装饰取胜，而是以造型见长。在烧制时采用了封窑烟董的渗炭方法，使器表呈现出深黑色光泽。纹饰仅有少数弦纹、划纹或镂孔。黑陶的造型品种除了尖底瓶、罐、盆等外，还出现了鬲、豆、杯、鼎等品种。

黑陶源自于人们的生活用器，而后由于质地易碎，逐渐走出日常生活。如今，黑陶被作为艺术品供人们欣赏。

## 多样而精美的玉器



龙山文化的玉器也很有特色，表现为精美的纹饰、光滑的玉器表面、自然流畅的线条特征。在加工工艺上，这里出土的玉器同红山文化相比较已有了很大的进步。不再像红山文化时期的玉器那样粗糙，加入了较多人文的东西，特别是对人的起源问题、人和动物的关系有许多奇怪的猜测，譬如长着翅膀的蝗虫人、长人头的动物、人和动物的交合等。对某种自然物的崇拜在玉器物造型上也明显地反映出来。

龙山文化玉器的材料基本还是以岫岩玉为主，玉质多样，如绿松石、蛇纹石、蛋白石、青玉、莱阳玉，以本地产的为主。但是出现了少量灰白、黑色玉器，其他方面的特点仍然和红山文化玉器相同。

在玉器种类上，以工具和礼玉为主，佩饰为辅。工具包括刀、铲、斧、戈、戚、锛、钺，礼玉包括璧、琮、璜、牙璋、圭、环，饰玉和实用玉器包括人头饰、镯、指环、臂环、梳、簪、玉含等。

龙山文化时期，用青玉琢成的圆雕立体人像，面部造型奇特，拱手直立、威严森然，是龙山文化时期被崇拜的神人形象，雕琢古拙简练，玉质晶莹，具有极高的艺术欣赏价值。

## 生产生活与居住特色

龙山文化发掘成果十分丰硕，出土文物有石器、玉器、陶器、动物标本和建筑遗物等，反映了当时人们的人文风俗与生活特色，可以说是原始社会生产力高度发展的真实再现。由考古资料来看，他们以农业为主而兼营狩猎、打渔、蓄养牲畜。农业和畜牧业较仰韶文化有了很大的发展，生产工具的数量及种类均大为增长。

龙山文化时期的人类已有占卜的习惯，卜骨和巫术活动亦较为盛行。从社会形态看，当时已经进入了父权制社会，私有财产已经出现，开始跨入阶级社会门槛。这时冶铜技术开始出现，山东胶县出土了两件铜锥，经化验为黄铜。

因龙山文化时期的人类主要从事农业，因而他们早已定居下来，其居住场所也有很大的特点，山东龙山文化遗址出现了长方形土台式建筑，这种土台是夯筑而成的，说明商周时期盛行的夯土建筑在这时就已出现了。土台四周有慢坡散水，也是一大进步。城址开始大量出现。城子崖发现的一座，城圈长 450 米，宽 390 米，墙体是夯筑而成。近年来在山东境内发现了十几座，其中 7 座密集分布，形成了一个城址群。



龙山文化时期的房屋多为半地下式，一般呈平面圆形，屋内地面用火烧烤后涂抹一层白灰面。在陕西周原地区发现的半穴居，平面成正圆形，直径 4.4 米；屋内有火灶，向下挖入，上部开口以备上下的人出入；屋高 1.8 米，比仰韶文化时期的体量更小，这可能和小家庭的需要是一致的。

陕西周原地区与龙山文化同类型的房屋共发现十几个，从南到北顺序排列。其中有高有低，有大有小。上部开口处距离地面 1 米左右。此次发现主要是在龙山文化房子中心区，在修建铁路开辟道槽时露出来的，切开的剖面十分整齐清晰，看到的穴居房屋也特别清楚。

## 二里头文化——独具特色的青铜文化

（约公元前 2100—约前 1700 年）

### 文化概况与影响

二里头文化是我国中原地区的青铜时代文化。该文化主要分布在河南中西部的郑州附近和伊、洛、颍、汝诸河流域以及山西南部的汾水下游一带。该文化以河南省偃师县二里头遗址命名，现已发现遗址近百处，经过发掘的有洛阳东干沟、矬李、东马沟，陕县七里铺，临汝煤山，郑州洛达庙和山西夏县东下冯等10余个遗址地。

该文化类型最早于1952年在河南登封的玉村遗址发现。1956年发掘郑州洛达庙遗址时，人们注意到它在文化面貌上具有若干特色，曾一度称为“洛达庙类型”。1959年后，人们在河南偃师二里头遗址进行发掘以后，发现这里的遗存更具典型性，故将这种类型的遗存命名为“二里头文化”。

二里头文化的特征突出地表现在富有特色的青铜或陶制的器物组合上。这组器物中作炊器的是鼎、折沿深腹罐、侈口圆腹罐等。作容器的有三足盘、深腹盆、平底盆、小口高领罐和大口缸等。酒器则有觚、盉、爵等。侈口圆腹罐口沿部的花边形装饰和深腹盆、甑、侈口罐口沿下附加的一对鸡冠形錾，是这组陶器中很有特色的风格。但这种文化中见不到河南龙山文化中常见的斝、鬶、带耳罐、杯、碗及双腹盆等器物，也与郑州商代文化中以斝、鬶、卷沿圜底盆、大口尊、簋、小口高领瓮为主的器物组合有明显的区别。



二里头文化时期是否出现了文字，目前尚不能肯定。一些遗址出土的陶器上一再发现有刻划的符号（记号），已知有20多种。其中有的可能就是原始文字，但还有待进一步研究。

从地层迭压关系和放射性碳素断代的数据看，二里头文化在时间上晚于河南龙山文化，而早于二里冈的商代文化。对三者间的关系，人们的看法也很不一致。有人认为二里头文化是从河南龙山文化的王湾类型直接发展而来；有人提出二里头文化与王湾类型文化之间实际是同一文化的不同阶段；有人认为二里冈期商文化是从二里头文化发展而来，后者是二里冈期商文化的直接先驱。但也有人不同意上述看法，认为在同一地区内，时间较晚的文化接受和融合较早文化中的一些因素是正常的现象，从二里头文化与河南龙山文化及二里冈期商文化之间的文化特征的差异等方面看，用一脉相承的说法无法解释，二里头文化应该另有渊源。

由于二里头文化的分布地域与历史记载的夏朝人活动的地域比较一致，所以人们把它列为探索夏文化的对象之一。但对这一问题，学术界的看法也有分歧。有人认为二里头文化早于商代，所以整个二里头文化都是夏文化；也有人指出，二里头文化在第三期遗存中出现了一组与二里冈期商文化的典型器物群一致的器物，表明其年代已经进入商代，所以二里头文化第一、第二期遗存有可能是夏文化。但这个问题目前仍在专家们的讨论之中，还不能确定。

## 不同的文化类型与时期

二里头文化所包括的各遗址文化并不是相同的，以东下冯遗址为代表的晋南地区发现的二里头文化遗存与豫西地区的同类遗存相比就既有共同之处，也有差异之处。如鼎、折沿深腹罐、深腹盆、甑、澄滤器、侈口罐、小口高领罐等的形制与豫西地区所见的一致。但是，晋南地区不见三足盘，鼎少而鬲多，底部有三足的蛋形瓮在豫西地区的同类遗址内不见。它们之间的差异反映了两个地区间文化面貌上的地方性特点，所以分别命名为“二里头类型”和“东下冯类型”。

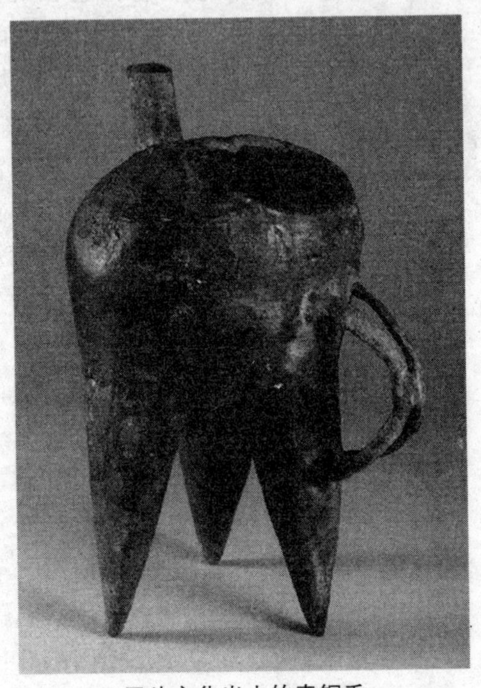

二里头文化出土的青铜盉

根据二里头遗址的地层与典型器物在时间和特征上的不同，二里头类型文化目前被人们分为四期：第一期陶器以褐陶为主，磨光黑陶占一定比例，纹饰以篮形纹为主，另有少量方格纹、细绳纹。第二期陶器中黑陶的数量减少，以细绳纹为主，篮纹和方格纹明显减少。这两期的器形多折沿、鼓腹、小平底。第三、四期的陶器颜色普遍变为浅灰，以绳纹为主，出现粗绳纹，篮纹和方格纹几乎绝迹。在第三期遗存中，第一、二期常见的鼎、深腹盆、甑等继续延用，但有局部变化，同时新出现了斝、鬶、卷沿圜底盆、大口尊、小口高领瓮等，这些器物已与商代二里冈文化出土的器物十分接近。这组新器形在第四期中发现很多，并表现出融合前者的趋势，说明其发展已比较成熟。另外，东下冯类型也分为四期，具体状况同“二里头类型”差不多。

## 居住形式与墓葬习俗

二里头文化玉牌饰

二里头文化的房屋居址有半地穴式、地面建筑和窑洞式住所等几种。其平面形状有圆形、方形圆角和长方形等多种。一般居室的直径在 3 米左右，较大的长方形居所长在 10 米上下，宽 5 米左右，中间有隔墙。地基和隔墙都经夯筑。东下冯发现的窑洞式居址，系就断崖和沟壁掏垒成。

二里头遗址上层发现的大型宫殿基址，是反映这一时期高级建筑水平的代表性遗存，已经发掘的两座宫殿遗迹都建筑在夯土台基之上。1 号宫殿的基址长宽均约百米，占地 1 万平方米。正面是面阔 8 间、进深 3 间的殿堂，四周有廊庑，前面有门，中间是厅。2 号宫殿的规模略小，南北长 72.8 米，东西宽 57.5—58 米，基本形制与 1 号宫殿相同。这两座由堂、庑、庭、门等单位建筑组成的宫殿，布局严谨，主次分明，是迄今所知中国最早的宫殿建筑。其形制开中国历代宫殿建筑之先河。

另外，在各遗址中，居址附近多有灰坑、窖穴、水井等遗迹。一些遗址中还发现有铸铜、制陶、制骨、琢玉等作坊址。

二里头文化的墓葬在东干沟、东马沟、二里头、东下冯等遗址中均有发现。大多为小型墓，目前尚未发现与二里头宫殿基址相称的大型陵墓。

这些小型墓都作长方形土坑竖穴，长 2 米左右，宽 1 米上下。葬式多为仰身直肢。随葬品以实用陶器为主，常见的有鼎、罐、三足盘、盆、觚、爵、盉等，少者数件，多者 10 余件。此外还有贝、玉饰件和铜铃等小件铜器，二里头遗址发掘的少数墓中随葬有铜爵，一般平民墓中也多用觚、爵等酒器随葬。

二里头遗址曾发掘出一座较大的墓，墓口长 5.2—5.35 米，宽 4.25

米，有二层台。因被盗掘，仅见少量漆皮、朱砂、蚌饰以及狗骨架和骨片等物留存。据推测，原来该墓中的随葬品应该是相当丰富的。

东干沟遗址发现的一座墓，死者作蹲坐状，比较少见。各地同类遗址中还经常见到一些没有墓圹的人骨遗骸，其葬式或俯身，或身首异处，或有捆缚、斩割痕迹，一般都无随葬品。两种不同的埋葬形式，说明死者生前的社会地位存在等级差别。

## 生产生活与人文特色

在二里头文化时期，居民的经济生活以农业为主。农具主要是石器，铲、镰等的数量较多，斧、锛、凿也有出土。另外还有蚌铲、蚌镰、骨铲等。木质的耒耜一类工具也在使用。饲养的家畜有猪、狗、鸡、马、牛、羊等。农业生产已能提供较多的剩余产品，饮酒之风比较普遍。



当时的社会分工已较以前更加精细。不仅手工业与农业已经分离，而且在手工业内部，铸铜、制陶、琢玉、制骨以至木工建筑等都已出现专业分工。

陶窑在洛达庙、二里头等地发现多座，直径 1 米左右，窑室都已残损，火门、火膛和窑箅等一般保存较好。火膛作直壁圆筒形，中设长方形土柱以支撑窑箅，箅面有若干圆孔，附近还出土有一些陶拍等制陶工具。

玉器有琮、圭、璋、钺和柄形饰等。二里头遗址出土的一件柄形饰上雕琢有规整的兽面纹，纹样与后来在铜器上常见的一致，这是目前已知年代较早的兽面纹样，工艺相当精致。另一件兽面铜牌，用 200 多块绿松石镶嵌而成，是目前已知最早的铜镶玉制品，也具有较高的工艺水平。

二里头文化的青铜器是中国已知年代较早的青铜器之一，有镞、戚、刀、爵、铃、戈、锥、鱼钩等。二里头遗址发现了不少铸铜的陶范、坩埚、铜渣等，东下冯遗址发现有铸器的石范。铜爵的胎壁较薄，表面较粗，没有装饰纹样，表现出我国早期青铜器的特点。这时的工具和兵器都用单范铸造，爵则运用复合范铸成，铸造工艺比较复杂，说明这些青铜器还不是中国最早的青铜制品。据测定，该文化出土的铜爵的合金成分为铜 92%、锡 7%，属锡青铜，说明二里头文化已经进入青铜时代。



二里头等地的遗址中还发现不少经过切割的骨料、半成品和簪、锥、凿、针、镞、鱼叉等骨制品和砺石等遗物，表明制作骨器也已成为单独的手工行业。

当时的社会应属早期奴隶制形态，并出现了最初的城乡分野。在该文化的墓葬以及第三期遗存中发现的宫殿遗址等，都说明当时奴隶主与奴隶、贵族与平民的阶级分野十分明显，社会处于阶级压迫的状态。

这一文化的乐器有陶埙和石磬两种。此外，还见有卜骨，大多用猪、牛等动物的肩胛骨，上有灼痕。这些遗物反映了当时的风俗文化，也从一个侧面反映了当时奴隶主贵族的精神生活状态。

## 客省庄文化——以“鬲”著称的文化

（约公元前 2000 年）



### 文化概况与影响

客省庄文化是分布于渭河流域的一支地域性文化，1955 年首先发现于陕西省西安市长安区的客省庄，时代与中原龙山文化相当。客省庄文化主要分布在陕西省关中及周围地区，主要遗址有长安区客省庄、西安米家崖、临潼区姜寨等。

客省庄遗址的石器以农业生产工具为主，陶器以灰陶为主，空三足类炊食具的发达是这一文化的典型特征，居住房屋有半地穴式和地面式建筑两种。客省庄文化的房内已有壁炉和窖穴，用于取暖、烧饭和储存食物。这一文化的居民还普遍信奉占卜，遗址中出土了许多用于占卜的羊肩胛骨。

客省庄文化曾一度被称为“陕西龙山文化”，因有其不同于龙山文化的特点，又称为“客省庄第二期文化”。在文化性质上，它既接近于河南的“后冈第二期文化”，又接近于甘肃的“齐家文化”。除关中地区以外，晋南、陇东也都有所分布。

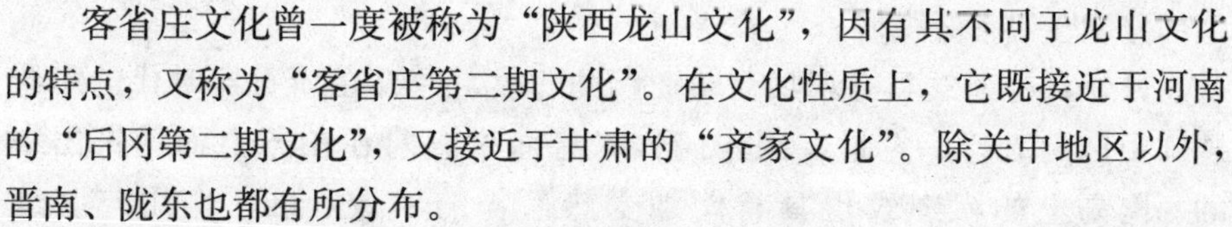

由于关中一带也有“庙底沟第二期文化”的存在，则“客省庄第二期文化”的年代可能稍晚，而和“后冈第二期文化”、“齐家文化”相当，不

过它结束年代的下限，可能要稍晚于“后冈第二期文化”，而与西周文化的前身有着某些联系。

## 陶制器物的代表——鬲

陶器以手制为主，轮制陶器的比例极少。纹饰以绳纹为最多，篮纹次之，方格纹极少。素面和磨光的陶器也不多见。此外还发现一片朱绘的陶片。器形有鬲、斗、甑、罐、双耳（或三耳）罐、盘、豆等。以鬲为最多，鼎只发现了一件。鬲、罐均与豫西“后冈第二期文化”中遗存近似。双耳罐却极似“齐家文化”的产物，这种器形虽也见于豫西，但不如这里普遍。从文化性质上看，虽有较多的特点，但仍应属于龙山文化的范畴。

陶鬲是客省庄文化陶器的代表作品。当时鬲类炊具的使用是先在房内挖一圆形小坑成为土灶，然后将鬲的三足支在小坑上，或径直将鬲置于平地而烧火。

最早的鬲产生于新石器时代晚期，在青铜鬲出现之前，陶鬲一直是主要的炊器。鬲的外形似鼎，但三足内空，目的是为了增大受热面积以更好地利用热能。它的主要用途是煮粥、制羹和烧水，与甑、甗类蒸食器有所不同。在制作陶鬲时，一般要在粘土中加入一定比例的砂粒、蚌粉或谷壳，以便在煮食过程中能承受高温并保存热量。

有一件出自长安县阿底村同属客省庄文化的陶鬲，胎料中加有大量的粗砂，其造型与装饰具有强烈的地域风格，而与河南、山东龙山文化的陶鬲迥异。颀长的颈与尖袋状足构成了主体线条，颈口的外敞与足尖的内收首尾呼应，使鬲的主体线条流畅而富于变化，口沿处的一周锯齿装饰及宽条形把手更是强化了生动的气氛，以颈部的光洁反衬布满足部的粗绳纹。细观其装饰，粗绳纹自足根向上呈放射状扩散，口沿的一周三角纹也与其他部分配合得十分得体。

另外，粗绳纹具有增加受热面积的功效，绳纹在新石器时代的陶器装饰中广为流行，它是在制作陶器时将绳索缠附在拍子上而拍打出来的。陶鬲上的粗绳纹也具有增加受热面积的功效，可谓实用与装饰并存。

# 殷墟文化——青铜时代的伟大见证

（约公元前 1200 年）

## 文化概况与影响

殷墟遗址是商代晚期的都城遗址，位于河南省安阳市，是我国目前发现最早的都城遗址，总面积约 24 平方公里。1928 年，殷墟开始正式发掘。

殷墟遗址不但发现了商代晚期的都城遗址，还发现了甲骨文和许多的青铜器。遗址规模宏大、遗存丰富、分布密集，包括宫殿、宗庙区，铸铜、制骨、制陶等手工业作坊区，居民区，王陵区和平民墓地等部分。出土有大量青铜器、玉器、骨角器、陶器等遗物，其中包括司母戊鼎、三联和尊等著名的精美青铜礼器。此外，遗址内还出土甲骨卜辞 15 万余片，包括单字 4500 多个，这是中国迄今为止发现的最早的文字，成为研究商代历史的珍贵史料。

以殷墟为都城的商代晚期，创造了辉煌的殷墟文化。殷墟文化代表了中国商文明乃至整个中国青铜时代的鼎盛时期。随着历史的变迁和社会的发展，曾一度盛行于商代晚期的占卜、葬俗、祭祀等在失去了其存在基础后，逐渐消失湮没。殷墟的发现和发掘，为这些消失的文化传统提供了佐证。

殷墟的发掘标志着中国近代考古学的诞生。郭沫若先生称：“殷墟的发现，是新史学的开端。”殷墟丰富的文化内涵，反映了中国艺术与科技的杰出成就，是人类文明史上的杰作。殷墟甲骨文、青铜器、玉器是世界艺术史上的突出代表之一。殷墟是中国所有古遗址中发掘时间最长、积累经验最丰富的遗址。发掘殷墟时所创造的许多方法被带到各地，并在考古工作中应用。殷墟也被许多学者称为“中国考古学家的摇篮”。现在，殷墟研究已从单纯的甲骨文字学发展成为考古学、人类学、历史学、古文字学等多门学科的世界性的“殷墟学”。

殷墟近 80 年的考古发掘成果，弥补了中国古代典籍中缺少商代文献的局限，展现了中国商代晚期丰富多彩的社会生活画卷，为研究中国早期文字史、古代信仰、社会制度和重大历史事件提供了确切的物证。因此，殷墟的发现被列为中国 20 世纪百项重大考古发现之首，成为 20 世纪世界最伟大的考古发现之一。

## 中国最早的文字——甲骨文的出现

殷墟甲骨文是中国目前所知最早的成系统的文字形式，也是世界四大古文字之一。它具备了象形、指事、会意、形声、转注、假借等造字方法，标志着中国文字已进入了成熟阶段。目前，殷墟共出土甲骨 15 万余片，单字 4500 个，其中约有 1500 个单字已被释读。



甲骨文所记载的内容极为丰富，涉及商代社会的政治、经济、文化、天文、气象等方面，成为记录中国商代历史、文化最重要的文献。甲骨的贡纳、收贮、整治、钻凿，及占卜的方法、程序，卜辞的语法、辞例等形成了一套严格而系统的制度。据甲骨文记载，殷代已有专门掌管占卜和记录的贞人，见于卜辞的贞人约有上百人，仅武丁时期的宾组卜辞即发现 16 人之多。占卜涉及内容包括：祭祀、天象、年成、征伐、王事、卜旬等，甚至于商王游猎、疾病、做梦、生子等。被称为人类历史上最早的“档案库”和“百科全书”。商代以后，甲骨占卜逐渐失去了其显赫地位。

殷墟甲骨文的发现，见证了商代已经消失的占卜制度，为研究中国文化史提供了重要的材料。甲骨文不仅证明古老的汉字是独立起源的，还提供了中国古代独立的文字造字法则。这种文字对 3000 年以来的中国文化产生了根本性的影响。

## 制作精美的陶器和青铜器

殷墟所展示的高度发达的物质文明和创造文明成果的技术手段也是独有的。最典型的例子是块范法青铜器铸造技术。正是这种技术，铸造了包括重达 832.84 千克的司母戊鼎在内的巨型青铜器。

陶器是殷墟最常见的文化遗物。历年出土的陶器可复原者在 1 万件以上，包括炊器、盛食器、盛贮器、酒器、杂器、明器等。除普通的黏土陶器外，殷墟还出土有部分白陶、硬陶及釉陶（原始陶）。有迹象表明，大部分硬陶可能来自长江中游一带，釉陶可能也来自南方。

殷墟是出土商代铜器最多的遗址，总数约6000件。其中大部分为兵器，容器约占其中的1/6。此外还有工具、车马器以及其他杂器。举世皆知的青铜器有司母戊鼎、妇好三联甗等。殷墟铜器绝大部分是用铜铅、铜锡、铜铅锡为主成分铸造的青铜合金。只有极少数纯铜制品。铜器的铸造方法是块范法。铅器多见于殷墟第三、四期墓葬中，以戈最为常见。金制品最多见的是金叶。

殷墟青铜器代表了中国古代青铜文化的最高成就。其青铜礼器厚重精美，出现了像司母戊鼎、牛方鼎、鹿方鼎等一大批工艺高超的重器。在造型上常常以实际的或想象中的动物形象作为模型，如妇好鸮尊、妇好圈足觥、鸮卣等等。器表的花纹装饰崇尚繁缛，流行以雷纹为底纹，饕餮纹、夔纹为主体的通体装饰，给人以稳重、庄严而又神秘的感觉。殷墟青铜器是古代科技与艺术、雕塑与绘画的完美结合，达到了范铸工艺的最高水平。殷墟玉器体现出中国青铜时代高超的工艺水平和艺术想象力，同时形成了自己独特的艺术风格。它以圆雕、俏色、双勾阴线为主要技法，表现出栩栩如生的人或动物形象。其独特的琢玉技术，在世界上处于领先地位。特别是以妇好墓玉器为代表的作品，造型生动，刻画细腻，工艺精湛，堪称世界玉雕艺术中的精华。



殷墟历年出土的玉器大约2600余件。玉器原料以新疆和田玉为主，另有部分南阳玉和岫岩玉。殷墟玉器涉及生产工具、生活用具、礼器仪仗、装饰器、玩赏品五类。多数玉器的色泽呈绿色、黄褐色、白色或棕绿色，其次为灰色或黄色，只有极少数黑玉。殷代制玉已经有了一套从选料、开料、造型、钻孔到琢纹、抛光的完整工序。玉器造型往往圆雕、浮雕并举，刻镂兼施，勾彻挤压，细钻精磨，其余还有：石器、骨器、牙器、蚌器、竹木器、漆器、皮革制品、编织品和车马坑。

殷墟青铜文化集中体现了商代的艺术水平和社会风尚，代表了中国古代青铜文化的最高水平，并以青铜礼器为基础，发展成为一套以等级为核心的礼制制度，在中国延续了数千年，这在世界青铜文明中是绝无仅有的。它对中国同时代其他地区的青铜器造型、器物组合、纹饰，直至丧葬习俗、礼制制度产生了重大影响，是中国青铜文化的核心所在。

铜器铭文散见于部分铜器的器表或器底，以1—2字者常见。只有少数铜器发现较长的铭文。后冈祭祀圆坑出土的“戍嗣子”鼎是目前所知铭文最长的殷墟铜器。铜器铭文的内容多数是族徽或与墓主有关的称谓。只有少数长篇铭文属记事类。

陶文以及玉石器上的文字不甚多见。通常契刻或书写在陶器或玉石器的器表。多数只有1—2个字符，个别字数稍多。内容主要包括数字、方位、人名、族名或国名、图形文字、干支、易卦、占卜或其他方面。

## 大规模的杀人祭祀现象

殷墟所展示的一些文化现象是中国历史上某一时段中的独有现象，今天已不复存在。此类文化现象首先可以提到的是商代大规模的杀人祭祀现象。仅殷墟王陵区，现已探明的以人为牺牲的祭祀坑就达2000余座，总人数在1万人以上。虽然在其他国家和地区的古遗址中也发现过杀人祭祀遗迹，但杀殉万人以上的祭祀场所，为中国商代社会所独见。

殷墟时期的以等级制度为核心的礼制突出表现在丧葬和祭祀制度中。殷墟考古发掘的近80年来，发现墓葬计8000余座，包括王陵和大量的族墓，其种类有带墓道大墓、长方竖穴墓、无墓圹墓、瓮棺葬及祭祀坑等，这在世界其他文化遗址中是少见的。这些墓葬等级森严，随葬礼器的大小、形制、组合、数量更是代表墓主人的不同等级和身份。殷墟的王陵大墓，规模宏大，杀殉众多，棺椁装饰华丽，礼器精美。妇好墓的随葬品达1928件，而平民、奴隶则随葬品很少甚至没有。妇好墓是目前唯一能与甲骨文联系并断定年代、墓主人及其身份的商代王室墓葬。它的发现为研究殷代文化、艺术、礼制提供了宝贵的资料，对探讨商代的社会分工和生产力水平，研究商代的社会历史具有十分重要的意义。

殷墟宫殿宗庙建筑、王陵是中国古代早期宫殿、陵墓建筑的代表作。殷墟宫殿宗庙遗址规模宏大，总面积达71.5公顷。目前，已发现宫殿宗庙建筑80余座。这些建筑成组排列，或为宫室，或为宗庙，或为社坛，已具备中国宫殿建筑“前朝后寝、左祖右社”的规划雏形。与古埃及、古希腊、古罗马石质宫殿建筑材料相区别，殷墟的宫殿宗庙建筑材料以黄土、木料。其建筑多坐落于厚实高大的夯土台基上，房基置柱础，房架多用木柱支撑，墙用夯土版筑，屋顶覆以茅草，造型庄重肃穆、质朴典雅，具有浓郁的中国宫殿建筑特色。主要建筑规模巨大、结构繁复、互相连属；多重院落组合有序，左右对称，反映出中国古代宫殿建筑特有的均衡感、秩序感和审美意趣，开创了中国古代厅堂建筑的独特风格。殷墟的宫殿建设格局、建筑艺术、建筑方法、建筑技术，代表了中国古代早期宫殿建筑的先进水平。

殷墟王陵遗址是中国目前已知最早的完整的王陵遗址，面积达11.3公顷。王陵遗址共发现有带墓道大墓13座和2000多座祭祀坑和陪葬墓，分为东西两区。东区包括大墓5座，西区包括大墓8座。这种东西分区的陵墓建设原则，开创了中国“昭穆”制度（所谓昭穆即祖宗神位依辈分的排列方法。在宗庙或墓地，以始祖神位居中，其两侧依左昭右穆的顺序分列后代的神位，是中国古代一种以人伦尊卑为次序的宗法制度）的先河。

殷墟王陵大墓多为“亞”“中”“甲”字形大墓，这些大墓墓室宏大，形制壮阔。面积最大者达1803平方米，深达15米。墓内椁室、棺木极尽奢华，随葬器物精美，殉人众多，显示出墓主人非凡的尊贵和威严。殷墟王陵的埋葬制度、分布格局、随葬方式、祭祀礼仪等集中反映了商代晚期的社会组织、阶级状况、等级制度、亲属关系，代表了中国古代早期王陵建设的最高水平，并为以后中国历代王朝所效仿，逐渐形成中国独具特色的陵寝制度。



殷墟的墓葬在形制、结构及随葬品上的特征，为已经消逝的商代丧葬习俗与祭祀制度提供了佐证。殷墟发现有大量的人祭和人殉的遗迹，为商代晚期已经不复存在的大规模人祭、人殉现象提供了直接证据。

### 制度变革及科技成就

殷墟文化的考古遗迹表明，商王朝时期是中国某些重要制度的转型时期。其中包括中国过去3000年以来城市布局的中轴线制度，也包括中国历史上沿用长过数千年之久，今天仍然为许多地区老百姓所喜爱的“四合院”式建筑式样。殷墟的都城规划改变了夏代及商代早期的条块规划布局，形成了以宫殿宗庙遗址为中心的环形、分层、放射状分布的总体规划形式。同时巧妙地利用河曲等自然条件，构成了防御和防洪体系，体现了人与自然的和谐统一。这些富有科学性的规划原则和建筑艺术对以后的都城建设产生了重要影响。

殷墟时期的科学技术在很多领域达到了世界先进水平。殷墟文化时期

的手工业空前发达，不仅门类齐全，而且工艺水平极高。一些主要的手工业生产部门，如青铜冶铸、制玉、制陶、制骨、制车、纺织等都已达到了相当大的规模。殷墟的青铜冶炼技术已由矿石混合冶炼发展到由铜、锡、铅料按比例混合冶炼的阶段，其独有的片范铸造法和复杂的铸铜工艺充分反映了殷商时期中国科技发展的最高水平。陶瓷技术也得到了长足发展，这一时期的白陶、原始瓷等在中国陶瓷史上占有重要的地位。殷墟出土的商代马车已经使用了大量青铜构件，独辕双套双轮，结构精致复杂，体现出高超的机械、木作、青铜铸造等复合技术。总之，殷墟时期高度发达的科学技术，对人类科技的发展作出了重要贡献。

殷墟甲骨文的记载表明：在天文学方面，殷人已能够准确的记录日食、月食和星象，并对超新星等天文现象有了较早的认识。殷历法采取阴阳合历，将一年分为12个月，并采取增加闰月的方法，解决了与回归年实际太阳日的矛盾，这些方法仍为中国现行的农历所沿用。在数学方面，殷人已有了个、十、百、千、万等数字概念，并采用了十进位制。

在医学方面，商代晚期已能认识人类的10多种疾病，除用药物治疗外，还能应用针砭、按摩等治疗方法，达到了较高的水平。



## 杜辛庄文化——出土文物丰富的文化

（约公元前1200年）

杜辛庄文化是北京平谷区一带的商代文化，该文化遗址位于北京市平谷区王辛庄镇杜辛庄村东北。遗址占地面积约6000平方米，东南至农田，西北至鱼塘，东西长150米，南北长40米，其中有一条长40米、宽8米的灰沟。

1982年3月，该文化遗址在第二次文物普查中被发现，之后有关部门对部分遗址进行了清理，发现一处卵石铺成的圆形房基，从中出土、采集到大量石器、红色夹砂陶片及灰、褐色陶片，陶片多饰以细绳纹，文物十分丰富。1985年，该遗址被当地政府公布为县级文物保护单位。

# 高官庄文化——燕文化的开创者

（约公元前 1200—约前 400 年）

## 文化概况与影响

高官庄文化是指河北涿州一带商朝至战国时期的古文化。该文化遗址位于河北涿州市高官庄镇北高官庄村北，东与高官庄墓群相连。

北高官庄遗址地层堆积有 4 层之多，分别是耕土层、明清时期文化层、春秋时期文化层、西周时期文化层。这里较丰富的遗迹，深厚且连续的文化堆积，表明古人类在此处居住时间较长。

该文化遗址以西周时期出土物居多，据考古工作人员介绍，在北高官庄村发现西周时期圆形、长方形、椭圆形、不规则形灰坑 60 余座，灰沟 3 条，墓葬 2 座，半地穴房址 2 座，陶窑址 1 座。出土文物有陶器、石器、铁器、铜器等遗物千余件，小件器物标本 40 余件。这些物品都为研究西周至战国时期涿州乃至保北地区社会、经济、文化提供了有价值的资料。

从西周灭商后，保北、京南一带就被封为燕国，作为周王室在东北方的屏障。从发现的资料分析，此处西周文化是在原商朝领地上发展起来的，保留着浓厚的商文化特色，但仍有着一些土著文化传统，如出土的宽折沿袋足鬲为晚商典型器物，同时器物中大口盆的口沿下宽大的附加堆纹是受土著文化的影响。而这些文化正是此后称霸北方的燕文化早期形态和发展基础。

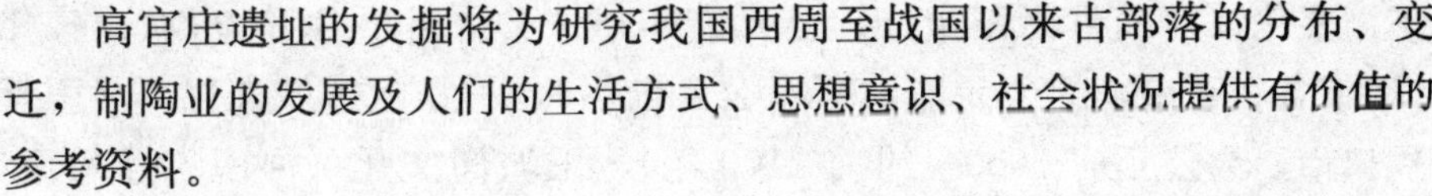

高官庄遗址的发掘将为研究我国西周至战国以来古部落的分布、变迁，制陶业的发展及人们的生活方式、思想意识、社会状况提供有价值的参考资料。

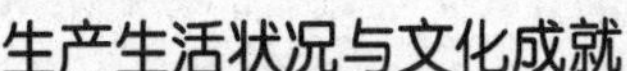

## 生产生活状况与文化成就

经考古挖掘发现，高官庄文化遗址多圆形半地穴式房址，直径在

2.2—2.8米，为了防潮湿，主人在居住面平铺了厚10多厘米的红烧土；另外这里还发现了一些陶窑址，大多由操作坑、窑门、窑室、烟室构成，窑室内残存烧制的陶盆等器物。陶窑内烧结面厚达0.2米，内残留的烧制陶器质地坚硬，器形规整，说明当时烧制陶器的水平较高。

1984年6月，有人在北高官庄村征集到两件完整器物，一为磨光黑陶壶，一为灰陶带盖高柄豆，均为战国时期物品。后来的出土器物也以陶器为主，陶质以夹云母、蚌褐陶为主，夹砂灰陶次之，另有少量的夹砂红陶等，纹饰以绳纹为主，也有少量的附加堆纹、交错绳纹，说明其制作技术和文化水准已达较高水平。

另外，这里出土的生活工具有鬲、盆、罐、瓢、簋、豆，生产工具有纺轮、陶垫、石镰、石铲等。此外还出土有铁制农具、铜箭镞等一大批遗物，这些物品也说明当时这里的人们在生产生活、社会交往等方面已有了较高的文化成就。



## 附　录

**华北地区比较著名的古文化还有：**陵阳河文化（山东省莒南县，约公元前3000—约前2000年）、黑狗台文化（北京市房山区，约公元前1000—约公元前后）、龙坡文化（北京市平谷区，约公元前1600—约前300年）、杏花山文化（河南省南召县，60万年）、小南海文化（河南省安阳市，约公元前2.3万—约前1.1万年）、贾湖文化（河南省漯河市，约公元前7000年）、裴李岗文化（河南省新郑市，约公元前6000—约前5000年）、大河村文化（河南省郑州市，约公元前4800—约前1600年）、王湾文化（河南省洛阳市，约公元前4000—公元600年）、古城寨文化（河南省新密市，约公元前3000—公元前后）、平粮台古城文化（河南省周口市，约公元前2600—约前2100年）、王城岗文化（河南省登封市，约公元前2100年）、尸乡沟古城文化（河南省偃师县，约公元前1600年）、二里冈文化（河南省郑州市，约公元前1600年）、孟庄文化（河南省柘城县，约公元前1600年）、戚城文化（河南省濮阳市，约公元前2000—约前300年）、峙峪文化（山西省朔县，约公元前2.6万年）、下川

文化（山西省沁水县，约公元前 2.2 万—约前 1.4 万年）、八里岗文化（安徽省合肥市，约公元前 3000 年）、老官台文化（陕西省华县，约公元前 4000—约前 1000 年）、小长梁文化（河北省张家口市，约公元前 250 万—约前 160 万年）、东先贤文化（河北省邢台市，约公元前 1200 年）、萨拉乌苏文化（内蒙古自治区乌审旗，约公元前 3.3 万年）、老虎山文化（内蒙古自治区凉城县，约公元前 3000 年）、小河西文化（内蒙古自治区敖汉旗，约公元前 6500 年）、夏家店文化（内蒙古自治区翁牛特旗，约公元前 2000—约前 1500 年）、富河文化（内蒙古自治区巴林左旗，约公元前 3400 年）等。（由于本书的篇幅所限和资料不足的问题，这些文化的详细内容未能全面列出，现列出其名称，供读者参考，下文同。）

# 二、华南地区



## 万寿岩文化——远古时代的洞穴文化

（约公元前 18 万年）

### 文化概况与影响

万寿岩文化属于旧石器时代文化。该文化遗址位于福建省三明市岩前镇岩前村西北的石灰岩孤峰上。该岩由于岩溶发育，生成十几个洞穴，海拔 359 米。

万寿岩旧石器遗址是华东地区第一个洞穴类型的旧石器时代早期遗址，万寿岩岩溶发育，生成若干洞穴，旧石器时代文化遗址即埋于其中的两个洞穴——灵峰洞和船帆洞中。万寿岩旧石器时代文化遗址发现于 1999 年秋。1999 年 9 月至 2000 年 1 月，福建省博物馆、三明市文管办、三明市博物馆联合组成考古队，对万寿岩灵峰洞和船帆洞进行了抢救性发掘，遗址总面积 1200 多平方米，发掘面积 400 平方米。

在万寿岩西南坡的灵峰洞内，考古工作者在洞内第三层堆积清理出 75 件石制品，其中多数为石核、石锤、石片与刮削器等，多残缺不全。在这些石制品中，打片和加工石器用锤击法，所产生的石片、石核和石器形制都不甚规整，具有一定的原始性。另发现有少量骨器和角器。还有中国犀、虎、棕熊、牛类等野生哺乳动物的化石伴生。经铀系法测年，这一堆积距今已有 18 万年左右。

在船帆洞内，人们发现了上层文化层的磨制骨、角器和粗糙的石制品的组合，这为研究这里的远古人类文化提供了相当珍贵的实物资料。另外，这里还有 1 万年前已经灭绝的巨貘化石。

万寿岩旧石器时代遗址的发现，把古人类在福建生活的历史提前了十几万年，填补了福建省考古学年代上的一段空白。而且，该遗址也是中国华东地区迄今发现最早的洞穴类型的旧石器时代早期文化遗址。

万寿岩内不仅有古人类活动遗址，还有丰富的历史人文和自然岩溶景观。目前该遗址已被列入三明市三元森林公园八大景之一，并于 2001 年被列为国家级文物保护单位。



## 远古时期的石铺地面

万寿岩旧石器时代考古的另一重要发现，是在万寿岩西坡岩脚的船帆洞内发现了石铺地面遗迹。从地质沉积的角度看，如果是河流冲刷自然形成的，石头的排列应该有一定的方向，而这些铺地的万寿岩石排列随意、不规则，全都只有单层，又厚薄相当，石头间距很近，少有泥沙，不像是自然所为。因此，万寿岩船帆洞内的石铺地面应是原始人铺设的。人们从中可以推断，这些生活在距今 2 万—3 万年前的原始人已经懂得用石头改善自己的居住环境，这些地面铺石的运用，可能出于防潮防水和方便活动的考虑。

走进这些原始人的“家”，可以看到，地面石块的排列较随意而凌乱，微有起伏，但均为单层分布，局部地段铺石与原地面的钙板和岩石基本取平，面积大约 120 平方米。所用石料均为大小不一的砾石。这些石块大小不等，最大的长 55 厘米，最小的仅 2 厘米，多数石块略有磨圆，颜色为黑或黑褐色。地面不平处则用大小不等的石灰石角铺砌取平，局部石块之下用黄绿土填垫。

从洞口俯看，这些史前人工石铺地面相当的平整美观，竟有现代时尚流行的艺术装修效果。令人费解的是在人工石铺地面与岩壁交接处共发现有 4 条沟槽状的遗迹。其中一条沟槽总长 8 米，平面呈“L”形，分为 3 段，北段位于水源处，中段南北向，南段向西拐弯，均呈沟槽状。局部沟底呈裂隙状，这些沟槽当时是否起排水作用，是否为人工有意所为，尚待进一步考察研究。

## 仙人洞文化——以自然经济为主的文化

（约公元前1.2万—约前7000年）

仙人洞文化是江西省一带的新石器时代早期文化。该文化遗址位于江西省万年县东北15公里的小河山仙人洞洞内，1962年以后经过数次发掘。

这里的文化堆积厚约两米，分为上下二层。其文化层堆积大部分属于新石器时代早期，石器中既有打制的，也有磨制的。已发现有陶器，但数量很少，质地非常疏松，胎厚近两厘米，陶泥既夹炭也夹砂，是中国目前所知最原始的陶器。最重要的发现是一些水稻壳，其中既有普通的野生稻，也有栽培稻。栽培稻是一种由野稻向人工栽培稻演化的稻种。这一发现将人类栽培水稻的历史提前到了1万年前。

该遗址出土了大量生产工具，包括陶、骨、角、牙、蚌器，还发现了多处火堆遗迹，以及大量的动物碎骨、蚌螺介壳和少量的鱼骨等，但未发现饲养家畜和种植谷物的迹象，说明人们的经济生活以渔猎、采集自然经济为主。其陶器制作则比较原始，质地粗糙，全为手制，火候很低。

## 大坌坑文化——以绳纹陶器为代表的文化

（约公元前8000年）

大坌坑文化是我国台湾省最早的新石器时代文化，与华北地区的仰韶文化大致相当。

大坌坑文化遗迹在大陆东南和南部沿海也有大量发现。考古学家推测，我国东南沿海在全新世初期有一片以粗糙的绳纹陶器为代表的古代文化，大坌坑文化便是这种文化中的一个环节。



大坌坑文化于1963年和1964年被发现，为我国台湾北部最大的历史文化遗址之一。该遗址集中分布在我国台湾北部淡水河下游沿岸和中南部沿海，东部沿海也有零星分布，其中以台北八里乡大坌坑遗址和高雄林园乡的凤鼻头遗址为典型。所有的遗址位置大多在河口和河岸的低台地。

大坌坑遗址中石器不多，遗物以陶器为主。在大坌坑遗址的发掘中，最重要的是发现了多层文化及青铜镞、古钱币、古瓷器等来自大陆乃至中原一带的器物。由出土的文物判断，最下层的陶片及石器是台湾成为海岛后最早的新石器文化的遗存，且出土的陶片为棕黄色或红褐色，多有绳纹。经碳14测定，该文化属距今5000年至7000年的绳纹陶文化晚期。第四层的青铜镞属殷墟小屯之峡谷翼长脊实铤型，其文化层的存续年代为西周时期；第三层为赤褐色网纹硬陶文化层，可定为六期，为唐代前后；第二层出土的古钱币上有“通”“麻”字样，其存续年代可能在宋明之间。大坌坑文化遗址的发现证明：至少在三国以前，中原文化已传入我国台湾。

大坌坑遗址出土的石器主要有扁平石凿、有段石凿、磨制大锄与磨制石镞等；陶器有素面无纹饰或有刺点纹、方格纹等；青铜器以在台湾首次发现的一青铜镞为代表。而其中最重要的就是发现了青铜镞、古钱币与古瓷器等典型的大陆中原器物。

大坌坑文化时期的原始居民们的生产活动多为渔猎，他们捞取鱼类、猎取野兽、采集植物果实和种子等，并从事原始的农耕。据推知，这个文化遗址的主人是大陆南部至东南亚最早从事农耕的居民的一支。



## 高庙文化——“凤凰”崇拜的发源地

（约公元前6000—约前3500年）

### 文化概况与影响

高庙文化是湖南怀化沅江流域一带的新石器时代文化，高庙文化遗址位于湖南洪江市安江镇东北约5公里的岔头乡岩里村，地处沅水北岸的一级台地上，分布面积约3万平方米。

人们在高庙文化遗址发掘出一个夫妻墓，墓中存放着贵族或宗教领袖权力象征的祭祀用品——玉钺，贵族妇女装饰用品——玉璜、玉玦等精美玉器，由此可以断定该墓主人为远古时期某部落首领夫妻，距今5700年。另外还发现远古部落居住处和生活垃圾处。在居住处还发现了大量住洞、火烧遗址及居住结构。同时，还挖掘出做工精细的石斧、石刀、骨针等属新石器时期的生产工具。

高庙文化遗址的发掘是湖南省考古史上的又一次重大发现，在此夫妻墓挖掘出的5700年前的玉器，其品质之高，以及精湛的钻孔技术让人称奇，可以断定属于母系氏族后期、氏族贵族权力开始形成的阶段，对于研究沅水上游部落文化的发展，以及文明起源的过程有着非常重要的意义。



这里还发现了高庙文化晚期的一处大型祭祀场所，在上层遗存中出土了部落首领级的夫妻并穴墓和四人合葬墓等重要遗迹。还出土了中国目前所见年代最早的装饰有凤鸟、兽面和八角星象等神像图案的陶器（距今约7800年左右），以及我国目前所见年代最早的白陶制品。因此，高庙遗址还被认为是迄今全国规模最大、年代最早的祭祀文化遗址。

高庙遗址的发掘和发现，填补了湘西地区新石器时代中晚期区域考古学文化的空白，为建立本区域新石器时代文化的谱系与年代序列奠定了坚实的基础。这一发现既揭示了它与本区域旧石器时代中晚期文化的渊源关系，又反映了它与洞庭湖区以及岭南珠江流域新石器时代同期文化之间交互扩张和影响的关系。

## 生产生活与人文特色

高庙下层遗存出土的祭祀场所不仅年代早、规模大，且可明确判别其作为祭祀场所的诸多设施，为我国现知同期史前遗存中所罕见。它生动地再现了当时居民祭祀活动的真实状况。它的建造方式面对河流并呈南北中轴线布局，对后来祭坛的布局和结构产生了先导性影响，对探寻我国宗教祭祀活动的起源和发展具有非常重要的意义。另外，从中出土的大量器物为我们描绘7400多年前高庙文化时期人类的生活与社会形态提供了许多线索。

高庙文化遗址中出土了一具距今约7400多年的女性骨架。这具骨架保存完好，呈侧身屈肢姿势，右手托着右腮、下巴，左手自然地夹在向后弯曲的两腿之间。骨架的盆骨较大，骨骼纤细，牙齿磨损较大，因此可初步断定其成年女性的骨架。骨架的长度是153厘米，专家估计此人生前的身高应该在 160 厘米左右。

在这具骨架下面，人们还发现有一个竹篾垫子。这比浙江良渚文化遗址发现的竹席、竹篓、竹篮等竹工艺品要早两千多年，是迄今为止中国已知的最竹工艺品。

在高庙遗址中出土的陶器表面大都绘着类似兽面、太阳和神鸟的结合体，这些图案应该就是当时古人心目中的凤凰，是原始人类对于阳光、雨露、丰收的崇拜。此前，曾在距今约 7000 年的河姆渡文化遗址出土了刻有凤凰图案的象牙器物。高庙发现的凤凰图案比河姆渡文化早了近 400 年，因此它对于我国宗教史和艺术史的研究意义不可低估。

## 跨湖桥文化——浙江地区的最古老文明

（约公元前 6000 年）

### 文化概况与影响

跨湖桥文化是浙江省迄今为止发现最早的新石器时代文化，位于浙江省萧山县湘湖的跨湖桥旁。该遗址所代表的文化类型为我国东南沿海地区一种独立考古学文化——跨湖桥文化。跨湖桥文化遗存的器物形态及其组合、制陶技术、彩陶风格等有自身的特点和相对独立性，文化内涵迥异于附近地区发现的同时期的河姆渡文化和马家浜文化，可明确为浙江境内一个新型的、独立的新石器时代文化类型，故被称为跨湖桥文化。跨湖桥文化作为一个全新概念目前已为中国考古界的一个共识，它与河姆渡文化、良渚文化、马家浜文化等全国数十个考古文化共同形成了我国南方地区的远古文化。

在湘湖地区的跨湖桥文化考古发掘中，以釜、钵、圈足盘、罐为代表的陶器群，和同于江南其他新石器遗址的特殊性器物如线轮等，都说明了跨湖桥文化类型的独特性。其中出土的陶器，甚至比河姆渡遗址中出土的更为先进。它所在的萧山湘湖地区，与河姆渡文化只有百里之遥，但两处文化却没有传承关系，这超出了考古学上原有对东南沿海地区新石器时代文明的最初认识。

跨湖桥遗址的表面覆盖着厚达3—4米的沉积物，向现代人演示了湘湖地区湖、海交替的地质变迁，也使得遗址内大量有机质文物能比较完整地保存下来。经过1990年、2001年和2002年的三次考古发掘，发掘面积已达1000平方米左右，出土了大量陶器、骨器、木器、石器以及人工栽培水稻等文物。跨湖桥遗址1990年曾作发掘，所取标本的经碳14测定其年代距今七八千年，超过著名的河姆渡遗址，这在东南沿海的新石器时代考古中是一个重要的发现。2001年5—7月，浙江省文物考古研究所、萧山区博物馆对跨湖桥遗址进行第二次发掘，出土了一大批陶、石、骨、木器，其中陶器复原器近150余件，器物形态及其组合都迥异于河姆渡、罗家角等附近地区发现的早期文化遗址。



这里出土有“慢轮技术”成形的陶器，让“轮制法”的产生时间提前了3000年；一把约150厘米的木弓，是我国境内发现的最早的弓，被专家称为“中国第一弓”。此外，还有江南地区最早的彩陶器等。2002年11月，这里又发现了独木舟及相关遗迹。经碳14测定，独木舟标本年代距今约8000年左右，是目前发现的世界上最早的独木舟和相关遗迹。2003年5月，在湘湖区域的下孙自然村又发现了与跨湖桥文化同类型的文化遗址——下孙遗址，也有着很多的考古发现。

跨湖桥文化遗址要早于河姆渡遗址1000年，是当时发现的浙江省境内最早的新石器时代文化遗址。这一发现把浙江地区的文明史提前到8000年前的新石器时代较早期，充分展示了萧山乃至浙江悠久的历史与丰厚的文化底蕴。2002年4月12日，跨湖桥遗址被评为“2001年度全国十大考古新发现”。

## 首次发现的煎药证据

“神农尝百草”的传说是公认的中华民族药文化的渊源。但在处于新石器时代的跨湖桥遗址中，人们发现了一件稍有残缺的绳纹小陶釜。其口径11.3厘米，高8.8厘米，外底有烟火熏焦痕迹，器内盛有一捆植物茎枝，长度约5—8厘米，单根直径一般在0.3—0.8厘米间，共20余根，纹理结节清晰，出土时头尾整齐地曲缩在釜底，说明这是一个煎煮过草药的小陶釜。

从现象观察，陶釜内的植物当属因故（陶釜烧裂）丢弃的煎药无疑。

标本送浙江省药品检验所中药室检测，定为植物茎枝。传说商初重臣伊尹发明了“复方”草药，而这次出土的显然是“单方”，说明史前时期这里的人们就已认识到自然物材的药用价值。这是首次发现的远古时期人类煎药的实物证据，这一珍贵资料对研究我国中草药的起源尤其是煎药起源具有重要价值。

## 罗家角文化——世界最早的水稻栽植地

（约公元前5100年）



### 文化概况与影响

罗家角文化是浙江省桐乡县一带的新石器时代文化，距今约7100年左右。该文化类型属马家浜文化的一部分，其首次发现地——罗家角遗址位于今桐乡县石门镇利星村的罗家角。遗址东西长约400米，南北宽约300米，总面积达12万平方米，是浙江省迄今最大的一处新石器时代遗址。1979年，省及地方文物部门对此遗址进行局部发掘，发掘面积1338平方米，文化层堆积厚0.2—3.5米，叠压着4个文化层，包涵的文物十分丰富。

1956年，当地农民在水田中挖出大批兽骨、陶片和镌刻精美的猪獠牙饰品。之后经过发掘，出土了完整或可复原的石、骨、木、陶器物794件。其中石器有石斧、石锛、石纺轮等，陶器有釜、盆、盘、钵、豆、鼎、碗、壶、纺轮等，骨器中有骨哨。在陶片中有少量精美白陶，不亚于商代的白陶，有的白陶片上有乌头纹，还有捏塑的男性陶人像。木器中有两件拖泥板状的木器和残存木桨，还有一批加工方正的榫铆建筑构件。

罗家角遗址的4个文化层都属马家浜文化，代表了马家浜文化的若干个不同发展阶段，丰富了马家浜文化的内涵，找到了马家浜文化的早期类型，是我国考古工作的又一重大成绩。罗家角第四文化层出土的芦苇经碳14测定为距今7040年左右，第四文化层出土的陶片经热释光测定为距今7170年左右，两种测定结果基本一致。2001年7月，国务院将罗家角遗址列入第五批全国重点文物保护单位。

## 世界最早的水稻栽培地

罗家角遗址的发掘引起了中外学者的注意。在第三、四层中出土的156粒稻谷，经科学鉴定是距今7040年左右的人工栽培籼稻和粳稻，其时间上下不超过150年。而河姆渡遗址第四文化层的年代为公元前4780年，上下不超过90年。罗家角遗址发现的稻谷，在马家浜文化现已发现的资料中于年代上是最早的，较河姆渡遗址发现稻谷的年代还要略早一些。

目前世界上迄今已发现的栽培水稻最早的时间，泰国、印度尼西亚不到6000年，印度4300年，日本发现的最早的栽培水稻花粉距今约3200年，都比罗家角的水稻遗存晚了上千年甚至数千年。所以可以说，罗家角一带是迄今所知我国水稻的最早栽培地之一，也是世界最早的水稻栽植地之一。



## 生产生活与人文特色

罗家角遗址还发掘出土有磨光穿孔石斧、弧背石锛和角骨制耜、凿、锥、针、镞、勾勒器和陶制的纺轮、网坠等生产工具以及稻谷、兽骨等。从这些遗物来看，当时的先民已经用磨制石器和骨角器开垦农田、栽种水稻、饲养家畜、烧制陶器和从事原始的纺织业。农业经济已成为当时主要的经济生活，特别是栽培水稻，培育出粳稻，更是水稻种植的一大发展。为适应当地的自然环境，那时渔猎经济也占有一定地位。

罗家角遗址出土陶釜等炊器以及稻谷、兽骨，证实了当时人们主要的食物是稻米及猪、牛、鹿等动物的肉。另外，已出现玉管、玉玦、玉珠和兽骨等装饰物。

尤其引人注目的是这里出土的4片白陶片。白陶是瓷器的先祖，据当今科学分析，制作白陶的原料主要是高岭土。高岭土中铁含量低而铝含量高，较红陶、灰陶耐得起高温，烧成后外型洁白美观，坚硬耐用。人们对高岭土的认识和使用，为后来瓷器的发明和发展奠定了基础。马家浜文化的白陶比大汶口、龙山文化的白陶早了1500多年。

罗家角出土的白陶片上的鸟头纹和捏塑男性陶人像是原始图腾和崇祖现象的表现，木构地面建筑和干栏式建筑是地方建筑特点。从当时同氏族的人葬在一块公共墓地上，并以俯身直肢为主、头向北的葬俗来看，马家浜仍处在以血缘为纽带的母系氏族社会。

## 马家浜文化——太湖地区文化的摇篮

（约公元前5000—约前4000年）

### 文化概况与影响

马家浜文化是长江下游太湖地区已发现的最早的新石器文化，因首先在今浙江嘉兴市城区南湖乡马家浜村发现而得名。马家浜遗址位于嘉兴市西南7.5公里，其东西长150米，南北宽100米，面积约15000平方米。1959年初春，该地农民在挖坑沤肥时发现大量兽骨和古代遗物，该遗址才被发现。

从遗址考古发掘的地层关系和陶器演变的资料来看，目前将马家浜文化分为早、中、晚三期。早期为马家浜遗址下层和桐乡罗家角遗址第四层，陶器以灰黑陶和灰红陶为主，绳纹较多见，器型以釜为主；中期为马家浜上层，罗家角第一、二、三层，陶器以夹砂（包括夹蚌）红褐陶为主，仍有一定数量的灰黑陶和灰红陶，以素面的为多，绳纹基本消失，器型仍以釜为主，出现少量的鼎和较多的豆，还有牛鼻形耳的罐；晚期的陶器以夹砂红陶和泥质红衣陶为主，主要器型是釜、鼎、豆。

在马家浜遗址中还发现有兽骨、石锛、砺石、骨镞和各种质地的陶片。上下层交接部位出土人骨架30具，埋葬密集、重叠，南北向放置，其中6具身旁有随葬品。下层中的居所较简陋，房基为椭圆形凹坑，出土的牛、鹿、野猪等兽骨比上层更多，还有骨镞、骨锥、骨针、骨凿以及石斧、砺石和陶片等，又有碳化圆角菱。遗址出土的陶器以釜类为主，鼎形器极少，器型以牛鼻式为特征，有一定数量的红衣陶。此外，出土物中还有纺轮和玉珠。

马家浜遗址发现后，各地又陆续发现不少同类型的文化遗址。嘉兴市境内有吴家浜、干家埭、钟家港，桐乡罗家角、谭家湾、张家埭、新桥、吴家墙门，海宁郭家石桥、坟家港，海盐彭城，平湖大坟塘，嘉善小横

港、独圩等多处。境外主要同类型遗址有湖州邱城，杭州吴家埠，苏州越城，吴县草鞋山、张陵山，吴江袁家埭，常州圩墩，武进潘家塘、寺墩，青浦崧泽等。这说明这一地区历史悠久，是古代太湖地区文化的摇篮。

马家浜文化具有独特的形态，不同于其他类型的文化，按其时期的早、中、晚，可分为：罗家角类型、马家浜类型、崧泽类型。马家浜文化代表着长江下游、太湖地区新石器时代的文化。在时间上，马家浜文化是中华民族古老文化的重要组成部分，也是其源头之一，它上承余姚河姆渡文化，下启崧泽文化和良渚文化。它的发现，证明了长江流域和黄河流域同是中华民族文化起源的摇篮。



## 生产生活与人文特色

在马家浜文化时代，人类已经定居，生产以原始农业为主，辅以渔猎，在栽种稻谷、纺织、制陶、制造手工艺品方面已有很多创造，当时的人们过着母系氏族社会的生活。

在农业方面，当时的居民主要从事稻作农业，多处遗址中出土了稻谷、米粒和稻草实物，经鉴定为6000年前的稻谷，说明其已普遍种植籼、粳两种稻。稻粒大小与现在的谷粒基本一致，说明浙江及其附近地区先民栽培水稻的技术早在马家浜文化时期已达到了很高水平，也证明了这一带栽培水稻已有悠久的历史。农用工具有穿孔斧、骨耜、木铲、陶杵、石锛等。虽然已采用整体磨光，但钻孔技术主要使用尖锥器，从两面对钻，有时还要借助凿加工，比较进步的管钻方法尚不多见。这说明在6000年前，浙江一带的先民就会用石斧、石锛砍伐树木、制作工具，进行刀耕火种。在吴县草鞋山还出土了马家浜文化时代的葛麻纤维织造的纬线起花罗纹编织物，远比普通平纹麻布进步。

渔猎经济在马家浜文化时代也占重要地位，出土物中常发现骨镞、石镞、骨鱼镖、陶网坠等渔猎工具，以及陆生、水生动物的遗骸，另外他们还饲养狗、猪、水牛等家畜。

马家浜文化遗址中还发现有多处房屋残迹。当时已有榫卯结构的木柱，在木柱间编扎芦苇后涂泥为墙；用芦苇、竹席和草束铺盖屋顶；地面经过夯实，内拌有砂石和螺壳；有的房屋室外还挖有排水沟。而且，遗址中多红色陶器，腰檐陶釜和长方形横条陶烧火架是该文化中独特的炊具。

死者埋入公共墓地，各墓随葬品不甚丰富也不很悬殊。在常州圩墩和吴县草鞋山发现用陶器覆盖人头骨或把人头骨置于陶器中的特殊葬俗，还发现几座死者年龄相近的同性合葬墓，属母系氏族社会的葬俗。而且，据推断，该文化的后继者是崧泽文化。

马家浜人制陶就地取材，以手制为主，较大的器物多用泥条盘筑法制成。以带腰沿的陶釜作为炊器，是典型器物，晚期出现陶鼎。另外还有较多的陶盆、陶罐。器形纹饰简单，数量较少。使用炉箅使炉膛供氧充足，柴火燃烧充分，节约了燃料，提高了炊事效率。

另外，马家浜文化石坎护坡的发现是又一重要收获。在马家浜文化成排的柱坑建筑遗迹中，圆形柱坑底部多有块石作础，应该是为立柱架屋的地面建筑。同时，柱坑外围还有堆砌 11 米长的块石护坡石礅，它依山坡地形蜿蜒曲折，石礅外侧 2—3 米处还有块石垒砌的“石墙”，形成约宽 2—3 米的围沟。考古专家说，这种类似聚落环壕性质的石砌围沟在浙江地区史前考古中还是第一次发现，它为认识研究马家浜文化的聚落形态提供了难得的实物资料，也为了解这一地区史前遗址分布及时序上的演变发展提供了重要线索。



在人文方面，马家浜文化有三种情况比较有特色：一是盛行俯身葬的习俗，有些死者头骨用陶器覆盖，或是把头骨另放在陶器内；二是多素面，外器耳的罐、圆锥足鼎代表性的陶器主要是红陶，以外红里黑或表红胎黑的泥质陶为特色；三是使用玉璜、玉玦等装饰品。马家浜文化及其后续的崧泽文化、良渚文化的发现与确立，表明太湖地区的新石器时代文化源远流长，自成体系，并具有鲜明的地域特色。

## 河姆渡文化——长江流域农业文明的摇篮

（约公元前 5000—约前 4000 年）

### 文化概况与影响

河姆渡文化是我国长江下游地区的新石器时代文化。因在浙江省余姚县的河姆渡遗址首先发现，于1976年将该种文化类型命名为河姆渡文化。其主要分布在杭州湾南岸的宁（波）、绍（兴）平原，并越海东达舟山岛。据放射性碳素断代并经校正，该遗址年代约为公元前5000—前3300年。河姆渡文化的发现与确立，扩大了中国新石器时代考古研究的领域，说明在长江流域同样存在着灿烂和古老的新石器文化。

河姆渡文化的主要遗址位于余姚市罗江乡河姆渡村东北，面积约4万平方米，1973年开始发掘，是举世闻名的新石器时代遗址。遗址有4个相继叠压的文化层，其中第三、四层是长江下游和东南沿海已发现的新石器时代最早文化层，距今约6000—7000年。其文化特征具有浓郁的江南水乡地域特色。如：人工栽培的水稻遗物是中国迄今发现最早的农作物。而最令人感兴趣的是骨哨，现在还能吹出动听的音响。



该遗址出土文物的内容非常丰富，有数以千计的陶器、骨器，上刻有比较精细的装饰花纹。其中发现的榫卯是中国现已发现的古代木构建筑中最早的榫卯。在动物遗骨中，有人工饲养的猪、狗、水牛骨骸，其中猪骨的数量最多；野生动物遗骨有哺乳类、鸟类、爬行类、鱼类和软体动物共40多种。绝大多数是梅花鹿、水鹿、四不象（麋鹿）、麂、獐等鹿科动物，仅鹿角就有400多件。鸟、鱼、龟、鳖遗骨数量也不少。另外还发现有极少的亚洲象、苏门犀、红面猴等温热地带动物的遗骸。

河姆渡遗址大量文物的发现，证明早在六七千年以前，长江下游已经有了比较进步的原始文化，它和黄河流域一样，都是中华民族古老文明的发祥地，是长江流域农业文明的摇篮。其为研究农业、畜牧、建筑、纺织、艺术等学科的起源提供了珍贵的实物资料，在中华民族远古文化的形成过程中作出了重要的贡献。1982年，国务院公布其为全国重点文物保护单位。

## 出色的器物制作工艺

河姆渡遗址出土的陶器主要是夹炭黑陶和夹砂红陶、红灰陶。除素面陶外，盛行在釜类腹底交错拍印绳纹，陶器的宽边口沿上常刻划平行条纹、波浪、圆圈、叶形、谷穗状等几何图样，偶见白地深褐色纹的彩陶。以平底器和圜底器为大宗。代表性器物有釜、罐、带把钵、宽沿浅盘、支脚等。与支脚配合使用的陶釜，则始终是河姆渡文化的主要炊器。

陶器以夹炭黑陶最富特点。尤其在早期，无论炊器和饮食容器，都属这种陶质。其胎泥纯净，含铁量仅为1.5%左右，以大量稻壳及稻的茎、叶碎末为掺和料。它在工艺技术上比较原始，器物均为手制，不甚规整。据测试，其烧成温度为800℃—900℃，胎质比较粗厚疏松，重量较轻，吸水性强。晚期阶段，基本上仍用手制，但有的经慢轮修整。此时出现了三足器、袋足器等较复杂的器形，有的陶器烧成温度提高到1000℃左右。

河姆渡文化的骨器制作比较发达，有骨耜、骨镞、骨鱼镖、骨哨、骨锥、骨针等各种器物，广泛使用于生产和生活领域。在早期，河姆渡骨制生产工具就非常丰富，数量远超过石、木、陶质各种工具的总和，为中国新石器文化中所独有。特别是骨镞，达千余件之多，以铤部不对称的长锋或短锋斜铤镞较富特色，另有窄长锋柳叶形镞、钝尖或锐尖的锥形带铤镞等形制。还有一种利用禽类骨管雕孔制成的骨哨，制作非常巧妙，既是一种乐器，狩猎时也可吹音用以诱捕动物。



木器制作也很精巧多样，主要有梯形不对称刃石斧、拱背厚体石锛、木矛、木刀、管状针、匕、有柄匕、梭形器、锯形器、凿、匙等，都是具有特色的器物。大批榫卯木构件及干栏式建筑的遗迹，也显示了河姆渡文化的住房特点。

这里的装饰品有笄、管、坠、珠等，还有蝶形器（原料有木、石、骨、象牙4种）、靴形器等暂不明用途的器物，制作都很精细，少数有柄骨匕、骨笄上，雕刻图案花纹或双头连体鸟纹，堪称精美的实用工艺品。另有20余件象牙制品，其中有刻双鸟朝阳图像的蝶形器、凤鸟形匕状器、雕刻编织纹和似蚕纹的小盅等，显示了当时的精湛技艺。

## 世界最早的稻谷种植地

河姆渡文化的社会经济以农业为主，种植稻谷，兼营畜牧、采集和渔猎，因而在遗址中普遍发现有稻谷的谷壳、稻杆、稻叶等遗存。在1987年的发掘中，遗址中出土了大量的稻壳，总量达到150吨之多，在已经碳化的稻壳中还可以找到稻米，分析的结果确认这是7000前的稻米。有的地方稻谷、稻壳、茎叶等交互混杂，形成0.2—0.5米厚的堆积层，最厚处超过 1 米。

河姆渡文化遗址的稻类遗存数量之多，保存之完好，都是中国新石器时代考古史上罕见的。经鉴定，它主要属于栽培稻籼亚种晚稻型水稻，与马家浜文化桐乡罗家角遗址出土的稻谷一样，年代都在公元前 5000 年，是迄今中国最早的两例稻谷实物，也是世界上目前最古老的人工栽培稻。这说明河姆渡时期的人们已经开始了水稻的栽培，且种植技术已相当高超，这对于探讨中国水稻栽培的起源及其在世界稻作农业史上的地位，具有重要的意义。水稻的栽培使社会上大量的余粮屯积成为可能，随之而来的就是贫富差别的产生和阶级的出现。

遗址中还出土有许多其他植物遗存，如橡子、菱角、桃子、酸枣、葫芦、薏仁米和菌米与藻类植物等。



## 生产生活与人文特色

河姆渡文化代表性的农具有骨耜，仅河姆渡一处就出土上百件。它采用鹿、水牛的肩胛骨加工制成，肩臼处一般穿凿横銎，骨质较薄者则无銎而将肩臼部分修磨成半月形，在耜冠正面中部刻挖竖槽并在其两侧各凿一孔。还发现了安装在骨耜上的木柄，下端嵌入槽内，横銎里穿绕多圈藤条以缚紧，顶端做成丁字形或透雕三角形捉手孔。此外，还有很少的木耜、穿孔石斧、双孔石刀和长近 1 米的舂米木杵等。

河姆渡人饲养的家畜主要有猪、狗。遗址中破碎的猪骨和牙齿到处可见，并发现体态肥胖的陶猪和方口陶钵上刻的猪纹。有一件陶盆上还刻划着稻穗猪纹图像，应该是家畜饲养依附于农业的一种反映。此外，还出土了较多的水牛骨头，说明牛可能也已被驯养。

在编结纺织技艺方面，在河姆渡发现有芦苇席残片，采用二经二纬的编织法。质轻的木纺轮，连同大小轻重不一的陶、石纺轮，可供抽纱捻线之用。还发现了据认为可能属于原始腰机部件的木质打纬刀、梳理经纱的长条木齿状器、两端削有缺口的卷布轴等。

木作工艺也十分突出。除木耜、小铲、杵、矛、桨、槌、纺轮、木刀等工具外，还发现了不少安装骨耜、石斧、石锛等工具的把柄。用分叉的树枝和鹿角加工成的曲尺形器柄，叉头下部砍削出榫状的捆扎面，石斧捆绑在左侧，石锛则捆扎在前侧。河姆渡遗址出土的许多建筑木构件上凿卯带榫，尤其是发明使用的燕尾榫、带销钉孔的榫和企口板，标志着当时木作技术的突出成就。在河姆渡第三层出土了一件瓜棱状敛口圈足木碗，外表有薄层的朱红色涂料，剥落情况严重，微显光泽，经鉴定是生漆，这是中国迄今发现的最早漆器。

河姆渡文化盛行一种栽桩架板高于地面的干栏式建筑。在河姆渡遗址各文化层，都发现了与这种建筑遗迹有关的圆桩、方桩、板桩、梁、柱、木板等木构件，共达数千件。第四层的一座干栏式长屋，桩木和相紧靠的长圆木共残存220余根，较规则地排列成4行，互相平行，作西北—东南走向。现存最长一行桩木长23米，由西南到东北的第1、2、3行之间的距离大体相等，合计宽约7米，推知室内面积在160平方米以上；第三、四行间距1.3米，是设在面向东北一边的前廊过道。在建筑遗迹范围内出土除有芦席残片外，还留有许多陶片以及人们食后丢弃的大量植物皮壳、动物碎骨等。这座大型干栏式建筑当属公共住宅，室内很可能隔成若干小房间。干栏式建筑是中国长江以南地区新石器时代以来的重要建筑形式之一，目前以河姆渡发现的为最早。



除干栏式建筑外，稍后还出现了一种立柱式地面建筑，即在柱洞底部垫放木板作为基础，有的则是填塞红烧土块、粘土和碎陶片等，以加固形成臼状柱础，中间立木柱。

河姆渡文化时期人们的居住地已形成大小各异的村落。而且，村落遗址中有许多房屋建筑基址。但由于该地属于河岸沼泽区，所以房屋的建筑形式和结构与中原地区、长江中游地区发现的史前房屋有着明显的不同。

在河姆渡遗址第二层发现一眼木构浅水井遗迹。这是中国目前所知最早的水井遗迹，也是迄今发现的采用竖井支护结构的最古老遗存。水井位于一处浅圆坑内，井口方形，边长约2米，井深约1.35米。井内紧靠四壁栽立几十根排桩，内侧用一个榫卯套接而成的水平方框支顶，以防倾倒。排桩上端平放长圆木，构成井口的框架。水井外围是一圈直径约6米呈圆形分布的28根栅栏桩，另在井内发现有平面略呈辐射状的小长圆木和苇席残片等，可见井上还应当盖有井亭。

在河姆渡第四层发掘的人类居住区，发现以陶釜、陶罐为葬具的婴儿瓮棺葬两座。第一至三层有20多座墓，均不见墓坑和葬具，仅有一座以木板垫底。成人和婴儿多为单人葬。有三座是两人合葬墓，其中一座是两个儿童。第二、三层内的墓流行单人侧身屈肢葬，个别的是俯身葬，头向东或东北，大多数无随葬品。第一层内的墓流行单人仰身直肢葬，也有个别仰身屈肢葬，头向不一，以西北的居多。它们普遍有随葬品，但并不丰富，最多的两座墓各有 6 件，一般放置釜、豆，少见生产工具。总的来看，不同时期的葬式、头向和随葬品是有所变化的。

此外，遗址还出土 8 支舟楫，这是目前所知世界上最早的水上交通工具。遗址出土的大量动植物遗存中以水生动植物为多，特别是鲨、鲸、裸顶鲷等海生鱼类骨骸的发现，证明河姆渡先民已经凭借舟楫把活动范围扩大到江河及近海地区，这在经济活动和与外界交往中有重要意义。

河姆渡时期的人们信奉凤鸟。在河姆渡遗址出土的大量精美艺术品中，不少都饰有鸟和太阳结合的图案，单独雕塑的鸟形象也有数件。其中国宝级文物象牙雕刻件更是原始艺术品中的精品，形象地反映了原始农业发明以后，先民对知时的鸟和照耀万物的太阳的崇拜。

用骨、角、兽牙和玉石材料制成的装饰品，是河姆渡先民精神文化生活的又一体现。玉玦、玉璜的出现，证明了河姆渡文化也是中华民族崇尚玉器传统的源头之一。河姆渡遗址出土文物还表明河姆渡先民已开始纺纱织布，掌握挖凿发明技术，这一切大大开阔了人们的视野，有力地支持了中华民族文化起源是多元的见识，证明了长江、黄河流域都是中华民族远古文化的摇篮。



## 下汤文化——石磨的生产和使用者

（约公元前 5000—约前 4000 年）

### 文化概况与影响

下汤文化是浙江台州一带的新石器时代文化，下汤文化遗址则是目前在浙南地区发现的规模最大、保存最完整、时代最早、文化内涵最丰富的一处人类居住遗址，相当于母系氏族社会早中期。该文化遗址坐落在距浙江仙居县城西 30 公里处，北靠八卦山，南临永安溪，西傍四乌坑，是高出四周约一米的河谷平原的台地。遗址面积2.5万平方米，保存较完整的约1万平方米。

下汤遗址文化堆积层丰厚，地层分明，文化层厚度两米以上。从出土的文物看，最多的是陶器和陶器碎片，种类有夹炭灰陶、夹砂红陶、细泥质灰陶和黑陶等，其中最突出的是夹炭红陶，它以未炭化稻草和稻谷壳为原料。其次是石器，有生产工具——斧、铲、刀、凿、镰及各式石锛，狩猎工具、生活用具和装饰品的石磨盘及纺织工具石纺轮等。

下汤文化遗址的发现具有十分重要的意义，其中出土的石磨盘、石磨棒、石磨球、环形砍砸器、流星索和三角形两端出刃石均为浙江省首次发现。尤其是石磨盘和石磨棒的发现，说明这里远古时期的人们就会生产和使用石磨，为全国及世界所罕见。

## 器物制作与生产生活

下汤文化的陶器胎质都较酥松，其中夹炭灰陶以稻谷壳、杂草为掺羼料，已炭化，胎心乌黑，器胎表里涂一层厚达0.2厘米似漆非漆的褚色染料，出土时非常鲜红绝艳，为以往所罕见。器型种类有盛器（罐、瓶、壶等)、炊器（釜、鬲、鼎)、饮器（碗、盘、盆、杯)，以及纺织工具的纺轮和制陶工具的陶拍等。陶器上的装饰有镂孔、堆塑、麦穗纹、直条纹、印捺纹、绳纹、篮纹、斜条纹和弦纹等。器形以平底器为主，也有小量的凹底和圈底。

下汤文化时期的石器制作小而粗犷，经打击后再略粗磨，仍处在原始状态。另外，也有一种器形细少的品种，如柳叶形镞、指甲形有段小锛、笔头状小凿和石簪、石块、石璜等装饰品，磨制精细光洁，工艺水平较高。石器的制造和使用功能有较明确分工，如生产工具有斧、铲、刀、凿、镰、削、饼形砍砸器和各式石锛（有段锥形、有段屋脊式、阶级式、有段常形、指甲形和棱式两端出刃)。

下汤文化时期人们的狩猎工具有矛、镞（有铤和无铤两种)、流星索、弹丸。生活工具和装饰品有石磨盘、磨球、砺石、石簪、璜和纺织工具石纺轮等。

从出土器物形状特征和文化性质看，下汤人已脱离深山的穴居生涯，迁向平原过定居生活。他们以农业经济为主，狩猎、采集为副，并发展了纺织、制陶和捕捞业，农业和手工业已有了较明确的分工，劳动果实也有所剩余。

## 骆驼墩文化——太湖地区的文化先锋

（约公元前5000年—约公元前后）



### 文化概况与影响

骆驼墩文化是太湖西部地区的古代文化。该文化遗址位于江苏省宜兴市新街镇夏姜村和唐南村附近的骆驼墩，明清时期为宜兴县境内八座烽火墩之一，于1957年被发现。

该遗址总面积约25万平方米，为一个人类大型中心聚落，分南北两区，两区相距约500米，南区在名为骆驼墩的紧连宜溧山的自然岗地，北区在唐南村北。

20世纪70年代，当地兴办的一座砖瓦厂在骆驼墩一带取土，挖出了大量磨制精美的石器及一些陶器、玉器。在1984年的浙江省文物普查中，原宜兴县文管会在当地征集了各类文物数百件，认定其为一处新石器时代遗址，主要遗存属于距今5000多年的崧泽文化，又因发现于骆驼墩，故名骆驼墩文化。

2001年11月至2002年7月，南京博物院考古研究所对宜兴骆驼墩遗址进行了大规模的考古发掘，发掘面积总计1309平方米，发现并清理属马家浜文化时期的墓葬52座，瓮棺葬39座，灰坑5座，房址3座，大型螺贝堆积遗迹一处，祭祀遗迹4处。其中，马家浜文化的瓮棺葬在长江下游是首次发现。该遗址还发现属崧泽文化和良渚文化的墓葬、灰坑等多处。另外还发现较为丰富的广富林文化遗存和印纹陶时期的文化遗存。在土墩西南角，距墩面深两米处，人们还发现一座汉墓，这说明骆驼墩文化的时间跨度从距今7000年前后至距今2000多年，前后延续达4000多年。该文化不愧是太湖地区的文化先锋。



经几次发掘，这里发现了石器、陶器、骨器、玉器等400余件，各类动物骨骸标本2000余件，碳化稻米2000多颗。2002年，这里被中国社会科学院考古研究所评选为年度全国六项重大考古发现之一，2006年又被评为第六批全国重点文物保护单位。

骆驼墩遗址发掘的最重要收获，是发现了以骆驼墩早期遗存为代表的骆驼墩文化遗存，它代表了太湖西部山地向平原过渡地带的新石器时代考古学文化特点。这一文化遗存的发现填补了环太湖西部史前考古学文化的空白，为我们研究马家浜文化、河姆渡文化、跨湖桥遗存、骆驼墩遗存等文化之间的关系，以及它们所构成的史前文化格局，提供了一个更新的视角，也对重新认识和深入研究长江下游新石器时代考古学文化和长江下游地区的古代文明化进程具有极其重要的意义。

## 生产生活与人文特色

在骆驼墩土层表面下深30—50厘米处即有几何印纹陶片、夹沙陶、泥质会陶和釉陶片，也发现了石镞和灰屑等，说明这一时期生活在太湖一带的人类生产技艺和生活水平都已有了较高水平。

骆驼墩出土的陶器有着明显的自身特色，其陶纹以曲折纹、席纹、回字纹和米筛纹为主，米字纹和窗棂纹少见。这里还出土有一个釉陶鼎盒，色黄绿，陶胎红褐色，盒圆球形。有子口，盖如复碗，平底，圆足高12.5厘米，深腹矮足，足有兽形装饰，瓿为小口平底，肩部刻划双线弦纹和波浪纹，罐和为灰陶、质松软。

另外，这里还发现了“螺贝堆”，长宽均15米左右，最厚处达1.6米。专家认为，这些螺蛳壳、贝壳都是古人食用后留下来的。但令人惊讶的是，古人在食用之后，并没有将这些螺贝的壳随意扔掉，而是有意识地将之作为资源存留在一处。

古人为什么要将这些螺贝壳收集在一起呢？估计主要有两人用途：一是铺设居住区户外活动地面，用来防潮；二是将之击碎混入土中做陶器，因为螺贝壳碎片与泥土混起来做陶器，可以增加泥土透气性，有利于陶器的成形，这与现代人用粗砂制作陶器是同样的道理。

骆驼墩遗址的埋葬习俗与马家浜文化有别，而瓮棺葬则更加独特，不见于其他马家浜文化遗址。

# 双墩文化——淮河流域的文明曙光

（约公元前5000年）

## 文化概况与影响

双墩文化是目前淮河中游地区已发现的年代最早的新石器时代文化。该文化遗址位于安徽省蚌埠市淮上区小蚌埠镇双墩村北侧的一个台地上，中心面积约2万平方米。

专家们发现，与同时期其他文化遗迹相比较，双墩遗址出土的大量陶器从形状、纹饰等方面都具有鲜明的自身特色。出土数量较多的陶釜，不仅形状不同于相同时期南方的腰沿釜和北方的尖底釜，而且其硕大的支脚采用仿男性生殖器形状，十分罕见。盛储器中小口罐球腹肩部装有对称牛鼻形或鸟首形耳系，碗的形体特大，矮圈足内多处发现刻画符号等等，在已发现的同时期文化遗迹中均不常见。鉴于此，在经考古界长期反复酝酿基础上，来自北京大学、清华大学、中国社科院等30余位著名专家、学者，在实地考察和广泛深入地研讨后，正式向社会首次提出一种新的考古学现象——双墩文化。

双墩遗址出土的文化遗物丰富多彩，主要有陶器、石器、骨角器、蚌器、红烧土块建筑遗存、动物骨骼，以及大量的螺蚌壳等，种类繁多，内涵多样，既有生产工具、生活用具，还有泥塑艺术品等，而且这里还出土了607件陶器刻画符号，这些都为探索7000年前先民们的社会、经济、文化生活，提供了大量信息，具有重要的历史、艺术和科学研究价值，是一项重要的考古发现。



双墩文化的发现，填补了淮河中游地区新石器中期史前文化的空白，为中国新石器时代文化谱系和中国文字起源的研究注入了新的内容。这一研究结果表明，早在7000多年前淮河中游地区已显露出早期文明的曙光，淮河流域与黄河、长江流域同样是中国古代文明的发祥地之一，这为丰富我国古代文明起源多元化一体学说提供了有力的证据，具有重要的科研价值和积极的现实意义。

## 神秘的刻划符号

双墩文化遗址出土的607余件种类繁多的刻画符号，在同时期国内外文化遗存中十分罕见，可谓是一个惊人的发现，其所包含内容之丰富是同时期任何遗址所无法比拟的。仅就已知的内容看，有山川、河流、太阳、动物、植物、房屋等写实类刻画，也有猎猪、捕鱼、网鸟、俘鹿、种植、养蚕、编织、饲养家畜等生产生活类刻画，以及记事、记数等几何类刻画符号，内容涉及双墩人的衣食住行以及天文历法、宗教信仰等，几乎涵盖了生产、生活、精神方面的全部内容，堪称原始社会的“档案馆”。

刻画符号可分为单体符号、复合符号和组合符号，特别是不少符号反复出现，使用频率较高，具有明显的记事性质和一定的表义功能、可解释性。这些符号大都刻画在器底部位，内容包括日月、山川、动植物、房屋等写实类，狩猎、捕鱼、网鸟、种植、养蚕、编织、饲养家畜等生产与生活类、记事与记数类等，反映了生产、生活、宗教、艺术等广泛的内涵，构成了双墩文化遗存极其重要的内容。



双墩写实类刻画符号简洁、生动、形象，具有文字书写特点。刻画符号出现了两种及两种以上的符号组合，并有主纹与辅纹的区别，表达了相对完整的意思，显现出语段文字特点。双墩刻画符号在定远侯家寨遗址也有所发现。同一符号在不同遗址内出现，说明在一定范围内已有固定形态的符号得到认同并使用，具备文字社会性的特点。

从同时期其他遗存的刻画符号比较以及从文明形成的特殊规律而言，双墩刻画符号是中国文字起源的重要源头之一，对于探索中国文字乃至人类文字起源的研究具有十分重要的意义。更有学者认为，双墩遗址的刻画内容不仅丰富，而且含义明确，有狩猎、捕鱼、网鸟、养蚕、种植等内容，仿佛一幅幅“连环画”。研究刻画符号的专家们做出了这样的结论——双墩的刻画符号与西安半坡、临潼姜寨、宜昌杨家湾、秭归柳林溪、青海柳湾以及大汶口、良渚等其他新石器时代遗址的刻画符号相比，有一定相似之处，但也有自身明显的特征。这类刻画符号在定远侯家寨遗址也有发现，表明它是一定地域范围氏族群落之间表达特定含义的记录符号。

### 由陶塑艺术看其文化水平

由双墩文化出土的遗物来看，在7000年前，这里的先民们在社会经济、生产生活、手工技艺、艺术创作等方面都已有较高的水平。

在双墩文化遗址出土的文物里面，有一个小孩拳头大小的陶塑人头像被定为国家一级文物。该头像塑造了新石器时代早期的一个蚌埠先民的形象，面部有对称的五点装饰图案，塑造手法粗犷、简练，写实中有夸张，风格神奇怪异，很有原始艺术的趣味和神秘感。在头像的额头正中有一同心圆纹饰，说明在新石器时代早期，先民就创造了划圆的简单工具和方法，并对图形有了一定的认识和运用。

该陶塑还把纹饰、雕塑用于陶塑中，把雕塑形体和装饰纹样巧妙地结合起来，大方古朴，给人美的享受，说明古双墩人的陶塑艺术已经达到了一定的水平。

双墩文化还有很多不为人知的地方，一些专家们还建议对双墩遗址进行必要的补充发掘，搞清楚该遗址地层关系及居住、墓葬等遗迹现象。同时，在双墩周边地区进行必要的调查、勘探、发掘，进一步搞清楚双墩文化的分布范围及聚落形态，开展与周邻地区同期文化的比较研究。

## 彭祖墩文化——太湖流域新石器文化的代表

（约公元前5000年—约公元前后）

彭祖墩文化是江苏省无锡市一带的新石器时代至商周时期的文化。该遗址位于江苏省无锡市锡山区鸿山镇鸿声村西北3公里处，遗址东北一公里处有鸿山，该山相传为吴太伯所葬。遗址为1990年无锡市博物馆在考古调查中发现，其外表为一近长方形的台地，东西长约350米，南北宽约230米，面积约7万平方米。

该遗址文化层堆积约2.5米，文化内涵主要属于马家浜文化和商周时期的文化遗存。该遗址遗存比较丰富，在已经出土的文物中，除了大量的陶片外，较完整的新石器时代文物就达40多件，其中有石刀、石斧、石纺轮、陶盆、陶釜、陶鼎以及玉器等，都具有极高的研究价值。

彭祖墩文化遗址是迄今为止长江中下游地区发现时间最早、面积最大、文化堆积层最厚、包含物最多的文化遗址，也是研究太湖流域人类文明发展史最好的历史资料。

# 大溪文化——长江流域古文明的发祥地

（约公元前4400—约前3300年）

## 文化概况与影响

大溪文化是长江中游地区瞿塘峡一带的古文化，也是一种以红陶为主并含彩陶的地区性文化遗存。

大溪文化遗址位于四川省巫山县与奉节县相连的大溪镇，在瞿塘峡东口长江南岸与大溪河交汇处的三级台地上，距奉节县城15公里。它是我国新石器时代母系社会的重要遗迹，属母系氏族晚期至父系氏族的萌芽阶段，是我国著名的原始社会古文化遗址之一。郭沫若先生首次把其称之为大溪文化。该文化类型迄今发掘的主要遗址还有：湖北宜都红花套、枝江关庙山、江陵毛家山、松滋桂花树、公安王家岗，湖南澧县三元宫和丁家岗、安乡汤家岗和划城岗等10多处。

国家文物部门于1958年、1975年和1976年对大溪文化遗址进行过三次发掘，发掘面积达570平方米，清理墓葬208座，出土珍贵文物1200多件，有生产工具石斧、石锛、蚌镰、骨针等，有饰品玉石、璜等，还有艺术品空心石球、人面浮雕、悬饰等，以及内外朱色陶、戳印文和朱绘黑陶、曲腹杯、筒形瓶等器物。这里出土的陶器、石器都颇有特点，骨器很多且保存完整，另外还有玉器等。

这里出土的石器中以两侧磨刃对称的圭形石凿最具特色，有很少的穿孔石铲和斜双肩石锛，偶见长达三四十厘米的巨型石斧。同时，有相当数量的石锄和椭圆形石片切割器等打制石器。

从时间上看，大溪文化可归纳为三个时期。早期：夹炭红陶最多，戳印纹简单、细小，彩陶极少，以折肩圈足罐、三足盘、鼓形器座等为代表。中期：戳印纹发达，彩陶兴盛，常见内折沿圈足盘、簋、高把豆、折腹盆、曲腹杯、筒形瓶等。晚期：泥质陶占绝对优势，灰陶和黑陶剧增，有细颈壶、折敛口圈足碗等。

大溪文化初步可分为两个地区类型：长江沿岸的鄂西川东地区，如大溪、红花套、关庙山等地的遗存，可称为大溪类型。此种类型的遗存中长期多夹炭陶，夹砂陶比例始终很小，白陶也很少。圈足盘、陶簋多见，典型器有彩陶筒形瓶，圈足上盛行各种成组的戳印纹。彩陶纹饰有横人字形纹、曲线网格纹，有的器形和彩纹，明显受仰韶文化庙底沟类型的影响。洞庭湖北岸、西北岸地区，如三元宫、丁家岗、汤家岗等地的遗存，可称为三元宫类型。此种类型的遗存中夹砂陶比例大，红褐胎黑皮陶和白陶占一定数量，有特征鲜明的盘口圈足罐和筒形圜底罐。圈足盘少，彩陶筒形瓶仅有个别发现，以通体装饰的印纹、刻画纹为特色，漩涡纹、变体卷云纹彩陶也具特点。至今没有发现受庙底沟类型彩陶影响的迹象。有人认为，三元官类型遗存虽确有许多与大溪文化相同的文化因素，但可能是受大溪文化强烈影响的另一种原始文化。



大溪文化是我国长江流域古文明的发祥地之一，也是长江中游地区新石器时代文化的首次发现。它的发现为探索长江中游地区新石器时代文化的面貌，以及社会经济发展提供了珍贵的实物资料。从出土器物看，大溪文化是以当地为主，外来文化影响为辅发展起来的。

在与其他文化的关系上，该文化同湖北的屈家岭文化，江苏的青莲岗文化及浙江的河姆渡文化等都为已发现的重要的长江流域古文化，它们之间存在着相互交流影响的因素。

大溪文化与仰韶文化比较可知，两者都有外形近似而各属自身系统的折沿盆、敛口钵和小口直领罐等陶器，反映了在同一时期南北所流行的器物形制和作风。另一方面，还明显存在着互相交流影响的因素。如淅川下王岗的早一、早二期遗存中的陶豆、盂、筒形瓶式细高器座等，是受大溪文化影响的产物；大溪、关庙山、红花套等处发现的圆点钩叶纹和花瓣纹的彩陶罐、垂幛纹彩陶钵片、双唇小口尖底瓶片等，是仰韶文化庙底沟类型南下影响所及的实物例证。至于大溪文化与时代稍晚的屈家岭文化的关系，两者当是先后直接继承发展的，也有人认为是不同系统的两种文化，目前尚无定论。在湖南石门皂市、湖北宜都城背溪、秭归柳林溪，新发现一种较早的新石器遗存，为探讨大溪文化的渊源提供了重要线索。

## 出色的陶器制作技术

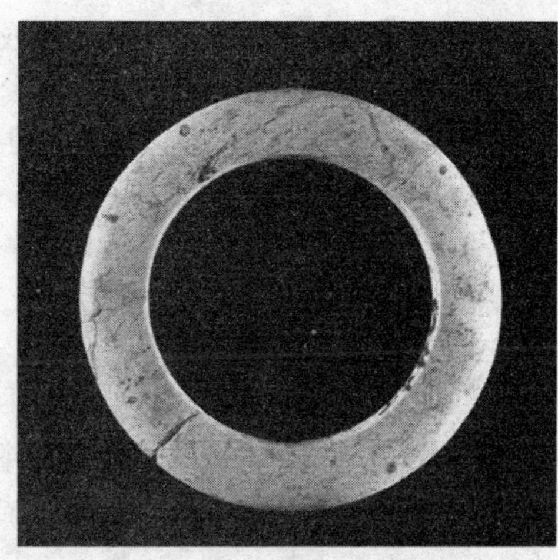
大溪文化出土的玉环

制陶业方面，大溪文化的陶器以红陶为主，以白陶和薄胎彩陶最为突出，代表了较高的工艺水平。红陶陶器普遍涂红衣，有些因扣烧而外表为红色，器内为灰、黑。盛行圆形、长方形、新月形等戳印纹，一般成组印在圈足部位。有少量彩陶，多为红陶黑彩，常见的是交叉纹、横人字形纹、条带纹和漩涡纹。主要器形有釜、斜沿罐、小口直领罐、壶、盆、钵、豆、簋、圈足盘、圈足碗、筒形瓶、曲腹杯、器座、器盖等。另有大量实心陶球和空心裹放泥粒的陶响球。

在白陶圈足盘上，通体饰有类似浅浮雕的印纹，图案复杂精细。薄胎细泥橙黄色的彩陶单耳杯和圈足碗，胎厚仅1—1.5毫米，绘以棕红色的多种纹样，显得精美别致。划城岗遗址发现一座保存稍好的窑址，由斜坡状火道、火膛和出烟口三部分构成。火膛下半部挖在生土中，上半部用大块红烧土垒成。火膛之上未见窑箅，围绕窑壁内侧有一圈放置陶坯的平台，大多数陶器火候较低，据测试烧成温度为750℃—880℃。

## 生产生活与人文特色

大溪文化居民以稻作农业为主。在房屋建筑遗迹的红烧土块中，经常发现有稻草、稻壳印痕。红花套遗址的稻壳印痕经鉴定为粳稻。除饲养猪、狗外，从大溪、三元宫、丁家岗遗址的发现看，鸡、牛、羊可能也已成为家禽家畜。同时，渔猎、采集等辅助经济仍占一定比重。特别是在大溪有些地段的文化层内，夹杂着较多鱼骨渣和兽骨，包括鱼、龟、鳖、蚌、螺等水生动物以及野猪、鹿、虎、豹、犀、象等的遗骸。大溪文化层中发现了很厚的鱼骨堆积，说明捕鱼在当时的三峡地区已成为主要的生产活动。

在红花套、关庙山发现的房屋基址普遍经过烧烤，已成红烧土建筑，并较多使用竹材建房。建筑分半地穴式和地面两类，前者常呈圆形，后者多属方形、长方形。地面起建的房子，往往先挖墙基槽，再用粘土掺和烧土碎块填实，墙内夹柱之间编扎竹片或小型树干，里外抹泥。室内分布柱洞，挖有灶坑或用土埂围筑起方形火塘。居住硬面的下部，常用大量红烧土块铺筑起厚实的垫层，既坚固又防潮。有的房顶系铺排竹片和植物茎秆，再涂抹掺有少量稻壳、稻草末的粘土。有的房子还有撑檐柱洞或专门的檐廊，或在墙外铺垫一段红烧土渣地面，形成原始的散水。可见为适应南方的气候条件，建造住房已采用了多种有利于防潮、避雨、避热的技术措施。

这里的葬俗很独特，共发现 300 余座大溪文化的墓葬，其中大溪墓地最多，人骨保存也较好。该墓地死者头向普遍朝南，除个别为成年女性和儿童的合葬墓外，绝大多数实行单人葬。葬式一类为直肢葬，数量占半数以上，以仰身直肢为主。另一类为屈肢葬，其中多数是仰身屈肢，以双脚压在髋骨下的仰身跪屈葬和下肢向上弯曲的仰身蹲屈葬最为特殊；下肢弯屈程度很大的屈肢葬，是将死者捆绑后埋葬的。绝大多数墓有随葬品，最多的 30 余件。女性墓随葬品一般较男性墓多，有的石镯、象牙镯等饰物，出土时还佩戴在死者臂骨上。在几座墓里发现整条鱼骨和龟甲，有的把鱼摆放在死者身上，或是置于口边，也有的是两条大鱼分别垫压在两臂之下。以鱼随葬的现象，在中国新石器文化中尚属少见。另外还有以狗作为牺牲的。大溪墓地儿童与成人的葬制基本相同，但在红花套和关庙山则是瓮棺葬。

## 城头山文化——有“中国第一古城”之称的文化

（约公元前 4000—约前 2800 年）

### 文化概况与影响

城头山文化是阳平原一带的新石器时代至青铜时代，中国南方大溪文化至石家河文化时期的遗址。城头山文化遗址位于湖南省澧县车溪乡南岳村的城头山上，距县城10公里，占地15万平方米。该遗址发现于1979年，1991年开始发掘，1996年被国务院批准为全国重点文物保护单位，2002年又被评为“中国20世纪100项考古大发现”之一。

城头山文化遗址文化内涵丰富，发现有古代城垣、城门设施、环城壕、护城河、房址、陶窑、祭坛、道路、墓葬以及城垣底层的水稻田等遗迹。出土物包括石器、陶器、玉器、骨角器以及碳化的稻粒等。

城头山遗址是中国目前发现的年代最早，保存最完整、最系统，内涵最为丰富的古代城址，因此有“中国第一古城”之称。它的发现为探索长江流域新石器时代聚落遗址形态提供了丰富的资料，震动了海内外，引起学术界的极大关注。其中发现的距今6500多年的水稻田遗址，是当今世界上发现的历史最早、保存最好的水稻田遗址。1996年，其被国务院列为全国重点文物保护单位，1992年、1997年又两次被评为全国十大考古发现。



洞庭湖西岸的澧阳平原中部、澧水北岸，史前遗址分布十分密集。城头山文化遗址就是其中最著名的一个，它的发现对于研究我国城市起源，私有制的产生、等级制的形成、国家的起源、婚姻制度、宗教及稻作文化等提供了广泛的课题，具有划时代的意义。并且该文化极其重要的学术价值不仅为国内专家学者所认同，而且举世公认。因为这个古遗址对史前聚落的发展、筑城历史和技术、长江流域文明因素的形成、稻作农业的兴起和发展等重大学术课题的研究具有极大的价值，具有别的遗址所无法比拟的文化魅力。

## 规模宏大的古代城址

城头山文化最重要的发现就是这里的古城址。1991—1999年，经湖南省考古研究所组织省内外专家先后九次对这一遗址进行科学发掘，确认它是一座距今约6000年的古城址，并且保存得十分完整。由发掘来看，城头山古城的设计和城墙的构筑工程规模相当宏大。城区呈圆形，有东、南、西、北四座城门，城垣内面积约8.8万平方米，分居住区、制陶区、墓葬区、祭祀区四个区。城垣外环以30—40米宽的护城河。挖河所出的10万方泥土夯筑起了长1000余米、底宽30多米、高4—5米的宏大城墙，城垣及护城河共占地15万平方米。

在城内还发掘出大片台基式的房屋建筑群基础，设施齐全的制陶作坊，宽阔的城中大道，密集而重叠的公共墓葬等。古城东门北侧还发掘出了世界上目前最早的古稻田（距今6500年），这些都证明了该城为中国最早的古城，为名副其实的“中国第一古城”。

## 马岙文化——海岱文明的发祥地

（约公元前4000年）

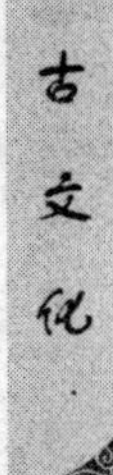


马岙文化是舟山群岛一带的古文化。该文化遗址位于浙江省舟山市定海区的马岙镇，是一个大型的新石器时代土墩遗址群，现有29处，总面积14万平方米。该遗址群是东部地区海岱文明的发祥地之一，也是研究舟山史前文化不可或缺的重要组成部分，对于研究古人类与海洋关系即人类向海洋拓展进程及海洋文化的发展具有重要价值，也为海岱文化的探源提供了实物佐证。

马岙文化遗址的土层厚0.6—0.8米不等，先后出土了新石器时代直到明清各个年代文物500多件，出土文物有石器、陶器、瓷器、骨器、金银青铜器等，以及贝壳、蛤蜊、鹿角等海洋生物和动物骨胳。第一层为耕土层，厚18—20厘米；第二、三层为文化层，第二层厚88—94厘米，土呈黄褐色，出土物有夹砂红陶片、木炭、砺石、贝壳等；第三层厚48—53厘米，土呈深褐色，出土物中石器有石斧、石锛、石簇、石凿、石犁等，通体磨制，材质主要有沙岩和页岩两种，陶器以夹砂红陶为主，有少量泥质灰陶和夹炭黑陶，器形有釜、鼎、罐、盘、豆、壶、纺轮等，其中夹砂红陶，小口球腹环底釜、鼎占多数，纹饰以素面为主，也有绳纹、弦纹和划纹。同时还出土了大量猪骨、鹿骨、贝壳、陶制鱼鳍形鼎足、T形鼎足以及内壁带有稻谷压痕和残留有米粥糊的陶片。

马岙文化具有鲜明的海洋文化特征，其文化内涵系河姆渡文化晚期，与良渚文化同期。该文化类型还在唐家墩、樟树墩、圆子墩、安家墩、田螺墩、蒲瓢墩、凉帽篷墩等29处古文化遗址有发现。

凉帽篷墩是马岙古文化遗址中最高、最大、保存较完好的一个新石器时代的原始村落，面积达3万多平方米。该土墩文化层堆积厚达3米多，文化内涵较为丰富，延续时间从新石器时代一直延伸到唐宋时期，目前已出土了近百件文物，其中有陶制鸟形支座、泥质灰陶平底盘、石锛、石镰、石犁等。其中一页岩磨制的特大石犁铧长63.5厘米，尾宽47厘米，为全国所罕见。

大舜庙后墩遗址位于岱山岱东镇北二村，坐西北，朝东南，面海背山，呈三角形，面积约2万平方米，1983年被发现。文化层厚约1米，文化层堆积层次清晰，出土的文物有：圆条形石斧、段石锛、柳叶形石簇、鱼鳍形鼎足以及大量的陶片。石器均为通体磨制。陶质主要有夹贝屑红陶、夹砂红陶、泥质红陶和夹炭黑陶，陶器纹饰有绖纹、划纹、附加堆纹等。经鉴定，距今约4000多年，属新石器时代。

马岙文化遗址群是舟山群岛迄今发现的规模最大、保存最完整、内涵最丰富的原始村落遗址，其中凉帽蓬墩、长墩和洋坦墩三个古人类居住遗址于1994年被列为定海区文物保护单位，设有标志牌，并在保护区四周立有界桩。1997年，凉帽蓬墩遗址被公布为第四批省级文物保护单位。2000年时，马岙遗址又被省政府批准为省级历史文化保护区。

## 杨汛桥文化——有大型遗址群的文化

（约公元前4000—约公元1000年）

杨汛桥文化是浙江绍兴地区的一个古文化，集良渚、商周、春秋战国以及汉代于一体。

杨汛桥遗址位于浙江绍兴县西北部的杨汛桥镇，为多个遗址的组合体，最小的遗址约有300平方米，最大的约有5万平方米，共有大小遗址10余处之多。遗址堆积物多处地表以下0.2—2米之间，堆积层既有单层，又有多层组合，有时候多个文化元素同时存在于一个断层里。

作为曹娥江流域史前文化遗址之一，杨汛桥有很多遗存属马家浜文化。但这里也发现有不少不同时代的文物，其涉及年代之广、内容之丰富令人惊奇，更加吃惊的是这些文物并不是按照一般的情况埋在地下的，而是堆于地表或者浅土中，可能是水土流失或者是其他原因所致。

经发掘来看，这里有属于良渚时期的夹砂红陶、泥质红陶，夹砂灰黑陶和泥质灰胎黑皮陶，红、黑衣陶，还有典型的牛鼻式鼎耳和鱼鳍形鼎足，另有动物骨、角残件和木器等。还有属于商周、春秋战国时期的白陶、印纹软陶、印纹硬陶和螺旋纹原始青瓷，鼎足、耳、钵、壶、罐等残件。此外，有属于汉、唐、宋朝时期的瓷片，甚至还有越窑青瓷残片等。



## 薛家岗文化——南方地区文化发展的见证

（约公元前 4000 年—约公元 1000 年）

薛家岗文化是安徽省潜山县一带的新石器时代至唐宋时代的文化。该文化遗址位于安徽省潜山县城南 7.5 公里处的河镇乡利华村与水岗村交界处，坐落在潜河边上，高出附近农田 3—7 米，为一椭圆形台地，总面积约有 6 万多平方米。该处已出土的 1000 多件古文物，对研究长江中下游新石器晚期文化来讲是不可多得的理想场所。

在已经开挖过的 1000 多平方米的方塘中，人们从土质结构上可以看到 5 个自然层。第一层为耕土层，第二层为唐、宋文化层，第三层为殷商文化层，第四五层为新石器文化层。其文化层可以说是我国南方地区文化发展的见证。

从该文化遗址四五层叠压关系和随葬品的组合变化来看，新石器时期的潜山人已经脱离了原始人群的流浪生活，逐渐走向定居，其社会已较为进步，并创造了那时相当先进的生活和生产用具。

## 辽瓦店子文化——人类文明的通史

（约公元前 4000 年—约公元 1000 年）

辽瓦店子文化是湖北省郧县一带的新石器时代至唐宋时期的文化。该文化遗址位于湖北省郧县柳陂镇，是汉江流域郧县境内第一次发现的人类通史遗址，也是南水北调中线工程水源区首批由国家文物局和长江水利委员会共同批准发掘的 6 个控制性地下文物遗迹之一，总面积有 10 万多平方米。

辽瓦店子遗址面积大、保存好，文化内涵丰富。考古人员在该遗址中发掘出土了城墙、卜甲、鬲、鼎、灶、仓、盏、青铜兵器等珍贵文物。根据已出土的文物确定说遗址曾是夏商周时期的一个小国的都城，并发现遗址内有从新石器时期到唐宋历代的 13 座古窑，表明此处自远古以来一直有人类活动，是有人类文明历史以来的一个通史遗址。该遗址为揭开中国夏商史上一些重大学术奥秘提供了丰富而准确的实物资料。



## 三合潭文化——多层文化的集中地

（约公元前 4000 年—约公元 800 年）

三合潭文化是浙江台州地区新石器时代至唐代时期的文化。该文化遗址位于浙江玉环县城关办事处南山村，地处三面环山的三合潭河谷盆地，距离县城两公里，遗址面积约 2.1 平方千米。

1971 年，玉环县电厂搞基建挖水池，曾挖出春秋战国时期的铜镞、铜锸等文物。1984 年，三合潭村民挖土取沙时发现了该文化遗址。20 世纪 80 年代，这里陆续出土新石器时代以及夏商周、春秋战国和汉唐时期的大量文物。

考古学家认为，三合潭文化综合了新石器时代晚期、商周时期以及汉唐时期的人文历史和文化概况。其中西周遗址尤为明显。遗址地层有三个时期的文化层上下迭压关系，每层出土文物十分丰富。品种包括人类生产工具、生活用具、兵器和祭器等，是目前台州地区发现的唯一一处多层文化大型遗址。

# 崧泽文化——玉器文化的开创者

（约公元前 3800—约前 2900 年）

## 文化概况与影响



崧泽文化是以上海青浦区城东四公里处崧泽古文化遗址的中层文化为代表的一类新石器时代古文化，以首次在上海市青浦区崧泽村发现而命名。这一带共发现崧泽文化遗址 4 处，即崧泽遗址、福泉山遗址、金山坟遗址、寺前村遗址。该文化上承马家浜文化，后继良渚文化，是长江下游太湖流域重要的文化阶段。崧泽文化分布范围大致在长江以南、钱塘江以北、太湖以东地区。

在崧泽遗址共出土各类文物 800 余件、发现 136 座墓葬。葬式是将人体平放在地上，堆土掩埋，一般都头向东南，仰身直肢；随葬品放置在身体周围，主要有生前使用的石器和陶器；有的口内含有玉琀，颈部佩带玉璜，手臂上有玉镯等，墓葬方式与北方黄河流域挖土坑埋葬的习俗有明显不同。不少墓地陪葬品质精量大，丰富多彩，这都表示 6000 年前的崧泽人生产、生活、文化发展已达到了一定阶段。

崧泽文化的发现对研究我国长江下游人类发展史，特别是太湖地区的原始文化和上海的古代史提供了重要资料。崧泽文化是上海具有悠久历史和灿烂文化的见证。崧泽遗址出土的文物精美绝伦，尤其是中层出土的文物数量多、精品多、又较典型。1959 年，崧泽文化遗址被列为青浦区级文物保护单位。

## 精良的制玉和制陶技艺

中华民族是世界上最崇尚玉的民族，具有悠久的用玉历史。崧泽文化时期，上海先民已经掌握了治玉的技艺，并赋予其某种宗教意义和精神寄托，这直接开启了中国古代用玉的第一个高峰——良渚玉文化，也为中国礼玉制度的孕育开创了先河。

崧泽文化中的玉器大多利用火山碧玉制成，即将玉料切割成片状后加以琢磨。有的器物的表面还留有切割的痕迹，磨制光滑，孔多为单面钻成，然后在另一面稍加修整。主要器物种类有璧、璜、玲、镯等。

这里出土的一件鱼鸟形玉璜很有特色，该玉器长6.6厘米，宽2.1厘米，绿色，间有灰白斑纹。玉器一端琢制成鱼首形，鱼嘴呈张开状；另一端琢制成鸟首形，喙部也呈张开状。璜上端两侧各有一小圆孔，单面钻透，琢磨而成。两孔上侧留有因悬挂而磨损的清晰凹痕。该玉器表面光洁无纹，在崧泽文化的玉璜中仅此一件，甚为罕见。



崧泽文化出土的陶器以灰黑色为主，器型种类有鼎、甗、豆、碗、簋、盆、瓶、壶、杯、觚、匜、罐和澄滤器等，陶器基本上用泥条盘叠加轮修的方法制成；在陶器的器壁上常见谷壳和草屑的印痕。下面是这里出土的几件陶器的介绍，其形制和制作都很独特。

三口陶器：高14.6厘米，泥质灰陶，上部有三个瓶口，相连呈品字形；腹部微弧，也成三角形，底略平，附三个扁足。这件陶器可能是盛放美酒的器具，上部的三个瓶口，可同时供三人吸吮美酒。类似这样的陶器，上海地区出土器物中很少见，非常难得。

灰陶瓦楞纹刻画符号壶：口径7.6厘米，高19.2厘米，侈口，壶颈呈喇叭形，壶腹为球形，平底，矮圈足。壶身自肩至底满饰瓦楞纹，底部刻画一象形符号，可能是先民用来表达自己某种意图的符号。陶器上的刻画纹对研究中国文字起源具有很高价值。

高圈足灰陶壶：高12.8厘米，口径7厘米，泥质灰陶，口沿外翻，壶颈凹弧，肩部略斜，高圈足。腹部造型犹如二碗对合在一起，上半部饰瓦棱纹，下半部平整光滑；从壶口往内观察，可看到腹壁有一圈圈的轮旋痕。圈足上镂刻弧边三角形孔、小圆孔与压划弧线勾连纹，成为一组崧泽文化典型的纹饰。整器造型瘦长优雅，在同类陶壶中别具一格。

彩绘陶豆：口径17.4厘米，高11厘米。上部呈盘形，盘壁略向外鼓出，盘的内壁制作成一定的弧度，使盘内的容积增大；盘外壁的口沿和底边略内收，形成上下两道圈边，有很强的立体感。下部为喇叭形圈足，较为粗矮，在豆盘底部和圈足上部饰一周外凸的圈纹，增加全器的稳定感。盘壁上有红褐色和淡黄色彩绘的弧线图案，圈足上饰红褐色宽带纹彩绘。

整器色彩斑斓，雍容华贵，为陶豆器皿中的珍品。

## 生产生活与人文特色

崧泽文化时期的人们对生产、生活用具加以改革创新，成效显著，证明崧泽时期的农业已率先进入犁耕阶段。石犁的出现说明崧泽文化时的农业生产水平比马家浜文化进步，而石犁也成为稍后出现的良渚文化的主要农业生产工具。

崧泽遗址下、中文化层出土的石器石料来源于崧泽附近几公里至数十公里的范围内，以火山喷发形成的沉凝灰岩类为主。这种石料质地致密、坚硬，经过打制、切割、磨制、钻孔等多道工序制作成斧、锛、凿、镞等多种石器，用于耕作、砍伐、渔猎、宰割等生产活动。用动物的肢骨、獠牙经过劈、削、磨制成器，用于射猎、切割、缝纫等生产活动。



崧泽文化时期，社会生产力有了较大提高，陶器制作已掌握了慢轮修整技术，并趋向专业化。这里的陶器造型多样，朴素美观，纹饰主要采用压划和镂刻的方式。崧泽陶器代表了我国新石器时代一种成熟且极具特色的制陶工艺，反映了上海先民的审美情趣。这一时期，鼎发展成为主要炊器，先以釜形鼎为主，后以大口的盆形鼎为主。

从发现的出土稻谷和稻叶来看，崧泽6000多年前就能人工培植粳稻、籼稻。生活用具中又有淘米使用的澄滤器，可见古人以种植水稻为主要生产活动，并把稻米作为主食。在崧泽发现的两口6000多年前的马家浜文化时期的水井，均为直筒，井壁光滑，水源丰富，遗有兽骨，是我国迄今发现的最早的水井。工艺也较先进，其形制沿用至今。水井的开凿和使用体现了人类文明的进步，为人类的定居生活创造了条件。

骨笄是一种束发装饰品，利用动物肢骨劈、削、磨制而成，是上海地区最早的玉质耳饰品。

在崧泽遗址下层还出土有猪的牙床骨，据鉴定应属于家猪，可见当时的居住环境相对稳定，驯养家猪在先民的经济生活中占有重要的地位。崧泽遗址下层出土的各种兽骨和骨制工具，说明渔猎活动在当时仍占相当地位；而鱼骨、植物果实等证明了当时有着广泛的食物来源。

崧泽文化时期，随葬品的数量比马家浜文化有所增多。家猪下颌骨的随葬，被考古界认为是私有财产的象征，说明当时已产生贫富分化。母子合葬、三人合葬、男女合葬墓的出现，表明已有家庭出现。

## 昙石山文化——拥有六项“中华之最”的文化

（约公元前 3500—约前 2000 年）

### 文化概况与影响

昙石山文化是福建福州一带新石器时代至商周时期的文化，是中国东南地区最典型的新石器文化遗存之一。

昙石山文化遗址位于闽侯县荆溪镇昙石村，是一座高出江面 20 米的长形山岗。自 1954 年发现以来，经过 8 次考古发掘，面积达 2000 平方米。这一遗址几乎全是由当时人们丢弃的蛤蜊壳、贝壳、螺壳堆积起来的，有的地方厚 3 米左右，所以又称“贝丘遗址”。

遗址中已发掘墓葬 76 座、五座陶窑旧址、两道部落防护壕沟和许多灰坑。主要堆积为新石器时代晚期墓葬。墓葬分为三层，由下而上，距今分别为五千年、四千年、三千年左右，其上层叠压着商周时期墓葬。出土的文物和标本有：多具人物、动物尸骨化石及大量陶器、石器、骨器、贝器等，其中几项重要发现在全国亦属罕见。

昙石山文化与台湾高雄的凤鼻头文化内涵相似，年代相近，因此对于研究福建与台湾古文化的关系具有十分重要的价值。昙石山文化遗址目前仍有 2/3 尚未挖掘，预估待全部整理出土后，其规模将超过半坡遗址、河姆渡遗址。2001 年 6 月 22 日，国务院将昙石山文化遗址列为第五批文物保护单位。

### 拥有六项“中华之最”

昙石山文化遗址出土的六样文物堪称“中华之最”。

第一最：中华第一灯。在 125 号墓葬出土时，一盏陶灯放在墓主人头顶，类似北京十三陵定陵中的“长明灯”，四五千年前的昙石山人使用如此精美的陶灯，因而堪称“中华第一灯”。

第二最：昙石山人颧骨。137号墓主人为25岁左右的年轻女性，其中左侧颧骨分为上下两部分，下方颧骨块被称为“日本人骨”，据说现在大部分日本人都有这块颧骨。这或许可以表明不仅日本文化受到中国文化的影响，连日本人种也有可能跟昙石山人有某种渊源。

第三最：中国最早的上釉技术。在遗址殉狗坑旁的夯土祭祀台上，出土了一件原始瓷罐和四件原始瓷器。这些原始瓷器距今3000多年，都施有青绿色釉，是迄今为止发现的中国最早的上釉技术。

第四最：提线陶簋。在131号夫妻合葬墓中出土了11件陶簋，其中一件陶簋口沿造型可穿线提携，此为全国罕见。

第五最：竖立坑中的殉葬男奴。在一处奴隶陪葬坑中，殉葬的男奴竖立坑中，粗壮的大腿骨和脚趾清晰可辨，显然是活埋时挣扎所致，反映了3000年前残酷的奴隶殉葬制度。

第六最：18件陶釜。陶釜相当于现代的砂锅。在131号夫妇合葬墓底下，人们发现了大小陶釜18件，这在全国新石器时代墓葬中绝无仅有，此物表明这一带的古人早就有爱喝汤的饮食习惯。



## 良渚文化——拥有“良渚精神”的文化

（约公元前3300—约前2000年）

### 文化概况与影响

良渚文化是原始社会末期我国长江下游的太湖流域分布的一支极为重要的古文化，因1936年首先发现于浙江省余杭区良渚镇而得名，主要分布在浙江、上海、江苏的环太湖流域及杭州湾地区，浙江省杭州市良渚、瓶窑两镇是其中心区域。

分布于余杭境内的良渚遗址群是良渚文化的中心，这是中国最重要的考古遗址之一。国家文物局曾指出：良渚遗址群将成为实证中华五千年文明史的圣地。良渚文化遗址的发现已近70年了，随着近20年一大批良渚文化墓葬、遗址的新发现，其文化面貌变得更加清晰。

良渚文化遗址具有独特的文化价值，是中国文明起源阶段规模最大、文化水平最高的大遗址，是实证中国 5000 年文明史的最具规模和水平的地区之一。该遗址在三方面具有十分独特而重要的历史文化价值，即原始地理环境和遗址保存的完整性、遗存的密集度，且这三方面在全世界都很罕见。良渚遗址区内包括宫殿、祭坛、墓地、城址、村落等各类遗存，集中而全面地反映了中国新石器时代特定的社会形态。

从整体上看，良渚遗址是一个带有完整古国形态的大遗址，它已形成了中心聚落、次中心聚落、普通聚落这种级差式的聚落结构，体现出了良渚遗址在全世界罕见的规模和品质，使其成为探讨东方文明起源的重要对象，在人类文明史上具有唯一性和特别的重要性。

良渚文化的最大墓地——平湖庄桥坟，位于 20 世纪初孙中山先生设想的东方大港乍浦港以北 5 公里的浙江平湖市东南部的林埭镇群丰村。这里土地肥沃，物产富饶，素有“金平湖”之称，非常适宜古代人们在此生息、繁衍，因此这里也给后人遗留下了丰富的历史文化遗产。

良渚遗址所反映出来的以原创、首创、独创和外拓为特征的“良渚精神”，是中国文明传统中最有价值的部分之一，它不仅开创了曾经盛极一时的“良渚社会”，而且对当今世界仍具有极大的教育和启发意义。

## 高超的器物制作水平

良渚文化以全世界最精美的玉器、石器所表征的礼制，连续作业之犁耕生产方式，大型工程营建，大规模社会生产组织系统，早期科学技术思想，以及丝织、黑陶、髹漆、木器等手工业或商业的萌生而著称，是中国文明的前奏，也是夏、商、周文明的主要构成因素，在学术界素有“文明曙光”之誉。

玉器是良渚先民所创造的物质文化和精神文化的精髓。因良渚文化手工业也趋于专业化，故琢玉技艺尤为发达，玉器制作水平达到了中国史前文化之高峰，其数量之众多、品种之丰富、雕琢之精湛，在同时期中国乃至环太平洋拥有玉传统的部族中独占鳌头。玉器中的琮、璧等更是独具特色，而其深厚的历史文化底蕴更给世人带来了无限的遐想。

良渚文化以神人兽面纹为代表的纹饰、成组使用的固定形器和具有象形和表意功能的刻画符号所反映的文化形态，对后来中国社会意识和思维的发展影响深远。良渚文化中大规模农业和大型营建工程显示出当时社会剩余劳动空前增多，社会财富的非平均分配导致社会分化日益加剧并成为普遍现象，使显贵者阶层、准国家制度形成，露出了后来中国宗法政治之端倪。

陶良渚文化以黑陶著称，其胎质细腻、造型规整，器种变化多样，用途分明，尤其是鼎、豆、壶的组合，构成了富有良渚文化特色的器物群。

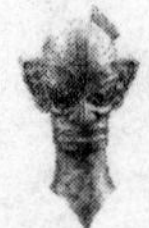

### 生产生活与人文特色

考古研究表明，从出土的大量三角形石犁等农具看，良渚人已摆脱一铲一锹的耜耕而率先迈入了连续耕作的犁耕阶段，说明其农业已率先进入使用畜力的时代。稻米作物生产也已相当发达，从而为当时社会的繁荣奠定了雄厚的物质基础。另外，良渚人还懂得养蚕和丝织。



文字是文明社会的一个重要标志。在良渚文化的一些陶器、玉器上已出现了为数不少的单个或成组具有表意功能的刻画符号，学者们称之为“原始文字”，被认为是中国成熟文字出现的前奏。因此有专家指出：中国文明的曙光是从良渚升起的。

良渚文化时期大型玉礼器的出现揭开了中国礼制社会的序幕，贵族大墓与平民小墓的分野显示出社会分化的加剧，良渚文化因此而成为中国早期文明——华夏文明的重要源头之一。

由从良渚出土的石器、陶器、玉器漆器、丝绸、钺、神秘神徽像，以及大规模的人工土台和墓葬来看，良渚文化在生产生活的各个方面都已达到较高水平，并在夏、商、周时代得以继承和发扬，成为中国古代文明的有机组成部分。

## 青龙泉文化——黄河与长江文明的融合地

（约公元前 3200—约前 2400 年）

### 文化概况与影响



青龙泉文化是湖北省丹江口水库一带的新石器时代晚期文化，其类型主要包括青龙泉遗址与大寺遗址两处，都位于汉江中上游的郧县，是1959年至1962年配合丹江口水库工程重点发掘的两处古文化遗址。

青龙泉与大寺遗址共发掘出土完整和复原的文物约2800余件，其中青龙泉遗物2140余件，大寺遗物660余件。按出土遗存的类别分，陶器遗物约840余件，石器遗物约1530余件，骨、角、牙、蚌等遗物430余件。这个时期的古文化遗址和古墓葬的内涵十分丰富，为研究丹江口库区原始社会、先秦时代的历史和文化提供了大量具有较高价值的实物资料。

首先发现的青龙泉遗址位于湖北省郧县城东5公里，现今杨溪铺镇财神庙村，坐落在汉江北岸、玉钱山南麓的二级阶地上，由梅子园和王家堡两处构成，南距汉江约190米，高出河床18米。遗址地势为北高南低的缓坡，东为青龙泉，西部靠近周家河，南抵郧白（县城至白桑）公路；地貌为长条形冈地，东西长450米，南北宽160—880米，总面积4.5万平方米，文化堆积层厚约1—7.5米，但此遗址现已被汉江河水淹没。



据挖掘发现，该遗址的地层堆积可分为14个文化层。其中一层和二层为淤积层和近代堆积层，三层为宋代堆积层，四层至六层为东周文化堆积层，七层到九层为石家河文化堆积层，十层到十二层为屈家岭文化层，最深的十三层和十四层为仰韶文化层。

在该遗址发现的文化遗迹，有圆形和长方形房址11座（均为木架结构的建筑），灰坑11座，陶窑2座，墓葬44座（其中瓮棺葬14座）。青龙泉新石器时代遗址的发掘，从地层叠压关系上证明屈家岭文化晚于仰韶文化的相对年代，而且还发现叠压于屈家岭文化层上的青龙泉三期文化遗存。同时这也表明早在距今6000年至7000年前，丹江口库区区域就已经是我国南北文化交流的重要通道之一，黄河文明与长江文明曾在这里碰撞与融合。

大寺遗址位于郧县城西约10公里现今的大堰乡后店子村，坐落在汉江与堰河交汇处的二级阶地上，南距汉江40—50米，高出河床13米。遗址地势东高西低，呈阶梯形，面积约为5000平方米，文化堆积层厚3.4米。大寺遗址主要包含有下层的仰韶文化、中层的屈家岭文化和上层的龙山文化遗址，部分地段有断续的较薄的东周文化层。其他层叠压关系清楚，为鄂西北新石器时代文化的相对年代提供了可靠证据。

大寺文化遗址发现的文化遗迹有灰坑27座，发现的文化遗存有墓葬18座。主要文化遗物以陶器为主，其次是石器和骨、角器。

青龙泉与大寺文化遗址，东西相距15公里，都位于汉江河谷的小盆地内，包涵的各种文化遗存都十分丰富，而且都有地层叠压关系，相对年代清楚。从仰韶至乱石滩遗存，先后历时约有1800年左右，相当我国新石器时代中期偏晚至末期，其文化发展序列是：仰韶→屈家岭→青龙泉三期→大寺龙山（乱石滩遗存）。青龙泉与大寺文化的发掘，初步搭起了汉江中上游及其支流地区新石器时代文化发展序列，为辨别每种文化及其分期和分布找到了一柄标尺，因此它成为新石器时代各种文化的标准器。

## 器具制作与生产生活

两处遗址的出土文物都很丰富，青龙泉遗址以陶器最多，半数以上是夹砂灰陶，另有细泥橙黄陶，细泥黑陶、红灰陶、夹砂红陶，泥质红、灰、黑皮陶。最主要且有代表性的陶器是敛口带流罐、敛口钩唇橙黄口灰腹碗、乳钉纹高领罐、弦纹盆形鼎和敛口侈沿罐、敞口尖唇薄胎红顶碗、圈足盂、划纹高领罐、彩陶高领盂、斜方唇红顶碗、蛋壳彩陶杯、罐形鼎和彩陶纺轮、鼓棱口红顶碗、扁条足斧形鼎、敞口厚胎杯、橄榄形篮纹罐、花瓣形纽器盖、镂孔粗圈足浅盘豆和喇叭口澄滤器等。

青龙泉遗址出土的生产工具有石、骨、角器以及陶器等，以石器为主，多为磨制。主要器形有斧、铲、锛、圭形凿、矛、刀、镞、镰、杵、鱼、叉、磨石、锥和针等。装饰品有陶杯、石环、骨环、骨笄、玉璜、石璜、石珠、玉笄、小骨、象牙梳子等。其他遗物有猪、狗等家畜骨骸，以及鹿角、牙齿、果核、鱼骨、牛股骨、蚌壳、螺蛳壳、涂朱龟甲等。

大寺遗址也出土有很多陶器，主要是日常生活用具，有夹砂红陶、灰陶和细泥红、灰、黑陶。具有代表性的器物有彩陶钵和盆、红顶碗、尖底瓶、夹砂罐、圜底罐、双耳罐、篮纹高领罐、蛋壳彩陶杯、圈足杯、喇叭口高柄蛋壳灰陶杯、圈足盂、罐形鼎和水口篮纹大瓮等。

大寺遗址出土的生产工具主要是石器，其次有骨角器、蚌器和陶器。主要器形有斧、铲、锛、凿、穿孔刀、矛、镞、锄、网坠、鱼钩、锥、陶纺轮、匕和针等。装饰品有陶环、石璜、骨笄等。



这两处文化遗存向后人展示了新石器时代人们的生产和生活面貌，说明当时已有农业、畜牧业和渔业。两处遗址的土质都很肥沃，利于农耕，也有粟类作物的发现；猪、狗已被大量饲养，渔猎和采集是当时人们经济生活的补充手段；有了附属于农业的原始手工业，即制陶、制石（玉）、制骨和编织。人们用石质工具挖掘窖穴，建筑各处形制的房屋，用竹编织光洁的竹席，用制作的陶纺轮捻线等。

## 广富林文化——上海远古文化发展的锁链

（约公元前 3000—约前 500 年）

广富林文化是上海地区新石器时代晚期至东周时期的文化。该文化遗址位于上海市松江县佘山乡广富林村村北的施家浜河道及两岸一带。

1958 年，当地农民开掘施家浜河道和从陈坊桥到松江的沈泾塘这两条河道时，发现了大批古代遗物。1961 年 9 月，有关部门对其进行考古发掘，探明遗址为两层。上层面积 1 万平方米，发现了一批东周至汉代的重要文物，出土大量陶片、陶纺轮、陶饼、带纹饰、硬陶和带釉陶等系春秋战国时期文化遗存，发现的青铜锸、玉琮和卜甲都是上海地区首次发现的珍贵文物。另外还发现了汉代的木竹器和竹苇编织器，为了解当时的手工业和生活习俗提供了重要的实物资料。

下层面积 7000 平方米，有灰坑一个、良渚时期墓葬两座。1 号墓葬品有陶罐、壶、带盖三足器、鼎、盘和纺轮等物，分置于墓主头足附近，另外还有种子、麋鹿角、各类石器、漆器等等。在墓南约两米处，有较完整猪骨架一具。2 号墓葬品有石铲、石镞、陶鼎、罐盘等物，分置于头、腰和足部附近。尤其是发现的五具尸骨保持较为完整，是研究史前人类的重要证据。墓东约 12 米处有狗骨架一具。同时出土的还有陶器和磨制石器，如镰、斧、凿、铲、刀、矛等。而且，这个墓地使用时间延续很长，根据出土器物分析，这里还有着更多的良渚文化墓葬。

另外，这里有不少玉器出土，如玉琮。这是重要的礼器，多出自古代贵族墓葬，从另一角度说明广富林遗址的较大规模，而子母砖、青铜器、竹编器、玉器、汉五铢钱等在同一时期的地层中出现，也折射出了当时这

里的繁荣。

值得一提的是：这里的新石器时代晚期的文化遗存，明显不同于以往上海地区及邻近的长江三角洲地区同期遗存，而带有浓郁的中原地区文化特色。这是长江下游考古的重要发现和新的突破。从出土文物上看，广富林古文化属新石器时代晚期的典型良渚文化类型，是衔接崧泽文化和马桥文化的重要时代环节，也是这一地区远古文化发展的锁链，从而将上海的历史有机地串联了起来，使人们可以完整地了解上海地区的历史文化发展全貌，具有很大的考古价值。后该遗址被定为上海市级文物保护地。

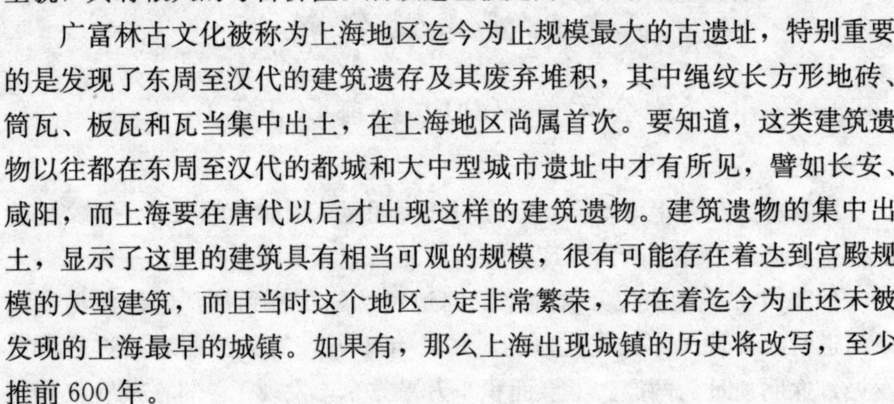

广富林古文化被称为上海地区迄今为止规模最大的古遗址，特别重要的是发现了东周至汉代的建筑遗存及其废弃堆积，其中绳纹长方形地砖、筒瓦、板瓦和瓦当集中出土，在上海地区尚属首次。要知道，这类建筑遗物以往都在东周至汉代的都城和大中型城市遗址中才有所见，譬如长安、咸阳，而上海要在唐代以后才出现这样的建筑遗物。建筑遗物的集中出土，显示了这里的建筑具有相当可观的规模，很有可能存在着达到宫殿规模的大型建筑，而且当时这个地区一定非常繁荣，存在着迄今为止还未被发现的上海最早的城镇。如果有，那么上海出现城镇的历史将改写，至少推前600年。



## 屈家岭文化——有浓厚地方色彩的文化

（约公元前3000年）

### 文化概况与影响

屈家岭文化是分布于湖北、湖南、江西北部，以及河南省南部的新石器时代文化，因最早在湖北省京山县屈家岭遗址发掘而得名。该文化类型的时间大约是公元前3000年前后。屈家岭遗址是一处新石器时代村落废墟遗址，总面积约40万平方米，属屈家岭文化中期。经过发掘属屈家岭文化类型的还有荆州阴湘城遗址、石首走马岭遗址、钟祥六合遗址、天门邓家湾、谭家岭和肖家屋脊遗址等。

1954年，社科院考古研究所在湖北省京山县发掘了屈家岭遗址，发现该遗址是一处以黑陶为主的文化遗存，文化面貌不同于仰韶文化，也与洞庭湖以南的几何印纹陶差别较大，所以将其单独命名为屈家岭文化。随后学者又在湖北各地发掘了更多屈家岭文化的遗址，并在其中许多遗址中发现其与前后期文化的关系，如湖北省枝江市关庙山遗址。专家认定其为是更早期的长江中游大溪文化的继承者，而后被更晚期的青龙泉文化（又称作湖北龙山文化）所继承。屈家岭文化的发现，对于认识长江中游地区和江汉平原的史前文化具有重要的意义。

从屈家岭文化遗址中可发现稻作的痕迹，有鸡、羊、狗、猪等动物骨骼遗留，出土的大量陶纺轮证明其纺织甚为发达。建筑方面，烧土块作为建材已十分成熟。此外，还发现了大量墓葬建筑内多有陶器随葬。陶器继承大溪文化的圈足器，但有更多的鼎器。



遗址中发现有多处房屋、窖穴、墓葬等遗迹。出土遗物中以彩陶纺轮、彩绘黑陶和蛋壳彩陶最具特色。陶制的鼎、豆、碗等器皿均为双弧形折壁，具有独特的风格。此外，该遗址中还发现有大量生产工具和粳稻谷壳。陶质禽鸟模型及玉饰品的出现，反映出当时人们精神文化生活的面貌。农业的进步和象征父权崇拜的陶祖的出现，说明当时社会已进入父系氏族阶段。另外，屈家岭遗址是我国最早的古城遗址之一，把我国城墙出现的年代推移到了距今5000年以前。

## 生产生活与人文特色

屈家岭文化时期，人们的经济活动以稻作农业为主，以家畜饲养及渔猎采集为辅。这表明当时的人们已经定居，过着自给自足的农业生活。

屈家岭文化的陶器也很有特色，多为手制，但快轮制陶已普及。器表光洁，似经过打磨。陶系以泥制为主，夹砂陶较少，陶色以灰色为主，黑色次之，另有少量红陶及桔黄色陶。陶器器表多素面，有纹饰的较少，纹饰常见弦纹、篮纹、瓦棱纹及镂空装饰。彩陶的绘制方法独特，作笔有浓淡，不讲究线条，里外皆施彩。陶衣有红、白等色，施加陶衣后用黑色或赭色彩绘出带形纹、网格纹、圆点纹和弧三角纹。另有较多的彩陶纺轮，其横截面有椭圆形、长条形等，纺轮上先施米黄色陶衣，然后彩绘出旋涡纹、平行线纹、同心圆纹、卵点纹和短弧线纹。屈家岭文化中圈足器发达，三足器较多，平底器较少，不见圜底器，器形有罐形鼎、高领罐、高圈足杯、薄胎杯、壶形器等。

屈家岭文化的石器多为磨制，制作水平已相当高超，器形有斧、铲、锛、凿、镰、箭头等。

屈家岭文化的房屋建筑多为方形或长方形地面起建式。基础部分先挖大浅坑，其间伴随有奠基祭祀的仪式，然后从外面搬运干燥的土铺垫浅坑，再在其上铺撒红烧土以隔潮，室内地面选用干燥的土铺在红烧土上；还有的先挖墙基槽，然后立木柱建筑墙体，最后造房架。墙体有两种构筑方法，即夹板堆筑法和土坯垒砌法。屋顶为侧面起脊，室内布局有单间和分间（两间或两间以上）两种。



屈家岭文化的墓葬以竖穴土坑墓为主。成人墓多集中于氏族公共墓地，多为单人仰身直肢葬，有拔掉上侧门齿的现象。小孩墓多圆形土坑瓮棺葬，葬具通常是在一个陶碗上对扣一陶盆或用两个陶碗对扣。

## 福泉山文化——上海远古时代的历史年表

（约公元前3000年—约公元前后）

### 文化概况与影响

福泉山文化是上海地区的古老文明。福泉山文化遗址位于青浦县重固乡钱家经村，该遗址虽名之为山，实则是一个4000余年前由人工堆成的椭圆形土台，高7.5米，东西长94米，南北宽84米。因土墩形似覆船，故又名覆船山。

该文化遗址面积约2150平方米，在上面的灰黑土层以下是三层灰黄的土层，内有各类型文化，以崧泽文化为主。1979年来，这里先后经过三次发掘、清理，土台东部已发现31座新石器时代“良渚文化”的墓葬，在灰黑色土层中出土了大量玉器，有琮、璧、璜、斧、钺、环等，都是礼器、祭器和饰物，制作精美，工艺水平甚高，还有石器、陶器等生产和生活用具，均为新石器时代罕见的珍品。有的墓中有陪葬者双手反缚状的骨骼，说明这里可能是一处部落首领的墓地。

在土台北部，最上面有战国墓四座、西汉墓 96 座，下面有距今 5000 年左右的崧泽文化墓葬 18 座，墓内陪葬物制作精细，其中有同性合葬和男女合葬，这在太湖地区属首次发现。黄褐土层下又是灰黑土层，属崧泽文化早期古人的居住地遗址，反映了五六千年前上海先民的生活面貌。

该遗址一层层土色变化，反映了两汉、战国、崧泽、良诸文化早晚有序的文化层叠压关系，可看作是一份距今 6000 年至 2000 年的上海远古时代的历史年表。该古文化遗址还被誉为上海的文化“金字塔”。

## 人文风俗与特色



在 5000 年前，福泉山人已从以渔猎为主，改为以农牧业为主，同时手工业也有了较大的发展。这时的福泉山人已懂得利用居住地周围的小块土地，平整为牧田，按照不同的季节分别栽种粳稻和籼稻，收获后用石块或陶拍脱粒和去除谷壳，同时把种子用陶器储存起来。他们还捕捉着当时众多的梅花鹿、麋鹿、獾、水獭、獐、水牛等各种野兽；捕捞鱼、龟、鳖、虾、蟹等美味水产，需要的时候还可以随手采摘杏、梅、桃、桔等野生果实，用来改善和丰富自己的生活。根据福泉山遗址出土的古灶塘来看，当时的福泉山人已经以熟食为主，不管是动物或植物大都煮熟后食用。

福泉山文化神像飞鸟纹玉琮

福泉山区面临东海，背靠群山，中是沼泽地，自然条件十分优越。先民们在这一地区，择高而居，既可上山围猎又可出海捕鱼，走出家门就可刀耕火种，发展农牧生产。得天独厚的福泉山人用树木、芦苇、茅草等野生材料筑起低矮的住房，以躲避风雨，防备野兽侵袭，开始过起渔猎兽牧的生活。

为了生存繁衍，福泉山人上山采石，制成锤击、刮削取火、研磨的工具，有时甚至到远处选取硬度较大的石料来加工制作。他们还到河谷海滨拣拾需要的石英巨、卵石等各种石材作各种工具，用石斧开伐树木、击毙野兽，用茅和镞来杀伤野兽，用纺轮来捻线结渔网。石器上大多钻有圆形的孔，便于捆绑的佩带。

当时的福泉山人还会制作陶器、多种网坠，十分注重实用性和造型，如方形的有绳槽，圆形的两端有直槽，橄榄形的中间有贯穿孔，把它们系于网的下端，这样撒网时渔网下端因悬重而张开，就可以捕到更多的鱼，我们今天渔网仍然应用这个原理。后来，动物的骨牙也被巧妙地利用，经过劈折、削磨，制成各种形式的镞。有的在细长的一端磨出尖锋，另一端保留原来的骨关节，作穿刺缝缀的工具；獐的牙用来磨制成牙刀，内侧为刀刃，用以切割食物。优越的自然条件，加上福泉山人的勤劳和智慧，使生产有了发展，生活有了改善。

当时的福泉山人已掌握了用纺轮捻线的生产技术，还制作了骨锤。除了编结渔网外，还能用线凭借骨锤穿引缝缀兽皮、植物叶子或用线交错编织成衣服，遮蔽身体，抵御寒冷。同时，从当时制作的陶器上压制和刻画的纹饰、符号、图徽，可以推出人们已能利用植物纤维捻成线编织衣服。由出土的玉镯、玉块、玉璜、玉琮、玉璧来看，其雕凿和加工已经自成体系，精美的造型、别致多样的款式，几乎可以与当代玉器媲美。这说明早在五六千年前，这里的人们已经开始用玉石来美化自己。

## 凌滩文化——器形奇特的生活用品

（约公元前 3000 年）

凌滩文化属于安徽省含山县一带的新石器时代晚期文化。该文化遗址位于安徽省含山县铜闸镇五联村附近的凌滩上，坐落在丘陵坡地上，背山依水，面积约 10 万平方米。

1987 年冬，相关专家在这里发掘了近 300 平方米，出土了一批罕见的陶器、玉器、石器，引起专家的瞩目和当地各级政府的重视。

这里发掘的 15 座坑墓为南北向，土坑墓穴为竖穴，出土了陶器、石器、玉器、玛瑙、水晶等珍贵文物约 700 件，均属随葬物。其中陶器多为夹砂陶，陶胎较薄，火候较低。但其品种类型繁多，器形奇特，主要为生活用品。如三扁足球形鼎壶、高柄扁圆小口高颈豆壶、高圈足镂孔折腹盆、鸡形壶等，均为首次发现。

## 山背文化——以段石锛和红砂陶为特征的文化

（约公元前 2800 年）

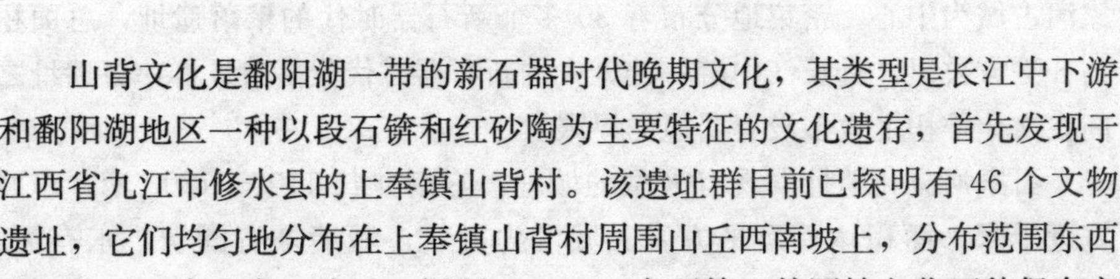

山背文化是鄱阳湖一带的新石器时代晚期文化，其类型是长江中下游和鄱阳湖地区一种以段石锛和红砂陶为主要特征的文化遗存，首先发现于江西省九江市修水县的上奉镇山背村。该遗址群目前已探明有 46 个文物遗址，它们均匀地分布在上奉镇山背村周围山丘西南坡上，分布范围东西长 5 公里、南北宽 4 公里，间距 50—200 米不等。其原始文化面貌保存完好，具有独立的地理单元，在中国很少见。

在对上奉镇山背文化遗址群进行抢救性发掘中，有一批距今 5000 多年的陶器、石器、玉器纷纷出土，为研究长江流域新石器时代晚期文化遗址群的原始文化面貌，探讨早期国家起源等问题提供了珍贵的史料。另外这里还出土了从新石器时代晚期到商周时期的陶器、石器、玉器等约 400 多件，其中包括石刀、石斧、石矛、钻孔箭镞、陶鼎、陶鬲等。

## 石家河文化——冶铜业出现的标志

（约公元前 2600 年—约公元前后）

### 文化概况与影响

石家河文化是长江中游地区的新石器时代晚期和青铜时代早期文化，因湖北天门石家河遗址群而得名。其主要分布在湖北及豫西南和湘北一带，特别是江汉平原地区，为承袭屈家岭文化演变而来。

经过考古发掘，本地区的石家河文化时期的遗址还由荆州阴湘城遗址，石首走马岭遗址，天门肖家屋脊、邓家湾、土城、谭家岭遗址等数十处遗址组成。

石家河文化的首次发现地石家河聚落遗址群位于湖北省天门市中心城区西北约 16 公里，南距石家河镇 0.5 公里。地形上处于大洪山山前丘陵和江汉平原接触地区，遗址群南为江汉冲积平原和滨湖地区，北为低岗矮丘，遗址群的东西分别有东河和西河两条自然河流由北向南注入天门河。

这里优越的自然地理环境，是古代人们最理想的繁衍生息场所。以石家河古城为中心，密集地分布着 30 多个新石器时代的聚落遗址，总面积约 8 平方公里，是长江中游一处庞大的新石器时代聚落遗址群，各遗址之间在文化堆积上大多没有明显的界限。

石家河文化遗址发现有大型的城址，它南北长 1100—1200 米，东西宽近千米，面积达百万平方米。城墙为夯筑，城墙外有围壕，东有河，西、南有围沟，防御性能较好。

石家河文化是江汉平原继屈家岭文化之后发展起来的又一古文化。当时的经济生活以稻作农业为主。在遗址中还发现大量碎铜块、炼渣及与冶铜有关的孔雀矿石，足以说明石家河时代的先民已能够人工冶炼铜，标志着冶铜业的出现。石器通体精磨，器类有斧、锛、凿、箭头、刀、镰等，说明其已进入精细打磨的新石器时代晚期。

该文化已经发现有铜块、玉器和祭祀遗迹，类似于文字的刻画符号和城址，表明它已经进入文明时代。

## 陶器制作和墓葬特色

石家河文化中邓家湾遗址的个别地段，集中出土了大批小型陶塑，有时一座坑中竟达数千件之多。所塑有鸟、鸡、猪、狗、羊、虎、象、猴、龟、鳖以及抱鱼跪坐的人物等。这些陶塑可能是供原始巫术、祭祀活动之用，邓家湾似为专门产地，通过交换输往各地。

石家河文化的陶器以灰陶为主，其次为红陶，另有少量黑皮陶和红色的陶杯、陶塑，是该文化的一大特色。陶器器表以素面为主，有纹饰的多见篮纹、方格纹和堆纹，绳纹较少，陶器制作方法中快轮制陶占一定比例，手制也较多。圈足器发达，三足器较多，凹底器也占相当大的比重，平底器较少。器形有豆、鼎、高领罐、腰鼓罐、擂钵、红陶杯等。

石家河文化的墓葬有土坑墓和瓮棺葬两种。瓮棺葬多先挖一圆形土坑，然后放置葬具，葬具以陶瓮为主，另有陶缸、罐或两碗对扣。瓮棺葬葬成人和小孩，有的瓮棺内出土了大量玉器。土坑墓多长方形竖穴土坑墓，葬式多仰身直肢葬，多单人葬，随葬器物以陶器为主，也有玉石器随葬。

石家河文化晚期大小墓差别悬殊。大多数瓮棺内随葬玉石器及玉石料。肖家屋脊一座大型土坑墓长 3 米多，随葬品百余件；另一座成人瓮棺中有小型玉器 56 件，居该文化已发现的玉器墓之首。在埋小孩的瓮棺中，往往出有不少玉器，造型丰富，有人面、飞鹰、猪龙、蝉、璜、管等，雕刻精细，工艺水平相当高。这些表明人们以玉器为财富。一般认为，该文化已处于原始社会瓦解阶段。



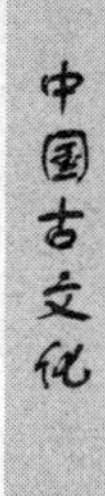

## 精良的玉器制作工艺

石家河文化以出土小型精致的玉件而备受关注。玉器制作精细，有玉雕人像和各种动物雕刻。主要有人面雕像、兽面雕像、玉蝉、玉鸟、玉玦、璜形器等。玉人头、玉鹰、玉虎头和玉蝉属于石家河文化玉器中的精华部分。表明当明的琢玉工艺已经兴起，且特色鲜明。这些玉器体积小、重量轻，纹饰简洁，做工却很精细。它们大多出土于成人瓮棺之中，显示石家河先民具有特殊的原始宗教信仰。

石家河文化出土的玉人头基本都具有“头戴冠帽、菱形眼、宽鼻、戴耳环和表情庄重”的特征，但在造型上富于变化。这些玉制的人头形像可能代表着石家河先民尊奉的神或巫师的形象。石家河文化的动物形玉器多为写实造型：展翅飞翔的玉鹰生动逼真、惟妙惟肖；玉虎头方头卷耳，生气勃勃；玉蝉写实的形象，开创了商周时期玉蝉造型的先河。石家河文化的玉器代表了江汉平原史前玉雕的最高水平。

这里出土有一件玉鹰攫人首佩，长 9.1 厘米，宽 5.2 厘米，厚 2.9 厘米。玉料呈青黄色，局部有褐色斑，片状，边缘略薄，两面图案相同。玉器上部为一只展翅之鹰，鹰头侧转，双爪下垂各抓一人首。作品为镂雕，鹰身上的一些装饰纹用凸起的线条组成，这些工艺同新石器时代长江中下游一带其他文化的玉器工艺类似。同样题材的镂雕玉器在上海博物馆内及天津艺术博物馆都有收藏，带有类似的鹰鸟纹图案的玉圭在一些博物馆也有收藏，有的学者推测这些作品为新石器时代晚期制造。此佩图案较复杂，鹰翅上端与人首间装饰的含义尚不明确，作品表现的可能是远古时期的氏族图腾，鹰是氏族的徽号，而鹰爪抓的应是战败敌人的首级。

# 好川文化——农牧兼营的史前文化

（约公元前2200—约前1700年）



## 文化概况与影响

好川文化是分布在瓯江流域、仙霞岭北麓山地的史前文化，出现在新石器时代末期。这是浙江省暨河姆渡文化、马家浜文化、良渚文化之后确立的又一支古文化。通过文化类型对比，专家推断出好川文化的年代上限在良渚文化晚期，下限至夏末商初，前后延续500年左右。

好川文化的首次考古发掘是在浙江省遂昌县城南面的三仁乡好川村岭头岗。挖掘面积3000平方米，共清理墓葬80座，出土玉器、石器、漆器、陶器等随葬品1028件（组），一个尘封数千年的远古部落展现在人们的面前。好川墓地规格之高，墓坑规模之大，出土文物之丰富，玉器、陶器制作之精美令人叹服。

好川文化与周边的良渚文化、昙石山文化、樊城堆文化、山背文化、石峡文化、肩头弄文化、马桥文化以及松阴溪流域商周文化有着密切的联系。同时它又有着自己浓厚的个性特征，它的文化面貌新颖独特，文化内涵丰富多彩，文化因素多元，因此许多考古学家将此命名为好川文化。它的发现填补了浙江西南新石器时代考古的空白，是考古发掘的重大突破，同时也为一些重大学术问题如良渚文化的去向、马桥文化的渊源、相邻考古学文化的关系等研究提供了有益探索。



2002年11月，在浙江温州鹿城老鼠山，人们又发现一处好川文化遗址，发掘面积达635平方米，共清理了35座好川文化墓葬，6座唐代墓葬，并发现了好川文化连片的石构建筑遗迹，出土了1000多件石器、陶器、铜器以及大量陶片。它的发现增进了人们对好川文化分布状况的了解，同时也为研究好川文化聚落布局特点以及社会结构等提供了丰富的资料。

老鼠山墓地的发掘和岭头岗的再次发掘，丰富和加深了我们对好川文化的认识，是好川文化发展研究的一个重大进展。好川墓地位于瓯江的源头仙霞岭北麓的松荫溪流域，老鼠山墓地则在瓯江下游以及浦江和瓯江交汇处，考古专家认为欧江流域是好川文化的主要分布区。中华文明起源研究已成为考古学研究的重大课题。好川文化的发现为中华文明起源研究提供了不可多得的个案资料，具有十分重要的学术价值和现实意义。

好川文化遗址的发现填补了浙江西南和浙、闽、赣三省交界地区新石器时代考古的空白，为当地考古学文化发展谱系的建立奠定了坚实的基础，同时也为一些重大学术问题提供了有益线索。



## 丰富多彩的器物制作

好川文化玉锥形器

粉砂状泥质灰陶是好川文化最主要的陶系，一定数量的泥质灰胎黑皮陶是好川文化陶器的又一大特点。好川文化中的陶豆特别发达，陶豆数量超过其他陶器数量的总和，占出土陶器总数的57%。陶豆型式丰富，形制演变轨迹清晰，发展序列明确。豆形体高大，豆盘很浅，豆盘下有发达的垂棱，豆把上部多为圆形、三角形镂孔是好川文化陶豆最显著的造型特征，也是好川文化陶豆极具自身特点的装饰风格，它们构成好川文化的一个鲜明文化特征。部分陶豆的口垂棱、圈足部位还有朱红彩装饰，这反映了当时人们可能是从侧面观察和欣赏这些陶器的；其中相当一部分可能是有着特殊用途的陶礼器。

陶器中的另一个显著特征是水器多，各有自己的发展序列。鬶、杯、盉等不同形态的水器有着不同的用途。规鬲从第二期墓葬开始几乎每墓一件，应是烧水的主要器具；杯无疑是喝水的用具；而盉很可能是用来盛酒的。部分陶杯也有朱红彩装饰，有些可能是作为礼器使用的。三喙罐也为好川文化所特有。陶器的又一特征是出现少量的拍印条纹、曲折纹陶器和表灰色硬陶器，这些从严格意义上并不属于几何纹陶范畴，但它们应该是几何印纹硬陶的滥觞。

好川文化的石器以石镞为主，石锛次之，石钺不多，石刀仅1件。石镞以桂叶形扁薄长铤镞居多且最具特征，柳叶形石镞少量，石锛形体都很小。石钺窄长形，斜刀，铤钻孔，并列双孔均是该文化的形制特点。亚腰形漆器、柄形漆器（权仗）是好川文化又一具有鲜明自身特征的器物，很可能是象征某种身份地位的“礼器”。漆器上的饰物经历由石质到玉质的变化过程。镶嵌几何形曲面玉片的漆器集中体现了好川文化精湛的玉作工艺和高超的漆器制作工艺技术。三重台阶状玉饰片目前也为好川墓地所独有。从墓葬数量、墓坑规模、随葬品数量及墓地延续时间等方面信息显示：好川墓地是以中上层贵族为主的大型墓地，好川人类曾生活在一座规模宏大的村寨中。

好川文化的玉器经鉴定，多系软玉。器形多是体量很小的锥形器、珠，及几何造型的曲面玉饰片，玉钺不多，琮、璧等玉礼器没有发现。锥形器尾榫部均无小孔，绝大部分素面无纹。玉钺有宽短、窄长两型，斜刃多崩缺，与石钺一样有并列的双孔。

## 墓葬风俗与文化特色

为了进一步探索研究好川文化内涵特征、分布范围、社会经济形态、社会组织结构及好川人生活、生产条件、制作陶器的作坊、窑址等未知领域，有关专家对其进行了近一步的发掘。2004年，遂昌好川文化遗址的发掘又有重大进展——20座平民墓葬的首次发现，再次丰富了好川文化的内涵。

这些墓葬均有长方形竖穴墓坑，墓坑长不足2米，宽1.5米。墓坑小，随葬品少。20座墓葬共出土随葬品60件，墓均3件。5座墓葬随葬石锛3件、石镞7件；大部分墓葬仅一二件陶器；3座墓葬无一随葬品。这里出土的陶器器形很小，制作粗糙。据专家介绍，这20座墓葬与1997年发掘的80座墓葬形制相同，墓向一致，随葬器物形态雷同，它们毫无疑问是好川墓地的有机组成部分。但埋墓位置、墓坑规模、随葬品组合和数量以及精美程度等方面鲜明强烈的反差，证明它们代表着不同的社会阶层。

这次考古发现，这里的墓地规模大，墓葬数量多，以大中型葬为主，小型墓葬仅8座，占墓葬总数的10%。墓坑宽大，平面几呈方形，墓坑的长、宽系数多小于1.5，大于2的无一发现。不同等级墓葬的随葬物品悬殊，大型墓葬品种类齐全，数量多，制作精；小型墓葬随葬品种类不全，数量很少。

该处墓葬的随葬品以陶器为主，有少量玉器、石器、漆器，其中陶器762件，玉器98件，石器142件，漆器26件。陶器以泥质灰陶居多，泥质灰胎黑皮陶占一定的比例，夹砂陶、印纹陶少量。鼎（三足盘）、簋、钵、豆、罐、杯。陶豆数量占随葬陶器总数的一半以上，型式丰富，颇具特色。玉器多锥形器、玉珠等装饰品；漆器上几何形曲面玉片数量较多，在4座墓葬中发现的12件三重台阶状（祭坛状）曲面玉片为其他遗址、墓葬所不见。石镞95件，是数量最多的石器。石锛34件，石钺11件，三孔石刀1件。没有发现石耨刀、斜柄石刀、石犁等农耕用具。

这些墓葬中墓主的头向多朝东南，表明好川文化受共同的原始宗教的制约，葬具外填土内放置随葬器物也是好川文化颇具特色的葬俗。

专家们指出，好川墓地贵族、平民墓区的发现与揭示，为中华文明起源研究提供了不可多得的个案资料，具有十分重要的学术价值。好川人类生活的环境、好川人类生活的民俗风情、好川人类住宅的建筑风格等等未知领域，都有待于对好川文化遗址周围地区进一步勘探发掘后进行深入探索研究。

## 圆山文化——持续两千年的文化

（约公元前2000—约前1500年）

### 文化概况与影响

圆山文化是我国台湾地区的新石器时代晚期文化。圆山文化的代表性遗址是位于基隆河下游、台北市北端的圆山贝丘动物园内，它面积很大，文化内涵极为丰富，早在清光绪二十三年，即1897年就被发现。台湾光复后，考古工作者先后进行过多次较大规模的挖掘，获得丰硕成果。

圆山文化遗址除圆山贝丘上层以外，还兼容大岔坑遗址的上层、台北盆地南缘土城乡的土地公山，另外还有芝山岩、大直、尖山等数十处。它以台北盆地为中心，广布台湾北部。这一文化在台湾北部持续达 2000 年之久，其主要遗物有：石器、陶器、骨角器、玉器和少量青铜器。经对圆山贝丘上层和大岔坑上层遗物测定，其流动年代在公元前 2560 年至公元 50 年之间。

遗址包含上下两个文化层。上层是早期圆山文化，主要部分是个堆积厚度达到两米以上的文化层，其中发现大量人类食用后的贝壳、兽骨和使用后的器具，另外有褐色的砂陶，表面涂有红色颜料或划有条纹，其大多带有一对由口唇起附到肩上的竖把。该层还出土少量器型独特、造形优美的双口罐和磨制的石斧、石锄、石锛、石凿、石枪头、骨鱼叉、骨箭头等生产和捕猎工具。其中最具特色的有肩石斧和有段石锛，带有我国东南沿海一带新石器晚期文化的重要特征。此外还发现有装饰用铜器。下层为晚期圆山文化，主要出土的是带有绳印纹的陶器，但没有贝层。

据专家推测，圆山文化是继大坌坑文化之后，台湾台北盆地最古老的史前文化之一，因此也称为下层大坌坑文化。该文化至少在该地区持续了 2000 年。经台湾考古学者推断，圆山人可能是从今日广东省和福建省一带迁徙过来的。

## 生产生活与人文特色

在圆山文化出土的石器中以砥石的数量为最多，其余则有石锤、石斧、石锄、石片器、刮削器、石锛、石镞、砍伐器、网坠、多孔器、石球及两件用途不明的弹头形器等。

这里的石器最具代表性的是有段石锛和有肩石斧。有肩石斧与有段石锛具有异曲同工之妙，是普通石斧的高级形态。据考证，这种石器在我国福建光泽、浙江杭县、广东陆丰以及海南岛等地均有发现。而且石斧两肩与柄的折角多呈直角，与圆山出土的相同。圆山石斧与华北、辽东等地所发现的形式也极其相似。因此，从其形制和分布范围看，系由大陆传入台湾。

圆山文化中的陶器，质料多含细砂，以棕灰为主颜色，有的刷上棕黄色；有印纹，涂红彩；器形以碗和簋为主。据考证：这些陶器，除圈足、涂彩两点外，在台湾无祖型，而与祖国大陆东南沿海出土的黑陶、彩陶、印纹陶却十分相近。尤其是出土数量最多的陶簋，在器形上酷似盛行于大陆商周时代的双耳圈足青铜簋，显然系由其脱胎而来。

此外，在圆山文化的各处遗址均未发现铸铜的痕迹，但是却出土有少量的青铜器，共三件：一片“表现孔雀头部”的青铜器，一截手环残片，还有一枚两翼式青铜箭头。尤其是这箭头，一般而言，在没有大规模青铜冶炼和可观的铜产量的地方，是决不可能以青铜制造这种消耗极大，又不易回收的一次性工具的。这枚箭头与殷墟大量出土的青铜镞大小、形状完全相同。它不仅证实了圆山文化时期台湾与祖国大陆的交往确实存在着，甚至说明这种交往并不局限于沿海各省，它已纵深至广阔的内陆，而且当时高度发达的中原文化很有可能已经直接触及了台湾。



圆山文化时期的遗址除出土了青铜箭头，还出土了大量板岩箭头和骨角箭头，说明当时这里人类的生产活动以渔猎为主。弓、弦、箭已经是很复杂的狩猎工具，发明这些工具需要有长期积累的经验和较发达的智力，因而这也说明圆山文化时期的人类已有较高的智商。

## 屋背岭文化——“一夜城”的远古文化

（约公元前1000年）

### 文化概况与影响

屋背岭文化是指广东省深圳特区一带的商代文化，遗存主要是墓葬和随葬品。该文化遗址位于广东省深圳市南山区西丽镇福光村村后的屋背岭，它南距深圳湾直线距离8公里，西北面为分布众多的低岗，大沙河自东北向西南流经遗址东侧。它是1999年深圳市第二次文物普查时被发现的，2001年至2002年又进行了考古发掘，已发掘清理的商时期墓葬94座。根据调查和勘探的情况推断，埋藏总数应当在200—300座左右。

屋背岭文化出土的商代墓地是继广东博罗横岭山先秦墓地后的又一重要发现，是广东地区目前发现、发掘规模最大的商时期墓葬群。如此大规模商时期墓群的出现，要求人们对这一地区的文化发展水平和模式进行新的观察和研究。

屋背岭文化为认识和系统研究深圳商周历史的发展、演变提供了重要线索和珍贵的实物资料，也为岭南地区一些相关遗址的年代确认提供了根据。更为重要的是，它以无可辩驳的事实证明，曾经被称为“一夜城”的深圳，其实也具有内涵丰富、源远流长的文化历史。

对于广东商周考古研究而言，屋背岭遗址的发现填补了珠江三角洲及港澳地区陶器编年的一段空白，树立起该阶段的年代标尺，刷新了对珠江三角洲及港澳地区的本地文化特色和文化交流的认识，改变了人们在珠江三角洲和珠江口地区对史前、先秦时期聚落特点的认识；另一方面在中国的范围内，又表现出一种共同的时代特点，及中国文明进程中的向心力。



## 墓葬特色及随葬品

屋背岭所在的丘陵是红粘土，土层厚且纯净，海拔高度 61 米，相对高度 30 多米，是呈东北—西南走向的长条马鞍形山岗。当年在未挖掘时，农民的种树挖坑对遗址造成了一定破坏。虽然如此，考古工作者仍在山脊处发掘探方 19 个，发掘面积 1400 平方米。发掘清理商时期墓葬 94 座，可谓分布密集。

这里的墓室开口一般在表土层下，均属小型长方形土坑竖穴墓。墓向有东西向、东北—西南向、东南—西北向。长度一般不超过 2 米，宽度多数在 50—100 厘米之间，深度一般为 20—50 厘米。

这里墓葬的特点是墓圹较小，骨架无存，葬具不详。随葬品有置于墓底的，也有置于填土中高出墓地的；有置于墓室一端，也有置于中部的，总的来讲无一定规律。有的随葬品呈碎片散置墓中，而有的随葬品显系放置之前已残缺。

这里出土的随葬品少者 1 件，多者 5 件，常见的为两三件。以陶器居多，主要有夹砂陶、泥质陶。烧造火候一般不高，陶质较软，有的泥质陶极易破碎。器形有釜、豆、罐、钵、尊、壶、杯、器座、纺轮等，其中釜、豆、罐、钵、纺轮个体数量较多，形制多样且富于变化。器物组合以釜、罐、豆多见。纹饰有拍印的复线菱格凸点或凸块纹、曲折纹、卷云纹、云雷纹、方格纹、梯格纹等，还有少量绳纹。陶釜为宽沿粗直口或略敞口，腹部扁圆或圆鼓。陶豆类多素面，有夹砂和泥质两种，夹砂者居多，有细柄、粗柄和高矮之分；泥质陶豆只有大深盘、外撇矮圈足黄色泥质软陶者，有的圈足上有凸棱和穿孔。

这里还发现少量玉器和石器等随葬品。石器以小型石锛为主，玉器为玉矛、水晶玦等。

## 船形山文化——以石器和陶器为主的文化

（约公元前1000年）



船形山文化是江西省宜春市宜丰县一带的新石器时代晚期文化，船形山位于宜丰县花桥集镇旁，船形山文化遗址位于宜丰县黄岗乡政府所在地的后面，距河道约300米处。山头平坦，总面积3.5万平方米，因两头高，中间低，形似船，故名船形山。

船形山遗址文化层离地面40厘米。1980年5月，人们在此发现大批石器和陶器，种类有纺轮、砺石、石凿、石斧、石刀、石杵、打制刮削器、石料和白陶、灰陶残片。采集的标本有石斧10个、石锛5个、石镞20个、带孔石刀2块、软陶片10块、砺石5块。

船形山文化青铜豕尊

中国科学院古人类古脊椎动物研究所接到这些标本后，确认为是一处古文化遗存，并将发现情况转知江西省历史博物馆。省博物馆即派考古专家

李家和等到花桥实地考察，确定为属新石器时代晚期文化遗址。

同时，人们在船开山遗址还发现一处陶窑遗址，出土大量建筑陶制作钵匣，后经县博物馆专家认证，属唐代建筑陶窑遗址。1981年6月，又在离花桥集镇四里地的蒋坪山（俗称茶子山）发现另一处新石器时代晚期文化遗址，出土一定数量的石器标本。经专家研究认为，船形山和蒋家坪两处文化遗址均为新石器晚期文化遗存。

## 戚家墩文化——上海先秦文化的代表

（约公元前700—约公元前后）

戚家墩文化是上海市一带的春秋战国至西汉时期的文化代表，该文化遗址位于上海市金山区山阳乡戚家墩村防汛海塘内外两侧，最初发现于1935年。1962年2月与1964年5月，有关部门先后在这里进行了考古发掘。遗址上层属西汉时期文化，下层则是以几何印纹硬陶和釉陶为特征的春秋战国文化，可以说是上海一带先秦文化的代表。

该文化遗址发掘出灰坑4座，古井两口，发掘墓葬8座。在出土文物中，有陶器与釉陶，其中几何印纹陶占39.9%，泥质陶占39.5%，夹砂陶占12.5%，釉陶占8.1%。其器形有炊器，如鼎、鬲，釜、甑；饮食器，如碗、杯、豆、盘；盛贮器，如坛、罐、瓮、盆、钵、盒等。此外，还有西汉的陶器、铜镜、五铢钱、铁器、漆器、石器等文物出土。

## 深田湾文化——先秦古文化遗址

（约公元前500年）

深田湾文化是安徽省黄山市一带的先秦时代文化，该遗址位于安徽省黄山市黟县城东两公里的碧阳镇深田湾村附近，占地面积约1平方千米，是一台型遗址，台高约 10 米，处在古溪河的第二平台上，于 1989 年被发现。经过发掘，这里出土了西周时期的陶鼎足，春秋战国时期的印纹硬陶片，如百席纹、方格纹、回纹等。

通过分析这些遗物，此遗址的上层时代相当于西周至春秋时期，下层因未发掘尚不清楚，有待进一步的研究。深田湾古文化遗址是黟县目前发现较早、面积最大的古遗址。

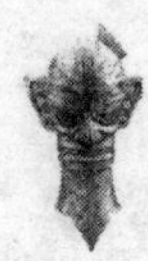

## 附　　录

**华南地区比较著名的古文化还有：**黄龙洞文化（湖北省郧西县，约公元前 10 万年）、前湾文化（湖北省随州市，约公元前 2500 年）、瑶家陵文化（湖北省通城县，约公元前 3000 年）、泸溪文化（湖南省泸溪县，约公元前 3000 年）、竹山园文化（湖南省洪江市，约公元前 4.8 万—约前 2300 年）、石峡文化（广东省曲江县，约公元前 2700 年）、南澳岛文化（广东省汕头市，约公元前 6000—约前 1500 年）、东坑仔文化（广东省汕头市，约公元前 1500 年）、浮滨文化（广东省饶平县，约公元前 2000—约前 500 年）、陈桥文化（广东省潮安县，约公元前 3500 年）、横岭山文化（广东省博罗县，约公元前 2000—约前 200 年）、白莲洞文化（广西壮族自治区柳州市，约公元前 3.5 万—约前 5000 年）、芝山岩文化（台湾省台北市，约公元前 2200 年）、卑南文化（台湾省台东县，约公元前 1000 年）、十三行文化（台湾省台北市，约公元前 300 年—约公元前后）、塔山文化（浙江省宁波市，约公元前 4700—约前 500 年）、莫角山文化（浙江省余杭市，约公元前 3300—约前 2000 年）、老人桥文化（江西省武昌市，约公元前 2000 —约前 1500 年）、大墩子文化（江苏省南京市，约公元前 1600—约前 500 年）、高城墩文化（江苏省江阴市，约公元前 3300—约前 2200 年）等。

# 三、东北地区



## 庙后山文化——东北地区的文化之祖

（约公元前40万年）

庙后山文化是辽宁省本溪市一带的旧石器时代文化。该文化遗址首先发现于辽宁省本溪市山城子村东庙后山的南麓山坡上，是一个天然洞穴，属于奥陶纪石岩地层洞穴堆积，其厚度为13.5米，自下而上分为8层。1978—1980年考古工作者对其进行了系统发掘，发现了具有划时代意义的肿骨鹿和三门马等76种动物化石、一颗完整的人牙化石及部分石器、骨器，并有炭粒、灰烬等，故被命名为庙后山文化。

庙后山遗址为研究辽东地区古人类分布和发展以及古地理环境等提供了宝贵资料，可以说是一处颇具考古价值的古人类文化遗址，有人称其为东北地区的文化之祖。著名地质学家、考古学家贾兰坡教授先后多次来庙后山考察，并撰写了《庙山后》一书，于1986年出版，引起了国际上考古学术界的瞩目。庙后山古文化现已分别载入《中国东北史》、《中国大事记》和《中国大百科全书》（考古卷）之中，为中国历史增添了辉煌的篇章。

# 长岗子文化——东北地区的青铜文化

（约公元前 8000—约公元 1300 年）

长岗子文化是吉林省一带的新石器时代至辽金时代文化。该文化遗址位于吉林伯都古城遗址西北部，坐落于伯都乡西北 3 公里，地处松花江第二支流马场沟子河南岸。

该遗址是 1958 年文物普查时被发现的，其以漫岗为中心，东西长 230 米，南北宽 100 米。现在整个遗址都为耕地，但在地表上还能见到大量“汉书二期文化”类型的陶片，如泥质红褐陶、夹砂红褐陶、红衣陶等，也有不少辽、金时代的遗物。1961 年，该文化遗址被列为吉林省文物保护单位。

长岗子遗址的地层堆积和遗物表明，这是被辽金时代地层压着的一种比较单纯的“汉书二期文化”类型的青铜文化遗存。该遗址出土的陶器以泥质红褐陶为最多，有鬲、鼎、罐、钵、碗、杯，陶纺轮有扁圆形、算珠形、馒头形、球形等。出土文物中辽金时期的遗物有泥质灰陶片、灰色布纹瓦片、青灰色砖块、瓷片及皇宋通宝、天圣元宝、嘉佑元宝、熙宁元宝等北宋铜钱。

长岗子文化青铜器

长岗子文化的生产工具有石器、蚌器、陶器等，还有一定数量的鸡、猪、马一类泥塑儿童玩具。这些遗存物形象逼真，生动地反映了当时社会经济状况和意识形态的一个侧面。同时说明，由于生产发展和生活稳定，人们已有了审美观念和自己的艺术爱好。

该遗址中不同时代的文化堆积说明，这是一个经历较长时间定居生活的村落。大量鱼骨、蚌壳以及动物泥塑、马骨及其他兽骨的出现，反映了在这个村落居

民的经济生活中，畜牧业和渔业还占有相当的比重。

## 兴隆洼文化——“华夏第一村”

（约公元前6000—约前5500年）

### 文化概况与影响

兴隆洼文化是中国东北地区发现最早的新石器时代文化。兴隆洼文化于20世纪80年代始发现于内蒙古自治区敖汉旗宝国吐乡兴隆洼村，位于该村东南1.5公里处的台地上，地处大凌河支流牤牛河的上游右岸。该文化类型与黄河流域的老官台、大地湾、裴李岗、磁山文化属同时期文化。

兴隆洼文化分布范围广阔，西起洵河，东至医巫闾山，北到乌尔吉木伦河，南达渤海北岸，遗址总面积约3万余平方米。它以大型聚落建筑、最早使用玉器、居室墓的出现以及独特的陶器为特征，这一历史文化发现被列入“八五”期间全国十大考古新发现之一。

兴隆洼文化遗址是西辽河流域和内蒙古地区最早的新石器时代文化遗址，也是中国迄今发现的保存较好、时代最早的一处聚落遗址，1983年开始发掘。除兴隆洼遗址外，在内蒙古东南部、辽宁西部及河北北部，经过大面积发掘的同类性质的遗存还有林西白音长汗、阜新查海遗址。这三处遗址分别代表了兴隆洼文化的兴隆洼、白音长汗和查海三个类型。

考古工作者已先后对兴隆洼文化遗址进行了近10次发掘，发现有聚落房址、环形壕沟、墓葬、灰坑等大量遗迹，清理出不同期别的兴隆洼文化半地穴式房址170余座、窖穴400余座、居室墓葬30余座。其中，遗址中心的两座房址面积达140平方米左右。除出土有大量的石器、陶器、骨器、蚌器及动植物遗迹外，还发现了中国迄今为止年代最早的玉器。陶器中的陶塑作品也十分具有特色，是中国新石器时代文化中的首次发现。

兴隆洼文化的发现为北方地区新石器时代聚落形态的研究提供了翔实的资料。兴隆洼文化是北方三大文化系统之一，它的发现表明内蒙古地区新石器时代的文化自有渊源。它不但解决了红山文化的源头问题，而且进一步揭示出长城东段地区新石器时代文化的自有特色和连续性，确定了该地区与黄河流域的新石器时代文化平行、相互影响的历史地位，同时对整个东北地区的文化起了有力的推动作用。

### 独具特色的居室墓葬

兴隆洼居室墓葬是兴隆洼文化的重要内容之一，通过兴隆洼居室墓葬的数量及其位置看，它应与当时人类的祭祀活动有关。兴隆洼聚落遗址先后经过 6 次挖掘，共发现房址 170 座，居室墓葬 30 余座。它是目前国内第一个显露出沟、房址和窑穴等全部居住遗址的史前部落，从中发现的成批居室墓葬是中国史前时期最奇特的埋葬习俗。



这里发现的人猪合葬现象在中国新石器时代遗址发掘中尚属首例。一个出土的墓葬中墓主与雌雄两头猪同穴并列埋葬，可以看出，墓主因生前的地位和死因特殊而被埋入室内，生者为了获得某种超自然力量或祈求保佑，便将死者作为崇拜和祭祀的对象。而人猪并穴埋葬表明，当时的祭祖活动与祭祀猎物的活动已经结合在一起，兴隆洼先民们对猪灵的祭祀具有图腾崇拜的意义。

在兴隆洼的房址居住面上及墓葬的陪葬品中都发现了大量鹿、猪等动物的骨骼，因此可以确定狩猎经济在当时人们的生活中占有重要的地位。

### 生产生活与人文自然

兴隆洼遗址聚落内的所有房址成排分布，外围环绕椭圆型壕沟，是中国已发现的最完整的原始村落，也是中国建筑史上的奇迹。兴隆洼聚落形态演变大致经历了三个阶段：一期聚落居住区外绕以椭圆形围沟，房址均沿西北—东西方向成排分布，室内面积较大；二期聚落承袭一期聚落布局，房间面积略小；三期聚落房址排列不整齐，密度大，室内面积明显变小。可以看出兴隆洼聚落的规模是相当可观的，故有“华夏第一村”之称。

兴隆洼文化中发现的玉器数达 10 件之多，从出土的玉器可以看出：兴隆洼的先民们已注意到了选材，色泽多为淡绿、黄绿、乳白或浅白色，而且已经掌握了抛光、钻孔等技术。兴隆洼玉器是迄今所知的中国年代最早的真玉器，它标志着社会大分工的形成，使我国使用琢磨真玉器的年代追溯到了8000年前左右的新石器时代中期，为红山文化玉器群找到了直接源头，是探索中国玉文化起源最宝贵的实物资料。

该遗址还出土有“蚌裙”这一奇特的服饰，这是中国史前时期最完整的服饰资料。还出土了我国东北地区最早的乐器——一个完整的骨笛。出土的石器主要以打制锄形器为主，斧形器也很典型。

兴隆洼房址中出土的陶器均为夹砂陶，多数陶器质地疏松、胎厚重，烧制火候不高，且外表多呈灰褐色和黄褐色，内壁多呈黑灰色。陶器外表纹饰以压印为主，主体纹饰主要有横人字纹、之字纹、席状纹、网格纹等。所有陶器均为手制。



这里出土了数量最多的中国新石器时代动物骨骼，是兴隆洼先民从事狩猎活动的实证。在兴隆洼较早的遗址中出土了胡桃楸果核，它是组成落叶阔叶林和针叶混交林的一种乔木果实，这种乔木属温带林木，反映出当时气候温暖湿润，与现在气候干燥的草原沙漠环境是截然不同的。

## 昂昂溪文化——有显著特点的区域性文化

（约公元前5500年）

昂昂溪文化是黑龙江省齐齐哈尔一带的新石器时代文化。昂昂溪遗址位于黑龙江省齐齐哈尔市昂昂溪区，该文化遗址于1928年被发现。

1930年时，我国著名考古学家梁思永先生带队首次在昂昂溪等地进行考古发掘，并于1932年发表了《昂昂溪史前遗址》论文专著，从此打开了嫩江流域史前文化的序幕，同时也确立了昂昂溪文化这一中国北方草原新石器时代渔猎文化的考古学标杆。后来，考古学上把以梁思永先生发掘的墓葬为代表的新石器时代草原文化称作昂昂溪文化。

昂昂溪文化遗址发掘和采集的文物约有3000件，主要是石器、骨器、陶器和精美的玉器，种类繁多，器形复杂，其中石器以细小压制石器为主，骨器有骨枪头、骨鱼镖、骨刀等，陶器制作较为粗糙，器型简单，并伴有一些纹饰。这些文物都具有较高的历史、文化、科学和艺术价值，同时也具有较高的观赏价值，是我国北方细石器文化、渔猎文化的考古基石之一，也是北方细石器文化、渔猎文化的代表。

昂昂溪文化以渔猎经济为主，出土的石斧、石磨盘、石磨棒表明该文化晚期已有农业经济出现，并有原始的畜牧饲养，因此也是具有显著特点的区域性文化。

昂昂溪文化自成体系，独立发展，并不是其他文化的延伸和传播所产生的附属文化。因此可以说是我国新石器时代中众多古老文化中的重要一支，是中华文明中一颗璀灿明珠，曾为创造源远流长而一体多元化的中华文明做出过特有的贡献。虽然目前还没有形成系统的研究工程，但不断发现的各类文化遗址、遗物点达 400 多处，从类型和数量上足以说明昂昂溪文化是嫩江流域文化的重要环节，是中华民族古代文明的重要组成部分。

昂昂溪遗址是中国北方草原渔猎民族文化的突出代表，著名历史学家郭沫若、范文澜、吕振羽等对此都有高度评价。解放后，各级政府多次组织对该遗址的科学性及抢救性发掘，获得较丰富的文物考古成果，被誉为“北方的半坡氏族村落”，在中国乃至世界考古史上都占有重要位置。1988 年，该文化类型被国务院公布为第三批全国重点文物保护单位，并载入中国通史和世界通史。



## 新乐文化——辽河地区的新石器文化

（约公元前 5200 年）

### 文化概况与影响

新乐文化是辽宁省沈阳市新开河沿岸一带的新石器时代文化，该文化 1973 年 6 月始发现于辽宁省沈阳市皇姑区新开河北岸的黄土高台上，因为靠近新乐电厂职工宿舍，所以被命名为新乐文化遗址。该文化遗址与仰韶文化、河姆渡文化同期，其出土文物有独特的风格和特征，因此自成体系。它距今已有 7200 多年的历史，是母系氏族社会繁荣时期的村落遗址，也是中国北方新石器时代较早的一个遗址。经1975年、1978年、1980年的多次抢救发掘，出土了数以万计的文物。1984年博物馆建成，次年5月对外开放，现为辽宁省文物保护单位。

新乐遗址的发现将沈阳地区有人类活动的历史上溯到7000年前，同时也为东北地区史前文化研究提供了重要的科学依据，填补了辽河下游地区早期人类活动的空白。

新乐遗址出土的遗物极为丰富多彩，如石器、陶器、骨器、玉器、煤精制品、木雕艺术品、炭化谷物、炭化果核、赤铁矿石、石墨等，很多是稀世罕见之宝。

新乐遗址的文化内涵可分为上、中、下三层：上层称为新乐上层文化，层厚约0.3—1米左右，文化遗物是以磨制石器和素面陶器为主；中层文化层堆积较薄，界于上下层之间，有明确的地层叠压关系，并且出土有与上下层显然不同的文化遗存，主要有器身上饰以附加堆纹的深腹罐和饰以划纹的陶壶，这层文化距今约5000年左右；下层是新石器时代早期文化，是在原生土层之上的黄土层中，文化堆积层厚达1米左右，南与古河道紧紧相依，但其密集之处是在新乐电工厂职工宿舍附近，这里共发现房址28处，排列有序，是一处原始社会母系氏族公社繁荣时期的聚居点，其面积约5000平方米，从1973年发现到1987年经过5次抢救性发掘。

### 精良的器物制作工艺

陶器是以手制素面粗砂红褐陶三足器为代表，典型器物有鼎、鬲、甑、碗、盆、罐、壶、豆等。其陶质粗、胎厚、火度低，器面不加修饰，少数有附加堆纹和手捏纹。陶器是以夹砂红褐陶为主，火候较低，胎质较松，器形以深腹罐、高足钵及斜口簸箕形器为代表，器身上施压印之字纹和弦纹，构成了新乐下层文化的主要特征。深腹罐有大、中、小三种类型。大者如瓮，其中最大者通高25厘米，口径17厘米，底径9厘米，大口厚唇，腹部弧线内收，口沿有一圈凹纹带，内作横人字纹，以下饰纵行之字纹带，直到器底。小者如杯，其中一件高9厘米，口径7.2厘米，底径4.8厘米，敛口，腹微鼓，口沿下两圈凹带纹，通体施之字和弦纹。高足钵是一种盛食器皿，其下有高足，上为圆钵形器身，高12.3厘米，口径19厘米，浅腹，口沿较器身薄，形成外抹的小圆唇。钵身上有红衣，饰以针刺压直线、弧线、菱形网络纹等。有的钵身无纹饰，器足高矮也有差别。斜口簸箕形器，造型特殊，别具一格，很像现在使用的簸箕。

石器有打制、琢制和磨制的圆刃石斧、石凿、沟磨石、磨盘、磨棒、石镞等。这种文化相当于新石器时代晚期，下延可到青铜时代，距今约3000年左右。打制的石器主要有砍砸器、刮削器、石铲、石网坠等。打制和琢制的主要是细石器，这是用极其坚硬的玉髓、碧玉、玛瑙等石料琢制而成的石叶、尖状器、刮削器、石镞等。大量细石器的出现，解决了我国多年来一直未能解决的细石器明确地层关系的问题，结束了细石器只能代表畜牧经济或只代表渔猎经济的昂昂溪类型的历史，进一步证明了细石器是各种经济形态所共有的科学论断的正确性。



木雕艺术品是新乐文化的代表作，这在国内极为罕见。它在发现时已经炭化，呈黑色，全长38.5厘米，宽4.8厘米，厚1厘米。其形似一只鸟，由嘴、头、身、尾、柄5个部分组成。除长柄外，全身双面雕刻，阴刻纹饰基本一致，通体设计图案化，头部饰旋涡纹，身部饰菱形纹，尾部饰鸟尾纹，刀法娴熟流畅，线条刚劲细腻，栩栩如生，仿似振翅欲飞，经碳14测定距今约7000年左右。据考证分析，这件木雕艺术品是原始氏族崇拜的偶像——图腾。木雕鸟与庄子《逍遥游》中神话故事里提到的鹏鸟相符。它头大尾长，形体浑厚威严，嘴之大有着气吞山河之势，背之长使人有“鹏之背不知几千里”之感。木雕鸟的出土，说明新乐人是以鸟为图腾的一个氏族。

新乐下层文化的典型器物是簸箕形器，夹砂红褐陶，高31厘米，上口宽20厘米，底宽8.5厘米。敞口扁腹，正面斜口上宽下窄呈倒梯形，椭圆形底，腹背中部外弧，口沿外侧饰两条之字纹带。此器造型特殊，很像现在使用的簸箕，故以名之。对于它的用途，考古工作者进行了探讨研究，目前有两种说法：一种认为是保存火种的容器，此器的斜口设计的匠心所在是让器中炭火与空气中的氧接触，起着助燃作用，而且根据燃烧的快慢程度随时用砂土调节火势大小，并用一种耐火的东西覆盖；另一种认为是一种盛杂物的工具，因为它的出土位置都是在房址里的边角处，既不影响人们在屋内活动，又不易被损坏。器的斜口部分占整个器身的2/3，在使用时不会出现滚动现象，能达到器物平稳。使用时一只手持器底，另一只手起辅助作用，用来清理火后遗留的灰烬，还可用来盛制陶所用的少量掺合料或生活垃圾。

煤精制品发现于新乐遗址下层每座房址之中，主要有圆底泡形、跳棋子形、圆珠形器，还有圆锥形、馒首形、橄榄形器，总数达百余件。煤制品制作精致，打磨得乌黑光亮。圆底泡形器规格不一，大者直径 5 厘米、小者直径 2 厘米，高 0.9—1.5 厘米不等，底圆厚，其精品边薄如刃；跳棋子形器高 2.4—3.5 厘米，底部直径 1.2—1.6 厘米；圆珠形器径 0.9—2 厘米，磨制得光滑滚圆。这三类器各有大、中、小之分，可配成大套、中套、小套。这三种器奇妙之处在于都是一凸面，一凹面，没有任何支点，都处于不稳定的状态。后经细微观察，发现在器物的凸凹面上有互相磨损的痕迹，由此推测此三种器是配套使用的。原始人用这种乌黑发亮的材制作出奇异的形状，又无一穿孔，显然不是装饰品，而应与原始宗教有关，是以奇幻的方法组合配套，运筹手中，从而进行占卜等巫术活动的。煤精制品最早见于陕西宝鸡汝家庄西周墓中出土的煤块，而新乐煤精制品的年代距今 7000 年，把煤精工艺的历史又提前了 4000 年，对煤精工艺史的研究提供了宝贵资料。

## 生产生活与人文特色

新乐文化下层遗址出土有很多房址，其中最大的房址面积达 100 平方米，坐落在诸房址的中心，其布局与半坡文化遗址相似。这个大房址是由 50 多根立柱支架建造的半地穴式的木构建筑，房内中间没有隔墙，屋内中央有直径 1.3 米的火膛。中型房址面积约 70 米左右，小型房址面积为 20 平方米左右，数量较多。房址平面呈长方形或方形抹角，门设在南面，有的有明显的门道，房址四周均有柱洞，房内有火膛。这些房址的相互距离较近，每隔 3—5 米就有一处。通过对柱洞的剖析，可知较大的房址柱洞较深，较小的房址柱洞较浅，柱洞直径均为 20 厘米左右，有的是圆形有的是方形，有的是倾斜的，还有的虽然较浅，但用石头垫底，即后来石柱础的雏形。但从柱洞来看，当时房屋的木构架已成为支撑整个屋顶的主要力点。这可能就是中国传统式大木架结构的原始类型，为研究中国古代建筑提供了宝贵的历史资料。

在这些房址中，人们还发掘出了很多炭化谷物，经辽宁省农业科学院

对其进行的形态分析、对比，认为是东北大黄黍，即大黄米。结合出土的粮谷加工用具石磨盘、石磨棒来看，当时可能进入农耕阶段，已经有了可观的粮谷保证人们的生活所需。同时还出土了炭化果皮、果核，里面有榛子、橡子、樱桃、山里红等，说明当时还兼采集野果食用。加上从石斧、石镞和大量石网坠来看，当时人们已有渔猎、农耕及采集等多种经济形态。

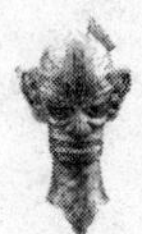

从出土的遗物来看，新乐下层文化已进入母系氏族公社繁荣昌盛阶段。他们无论在物质生产上，还是在精神文化上都达到了一定的水平。新乐下层出土的部分文物经中国社会科学院考古研究所碳 14 测定，距今已有 7200 多年的历史，它与黄河流域的仰韶文化、长江流域的河姆渡文化的时间大致相同。新乐遗址是我国北方新石器时代较早的一个文化遗址，证明我国古代文化起源是多元的。大量罕见的稀世文物的出土，为研究建筑、地质、煤炭、植物、种籽、古气象、民俗等多门学科提供了极有价值的资料和依据。新乐遗址的原始先民用辛勤的双手创造的灿烂文化将永载史册。



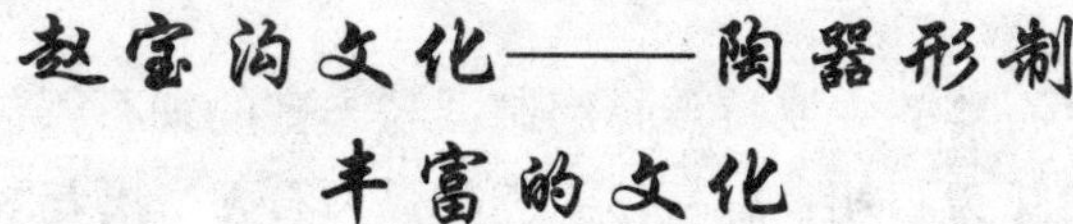

## 赵宝沟文化——陶器形制丰富的文化

（约公元前 5000 年）

赵宝沟文化是内蒙古赤峰老哈河流域的新石器时代文化，位于赤峰市敖汉旗高家窝铺乡赵宝沟村，面积约 9 万平方米。

赵宝沟文化与兴隆洼文化前后衔接，其原型形成于兴隆洼文化中晚期。保存较好的赵宝沟文化类型的遗址有：敖汉旗新惠镇东北 25 公里高家窝铺乡赵宝沟村北；兴隆洼文化遗址西南 500 米的小山遗址；敖汉旗烧锅地、南台地等。

与兴隆洼文化相比，赵宝沟文化的聚落规模明显增大，但二者在社区布局方面有很强的共性，如房址平面呈方形或正方形，也有呈梯形，皆为半地穴式建筑，成排分布等。这些共性与地域相同、技术水平相近、文化之间具有直接性传承关系等多种因素有关，但更应归结为相近的经济模式。

赵宝沟文化出土的陶器质地多为夹砂陶，陶色为黄褐色，也有红褐色。陶器均为手制，器形较为简单，但比兴隆洼文化陶器器形多。

赵宝沟文化陶罐

尊形器是赵宝沟文化的典型陶器之一，敛口或直口，长粗颈，扁圆腹，底部略内凹。器表磨光后，在腹部多压划几何纹样，在个别尊形器的腹部甚至压印有繁缛的动物图样。对于动物头部处理采用以写实与夸张相结合的艺术手法，旨在突出该动物最具特点的器官。特别是在小山遗址中出土的猪龙、飞鹿和神鸟，令世人不得不赞叹其巧妙的艺术构思。猪首蛇身尊形器是我国目前发现最早的中华龙崇拜的实证之一，说明内蒙古地区也是中华龙起源的重要发祥地。猪龙、凤身、飞鹿等尊形器，说明了当时社会分化已很明显，这类最早的“艺术神器”比距今6000年的河南濮阳西水坡的龙虎堆塑要早1000余年。



赵宝沟文化石器的主要特点是磨制器与丰富的细石器共存。石质的生产工具主要有尖弧刃石耜、扁平体石斧、弧刃石刀、磨盘和磨棒等。可以看出，赵宝沟文化在生产工具方面较兴隆洼文化有一定改进。

在赵宝沟文化中，尚未发现专门用来祭祀的场所，所以当时的祭祀活动很可能在室内进行。那些刻画灵物图案的尊形器就是祈求狩猎活动成功的祭祀用具。从而可以看出狩猎活动在赵宝沟先民的经济生活中占有重要地位，而宗教典礼的内容也多与此相关。兴隆洼先民直接用动物的头骨进行祭祀，而赵宝沟先民则将日常猎取的动物形象刻画在陶器上用于祭祀。

赵宝沟文化出土的灵物图像

赵宝沟文化略晚于兴隆洼文化而早于红山文化，属于新石器时代早期文化，三者之间在宗教传统方面具有明显的继承和发展关系。赵宝沟文化与红山文化有不少共同之处，如赵宝沟猪龙与红山文化猪首蛇身玉龙之间必然有密切联系，而且两种文化陶器的腹部都有压印的之字纹，所以赵宝沟文化应是红山文化发展中起过重大影响的古文化。

# 红山文化——农业文明与游牧文明的结合体

（约公元前 4000—约前 3000 年）

## 文化概况与影响

红山文化是指在我国燕山以北、大凌河与西辽河上游流域的原始文化，因 1935 年首次发现于内蒙古自治区赤峰市红山地区而得名。它的范围是以西拉木伦河、老哈河流域为中心，北起赤峰市乌尔吉木伦河流域，南到朝阳、凌源、河北北部，东至通辽市、锦州地区，分布面积达 20 万平方公里，延续时间长达 2000 年之久。

红山文化是中原仰韶农业文化和北方草原文化在西辽河流域相结合而产生的富有生机和创造力的优秀文化，内涵可谓十分丰富。它全面反映了我国北方地区新石器时代文化特征和内涵，是我国北方地区新石器时期文化中较重要的文化。从红山文化与其他文化之间的相互关系来看，它既是北方具有自身特点的新石器时代文化，有自己发生、发展的过程，也受到其他文化的影响。

红山文化的社会形态处于母系氏族社会的全盛时期，主要社会结构是以女性血缘群体为纽带的部落。考古研究表明，红山文化是在兴隆洼文化与赵宝沟文化基础上发展而来的，三者在宗教传统方面具有明显的继承、发展关系。在兴隆洼文化和赵宝沟文化中尚未发现专门的祭祀场所。而在 20 世纪 70 年代后期发现的牛梁河遗址表明，红山文化晚期已经出现了规模宏大的祭祀中心，这不仅是红山文化研究的一次突破，而且对探求中华文明起源具有重要意义。

在红山文化中发现的动物骨骼比较少，其种类有牛、羊、猪、鹿、獐等，其中牛、羊、猪应是家畜。由此可以看出，红山文化的先民们过着以定居为主、兼有畜牧渔猎的生活，经济形态也是以农业为主，兼以牧、渔、猎并存的状况，这是古代农业文明与游牧文明的结合体。

红山文化在建筑、制陶、玉雕、陶塑等发面都有显著成就，技术水平都高于兴隆洼文化与赵宝沟文化。在敖汉旗西台红山文化房址堆中出土了两件方形陶制合范，属国内迄今为止最早的金属铸范，表明红山文化的先民们已掌握了铸铜技术。在兴隆洼文化与赵宝沟文化中，狩猎活动占主要地位；而在红山文化中，农业生产已成为主导经济。

## 独具特色的“中国金字塔”

红山文化的墓葬也很有特色，它们迥异于其他新石器文化中常见的那种土坑竖穴墓，其墓上积石成塔，气势壮观，有“中国金字塔”之誉。

在牛河梁遗址群南部的山岗上，就有一座类似积石冢的金字塔式建筑，形态与山丘浑然一体，总面积达1000多平方米，其规模之宏大、结构之复杂绝非其他文化类型的积石冢所能比拟。作为一座单体建筑，它可以说是至今发现的中国史前建筑中规模最大的一个，而且其建造结构也十分考究：内部夯土，外部砌石，台体顶部还有炼铜坩锅等遗物发现。这说明红山文化的内涵已相当复杂。

在红山文化出土的墓葬中，每个墓地都设有中心大墓，似乎在表现“一人独尊”的等级观念，这说明红山文化的社会结构也可能出现了“金字塔”式的形态：部落酋长高高在上，成了“金字塔”的塔尖；其他人则逐级下排，形成“金字塔”的塔身。

另外，冢坛结合是其墓葬的又一重要特点。冢上置坛，说明“金字塔”式的积石冢不仅为墓穴，同时还兼有祭祀的功能，因为这些积石冢的陪葬品几乎全部为各种精美的玉器，只有个别等级较低的墓葬以陶器为随葬物。

## 高超的陶器和玉器制作水平

据考证，红山文化时期的手工业已达到了很高的阶段，并形成了极具特色的陶器装饰艺术和高度发展的制玉工艺。

红山文化的陶器以彩陶、之字纹陶器、细石器以及特有的掘土工具石耜和桂叶形双孔石刀为基本特征。这里的陶器主要有泥质陶和夹砂陶两种，均为手制，泥制陶略多于夹砂陶。泥质陶多为红色，器形较常见的有钵、盆、瓮、罐等，多是容器，都是小平底。其中钵都为“红顶碗式”，

红山文化出土的玉龙

有深腹、浅腹两种；罐有小口双耳罐、长颈深腹罐、敛口罐等。泥制陶器的主要花纹是黑色和紫色的彩纹，其中以平行线、三角形纹、鳞形纹最具特点，也偶有少量之字形压纹；夹砂陶为褐色，器形少，陶质粗，火候低，主要器形是大口深腹罐，器的表面多饰有横压的之字纹和直线划纹。

红山文化的玉器可分为三种类型：一种是斧、凿、锛、铲、刀等工具和兵器；一种是动物雕塑，如龙、虎、龟、蝉、熊等；还有一种是“饰品”，这是被赋予了一定意义的具有某种特定形状的器物，如勾形玉佩、连环饰、琮、箍、璧、环、璜等。有人把第三类玉器同《周礼》中记载的六种玉礼器：璧、琮、圭、璋、琥、璜比较，发现在红山文化中均可以找到相似甚至相同的东西。由此可见，红山文化的玉器已具备了夏、商、周三代文明中“礼”的雏形。

把以上几种类型的玉器形状与当时的文化联系起来看，红山文化的特殊类和工具类玉器应为满足宗教典礼需要而制作的。这种勾形玉器不是一般的装饰品，它们在墓葬中多放置在死者的头、胸部，说明红山文化已将玉器作为礼器使用，这对后来的商周文化是具有影响的。

这里的玉器制作主要是磨制加工，表面光滑、晶莹明亮，极具神韵，制作工艺也开始向专业化、规范化、系统化的方向发展。到目前为止，红山文化中已出土的玉器达百件之多，其中一座大型碧玉猪首龙，周身卷曲，吻部高昂，毛发飘举，极富动感，是红山文化玉器的代表作，也是目前中国已出土的时代最早的龙形玉器，被誉为“天下第一龙”。而由于赤峰境内多有龙表玉器出土，故赤峰被称为龙的故乡，红山文化的先民也被称为龙的传人。

### 生产生活与人文特色

在红山文化时期，社会上已出现冶铜现象，以围沟圈护的早期方城也已出现，城乡分化已经发生。以崇龙尚玉、尊祖敬宗为特征的宗教礼仪活动极为盛行，各部落之间的冲突和由此导致的统一宗教神权之争已成为社会基本问题，这说明红山文化的先民们已率先由氏族社会跨入古国时代。因此，红山文化为中华五千年文明发展奠定了基础，同时也规定和影响了中华礼制文化产生和发展的基本格局，在中华文明发展中具有极其重要的历史地位。

红山文化牛河梁女神庙遗址

另外从祭坛、女神庙、大型方台、金字塔式巨型建筑、特点鲜明的积石冢群以及成组出土的玉质礼器等来看，这一切都似乎说明 5000 年前的红山文化已出现了既基于原始公社氏族部落制度，又凌驾于公社之上的更高一级的组织形式——早期的城邦制国家。红山文化的发现证实了我们中华民族的确有 5000 年的文明史，并把中华古国史的研究从黄河流域扩大到燕山以北的西辽河流域，可谓影响巨大。

从红山文化在古代北方及中国新石器时代考古学文化中的地位来看，它是当时中国南北各地古文化序列中最为先进的古文化之一。另据专家考证：正是红山先民向中原的迁徙，造成了长江下游地区文化面貌的急剧变化，并融入了诸多红山文化的崇玉传统，形成了令人耳目一新的良渚文化。如果把红山文化置于一个更大的历史时空中来研究，我们也许会赋予红山文化以全新的意义，并揭示出有关中华文明发生的全新内涵。

## 附　录

**东北地区比较著名的古文化还有：**金牛山文化（辽宁省营口县，约公元前 20 万年）、庙后山文化（辽宁省本溪市，约公元前 33 万年）、鸽子洞文化（辽宁省朝阳市，约公元前 13 万年）、查海文化（辽宁阜新市，约公元前 6000—约前 5500 年）、沙锅屯文化（辽宁省锦州市，约公元前 5000

年）、五女山文化（辽宁省桓仁县，约公元前 2000—约公元 500 年）、西堡子文化（辽宁省营口市，约公元前 2500—约前 500 年）、万发拨子文化（吉林省通化市，约公元前 4000—约公元 1000 年）、红石砬子文化（吉林省松源市，约公元前 1600—约公元前后）、龙头山文化（吉林省东丰县，约公元前 3000 年）、西团山文化（吉林省吉林市，约公元前 1000 年）、新开流文化（黑龙江省密山县，约公元前 4000—约前 2100 年）、小南山文化（黑龙江省饶河县，约公元前 1.1 万年）、阎家岗文化（黑龙江省哈尔滨市，约公元前 2 万年）、十八站文化（黑龙江省塔河县，约公元前 1 万年）、老汤河文化（黑龙江省漠河县，约公元前 1.2 万年）、莺歌岭文化（黑龙江省宁安市，约公元前 1000 年）等。

# 四、西北地区



## 罗布淖尔文化——绿洲上的古文明

（约公元前8000年）

罗布淖尔文化是新疆维吾尔自治区尉犁县一带的新石器时代早期文化。罗布淖尔是一个地域名称，范围很广，新石器遗存在这一地区有广泛分布，从考古调查结果来看，主要分布在孔雀河进入罗布淖尔的三角洲地带，以及孔雀河下游，楼兰故城附近和距楼兰古城西南约50公里的海头古城周围。此外在现已干涸的罗布淖尔湖床西北边缘也有一些细石器较集中的地点发现。由分布特点看，该文明一般在沙漠中的绿洲附近，因此可以说是绿洲上的古文明。

罗布淖尔历史悠久、文化底蕴深厚，这里是“丝绸之路”的必经之地。据考证，古代时这里曾是古西域渠犁国所在地。塔克拉玛干大沙漠、塔里木河、天山、绿色走廊共同构成了尉犁的山水画卷，勤劳智慧的古代罗布人把这里建成了美丽的家园。

这里可说是沙漠中的世外桃源，千百年来与世隔绝，古代罗布人就生活在这里，他们“结庐为室，捕鱼为生”。后来，塔里木河水断流，下游生态系统日趋恶化，呈现出“漫卷风沙埋河道，欲哭无泪哀胡杨”的悲凉景象，昔日的“罗布泊泽国”，也掩埋在风沙荒漠之中。

目前，这里仍有一些罗布人的村寨，大多在尉犁县墩阔坦乡塔里木河河畔，而在这里生活的罗布人也称得上是“沙漠文化”的活化石。

目前尉犁县境内的孔雀河故道上，有十余座罗布淖尔文化烽燧遗址，另有营盘聚落遗址和小河5号墓地、太阳墓等遗址。该文化遗址的年代与新疆地区的辛格尔遗址年代大体相同，其文化类型也有人称之为辛格尔—罗布淖尔文化。

罗布淖尔遗址发现的细石器从制作技术上主要分打制和压制两种，从形态和用途上则主要有圆锥形石核、楔形石核、圆柱形石核、半柱状石核、细石叶、石片石器、刮削器、尖状器、锥钻、石镞等，且以通体加工的桂叶形石镞或矛、投枪头最具特征。石片石器多有二次加工痕迹，大型打制石器较少，加工较粗糙，主要为石斧、石锛、石磨盘、石杵、砺石等，但有的仅是局部磨制。

## 柴窝堡文化——戈壁滩上的石器文化

（约公元前6000—约前1000年）

柴窝堡文化是新疆维吾尔自治区天山柴窝堡湖一带的石器时代文化。年代初步推断为新石器时代，但也有人认为它可能早至中石器时代，晚到青铜器时代，时间跨度比较大。

柴窝堡湖为新疆乌鲁木齐市郊最大的淡水湖，位于天山山谷之中，距市区东南40余公里。湖呈圆形，面积约为28平方公里，四周都是戈壁。湖中盛产鲤鱼、草鱼、鲢鱼、青鱼等。柴窝堡遗址便位于柴窝堡湖岸地带，该遗址主要有两个地点，一个地点位于柴窝堡湖东岸约1公里的戈壁湖滩连接地带。另一地点位于紫窝堡湖西南约1公里向东一直延续到湖边。第一地点曾采集到408件石器标本，第二地点采集到251件石器标本。

柴窝堡遗址出土有数量可观的细石器，而且散布面积较大，因此它也是以细石器文化遗存为主要特征的文化。这里出土的石器原料为硅质岩、碧玉、燧石、玉髓等。器物类型有石核、细石叶、石片、刮削器、尖状器、雕刻器、镞、粗大石器等。石核类有船底形石核、楔形石核、圆锥形石核、圆柱形石核。细石叶是以间接打击法产生的，剖面多呈三角形和梯形。石片主要有长条形和不规则形，都为直接打击法产生，一般都带有一个小台面，有些石片背面还保留自然面，少数石片边缘有使用痕迹。刮削器中有长身圆头刮削器、短身圆头刮削器、半月形刮削器、圆刃刮削器、圆形刮削器、叶形刮削器、弧刃刮削器、长刮削器、复刃刮削器、双边刮削器、凹刃刮削器等。尖状器中有双尖尖状器、矩形尖状器、两端尖状器、鸟啄形尖状器。雕刻器有屋脊形雕刻器、凿形雕刻器、石镞用三棱或三角形石片加工出一个锐尖。粗大石器中有板状石器和矩形砍砸器等。

值得一提的是，现有的资料表明：我国西域地区的细石器遗存多见于河岸阶地、湖岸及有泉水涌出的地方。它们有的在山区高寒地带，海拔位置很高，如阿什库勒遗址海拔高度5040米，野牛泉遗址海拔4530米。有的却处于海平面以下，如吐鲁番盆地的迪坎尔遗址海拔高度低于海平面10米，洋海阿斯喀勒买来遗址低于海平面37米，阿斯塔那遗址低于海平面25米等等。这些遗存无论分布在高山、平原、盆地或沙漠，虽然不少遗存地点远离现有河床或湖面，但大多数可以在它不远的地方找到水源。很明显，当时的人们一般都选择离水源较近的地方活动或安扎营地，这是新疆细石器遗存地点的地理环境特征。柴窝堡遗址便是如此，它依柴窝堡湖而生，若没有这一湖泊，恐怕就没有柴窝堡文化。



## 乌帕尔文化——我国最西部的石器文化

（约公元前5000年）

乌帕尔新石器文化是新疆西部一喧的新石器时代文化，距今六七千年。遗址位于新疆维吾尔自治区疏附县，1972年7月间在喀什市西南50多公里的乌帕尔一带连续发现，包括阿克塔拉、温古洛克、库鲁克塔拉、德沃勒克4处遗址。

乌帕尔4处地域毗连的古文化遗址都位于帕米尔高原东麓群山环抱的山前地带，四处是砂石荒滩。由于高原雪水冲刷，强风侵袭，到处散布着东南、西北向的一道道沟壑和大大小小的黄土包。4处遗址间相隔不到1公里，分列于东西南北四角，其中心位置有一座80平方米左右的古城遗址，据放射性碳素测定，为公元3世纪前后的建筑。这是古疏勒国境内的一座城池，有专家认为是东汉西域疏勒国的乌即城。

在石器工具中，石刀、石镰所占比例甚高，制作相当精致。石刀为无孔半月形，石镰均呈弧背凹刃，与河南殷墟所见石镰形制酷似。其他如石斧、石杵、磨盘、砾石、石纺轮、石球等，遗址内均有所见。陶器都是夹砂陶，手制，火候不高；器形有罐、钵、盆、瓮、小杯等；很多器物可以见到在口沿处有一圈小洞或小突钉，其他纹饰较少。

此处发现的石器工具形状较大，基本上都是磨制，制作相当精致。遗址内还发现小件红铜制品，其制作已进入金石并用阶段，这与黄河流域新石器遗迹基本相同，表明在六七千年前喀什噶尔绿洲上的原始人类与黄河流域存在着某种关系。

旧石器时代文化遗迹在天山南北至今未曾发现过，距今六七千年前的新石器时代文化遗址则多有发现，其中以比较大型的磨制石器为主要特征的新石器时代文物在喀什市附近出土甚多。比较有代表性的就是乌帕尔文化，该遗址对研究喀什乃至新疆的历史文化有着极其重要的价值。

另外，乌帕尔的新石器文物是迄今为止所发现的我国最西部的新石器时代文化遗迹。这不仅为研究我国新疆地区的原始文化提供了宝贵的材料，而且对研究我们整个伟大的中华民族的原始文化也有着重要的意义。

## 磨嘴子文化——丰富的地下文物宝库

（约公元前4000—约公元200年）

### 文化概况与影响

磨嘴子文化是甘肃武威一带新石器时代至西汉时期的文化，该文化类型的遗址位于甘肃武威市凉州区新华乡西南15公里处的祁连山麓、杂木河两岸。这里地势起伏，形成丘陵地带。西依西山顶，东接沃野，其间阡陌纵横，有杂木河流过。很早以前这里就是便于人类居住、从事生产生活的好地方，因此不仅有新石器时代的文化遗址，而且有着极其丰富的汉代墓葬。

磨嘴子文化以出土大批汉简、木雕，丝、麻、草编织物等重要珍贵历史文物而闻名于世。特别是磨嘴子汉墓群，是一座蕴藏丰富的地下文物宝库。1963 年 11 月该遗址被甘肃省人民委员会公布为省级重点文物保护单位。

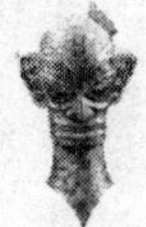

## 内涵丰富的墓葬群

磨嘴子汉墓群分布在一片土山形成的丘陵台地上，在南北长 1000 米、东西宽 700 米的范围内。这里墓葬密布，非常集中。墓葬一般均为土洞墓，由墓道、墓门、墓室 3 部分组成。规模较大的墓葬还有后室、侧室或耳室。墓道为斜坡式，墓门为过洞式连接至墓室。墓室多为长约 4 米、宽 3 米的长方形土穴，三人、双人、单人葬均有，葬具为木棺。由于这里土质含碱性大，土内又夹杂着石蕊等物质，故土质非常坚硬，加之丘陵台地，地气干燥，具有保存地下文物的优越条件。因此，此处的墓葬及室内的随葬器物保存较好，特别是一些不易存放的木器，丝、麻、草编物等都能够保存下来，文物的蕴藏极为丰富。



1955 年和 1959 年，甘肃省博物馆先后进行了 2 次发掘，共清理汉墓 37 座，出土了一批珍贵文物。其中第 6 号墓出土了 9 篇《仪礼》竹木简，首尾完整，次第可寻；第 18 号墓出土了王仗和“王杖十简”，编为一册，完整无缺。出土的这些竹、木简及王杖均为建国以来考古工作中的重大发现，为研究汉代经学、版本学、校勘学、古文字学、简册制度、礼俗以及尊老、养老制度等提供了重要的实物资料，轰动了我国史学界。经整理与研究，这些文物除由中国社会科学院考古研究所编成《武威汉简》出版，对我国历史、科学等方面的研究都起了重大作用。

1972 年，人们再次清理发掘了汉墓 35 座，出土了一大批陶、木、漆器以及丝、麻、草编织物。特别是 48、49、62 号 3 座墓出土的大型彩绘铜饰木招车，推算天文历数的本质仪器式盘，有铭文的漆耳杯，苇席胎套色印花绢篋，六博木俑，有铭文的毛笔、砚台等，都是很重要的历史文物。木质仪器式盘是我国解放后的第一次发现，对研究古代天文、历法或复原已失传的天文仪器，有着极其重要的参考价值。

1981 年以来，人们又在这里发现了“王杖诏书令”木简 26 枚，这是继“王杖十简”以后，又一次王杖简册的重要发现，这一发现解决了千百年来，特别是近几十年来史学界围绕“王杖”提出的很多问题。此外，还发现有两座汉代壁画墓，是我国早期绘画艺术的实物资料，也是研究汉代绘画艺术的珍贵资料。

# 马家窑文化——中国绘画艺术的根源

（约公元前3000—约前2000年）



## 文化概况与影响

马家窑文化是黄河上游新石器时代晚期文化，它因最早发现于马家窑遗址而得名，该文化遗址位于甘肃省临洮县洮河西岸的马家窑村麻峪沟口。1923—1924年，瑞典地质学家兼考古学家安特生在甘肃、青海一带调查，其助手们在1924年发现马家窑遗址并进行了发掘。1957年开始，甘肃省博物馆对遗址进行了多次调查，发现马家窑类型是叠压在仰韶文化庙底沟类型之上的地层关系，该类型以发达的制陶业而著称。

马家窑文化是仰韶文化向西发展的一种地方类型，主要分布在甘肃中南部地区，以陇西一带为中心，东起渭河上游，西到河西走廊和青海省东北部，北达宁夏自治区南部，南抵四川省北部。分布区内主要河流为黄河及其支流洮河、大夏河、湟水等。甘肃省临夏地区是马家窑文化的核心区域，该地区东乡县的林家遗址、康乐县的边家林遗址、广河县的地巴坪遗址是其中最重要的遗存。

在林家遗址中，人们发现了马家窑文化时期房屋遗迹27处，制陶窑址3处，灰坑985个。从地层上初步搞清了马家窑类型遗存早、中、晚三个阶段的堆积关系，同时发掘和采集各类遗物3000余件，其中各类工具和生活用具2000余件，大多以石器为主，骨器次之，也有少量的陶、蚌、角器。林家遗址的发掘，弄清了马家窑类型早、中、晚期的地层堆积关系，为出土文化遗物的时期考证提供了明确的地层证据。

边家林遗址位于甘肃省康乐县虎关乡关风村，是马家窑类型晚期墓地，分布在三岔河北岸二级台地上，面积约1万平方米。清理墓葬17座，灰坑1个，出土陶器100多件，石、骨器等近800件。陶器以彩陶为主，器形有壶、罐、盆、瓶、碗、钵等。壶颈较细直，出现红彩。边家林晚期的器形和纹饰与半山早期的花寨子下层遗存类似，已清楚地显示出向半山类型过渡的趋势，填补了从马家窑类型发展到半山类型的缺环。

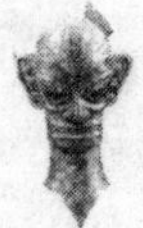

地巴坪遗址位于甘肃省广河县城东南6公里处地巴坪村西北的广通河南岸台地。这里不但有半山类型遗存，还有马厂类型、齐家文化的遗存。地巴坪遗址是半山文化时期（半山遗址是位于中国甘肃和政县半山区的一个考古遗址，该遗址属於仰韶文化半山类型）彩陶出土比例最高的一处遗存，陶器中以大型的小口直颈彩陶壶和侈口短颈彩陶瓮（罐）较为普遍。出土陶器基本是壶、瓮、罐或瓶的组合，少数墓兼有盆或碗。陶质细腻，器表打磨光滑。彩陶以黑色为主、红色为辅，上绘制花纹，纹饰精美、繁缛，以旋纹和菱格纹为主。经过对出土彩陶的整理，在与马家窑类型和马厂类型彩陶纹饰作对比研究后确认：地巴坪遗址应属半山类型早期遗址。地巴坪遗址是半山类型中保存较好、出土物较多的一处墓地，为研究半山时期的葬俗提供了重要的资料。



## 高度发达的制陶业

在中原地区仰韶文化的彩陶衰落以后，马家窑文化的彩陶又延续发展数百年，将其推向前未有的高度。马家窑文化以彩陶器为代表，它的器型丰富多姿，图案极富于变化和绚丽多彩，是世界彩陶发展史上无与伦比的奇观，也是彩陶艺术发展的顶峰。它不仅是工业文明、农业文明的源头，同时它也源远流长地孕育了我国文化艺术的起源与发展，有着辉煌的艺术魅力。

马家窑文化的彩陶继承了仰韶文化庙底沟类型爽朗的风格，但表现更为精细，形成了绚丽而又典雅的艺术风格，比仰韶文化有进一步的发展，艺术成就达到了登峰造极的程度。这里出土的陶器分泥质和夹砂两类，主要采用泥条盘筑和捏塑法制作。根据地层堆积，分早、中、晚三期。早期的陶器数量较少，主要有瓶、罐、盆、钵等，瓶多为喇叭口，罐为敞口，盆的口沿外卷，钵为圆唇。彩绘为黑色，漆黑发亮，纹饰以旋纹和弧线纹为主，线条粗健古朴；中期的瓶口沿向外翻转，颈部变长，罐的颈部变短，纹饰以弧形并列条纹为主，线条均匀细密，活泼流畅；晚期陶器数量最多，陶质较粗，主要器形有盆、钵、碗、壶、瓶、罐等，纹饰简化、潦草，以旋纹、平行条纹为主，色彩清淡，并发生了变化，出现了白彩，但多为辅助装饰，黑白分明，对比强烈，是晚期陶器的突出特点。

许多马家窑文化遗存中还发现有窑场、陶窑、颜料以及研磨颜料的石板、调色陶碟等。马家窑文化的彩陶，早期以纯黑彩绘花纹为主，中期使用纯黑彩和黑、红两彩相间绘制花纹，晚期多以黑、红两彩并用绘制花纹。

在制陶工艺上，马家窑文化已开始使用慢轮修坯，并利用转轮绘制同心圆纹、弦纹和平行线等纹饰，表现出了娴熟的绘画技巧。彩陶的大量生产说明，这一时期制陶的社会分工早已专业化，出现了专门的制陶工匠师。

## 彩陶图画的文化价值



马家窑文化的特殊还在于，其彩陶上面的图画所具有的非凡的文化价值和欣赏价值，这是在其他文化类型不多见的。

第一，文化价值。马家窑文化是新石器时期华夏文明晨曦中最绚丽的霞光，折射着中华先民在远古时代所达到的多项文化成就。马家窑文化不仅包含着史前时期众多神秘的社会信息、文化信息，同时它还创造了最早形式的中国画。比如：马家窑文化彩陶的绘制中以毛笔作为绘画工具、以线条作为造形手段、以黑色（同于墨）作为主要基调，创造了绘画表现的许多新形式，奠定了中国画发展的历史基础和以线描为特征的基本手法。因此可以说，马家窑文化的彩陶图画，就是神奇丰富的史前“中国画”，是中国绘画艺术的根源。

第二，观赏价值。马家窑文化产生在遥远的史前时代。它的图案之多样、题材之丰富、花纹之精美、构思之精妙，是当时任何一种远古文化所不可比拟的，它丰富多姿的图案构成了典雅、古朴、大器、浑厚的原始艺术风格。其神奇的动物图纹、恢宏的歌舞场面、对比的几何形状、强烈的动感姿态都给人以视觉上的冲击，臻成彩陶艺术的高峰。它所给予我们的欣赏价值是任何现代艺术都不能代替的。它留下的极其丰富的图案世界，永远是人类取之不尽的艺术宝库。因此，马家窑文化彩陶的欣赏价值，正在被越来越多的人们所认识。

# 居延文化——有“草原丝绸之路”之称的文化

（约公元前 3000—约公元 1000 年）

居延文化是河西走廊一带的古文化，这里有数千年前的新石器时代文化，也有一千多年前的封建时代文化。

居延文化遗址位于内蒙古阿拉善盟额济纳旗的额济纳河流域，在北丝绸之路和龙城古道的汇合点上，其军事和经济地位都非常重要，有很多重要的城址和遗存。



居延是匈奴语“天”的意思。这里自古就是人类文明的发祥地。早在新石器时代，这里就有人类活动。西汉、东汉两朝是居延地区最为繁荣的时期。公元前 121 年，大将军霍去病战胜匈奴后进入居延地区，并且在这里设立了居延都尉府，开始大规模修筑军事设施，屯田戍边等。至汉安帝时，居延城已有居民 4700 多人。安史之乱时，河西走廊通道被切断，居延地区成为长安通往西域的主要通道，是丝绸之路的重要关隘，也称为“草原丝绸之路”。此后一直到西夏国统治的前后 500 余年间，这里的文化一直都很繁荣。元代之后，由于战乱不断，自然环境不断恶化，加上人口急剧增加，居延城开始败落。

经过考古发掘，在这一区域内目前已发现青铜时代遗址 1 处，不同历史时期的城址 13 座，墓葬区 6 处，汉代烽、燧 118 座，西夏至元代的庙宇 10 余处以及大片的屯田区和纵横曲折的河渠遗存等。

居延文化的另一令人瞩目之处是，20 世纪这里曾出土汉简约 4 万余枚以及文书、纸币等文物。对研究该地区有史以来的经济、政治、军事、农牧业、宗教、语言文字及生态环境等诸多学科领域有极高的考古和学术研究价值。

20 世纪初，俄国人科兹洛夫等人在黑城等地大肆盗掘，掠走大量珍贵文物，居延文明才引起了世人的关注。1982 年，这里被国务院定为全国重点文物保护单位。



由于居延遗址地处我国西北内陆的大漠之中，这里常年干旱缺水，生态环境逐年恶化，该遗址正面临着被沙漠吞噬的威胁。大量的古文化遗存都不同程度受到了自然破坏。大风将滚滚沙尘吹入古城内或将城墙房址层层剥蚀，许多墓葬被流沙掩埋或被大风吹打损毁。也许用不了多久，它将成为第二个楼兰古国，葬身于茫茫的沙海中。有关方面正在努力对其加以保护。

## 哈巴湖文化——沿湖而生的石器文化

（约公元前2500年）

哈巴湖文化是位于宁夏回族自治区盐池县中北部的新石器时代文化，时代大约与夏朝相当。该文化遗址大致集中于哈巴湖林场以西1000米、东南2000米处，沿湖边缘也发现有新石器文化遗址。该遗址与宁夏同心县韦州新石器时代遗址和盐池县张记场新石器时代遗址具有共同的特征。

早在夏朝以前，哈巴湖一带就有人类居住，他们以牧猎为生，过着群居生活。由于风蚀的因素，沙丘被风搬动后露出了小片地表。在这些表层上散布着打制石器和磨制石器，其中有石斧、石锛、石锤、石叶、石核和刮削器等。打制石器均有明显的打击点、打击台面及辐射线等，石叶的打制用力十分巧妙。磨制石器有明显的磨制痕迹和使用痕迹。所用石料为石灰岩和石英岩。同时还发现了当时人颈上佩带的项珠，是用兽骨磨制而成，工艺精巧，琢磨细致。

盐池县文管所曾对哈巴湖细石器文化遗址进行多次考察，考证结果表明哈巴湖原为淡水湖。从林场开发的地下水情况看，地面下挖1米后便是污泥层，其厚度在4米以上，泥层中夹杂有淡水动物的躯壳；冒出来的地下水甘甜且含氟量不高，适宜人们生活，因此有原始人群在此游牧，居住。

人们在该遗址中还发现了一处灰堆遗存。其中有未烧尽的兽骨残骸，如羊骨、牛骨等，是古人烧烤食物用火的地方。

# 齐家文化——多元文化的集合地

（约公元前 2200 年）

## 文化概况与影响

齐家文化是黄河上游地区新石器时代晚期至青铜时代早期文化。其类型主要分布在甘肃、青海两省境内的黄河、洮河、大夏河、渭河、湟水流域。分布范围：东起泾、渭河流域，西至湟水流域，南达白龙江流域，北到内蒙古自治区阿拉善左旗。



齐家文化遗址是 1924 年在甘肃省临夏回族自治州广河县（城关镇）排字坪乡园子坪齐家坪社首次发现的，该地西距广河县城 35 公里，是一处新石器时代晚期文化遗址，总面积约 1.5 平方公里。现是国家级文物保护单位。

齐家文化遗址内发现有多处房屋、窖穴、墓葬遗迹，出土物包括石器、陶器、骨器、玉器等生产工具和生活用具。此外，在遗址中还出土有一面铜镜，这是迄今为止我国发现的最早的铜镜。

齐家坪遗址是齐家文化的命名地，它的发现揭开了黄河上游史前文化研究的序幕，是研究我国西北地区的重要文化遗存。考古发掘的遗址和遗物表明，在齐家文化时社会性质发生了变化。齐家文化的各处墓地中，普遍出现了成年男女合葬墓。武威市皇娘娘台齐家文化 48 号墓为成年一男二女的合葬墓，男性为仰身直肢，位于墓穴的中央，二女分列于男性的两侧，侧身屈肢而面向男性。在男性尸骨的身上和周围，集中地随葬了 80 多件玉石璧，鲜明地反映出齐家文化产生的时代已是男性居于统治地位，而女性处于从属地位的父系社会。在广河齐家坪、积石山秦魏家、武威皇娘娘台等齐家文化墓地中，还发现了殉葬墓，有的身首分离、有的肢体不全、有的无头，这是阶级出现的象征。

因此，从历史发展的阶段看，齐家文化处于原始社会解体，阶级社会产生的转折点。从地理分布的角度看，齐家文化首当其冲地成为黄河农业

文化和北方草原文化的最初接触点，并且成为中国最早进入青铜文化的古文化之一。从人类文化史这个宏观的角度来看，齐家文化反映出东方和西方文化最初的有规模的交流。随着齐家文化文物不断地出现，对齐家文化的认识也在不断加深，它在文化史上的地位也就显得愈来愈重要。

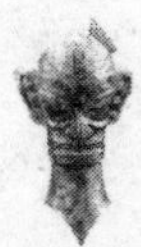

## 器物上的多元文化特色

齐家文化有着独特的地理位置，它一方面受到来自中原龙山文化的影响，另一方面受到北方和西方草原文化的冲击，使这里成为多种文化的最初交汇的地区，也使得齐家文化出土的文物具有多元因素的特色。

这首先表现在这里的装饰品和礼器上，这些物品大量使用了取自外地的新样式、新材料。比如：齐家文化的玉石璧较多，在武威皇娘娘台齐家文化墓地 48 号墓中，发现随葬的玉石璧多达 83 件。这些玉璧的质地较好，其中有的可能产自新疆和田。齐家文化的玉璧与玉斧、玉铲等精美的玉器，并非是实用的器物，除了象征财富外，可能是用于特殊礼仪的礼品。



齐家文化的铜装饰品种类很多，有镯、钏、臂筒、泡、耳环、鼻饮等，这是中国最早的铜装饰品。齐家文化的青铜器数量较多，以铜刀最常见，还有铜空首斧等合范铸造的兵器和铜合金铸成的镜。齐家坪还出土了一件把手为浮雕人面的青铜匕，这是中国最早的青铜雕刻品。齐家文化的铜耳环、斧、镯、镜，与具有铜石并用文化的中亚、南西伯利亚产出的同类铜器的样式基本相同，表明齐家文化与西北方的草原文化已有交流和联系。

齐家文化的制陶技术有新的发展，这里出土的陶质细腻，胎壁较薄，陶器的造型受到东面的龙山文化的影响，具有刚劲挺拔的风格。其中以双大耳罐、高领深腹罐和鬲为代表器物。齐家文化的彩陶造型别具一格，复道折线纹彩陶圆底罐是摹拟草编篮的造型和编织纹理，双大耳彩陶罐的花纹以疏朗的直线构成。除去摹仿编织纹的彩陶花纹外，还有鹿、蜥蜴等动物纹样。

齐家文化陶塑的题材多样，以鸟类雕塑最多，有的形状像水鸟，有着长嘴、长颈和短尾；有的形状像鸽子，体态丰满圆浑；有的作展翅欲飞状，身上用锥刺纹表示羽毛；有的为三足鸟，这和传说中的太阳鸟或许有关系。齐家文化有的陶器的顶部或内部雕塑着狗的头部，这可能与畜牧业的发展有关。这里的陶器上也有浮雕和刻画出的蜥蜴纹饰，这种神秘的爬行动物特别受到西北的原始氏族人们的青睐，常作为造型艺术的主题形象。

齐家文化在建筑材料上有许多发明创造，灵台县桥村出土了一批陶瓦，有板瓦、半筒状瓦等样式，为橙红色陶，瓦上面有时代特点鲜明的篮纹和附加堆纹。桥村出土的板瓦，经热释光测定为距今已有3900年的历史，这是目前世界上已知最早的瓦。半筒状瓦的做法是由泥条盘筑成长筒状，然后中分为二，成为两片半筒状瓦，瓦面的一端有突榫，瓦内另一端有卯眼，在两瓦叠接时，榫卯相扣，起到连接固定作用。半筒状瓦的构成原理和制作工艺虽很简单，但已基本具备瓦的实用功能。在镇原县的一座齐家文化房基外面，发现了上百米排水用的陶水管，每节水管长53厘米，设有子母口，各水管可互相会接。表明齐家文化建筑在屋瓦和排水管道等方面已代具备很先进的水平。

齐家文化骨器的种类和样式十分丰富，有许多前所未见的新品种。广河县齐家坪先后出土了一些骨叉，大部分为三齿，制作精细，打磨光滑。过去大家认为是西方人惯用叉具，其实远在4000年前，甘肃的先民们已经使用叉具了。齐家坪还出土了一把骨锄，锄头是用牛的肩胛骨做成的，又用动物的肢骨作锄柄，这说明当时已有了锄耕农业。齐家文化的遗址中还发现了骨制的箭头，这一方面意味着狩猎能力的提高，另一方面说明当时部落之间可能已有战争出现。

齐家文化墓葬中还出土了作为装饰品的海贝。据专家鉴定，这种海贝叫环纹货贝，产自我国南海和台湾海峡，应该是通过部落间贸易交换来的。在齐家坪遗址还出土了一对金耳环，是我国目前发现的最早的金器。

## 火烧沟文化——出土精细陶器的文化

（约公元前2000年）

### 文化概况与影响

火烧沟文化是甘肃玉门一带的新石器时代晚期的文化。它的遗址位于甘肃省玉门市清泉乡政府东面，距玉门市区20公里，因附近有一土沟色红如火而得名。

火烧沟文化遗址是甘肃六大古文化遗址之一，出土于1976年。这是一处新石器时代后期的人类文化遗址。该遗址范围约20平方公里，中心面积0.2平方公里。共出土彩陶及金属器皿500余件。

1976年，甘肃省文物考古队于此地发掘清理墓葬312座，人祭或人殉墓20多座，随葬牲畜中羊最多。墓葬形制多为竖井带台的侧穴墓，以单葬为主，头向东方，仰身直姿。出土文物中彩陶、石器、铜器与金银器并存，其中有铜器的墓葬106座，以模铸为主，有斧、镰、刀、矛簇、锥、镜等200余件，为甘肃省发现早期铜器最多的一个点。

火烧沟文化的彩陶占随葬陶器的半数以上，早、中、晚三期都有，时间跨度之大为甘肃青海地区其他文化中所少见。同一墓葬中，石器、陶器、铜器共存现象很多，说明冶炼技术很早就被火烧沟人所掌握。

火烧沟文化是中国古代文明的重要组成部分，它至少向我们展示了这样的事实：中国古代文明不仅仅在中原大地上产生，在偏远的西部也曾有火烧沟人创造了令人惊叹的古代文化。1981年9月，火烧沟文化遗址被甘肃省人民政府命名为甘肃省文物保护单位。



## 内涵丰富的墓葬群

火烧沟遗址以墓葬为主，出土文物中彩陶、石器与金银器、铜器共存。

古墓中的随葬品有狗、猪、牛、马、羊等，其中羊骨多而普遍。墓葬中的男女都佩带着金银首饰、松绿石珠、玛瑙珠等，证明当时的农业、畜牧业、手工业、商业已经很发达了。墓葬中男女的装束、发饰、发具等，都表现了古代游牧民族的风俗习惯。联想其发达的畜牧业，这里很可能是古代羌族部落的生活遗迹。

墓葬又分上、中、下3层：最上面的一层，离地面约30—100厘米；处在中间的一层，离地面约1—2米；最下面的一层，基本都在两米以下。据考古专家推断和碳同位素测定，处在上面的一层主要是魏晋墓和汉代墓；处在中间的一层多数是汉代墓；而最下面的一层为新石器时代后期的墓葬，距今约3700年左右，约与夏朝同时。因此，火烧沟遗址最有价值的部分是它的第三层。

火烧沟遗址的墓葬中出土了大量的锄、刀、斧、镰、锤和磨盘等农

具，这些农具大多数是石制器具，也有不少铜制器具，说明当时的农业生产工具已有较大进步。在许多陶器和棺木中，贮存着粟粒和植物种子；在部分墓坑中，还出土了制作精美的彩陶方杯、人形陶罐等酒器。酿酒业的出现，是农业相当发达的标志，这说明在当时的玉门已经有了较为发达的原始种植业。

火烧沟遗址墓葬的形式，大多是竖井带台的侧穴墓，墓坑大多都是东西方向，呈长方形，并且尸骨都是头东脚西。佩带金银首饰并用其作陪葬品是火烧沟遗址的一大特点。在许多墓坑中，死者不论男女大多佩带金耳环。有一部分墓葬，无论男女都在头部有一枚骨针，似为古人的椎发工具。鼻饮环，发椎结，耳垂金银铜宝，这些显然是少数民族的生活习俗。再联系到我国古代典籍中夏商之时甘肃青海大部分地区都是羌族活动场所的记载，我们可以肯定，在中原地区的夏代末期、在西北地区的火烧沟生活的一定是古代羌戎部落的一支。



## 精良的制陶工艺

火烧沟文化遗址出土文物中最为突出的当推大量的陶器。它们大多制作精细，造型别致，其中不少属于珍品。例如：人型彩陶罐、人足彩陶罐、鱼形陶埙、鹰嘴壶、三狗方鼎等已被定为国家一级文物。其中人型彩陶罐1989年出土后，于1990年由国家文物局、甘肃省文物局推荐，在北京第十一届亚运会期间进行了展出，现存于北京国家博物馆。

火烧沟文化原始人类生活模拟情景

这些造型优美逼真、栩栩如生的陶器是远古火烧沟人高超的智慧和审美能力的缩影，其制作工艺令人惊叹。火烧沟文化遗址出土的陶罐样式就有98种之多，而且有粗红陶、夹砂红陶、粗灰陶、褐色素面陶和彩陶等多种质地，图案花纹各异，极富艺术性，具有极高的研究和观赏价值。

火烧沟遗址中还出土了20多个彩绘陶埙。埙体呈鱼形，鸡蛋大小，彩绘以交叉的双条黑线修饰表面，装饰简约，形体美观，远比西安半坡遗址出土的陶埙精致。张开的鱼嘴是吹孔，埙体上有3个音孔，能吹宫、角、徵、羽4个音，有的埙还能吹出清角，因此是一件相当规范的乐器。其音乐的表现力也已大大增强，说明当时至少已经有了以宫、羽为主的四音阶调式。

## 马厂文化——风格粗犷的彩陶文化

（约公元前2000年）



马厂文化是青海省东部的新石器时代晚期文化，因其首先发现于青海省民和县马厂塬而得名。

马厂文化出土的彩陶器较多，品质也较好，说明当时这一带有着发达的制陶业。马厂类型彩陶器形有壶、罐、瓮、盆、碗、豆、杯等，以颈、腹、双耳的壶类和罐类为大宗。

马厂文化早期彩陶流行双耳罐和彩陶壶，早期的彩陶壶较矮肥，以后逐渐变瘦，颈部加长，单把直筒杯，造型别致，纹饰繁缛，富于变化。

考古学家曾在甘肃临洮发现了一件罕见的“大雁纹”图案彩陶壶，该陶壶为泥质夹砂陶，属黑红彩。陶壶高约12厘米，最大直径16厘米，口径10厘米左右。壶身整齐地缠绕着上下两圈栩栩如生、形态迥异的92只大雁图案，其中上层44只，下层48只。

该彩陶壶上的“大雁纹”图案与一般彩陶图案形成的方式不同，并非通过绘制，而是通过“陶地留白”后烧制形成的。

“陶地留白”这一技艺已属罕见，但更为神奇的是壶身上构思奇特、造型别致的92只候鸟人雁。“92”恰与中国古老的历法“农历”一季度的天数相差无几，而目前考古上能确认的“农历”最早是出现在夏朝，故又称为“夏历”，虽然有人提出“夏历”的使用应该更早，但却缺乏相应的实物加以佐证。该“大雁纹”陶壶的发现，正好印证了比夏朝更为久远的远古人类可能已经使用中国传统历法——“农历”。

马厂文化早期陶器以黑彩为主，多辅以紫红或绛红两彩，红彩仅在器物唇口、颈肩交界处缠绕一周，或用以勾绘出腹部主体纹饰的骨式来，如四大圈纹的圆圈和波折纹的曲线等。也有少量施单色红彩的，但在着彩前先施一层白陶衣。中期以后，红彩消失，变成单一黑彩，多施红陶衣，色彩显得淡薄不匀。粗犷质朴的艺术风格在马厂文化的陶器中表现得尤为突出。常见的纹饰有四大圈纹、蛙纹、波折纹、圆点纹、锯齿纹、平行线纹、曲折线纹、方格纹、菱纹、回纹、网纹、三角纹、十字纹、“卍”形纹、连弧纹、贝纹、羽纹、垂帐纹、波纹等，其中以四大圈纹、蛙纹、波折纹、菱纹、回纹最为流行，前三者多流行于壶类。锯齿纹、平行线纹、曲折线纹多流行于罐类。此外，这里的陶器还出现浮雕和捏塑的手法。

马厂文化出土的陶罐

马厂文化的陶器上纹饰粗细差别也很大。如狗的图案，仅描几笔，昂头翘尾的形态就被勾画出来。甘肃永昌鸳鸯池出土的一批彩陶，其上网纹细如毫发，严谨规整，一丝不乱，其艺术手法已相当高超。

## 辛店文化——西北地区青铜文化的代表

（约公元前 1400—约前 800 年）

### 文化概况与影响

辛店文化是我国西北地区青铜时代的一种文化，大约是在中原的商朝至西周时间存在，其发现地位于马家窑以北 30 公里处的洮河边上。辛店文化主要分布在黄河上游及其支流湟水、洮河和大夏河流域，由瑞典人安特生于 1923 年首先在甘肃省临洮县辛店村发现而得名。

辛店文化主要有辛店村东遗址，包括甘肃省定西市临洮县（洮阳镇）

辛店乡石郭家村的石家坪祁家洼遗址和辛店村骆驮崖遗址，总称为辛店文化遗址。

经过众多学者数十年的努力，现已基本搞清辛店文化的发展序列和分布区域。该文化的第一阶段为山家头类型，彩陶较少，主要分布于黄河、洮河、湟水的交汇地带，向东可达渭河中上游，时间约距今3400年。第二阶段为姬家川类型，即典型的辛店遗存，彩陶比例增大，主要分布于洮河、湟水以及黄河沿岸，分布面偏西，时代约为距今3400—3100年前后。第三阶段为张家嘴类遗存，分布区域更为偏西，已达湟水中上游一带，彩陶纹饰更为多样化，时代约为距今3100—2800年。整个辛店文化从商代一直延续到西周晚期。

通过对比研究，学者们发现辛店文化早期遗存与齐家晚期遗存有十分明显的继承发展关系，同时辛店彩陶也接受了不少马厂类型彩陶的文化因素。另外，辛店文化的某些特征也被沙井文化吸收。足见彩陶文化的融合与分化呈现出十分复杂的局面。



## 独具风格的陶器文化

辛店文化陶罐

辛店文化的陶器以夹砂红褐陶为主，掺有石英砂、碎陶末、蚌壳末和云母片等掺和料。多是手制的，以双耳彩陶罐、瓮、双耳鬲等最具特色。

在形制上，这里的陶器多口缘微侈，肩部较高，腹部以下束小成圆底，略向内凹入。小罐口缘外附双耳，大罐腹部有两个对称的把手。器表多磨光，有的施红色或白色陶衣。器型以罐为主，有鬲、盆、杯、鼎、豆、盘等。但其器物一般陶质粗糙、疏松，烧制火候较低。

辛店文化的彩陶数量较多，彩绘多为黑色，间施红色，彩与陶胎结合不紧密、易脱落。纹饰别具一格，笔触粗犷，以双钩纹、S纹、太阳纹、

三角纹为主，还有少量的动物纹——犬纹、羊纹、鹿纹、蜥蜴纹等自然界事物的纹饰，反映出了畜牧生活的特色。

从总体来看，目前出土的辛店彩陶有两种型式，一种以洮河中下游地区为中心，纹饰以粗的连续性回纹及单线双勾纹为主要特征；另一种以黄河沿岸及湟水、大夏河区域为中心，最大的特色为复线的双勾纹、平行直线及S字纹为主要纹饰。

### 生产生活与人文特色

辛店文化是西北地区一支重要的文化遗存，其经济生活以畜牧业为主，兼营农业。工具多为石器，有铲、刀、斧及杵臼等。

辛店文化时期的铸铜业有较大的发展，已出现青铜容器，青铜兵器有锥、矛、匕、凿和铜炮等，也有其他青铜工具和装饰品。

这一时期的居民多居住长方形半地穴式房屋，房屋形制较单一，门道设在西边，呈斜坡状，在居住面中间有一圆形灶。

其墓葬形制主要是长方形竖穴土坑墓，还有长方形竖穴偏洞墓和近似椭圆形或三角形的不规则形墓。葬式多样，有仰身直肢葬、屈肢葬、侧身直肢葬、俯身葬、二次葬等。随葬品以陶器为主，还有铜器、装饰品等。

辛店文化还流行随葬动物的习俗，如牛、羊等，但不是完整的随葬，而是动物躯体的某一部分，摆放在人的头部上方。辛店文化还发现有殉葬墓，这种现象说明辛店文化已进入奴隶社会。

## 卡约文化——古代羌族的文化遗存

（约公元前1000年）

### 文化概况与影响

卡约文化是青海省湟水一带的青铜时代文化，相当于我国中原的西周初期。卡约文化因1923年首先发现于青海省湟中县卡约村而得名。卡约为藏语，意为山口前的平地。

卡约文化是青海省各种古代文化遗址中遗存数量最多、分布范围最广的一种土著文化。其范围东起甘肃青海交界处的黄河、湟水两岸，西至青海湖周围，北达祁连山麓，南至阿尼玛卿山以北的广大地区均有分布。迄今为止共发现200多处遗址，共发掘墓葬有1000多座，出土的文物极为丰富。湟水中游的西宁盆地中的该类遗址最为密集，显然是其分布的中心地带。

根据文献记载，公元前1000年左右活动于河湟地区的古代居民只能是羌族。卡约文化的分布范围明白无误地告诉我们，它就是古代羌族的文化遗存。在我国古代文化的发展过程中，中原地区的文化曾经给周围地区以很大影响，同时周围地区的各种文化也给中原地区文化以重要影响，卡约文化也是这样。在西周时期，羌族多次参加过重要的政治、军事行动，在以后的历史时期里也发挥过重大影响。

虽然卡约文化时期人们仍旧广泛地使用石器，但却有大量的青铜器出土，说明其已进入青铜时代。从卡约文化发掘的居住遗址和墓葬中发现，出土文物除各种陶器等生活用具外，生产工具有大量石制的刀、斧、镞、臼、杵、锤，骨制的镞、铲、锥和铜制的刀、斧、凿、镰、镞等。另外还发现粮食（粟和麦类）和较多的牛、羊、马、狗等家畜骨骼。

## 生产生活与人文特色

在卡约文化时期，人们大体上过着以定居农业为主的生活，但畜牧业仍占有很大比重，狩猎和采集活动也是生活来源的重要补充。当然这种经济生活构成在卡约文化这样广阔和自然条件区别很大的地域内不会是完全相同的。在适于农业生产的黄土河谷地带，农业生产的比重自然会占得大些；在林木茂盛、水草丰美的地方，畜牧业和狩猎经济的成分就占主导地位，甚至还有游牧经济的形式存在。这些情况在墓葬中也常常有一些有趣的反映。例如在一般常见的三件陶器中，一件放粮食、一件放肉、一件放水。这种现象说明，当时人们出于原始宗教信仰，认为死者在另外一个世界生活，继续需要这些生活必需品，同时也反映农业、畜牧业和狩猎产品是人们的生活来源。

在卡约文化的男性墓葬中，通常随葬铜刀、斧、戈、矛以及石质、骨质、铜质的箭头、箭簇等物，而女性墓葬中则常见骨针、骨管（针

管）以及骨、石纺轮等物。这种男女性别的不同，随葬的器物也因之不同的现象，反映了当时男女之间存在着明确的社会分工，即妇女主要从事农业和家务劳动，男子的主要职责则是经营畜牧业、狩猎业和部落的保卫活动。

## 诺木洪文化——青藏高原上的土著文化

（约公元前900年）



诺木洪文化是柴达木盆地东部一带的青铜时代文化，距今约2900年左右，相当于中原地区的西周时代。该文化遗址位于青海省柴达木盆地南部的诺木洪乡，有着独特的文化内涵，故考古学上称之为“诺木洪文化”。据考证，专家们认定这是一种相当于中原地区青铜器时代晚期的文化，是青海高原特殊环境下的土著文化。

诺木洪文化遗址发现于1959年，是我国解放以后发现的一种古文化遗存。该遗址范围东靠海西哇河，西临搭里他里哈村，面积约5万多平方米。遗址由三个小沙丘组成，呈品字形，三个沙丘之间是一片天然广场。其文化遗存主要是房子、土坯围墙、牲畜圈栏和本棺墓葬及大量出土文物。土坯围墙是以黄土土坯叠砌而成，土坯呈长方形。围墙有两种，一种是平面呈椭圆形或卵圆形，一种是呈长方形或不规则长方形。房子都是方形或圆形的木结构建筑。另外还有一座大型牲畜圈栏，平面呈椭圆形。

诺木洪文化遗址出土文物有各种石制和骨制的生产工具，如石刀、骨针等；有陶制的生活用具，如曲腹陶盆、圈足陶碗、深腹陶杯、带耳盆等，陶质为夹砂粗红陶和夹砂灰褐陶；有铜制的斧、刀、镞、钺等形器，以及炼铜的用具残片与铜渣等；还有许多毛织品，原料为绵羊毛，有的还经过染色加工成线，并且织成毛布。该遗址的出土文物还有骨笛、骨哨、陶牦牛等。骨笛和骨哨是由兽骨加工而成，磨制精细。从中不难看出，当时人们在劳动之余还从事丰富多彩的娱乐活动。

该文化类型主要分布于柴达木盆地东南部的诺木洪、搭里他里哈、巴隆他温陶亥、香日德下柴克、上柴克、察汉乌苏夏日哈、可儿沟等地，遗址总数有 20 余处。其中的他里他里哈遗址发掘出房屋 11 座，土坯坑 9 个，围栏一座，瓮棺葬墓 3 座，出土了一批陶器、石器、骨器、铜器等文化遗物近数千件。

该文化对研究我国羌族、吐谷浑文化有着重要的参考价值。该文化类型的他里他里哈遗址现为省级重点文物保护单位。

# 楼兰文化——神秘消失的文化奇迹

（约公元前 200—约公元 770 年）



## 文化概况与影响

楼兰文化是特指历史上位于罗布泊西部的楼兰王国的文化。据历史记载，楼兰王国约从公元前 176 年建国，到公元 630 年消亡，共有 800 多年的历史。自从它消失后，它就成了一个谜。它奇迹般地出现，神秘地消失，都给后人留下了无限的遐想。

据考证，楼兰王国的范围东起古阳关附近，西至尼雅古城，南至阿尔金山，北到哈密。但它以城邦为主，举世闻名的楼兰古城位于罗布泊西部，处于通往西域的枢纽位置，在古代丝绸之路上占有极为重要的地位。我国内地的丝绸、茶叶，西域的马、葡萄、珠宝，最早都是通过楼兰进行交易的。许多商队经过这一绿洲时，都要在那里暂时休憩。

经发掘，楼兰古城中最显眼的建筑区遗迹是城中部的“三间房”。这三间房的墙壁是城中唯一使用土坯垒砌而成的，坐北朝南，直接对着南城门。东西两端的房屋都是木结构，木料上还残留着朱漆，有的木料长达 6.4 米。从这一组建筑物的位置和构造等情况分析，这里可能就是当年楼兰城统治者的衙门府所在地。

人们还在这里发现了一条东西走向、穿城而过的古渠道遗迹，这可能是古楼兰城居民直接取水的水源。在城内还发现大量的厚陶缸片、石磨盘断片、残破的木桶和各种钱币、戒指、耳环及汉文木简残片等。这些物品对研究楼兰古城历史都是无价之宝。

据考古学家证实：塔里木河盆地的人类活动已有1万年以上的历史。包括楼兰古城在内，这一带的所有古城突然消失的时间都在公元4—5世纪时，所有的遗址都在距今天人类生活地50—200公里的茫茫沙漠之中。这说明了什么？时至今日，尽管有众多学者付出了巨大心血，但诸如楼兰古城的兴衰与消失，还是个诺大的谜团。

## 历史发展与发现过程



作为古代中国西部的一个小国，楼兰属于城邦国家，但其所管辖的地域并不小，其西南通且末、精绝、拘弥、于阗，北通车师，西北通焉耆，东当白龙堆，直通敦煌。其地理位置扼丝绸之路的要冲。

楼兰文化古城复原图

楼兰国建立于何时，没人说得清楚，司马迁的《史记》中始有关于楼兰的记载。汉朝初通西域时，使者往来都经过楼兰。楼兰屡次替匈奴当耳目，并攻劫汉使者。元封三年（公元前108年），汉派兵讨楼兰，俘获其王。楼兰既降汉，又遭匈奴的攻击，于是分遣其王子向两面称臣。后匈奴侍子安归立为楼兰王，遂亲匈奴。王弟尉屠耆降汉，将情况报告汉朝。汉昭帝元凤四年（公元前77年），汉遣傅介子到楼兰，刺杀安归，立尉屠耆为王，改国名为鄯善，迁都扜泥城（今新疆若羌附近）。其后汉政府常遣吏卒在楼兰城故地屯田，自玉门关至楼兰，沿途设置烽燧亭障。魏晋及前凉时期，楼兰城成为西域长史治所。

公元400年，高僧法显西行取经，途经此地，他在《佛国记》中说，此地已是“上无飞鸟，下无走兽，遍及望目，唯以死人枯骨为标识耳”。楼兰这座丝绸之路上的重镇在辉煌了近500年后，逐渐没有了人烟，在历史舞台上无声无息地消失了。

1900年春季，瑞典探险家斯文·赫定正在罗布泊西部探测，他的维吾尔族向导阿尔迪克在返回考察营地寻找丢失的锄头时，遇到风暴，迷失了方向。但这位机智勇敢的维吾尔族向导，凭借着微弱的月光，不但回到了原营地找到了丢失的锄头，而且还在寻找的途中发现了一座高大的佛塔和密集的废墟，那里有半埋在沙中雕刻精美的木头，还有古代的铜钱。阿尔迪克在茫茫的夜幕中发现的遗址，后经发掘，证实就是楼兰古城。

我国考察队也是在克服了重重困难以后，才到达了楼兰古城。楼兰城内最高建筑物是位于城东部的一座高 10.4 米的佛塔，佛塔塔身是由土坯加木料垒砌而成的，塔基为方形，每边长约 19.5 米。塔身的南面连接着一大片大型建筑遗址，堆集着许多木料，这些木料都经过精细加工。

楼兰王国虽然消失了，但它留下的文化却是堪称世界之最的人文景观。在人类历史上，楼兰这个充满了神秘色彩的名字，以及它曾经有过的辉煌，形成了它在世界文化史上的特殊地位。它的文化以及有关它的谜团，还等待着我们去发现。



## 楼兰王国消失之谜

楼兰王国是怎样消失的呢？它为什么会消失呢？目前来看有如下一些不同的猜测：

据《水经注》记载，东汉以后，由于当时塔里木河中游的注滨河改道，导致楼兰严重缺水。敦煌的索勒率兵 1000 人来到楼兰，又召集鄯善、焉耆、龟兹三国兵士 3000 人，不分昼夜地成功横断注滨河引水进入楼兰，缓解了当时缺水的困境。但在此之后，尽管楼兰人为疏浚河道做出了最大限度的努力和尝试，但楼兰古城最终还是因断水而废弃了。

还有人说楼兰的消亡是由于人类违背自然规律导致的，楼兰人盲目滥砍乱伐致使水土流失，风沙侵袭，河流改道，气候反常，最后造成王国的必然消亡。

也有人说给楼兰文化致命一击的是瘟疫。有一种可怕的急性传染病，传说中叫“热窝子病”，一个人得病一个村子全被传染了。在无形的灾难面前，楼兰人选择了逃亡。因为无人，楼兰国最终瓦解了。

虽然这些说法都各有道理，但不论哪个说法现在还都不能完全解释楼兰王国的消失之谜，其真实的原因还有待于我们去探索研究。

# 尼雅文化——东方的“庞贝城”

（约公元前 2000—约公元 300 年）

## 文化概况与影响

尼雅文化是新疆维吾尔自治区的一种古代文化。该文化遗址现位于塔克拉玛干沙漠之中，依傍尼雅河，属民丰县管辖。



1901 年 1 月，英国探险家斯坦因到达新疆于田，在这里听到尼雅河流域以北的大沙漠里有古代遗址的信息，他赶紧找到曾经进入过尼雅遗址的一些人，并从他们手中购买了几件从尼雅遗址中带出来的卢文书木简，他从中意识到那是一个很有考古和文化价值的地方。随后他组织了进入尼雅遗址的考古探险队，雇请进入过尼雅遗址的人为向导，带着一些发掘工具和骆驼，沿着尼雅河干涸的河床跋涉数天后，终于找到了现在的尼雅遗址，并展开了考察工作。斯坦因的发现，在当时的中外探险考古学术界引起了轰动，尼雅遗址向人们展示了被称为“死亡之海”的塔克拉玛干大沙漠中所存在过的一个悠久、古老、光辉灿烂的沙漠古代文明，尤其是尼雅河三角洲的考古文化将会揭开大沙漠环境变迁和历史文化中的诸多谜团。

斯坦因自 1901 年第一次进入尼雅后，在 1906 年和 1930 年又对尼雅进行了两次考察。斯坦因从尼雅遗址掠走的文物数量十分庞大，据说曾装了 12 个大箱子。解放后，我国考古单位单独或与日本考古学术界联合进行考察近 10 次，其中要数 1995 年 10 月的中日联合考古行动收获最大。这一次考古行动收获了大量保存完好、颜色鲜明的织锦和卢文书木简，其中“五星出东方利中国”织锦的质地和色彩最为罕见。此次考古发现震惊了中外考古学术界。

经历次考古发掘，很多历史学家和考古专家认为：尼雅文化遗址系东汉时期及之前存在西域三十六国之一的精绝国所在地。精绝国于公元 3 世纪左右消失，此后在可记载的历史中留下了 1600 多年的空缺，同时也留下了诸多历史谜团。



在作为古代交通要道的丝绸之路上，尼雅遗址是古代遗址中保留最完整的地方。另外，尼雅文化还是少见的古代世界文化的交汇点，这里曾有着多种文化风格的建筑和艺术品，古代的中国文化、印度文化、希腊文化、波斯文化都在这里交汇融合。

经过多次发掘，这里共发现72处房屋遗址、7处林荫树遗址、3处城墙遗址、1座佛塔、1座古桥、1座寺庙遗址、8处墓地。此外，这里还发现果园、桑树、葡萄架、工艺作坊、古战场遗址等。

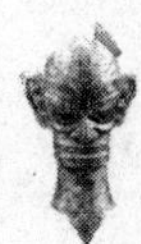

尼雅古居民的住宅房屋多为木基架结构，隔断为墙，屋前有凉棚，屋院内有高大的树木遮阴乘凉。有身份的大户，外院墙有芦苇的篱笆，屋后为畜厩羊圈，屋中有立柱，置火塘、土坑等。在这里出土的卢文书是书写在胡杨树木板上的一种文书，自右向左横书至较长一侧，写在木牍的里面，保存时成对相扎。

尼雅古废墟的标志，是一座距今1600多年的佛塔遗址，它为土坯结构，共计三层。塔身南部已坍塌，西面也遭盗挖，上层圆筒形顶部甚至被盗宝者由顶至底掏空。

在沙丘的四周，散布着寺庙的城墙，宅院的木基，红柳、芦苇的篱笆，以及随处可见的红色陶片、兽骨、果核。

## 汉文和卢文书的使用

考古发现，这里的人们曾使用汉文和卢文书两种文字。100多年前，考古学家斯坦因在此发现上百件珍贵的用卢文书书写的木犊，并随900件古物运至国外，它是记录重要历史的保贵文献。

卢文书究竟是一种什么文字，是当时哪一国语言，各国专家众说纷纭，有人说这是尼雅的官方语言；有权威称卢文书之根源为古代阿拉伯语，这种文字在波斯的控制下在印度北方得到发展；也有人说卢文书从书面形式看是古老的印欧语言之一，但至今没有一个科学的论断。

这里也是使用汉字很频繁的地方。出土的汉代五铢钱、司禾府印章上常有汉字，还有合盖一床写着“五候合婚、千秋万岁宜子孙”小篆汉字纹样锦被的安祥躺在棺内的男性、女性木乃伊。还有配弓、挂箭、身穿汉装的武士，铺满斑澜丝绸锦缎的棺木，织绣着神奇的“五星出东方利中国”汉字的锦缎护肘等等。

尼雅古代居民属于什么人种，失去家园的他们今在何处，2000年前汉文字与卢文书在当时经济社会中的关系和各起到什么样的作用，目前还不为人们所知。

## 西域古国的消失之谜

创造尼雅文化的精绝国的消失一直是一个谜，有些学者认为主要原因是环境恶化。《汉书西域传》有对精绝国的描述：泽地湿热，难以履涉，芦苇茂密，无复途径。可见当时昆仑山下的精绝国环境已十分险恶。

尼雅遗址在民丰县尼雅河流域北边，而尼雅河当时属于塔克拉玛干沙漠地区一条中型河流，从昆仑山上流淌下来的雪水孕育着尼雅河流域的三角绿洲地带，成为西域精绝国得以世代繁衍的依托。随着环境的恶化，水流量逐年减少，绿洲逐渐消退，严重沙漠化的情形让尼雅人束手无策，加上政治和经济原因，尼雅王国最终于1600多年前消失了。

从尼雅遗址上看，这里的房屋、庭院和佛塔等各处遗址均被沙丘隔开，每处遗址中残存各种用途的房屋遗址数间至数十间，此外有墓葬区等。遗址所分布的形态呈椭圆形，以佛塔遗址为中心，南北长约25公里，东西约5公里，基本上按尼雅古河道流向分布。

由于遗址已完全沙漠化，不少学者将精绝国消失原因归因为环境恶化。后来的考古研究也有人提到精绝国的消失缘于战争，因为有史料可以支持此说法。譬如：木简上反映“精绝国”王朝长期受到西南方向的强大部落“SUPIS”人的威胁和入侵，并且步步加深，国王对“SUPIS”人的威胁十分担忧。东汉末年，汉朝国力衰弱，中原处于分裂与战乱，西域出现政治真空，此时各小国和部族相互侵吞的战乱也随之而来，所以精绝国被他国或更强悍的部落毁灭也是可能的。但导致精绝国灭绝的“SUPIS”人在历史上从无记载，让人们对既凶猛又好侵占虏掠他国的“SUPIS”人留下种种猜测和不解。

另外，精绝王国灭亡后，他们的后裔在哪里？特别是现在尼雅村的人，他们也说不出自己的祖先来自何方，很难断定他们就是精绝国的后裔。而且精绝王国建立于何时，此前为何种民族居住等疑问，又让人难以断言。所以尼雅考古也跟楼兰考古一样，历史的记载出现较多断层，存在诸多争议。

# 附　录

**西北地区比较著名的古文化还有：**大地湾文化（甘肃省天水市，约公元前6000—约前2800年）、五坝山文化（甘肃省武威市，约公元前3000—约公元800年）、郭家山文化（甘肃省凉州市，约公元前3000—约前200年）、疏勒文化（新疆维吾尔自治区喀什市，约公元前后）、汗诺依古城文化（新疆维吾尔自治区喀什市，约公元前2000—约公元1000年）、三道岭文化（新疆维吾尔自治区哈密市，约公元前8000年）、七角井文化（新疆维吾尔自治区哈密市，约公元前7000年）、七城子文化（新疆维吾尔自治区木垒县，约公元前8000年）、塔克尔巴斯陶文化（新疆维吾尔自治区木垒县，约公元前6000年）、木垒河文化（新疆维吾尔自治区木垒县，约公元前3000年）、伊尔卡巴克文化（新疆维吾尔自治区木垒县，约公元前2500年）、四道沟文化（新疆维吾尔自治区木垒县，约公元前1000—约前400年）、迪坎尔文化（新疆维吾尔自治区鄯善县，约公元前7000年）、克孜勒库木文化（新疆维吾尔自治区鄯善县，约公元前7000年）、阿斯喀勒买来文化（新疆维吾尔自治区鄯善县，约公元前800年）、雅尔湖文化（新疆维吾尔自治区鄯善县，约公元前8000—约前2000年）、巴什康苏拉文化（新疆维吾尔自治区于田县，约公元前7000年）、辛格尔文化（新疆维吾尔自治区尉犁县，约公元前4000年）、克拉玛依文化（新疆维吾尔自治区克拉玛依市，约公元前4000年）、龟兹文化（新疆维吾尔自治区库车县，约公元前100—约公元1400年）、水洞沟文化（宁夏回族自治区灵武县，约公元前2.8万年）、石岭下文化（甘肃省武山县，约公元前3500—约前2900年）、孙家寨文化（青海省大通县，约公元前3300—约前2600年）、阳洼坡文化（青海省民和县，约公元前3500—约前2900年）、白崖子沟文化（青海省民和县，约公元前3500—约前1800年）、拱北台文化（青海省民和县，约公元前3500—约前1600年）、羊曲文化（青海省兴海县，约公元前3500—约前1300年）、宗日文化（青海省同德县，约公元前3500—约前2000年）、拉乙亥文化（青海省贵南县，约公元前4800年）、尕马台文化（青海省贵南县，约公元前2200年）、核

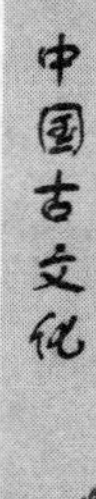

桃庄文化（青海省民和县，约公元前1600—约前800年）、柳湾文化（青海省乐都县，约公元前1500—约前800年）等。

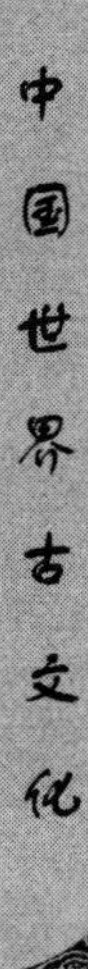

# 五、西南地区

## 富源大河文化——中国的莫斯特文化

（约公元前 3.8 万年）

### 文化概况与影响

富源大河文化是云南省富源县一带的旧石器时代文化。该文化遗址位于富源县城东南约 17 公里的大河乡茨托村的癞石山，为一处洞穴遗址。洞总长约 35 米，海拔 1743 米，洞穴系由三叠系石灰岩、泥灰岩、白云质灰岩组成的山体，洞前为一小古湖盆，遗址西南部有大河自北向南流去。文化堆积在洞口和洞内均有分布。

1951 年，当地的村民在开山采石中，炸开了保存有该遗址的癞石山洞穴。1986 年，当地村民在洞里发现大量“龙骨”。1998 年，云南省地质矿产局第一水文大队离休干部刘经仁回茨托村探亲，看到乡亲们收藏的“龙骨”，凭借自己的地质知识判断，他怀疑这些是古人类遗存并上报了云南地质科学研究所。2001—2002 年，云南地质科学研究所通过前期研究，确定了富源大河遗址为旧石器时代晚期遗址。

富源大河文化遗址的面积约 300 平方米，堆积层可分为上下两层。上层经碳 14 测定，年代大约距今 3 万年；下层经铀系法测定，年代距今 4 万年。

大河遗址中所发现的石制品有盘状石核、柱状石核、石片边刮器、勒瓦娄哇石核、半月型刮削器、莫斯特尖状器、锯齿刃器、尖刃器、凹缺器、雕刻器、砍砸器等，与欧洲莫斯特文化典型器物如出一辙。石器原料为玄武岩、凝灰岩、硅质灰岩、燧石、石英砂岩、赤铁矿等。部分石料来源于300米以外的块择河和4公里以外的火石山。这一发现对研究史前东西方人群迁徙和文化交流具有十分重要的意义。此外，还发现了火塘、烧骨、烧土、颜料、人工铺垫的砾石地面等古人类生活遗迹。

年代测定结果表明，富源大河遗址属于旧石器中期的较晚阶段，是我国目前唯一发现较为完整的这一时代的遗址。它表明旧石器时代中晚期的东西方文化交流不仅发生在中国北方，也发生于中国南方。

文化层中石制品和古人类化石同时出土的情况在国内比较少见；石器类型和加工技术独特，遗迹现象众多。它的发现不仅对了解当时古人类生活方式和文化提供了宝贵材料，而且对现代人起源和迁移这一学术界热点问题的研究，以及对旧石器时代中国和欧洲文化交流的研究具有极其重要的意义。

该遗址目前保存完整，在洞穴中发现的人类活动痕迹和多个文化堆积层反映出，这个时期中国也拥有高度发达的旧石器时代文明，弥补了考古学上距今4万—10万年期间中国人类活动证据的空缺。专家认为，该遗址是我国旧石器时代中晚期遗物、遗迹最丰富的地点之一，是欧洲莫斯特文化在我国分布最多、年代最早的遗址之一。



## 最早进行的“室内装修”

2001年和2002年，云南省文物考古研究所分别组织实施了两次考古发掘，位置在一号洞西北部和二号洞西南部，发掘面积约65平方米。两次发掘共出土古人类牙齿化石3枚、石制品2000多件以及大熊猫和剑齿象动物群化石上千件。

在前两次发掘的基础上，2006年3月23日，云南省文物考古研究所与国内专家再次对大河遗址进行了一个多月的发掘。此次发掘，在洞穴半米深处出现了长约一米、宽约四五十厘米的黑色土层，土层附近还发现烧骨片，这可能就是史前人类的火塘。



在2006年富源大河遗址发掘中，人们经过清理发现洞内有一层平整坚硬的石面，面积约30多平方米，呈灰白色，是用有一定圆度的石灰石碎块铺成的。据专家考证，这是史前人类为了阻隔潮湿而铺筑的，算得上最古老的“室内装修”了。该人工石铺地面距今4.4万年，是我国迄今发现的年代最早的人工石铺地面。旧石器时代的人类用石灰石铺地，在国内是第二次发现，第一次是1999年在福建三明市万寿岩遗址发现的；而富源大河遗址比福建三明万寿岩遗址还早了两万多年。

同时，这里还出土了大量鹿、猪鼠、熊、牛等动物的骨片化石，其中还有一副长约25厘米的完整鹿角。特别是在遗址中发现的一颗古人类牙齿更是让专家们惊喜。另外这里还发现有少量骨器。

## 与欧洲相似的文化特征



富源大河遗址是一处古人类加工石器和居住的遗址，也是我国目前仅有的具有欧洲旧石器时代中期两大典型文化特征的遗址。

莫斯特文化是最早发现于欧洲旧石器时代中期的古人类文化，广泛分布于欧洲、非洲和西亚，时代距今约20万—1.5万年。

我国发现的最早的并得到广泛承认的莫斯特文化是水洞沟遗址。后来在内蒙古的小口子、上榆树湾、清水河、准格尔、阳场，云南的路南、呈贡等地也采集过类似的标本，距今时间均未超过3万年。富源大河遗址的莫斯特文化主要表现为修理台面的预制石核和半月形刮削器，修理加工十分精致。

在石器制作技术方面，这里大都以锤击法为主，偶有锐棱砸击法；有指垫法和压制法的修理技术；有勒瓦娄哇连续剥片技术的预制石核和修理台面的标本。遗址上文化层石制品的平均尺寸较小，加工更为精细，上文化层还发现少量的骨制品和似石叶的长石片。

勒瓦娄哇技术在国内的水洞沟遗址、周口店第15地点、丁村遗址、内蒙古金斯太遗址、盘县大洞遗址都曾有出现过。大河遗址勒瓦娄哇技术表现为一系列修理台面的、连续向心剥片的石核，和数件带“Y”形脊的石片。大河遗址的发现表明，旧石器时代中晚期的东西方文化交流不仅发生于中国的北方，也发生于中国南方。

值得一提的是，大河旧石器遗址是莫斯特文化首次在我国南方集中发现的遗址。该遗址文化层保存完整，石制品类型多样，遗迹现象丰富。其中的人工石辅地面为我国发现的时代最早的人工地面。它的发现和深入研究对史前东西方人群迁徙、技术交流和现代人起源研究具有极其重要的学术意义。

## 打耳窝崖厦文化——贵阳古文化的重要见证

（约公元前1.3万年）



打耳窝崖厦文化是贵州省贵阳市开阳县一带的石器时代文化，年代最远大约在距今1.5万年以前，最近在距今700年左右，其中以距今8000年时的遗存较为丰富。

该遗址位于贵州省开阳县哨上布依族苗族乡土村东北3公里处，因其处地名叫打耳窝，而其崖壁如房厦而暂名。该遗址于2003年9月初被发现，不久后贵州省考古研究所开始发掘，共发掘出8个探方，19个文化层，发掘深度约4.6米，但目前这里的文化层堆积到底有多厚，发掘将持续多长时间，目前还没有准确的数据。

在这里的各个文化层中，人们都发现了大量石器、骨器、角器、陶片、烧骨和犀牛、虎、牛、野猪等动物骨骼，以及墓葬、灰坑、灰堆等文化遗迹。

面对19个文化层，考古专家们根据文化层中器物提供的历史信息，把尚未启封的“史书”一页页打开：第1层最晚包含物是明代青花瓷片、明代瓦片等，推测大致年代为宋朝明朝时期。第2层最晚包含物是东汉晚期的“剪轮钱”，由此推断此层大致年代为东汉晚期以后。第3层至第6层为先秦厘升商周时期，第7和第8层为新石器时代；第9和第10层为旧石器时代；第11层至第18层虽仍以打制石器、骨器为主，但包含物在逐层减少，原始特征也愈加明显，推断大致年代为旧石器时代晚期以后。所以，这里应该是贵阳地区时间跨度较大的一处古代文化。

这里的墓葬分布也极为密集，在16平方米的面积内已发现11座墓葬，其中有两座婴儿墓，多数墓葬骨架保存十分完整。



打耳窝崖厦遗址的考古发现证实了贵阳的历史至少在一万年之上。有关专家到发掘现场考察后推测，该遗址是一处从旧石器延续到新石器时代，以后仍有多个时代人类活动的重要古人类遗址，被专家认定为贵州省迄今为止发现的保存比较完好、多个时代并存、新旧时代交替的遗址。发掘中发现，此遗址无扰乱痕迹，地层叠压关系清楚，所以发现的诸多文化遗存无疑丰富了南方洞穴文化的内涵，对了解贵州旧石器时代古人类活动的状况和面貌具有积极意义，并且对全面了解贵州文化也具有重要意义。

## 甑皮岩文化——时间跨度最长的石器文化

（约公元前1万—约前5000年）

甑皮岩文化是广西桂林一带的新时代文化。该文化遗址于1956年首次发现于广西桂林市独山南麓甑皮岩的洞穴里，距桂林市中心约9公里，是岭南已知新石器时代洞穴遗址中保存最为完整的一处，也是目前我国发现人类居住时间跨度最长的新石器时代洞穴遗址。



甑皮岩遗址文化层面积350平方米，遗存分两期：第一期为公元前8000—前7000年的居住遗存。第二期为公元前6000—前5500年的居住和墓葬遗存，是岭南新石器时代文化遗址的典型代表。第二期发现30多座独特的蹲踞葬和捡骨葬墓，为研究古百越族的体质特征、葬俗等提供了宝贵资料。各期堆积层中动植物种类之多为华南新石器时代遗址之最。1973年和2001年进行了两次发掘，出土了丰富的陶器、石器、骨器、角器、蚌器等生产生活用具及30多具人骨和成千上万件动物骨骼。

根据2001年的发掘与研究，证明甑皮岩遗址是1.2万年前桂林先民生活的中心场所，与原来估计的距今9000年向前推进了3000多年。专家们对此也不得不感叹道：在一个洞穴里存留着五千年的文明，乃世所罕见。据考证，直至宋代仍有人在甑皮岩洞穴生活。在1万多年的漫长岁月中，桂林先民在这不到400平方米的洞穴里留下了丰厚的文化堆积。

这里发现有多处烧坑和垃圾坑，有不少吃剩的螺蚌壳、兽骨和家猪残骨。洞内后部堆放着石料和石器半成品。出土工具有打制和磨制的石器，还有鱼镖、镞、锥等骨器及少量蚌刀。陶器以罐类最多，主要施绳纹。经鉴定，文化层中有食用、油料、饲料和药用四大类植物的孢粉，内有禾本科植物，表明可能已出现原始农业。经济生活以渔猎采集为主。洞穴一度成为墓地，发现了约30具人骨，多屈肢蹲葬，个别有随葬品。

甑皮岩遗址两次发掘均获重大考古发现，其中距今约1.2万年前的“素面夹砂”陶器是迄今大陆考古发现最古老的陶器之一，表明甑皮岩人早在1.2万年前就能制作大型陶器。在遗址中发现的陶罐被证实为中国最原始的成型陶器之一，专家们据此推测，桂林有可能是陶器的起源地之一，这为研究中国制陶业的起源和新石器时代的开端提供了重要依据。

甑皮岩亦是目前大陆发现人骨数最多的新石器时代人类洞穴遗址。岩洞原是人类穴居处，后成为墓葬。另外出土的陆地、水生动物骨骼40余种，属喜暖动物，说明当时桂林气候温暖。甑皮岩洞穴发现了一个鹿科的新属种，定名为“漓江鹿”。



洞穴内发掘的人类骨骼经科学测定，死亡年龄一般在四五十岁之间，个别还超过了60岁，而当时世界上的人均寿命却不到30岁，甑皮岩洞穴居住的人类如何得以长寿还是一个谜。

2001年，甑皮岩遗址被国务院公布为全国重点文物保护单位，它是目前岭南地区保护级别最高的新石器时代洞穴遗址。其中，素面夹砂原始陶器和屈肢蹲葬的发现最令中外史前考古界瞩目。

## 玉水坪文化——洞穴中的新石器文化典型

（约公元前8000年）

玉水坪文化是云南省玉水河一带的石器时代文化。该文化遗址位于云南省兰坪县通甸乡玉水坪金鸡岩下，前临澜沧江支流玉水河与通甸河河湾，高出路面约15米，为岩洞型遗址，洞穴发育在二叠纪灰岩层中，属岩溶洞类型。

该遗址于1976年被发现，1984年10月兰坪县文物普查工作队根据线索对此进行了实地发掘调查。除在洞穴边缘发现堆积层（河床冲积石）外，还发现文化层为黑褐色，厚约65厘米，有灰黄碎块的水成岩砾石夹杂其中。至1990年，这里先后采集和征集到磨制石器、陶片、骨饰、动物骨骼等。2005年10月后又进行了考古发掘，发掘面积100平方米。

在玉水坪洞穴的边缘部分，文化层已被钟乳凝结，其时间距今约7000年以上。该遗址文物丰富，具有典型的新石器时代特征。

经发掘发现，洞内遗址的上层堆积为新石器文化层；下层堆积为旧石器文化层，堆积中包含大量的打制石器、石核、动物骨骼。洞外岩厦下的堆积较厚，最深的地方达2.7米，也出土不少打制石器。出土的石器制作较原始，多为一次打击而成，未经第二次打击修整，大部分为刮削器和砍砸器。动物骨骼大多因敲击而成较小的碎片，可辨认出的动物有象、鹿、牛、熊、犀、马、獐、羊、野猪等。还有被烧过的土面及火塘等遗迹。

这里还出土有不少文化遗物，在采集到的遗物中，石器有石斧1件，石锛2件，皆梯形，磨制，砾石质和硬沙石质。陶片为夹砂灰陶。骨器有骨饰品7件，属獐牙，在根部钻孔，可能是作为挂饰来用的。

兰坪玉水坪遗址的发掘是迄今为止怒江州境内的第一次考古发掘，具有里程碑意义。它的出现，改变了我们对该遗址的传统认识，将当地有人类活动的历史至少推前了6000年，并为研究澜沧江流域的人类活动和考古学文化提供了重要资料。1986年，作为新石器时代遗址，玉水坪遗址被兰坪县人民政府公布为重点文物保护单位。1989年，该遗址被确定为州级重点文物保护单位。



## 大理巍山文化——西南地区的文明发祥地

（约公元前5000—约前2000年）

大理巍山文化是云南西部一带的石器时代文化。在近年开展的大规模考古调查中，巍山县发现了大批新石器时代的文化遗址和采集点，且分布十分广泛，因具有独特的文化特征，故被称为巍山文化。据专家考察，全县主要分布有庙街镇新华村公所新庄社遗址、灵应山遗址、莲花山遗址、封川山前洗澡塘遗址、永建镇萝卜地遗址等五大文化遗址。

巍山五大新石器文化遗址采集出土的还有大量的手制陶器，大都是夹砂陶，呈棕红色、灰黑色和橙黄色，颜色驳杂不纯，口缘有转盘修正的痕迹。器形包括碗钵类、盆罐类、带流类、纺轮和网坠等，容器多附有圈足和把手。纺轮有扁平形、鼓形等；网坠有的呈梭形，中有缝隙以便系绳；纹饰多刻画和压印，有斜纹、方格纹、波纹、模纹和圈纹。出土石器有斧、凿、刀、石、网坠等。石斧大部分面呈梯形，其断面呈椭圆形，有的将上部打窄以便安柄。石刀作长条形和半月形，上有单孔和双孔，而刃部开在凸面上。这里还有一种被称为“雷楔子”的石块，其一端粗大，一端细长，经有关部门考证，这是新石器时代的石器。

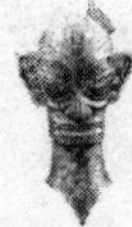

据考古研究分析，在1000万年前，滇西一带就开始有古猿在活动。在巍山境内的红河流域和东西山麓，都曾有人拾到过不少未曾磨过的石刀、石斧等粗糙石器，证明巍山是旧石器时代古人类生活的地区之一；而大量新石器时代文化遗址则说明，这里也是我国西南地区的文明发祥地之一。



## 卡若文化——高原石器文化的代表

（约公元前3000—约前2000年）

### 文化概况与影响

卡若文化是西藏新石器时代的文化。该文化遗址位于昌都县城东南约12公里的加卡区卡若村，东靠澜沧江，南临卡若水，海拔3100米。鉴于它西距昌都县加卡区的卡若村仅400米，便命名为卡若文化。“卡若”，藏语意为“城堡”，指此地山形险要。

此遗址于1977年由昌都水泥厂工人在施工中发现。1978年，西藏自治区文管会进行了首次试掘。1979年5月至8月，卡若遗址考古队对此进行了正式发掘。迄今为止，共挖掘遗址面积1800平方米左右，发现房屋遗迹31座，石墙3段，圆石台2座，石围圈3座，灰坑4处，还有粟米和动物骨骼等。经测定，这些物品均出自4000—5000年前的“新石器时期”。

卡若遗址占地面积约为1万平方米，地层堆积主要为昌都红土层，底部泥质较多，以杂色页岩为主。上部为红色砂岩，红土层中因断屑和褶皱关系，有时显露出三叠纪及保罗纪地层。卡若遗址的全新地层堆积分为南北两部分。南部厚 2 米，有两期文化堆积；北部厚 2.5 米，有三期文化堆积。

卡若遗址文物种类繁多，古文化堆积层丰富。经整理，这里出土文物数万件，包括石器 7978 件、骨器 368 件、陶片 200 多块（其中可复原者 46 件）、装饰品 50 件等。卡若遗址已正式列入西藏自治区级重点文物保护单位。遗址中出土的石器有打制石器也有磨光石器，种类也较多。计有铲类、锄类、切割器、投掷器、尖状器、砍砸器、敲砸器、刮削器、碎磨器、石砧等，及石镞、石矛等细石器。有的石器，特别是磨光石器，采用了玉石制作，打磨得极为精细。

这里出土的骨器有骨钻、骨针等。各种各样的骨针制作得非常精细，这说明当时生产和工具制作的技能都已达到了相当高的水准。还有烧制的各种花纹的陶器，其中以一种双体陶罐最为突出。出土的装饰品中，有用玉、石、骨等制作的环、珠、镯等，说明卡若遗址的主人已经产生了美的观念，知道打扮自己了。遗址中出土的玉器和海贝是卡若居民与各个地区民族相互交换而来的，这说明尽管西藏和其他地区之间有高山大河的阻隔，但并不能断绝本地居民和其他民族的正常交往。

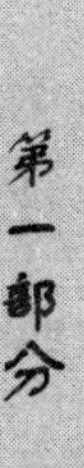


卡若遗址的文化遗存面积大、保存情况好、文化堆积厚、内涵丰富、地方性强，是西藏首次发掘出来规模较大的一处新石器时代的遗址，也是西藏高原新石器时代具有代表性的文化遗存，被考古界和古人类学研究者公认为西藏的三大原始文化遗址之一。该遗址的发掘出土，在西藏的历史和考古上具有划时代的意义。它将西藏的历史提前到了距今约 5000 年以前，并以大量的出土文物证明早在四五千年以前，西藏高原就有人类在这里繁衍、生息，开拓这片广阔的土地。

另外，卡若遗址位于澜沧江畔，为川、滇、藏三地的枢纽，是古代南北民族的交通要道之一。这对于深入研究古代西南民族的迁徙、分布的某些环节有很大的帮助，同时也说明卡若遗址文化与黄河上游甘肃、青海地区的古文化以及云南境内的元谋文化有着千丝万缕的联系。

### 浓厚的地域特色

卡若遗址所代表的原始文化具有浓厚的地方色彩。

首先在生产工具方面，遗址呈现出新石器时代的全部特征，但却仍然是打制石器、细石器、磨制石器并存，并以打制石器占大多数。

卡若文化出土的陶盆

其次在陶器方面，陶质均为夹砂陶，手制。纹饰以刻画纹、锥刺纹和附加堆纹为主。器形以罐、盆、碗为基本组合，均为小平底器。再次，在建筑方面，大量采用石块作为原料，如石墙房屋、石砌道路、国石台、石围圈等。

卡若遗址的这些特征表明，卡若文化是西藏高原上新石器时代具有代表性的文化。过去在定回县苏热、申扎县卢令、日上县扎布、普兰县霍尔等地发现的旧石器，在那曲、申扎、双湖、班戈、聂拉木、日土等地发现的细石器，在林芝、墨脱以及在拉萨、札达、乃东、小恩达等地发现的新石器时代的文化都与昌都卡若文化有相似之处，似乎具有某些联系，或者说受到卡若文化的某些影响。

虽然地域特色较为浓厚，但卡若文化并非西藏高原一种孤立发展的原始文化，而是与黄河中上游地区的原始文化有着或多或少的联系。在东面的雅砻江流域和大渡河流域黄土堆积层中发现一些打制石器，在北面的甘肃、青海境内存在着距今四五千年的马家窑、半山马厂等文化，卡若与这相邻的两地区之间似乎有着密切的古代文化交流。在打制石器方面，卡若文化的盘状敲砸器见于甘肃四坝滩、永靖大河庄和酒泉下河青马厂类型遗址。切割器见于兰州附近的罗汉堂、齐家坪等马家窑文化遗址。细石器和磨制石器也同样见于黄河上游的新石器时代文化遗址中。至于卡若文化早期的圆形和方形半地穴房屋，处理过的红烧土墙壁和居住面则属于甘肃、青海等地马家窑文化的传统和居住形式。卡若遗址发现的粟米，属于黄河流域的传统农作物，耐干旱，南方较少种植。卡若文化的粟米很可能就是从马家窑文化传播而来的。

另外，人们在林芝和墨脱等地也发现新石器时代遗址 19 处，采集

到各种石器数十件，其中打制的石器有盘状器、砍砸器、刮削器、头状器和网坠等。磨制石器加工粗糙，多数仅局部磨光，制法与卡若磨制器相同。陶片数量不多，有泥质陶和夹砂陶两种，火候不高，均为手制，陶片多素面，少数有花纹，有的口缘压印锯齿纹，有的还有三角形镂孔。从两地的石器和陶片看来，其遗物当属同一时期的文化遗存，时间与卡若文化也相似，其特点是生产工具以打制石器为主，不见细石器，陶器还不发达。

## 生产生活与人文特色

卡若遗址的时代属4000年到5000年前的新石器时期。在这个时期里，人类物质文化的主要特征是学会了磨制石器，并发明了陶器，开始了各种植物的种植和动物饲养。卡若遗址出土的东西也基本具备这些特点。



经发掘，人们发现卡若遗址是新石器时代人们居住的原始村落，村落布局有一定规模。据初步分析，卡若遗址的房屋建筑大体可分为两种类型：第一类是木结构的草泥墙建筑，以草拌泥筑墙增强坚固性能，使其不开裂缝；居住面用土垫平，然后夯实或烘烤，使其坚固耐用；房屋中央有石头砌成的炉灶；室内和房子四周较均匀地分布有柱洞。第二类为半地穴式的卵石墙建筑，居住面规整而坚硬，墙壁用石块靠穴壁垒砌，黄泥抹缝，多为方形。从村落布局看，当时人们居住的区域已有一定规律。房屋遗迹像是打破了叠压关系，比较复杂，可以分为三期遗存，至少延续了500年左右。原始村落布局除房屋外，还发现有石铺路、石墙建筑、窖穴等，说明居住者在努力改善居住条件。

卡若遗址还出土了大量的粟粒和谷灰，这说明早在4000多年前西藏就有了原始的种植业，同时已经知道选择适应性能良好、抗逆性很强的粟来种植。据考古学家发现，粟这种粮食作物在我国种植已有7000年以上的历史。这里出土的粟粒和谷灰同西安半坡遗址窖穴中的粟粒和谷灰外形基本上是一致的。看来，卡若遗址的先民当时是以农业为其生活的主要来源，但狩猎和采集仍是不可缺少的辅助手段。

# 苍山文化——新石器时代文化

（约公元前3000年）

苍山文化为云南省大理地区的新石器时代文化。该文化类型大多位于云南苍山县境内，在洱海沿岸地区。

1938年至1940年，中央博物院对大理地区进行古迹调查，发现21处新石器时代文化遗址，其中有佛顶乙址、佛顶甲址、马龙遗址、龙泉遗址、白云遗址、苍琅乙址、苍琅丙址、苍琅遗址、虎山遗址、捉鱼村遗址等。后来人们对马龙遗址，佛顶甲、乙二址，白云遗址，龙泉遗址等四处进行了科学发掘，又对中和峰、五台峰部分进行试掘。



马龙遗址位于苍山马龙峰麓，南靠清碧溪，东南距七里桥乡上末村1.5公里。遗址在一东西长约200米、南北宽约100米的山丘上，地形西高东低，周围城墙两重，残墙高2米，基宽近5米。1939年3—7月，吴金鼎、曾昭橘、王介忱等人对马龙遗址进行发掘，发掘面积1438平方米，发现新石器时代人工平台、水沟、炉灶、窑穴、半穴居和平地结棚房基等遗迹，出土陶片10万片以上，陶器纹饰多达14种，出土陶质纺坠、纺轮38件，石纺轮、纺坠2件，石斧、石凿等553件，其中完整的有30余件，为新石器时代村落遗址。

佛顶甲、乙二址位于苍山佛顶峰麓，七里桥乡大井旁村（现名凤阳邑村）西，两址均在大小不等的平台上。1939年10月，吴金鼎等人对其进行发掘，发掘面积842平方米。分甲、乙二址，甲址在东，乙址在西，相距约750米。甲址仅开探沟5条，正式发掘面积集中于乙址。乙址发现有5处圆形结棚居室遗址、两处炉灶、1处窖穴；出土大量黄、棕、灰色陶片，没有轮制痕迹，可辨器形有碗、罐、瓶、带流器等；石器有石刀、石斧，石凿及吕字形石器等8件。佛顶乙址为早于马龙遗址的新石器时代遗址；而甲址的年代则与马龙遗址相当，为新石器时代居住遗址。

白云遗址位于苍山白云峰麓，东距湾桥乡测邑村约两公里。遗址为山水北交一缓坡台地，东、北两面陡峻。1940年3—4月，吴金鼎等人对其进行发掘，发掘主要集中在遗址中部，发掘面积735平方米。发现有城墙、居室基址、炉灶、台层、水池等遗迹。出土大量夹砂橙黄陶片，可辨器形有碗、罐、盆、瓶、带流器等，石器有石刀、石斧、石凿、石球等30件。为晚于马龙遗址的新石器时代村落遗址。

龙泉遗址位于苍山龙泉峰麓，北邻中溪，南邻绿玉溪。遗址东距一塔寺1公里，为一缓坡，坡上多人工平台。吴金鼎等人1939年12月发现此遗址，1940年1月进行发掘，共发掘探坑12个，发掘面积294平方米。发现有人类居住过的平铺石块的地面，出土陶片及陶纺坠2件，石斧、石像、石凿、石刀等11件。龙泉遗址所出器物与马龙遗址晚期相当，为一晚于马龙遗址的新石器时代居住遗址。

经过对这些遗址的科学发掘，初步揭示了大理地区新石器时代的文化面貌，为研究大理地区新石器时代文化提供了科学证据。解放后，云南省博物馆在苍山沿线调查或试掘的遗址有：五指山遗址、中和遗址、余家田遗址、小岑遗址、双鸳村遗址、鹤阳遗址、上关遗址等7处新石器时代文化遗址。这些遗址中出土有石斧、石凿，但以半月形双孔石刀、断线压纹陶、带流器、带把器、圆底器等为典型特征，形成自成体系的洱海地区新石器文化。



## 三星堆文化——长江文明之源

（约公元前2800—约前800年）

### 文化概况与影响

三星堆文化是四川成都平原一带的石器时代至青铜时代文化，三星堆遗址的年代从新石器时代晚期延续到商末周初。该文化遗址是迄今在西南地区发现的范围最大、延续时间最长、文化内涵最丰富的文化遗址，位于四川省广汉市城西南兴镇的三星堆，该地处于成都平原北部之沱江冲积扇上，西出广汉市七里许，北临沱江支流湔江（俗称鸭子河）。传说玉皇大帝在天上撒下了三把土，落在广汉的湔江边，成为突兀在大平原上的三座黄土堆，犹如一条直线上分布的三颗金星，三星堆因此而得名。现在考古发掘确认：这三堆“土”实际是这个千年古都的南城墙，城墙上有两个缺口，因年代久远，城墙剥蚀坍塌而成。三星堆的实体已在20世纪七八十年代烧砖瓦的热潮中夷为平地。而仅存的半个堆也是在1986年砖厂取土中发现两个祭祀遗址后停止挖土才保存下来的。

三星堆遗址是一个大型遗址群，分布范围达12平方公里，包括大型城址、大面积居住区和两个器物坑等重要文化遗迹。该遗址被称为20世纪人类最伟大的考古发现之一。它与河姆渡等文化遗址一样，昭示了长江流域与黄河流域一样同属中华文明的母体，因此又被誉为“长江文明之源”。

三星堆遗址最早在1929年就曾发现大批精美玉石器，在1986年发掘的两座大型祭祀坑中又出土了1000多件美妙绝伦的珍贵文物，引起了世界轰动，被誉为我国“七五”期间十大考古新发现之一。

三星堆遗址存在于三种面貌不同但又连续发展的三期考古学文化中，即以成都平原龙山时代至夏朝遗址群为代表的一期文化，又称“宝墩文化”；以商朝三星堆规模宏大的古城和高度发达的青铜文明为代表的二期文化；以商末至西周早期三星堆废弃古城时期为代表的三期文化，即成都“十二桥文化”。

三星堆除了没有发现可识读的文字外，已建立了城市，产生了先进的青铜器，并有了大型的宗教祭祀场所，这些都是早期国家产生的标志。已有研究成果表明，三星堆的三个土堆很可能是人工夯筑的祭坛，当时盛行诸神崇拜并以太阳神崇拜为主神崇拜。如此大量的充当商品流通媒介货币的海贝、象征财富的象牙等等的出现，都表明了在商、周时期，三星堆古蜀国已具有较为强大的综合实力和相对稳定独立的政治地位。一句话，古蜀国的源头及其中心，因三星堆而得到确证。

三星堆遗址的发现，以及这里众多青铜文物的出土，将夏朝之前的700年辉煌历史活生生地摆到了世人的面前。可以说，三星堆文化的发现迫使我们不得不重新认识中国的社会发展史、冶金史、畜牧农耕史、艺术史、文化史、军事史和宗教史。许多约定俗成的观念都必须改变，比如：中国的青铜时代，过去一向是从商朝算起，也就是3000多年，河南安阳出土的中国最重的青铜器——司母戊铜方鼎是最典型的代表。然而三星堆一千多件的青铜文物，其数量和高超的铸造工艺都说明，早在夏朝之前700年，这里就已进入到了高度发达的青铜时代。

不仅如此，三星堆文物还填补了中国考古学、美学、历史学等诸领域的重要空白。使得世界对中国古代文明需重新评价。1993年5月，三星堆部分文物首次到瑞士洛桑奥林匹克博物馆展出，随后相继到法国、英国、丹麦、日本、美国等国展出，所到之处观者如潮。因而，三星堆文物是具有世界影响的文物，属世界文化遗产范畴。

## 浓厚的地域特色

三星堆遗址文化把四川的历史向前推进了1000多年。同时，三星堆文化有着鲜明的地域特色，其陶器以高柄豆、小平底罐、鸟头形把勺为基本组合定式，其中的瓶形杯是三星堆出土的很有地方特色的器物。它被做成喇叭口，细颈项，圆平底，一般高三四十厘米，下部为三只袋状足，中间是空的，可加大容量，一般认为它是用来温酒的器物，很像今天我国北方地区用来烫酒的陶瓷酒瓶，与日本人喝清酒用的酒瓶极为相似。

这里出土的玉石器则以璧、璋为多，尤其是号称“边璋之王”的玉边璋，其残长达159厘米，厚1.8厘米，宽22厘米，加工精美，棱角分明，其器身上刻有纹饰。这么大件的精美玉器，在国内现有的考古发现中仅此一件，但在三星堆的发掘中，又很少有工具类的文物出土，当时也缺乏比玉石更硬的金属，那么这些玉器是如何加工的呢？实在耐人琢磨。玉琮、玉璧、玉璋，这三件法宝用它们奇异的震撼力，为古蜀人营造了另一个虚无缥缈的世界。



在三星堆的两个祭祀坑发掘中，还出土了共计80多枚象牙，它的来源和作用在学术界有多种观点。有的认为是通过贸易而来，有的认为在远古川内的生态环境适合大象的生存，其证物主要是在当地发现大量的半化石状乌木，单体巨大。但无论其来源怎样，都认为它是统治者财富的象征。

在三星堆二期文化中，青铜文明的自身文化特点始终占据主导地位，并且其影响范围也超出了传统的古蜀国分布的成都平原，扩散到陕南地区和江汉平原等地。同时，青铜文明也受到了中原夏商文明及长江中游地区、陕南地区文明的强烈影响，表现出古蜀文明强烈内聚和外衍的两面性。

## 出色的青铜铸造工艺

三星堆出土的大量珍贵文物，将辉煌的古蜀文明真实而又让人匪夷所思地展现在我们面前。其中最神奇、最令人惊叹的，便是众多青铜像了。这些青铜像铸造精美、形态各异，既有夸张的造型，又有优美细腻的写真，组成了一个千姿百态的神秘群体。

三星堆文化出土的青铜头像

三星堆出土的青铜器，有造型各异的青铜人头像，它出土时面部均有彩绘，而且在耳垂上穿孔，用以挂戴耳环耳饰。除了这些青铜像外，还有许多用于祭祀的尊，以及形态各异的各种动植物造型，其中被誉为写实主义杰作的青铜鸡、在全国范围内首次出土的青铜太阳形器等一大批精品文物，它们皆与中原文化有着显著区别。这表明三星堆文化不仅是古蜀文化的典型代表，亦是长江上游的一个古代文明中心，从而再次雄辩地证明了中华文明的起源是多元一体的。



三星堆文物中出土了六棵青铜神树，复原后此树高达 3.95 米，集我国神话传说中“扶桑”“建木”“若木”等多种神树功能于一身，共分三层，有九枝，每个枝头上立有一鸟，它不是一般意义上的鸟，而是一种代表太阳的神鸟。除此之外三星堆遗址还出土了大量的鸟及鸟形器，三星堆人相信他们的图腾祖先与鸟有关，青铜纵目面具实际上也应是人鸟合体的一种表现形式。

在众多的青铜人面像里有三件著名的“千里眼、顺风耳”造型，它们不仅体型庞大，而且眼球明显突出眼眶，双耳更是极尽夸张，大似兽耳，大嘴亦阔至耳根，使人体会到一种难以形容的惊讶和奇异。而它们三重嘴角上翘的微笑状，又给人以神秘和亲切之感。其中最大的一件通高 65 厘米、宽 138 厘米，圆柱形眼珠突出眼眶达 16.5 厘米。另一件的鼻梁上方镶嵌有高达 66 厘米的装饰物，既像通天的卷云纹，又像长有羽饰势欲腾飞的夔龙状，显得无比怪诞诡异，为这类融合了人兽特点的硕大纵目青铜人面像增添了慑人的气势和无法破解的含义。

青铜太阳轮形器恐怕是三星堆出土器物中最具神秘性的一件，有人认为它是“表现太阳崇拜观念的一种装饰器物”，有人认为它是一种盾的装饰物，还有人说它是一种舞蹈仪式进行时的法器。

在青铜器冶铸方面，范铸法和分铸法的使用，以及以铅锡铜为主的三元合金的冶炼，表明了在商周时期，三星堆古蜀国已有了高度发达的青铜文明，有力地驳斥了传统史学中关于中原周边文化滞后的谬误。

另外，这里还出土有金面罩与金杖。三星堆的金面罩不是面罩，它是古蜀人用黄金为青铜头像装点的“皮肤”。这些人可能具有特殊的身份，就跟那些用铜作为整个人的脸面的头像一样，这种用黄金来表现的皮肤，可能是要说明这个铜人头像具有不同于其他头像的特殊身分。

这里还发现一支金杖，它全长 142 厘米，直径 2.3 厘米，黄金净重约 0.5 千克，是目前世界上已发现的最长的金杖。金杖下端为两个人头像，上部刻有相同的四组纹样，上下左右对称排列。图案中的每一组纹样都由鱼、鸟、箭组成。这根被解读为“鱼凫王杖”的金杖，被视为三星堆之主的信物。一种观点认为，金杖是蜀王的权杖；另一种观点认为，金杖是古蜀政治领袖集王权、神权、财富垄断权为一体的标志，象征古蜀王至高无上的权力；还有一种观点认为，金杖与神树同义，均为古蜀人的图腾崇拜。

## 罗家坝文化——古巴蜀文化的璀璨明珠

（约公元前 2500 年—约公元前后）

罗家坝文化是四川省宣汉县一带的古文化，时代从新石器时代开始一直延续到汉代。其遗址位于四川省宣汉县普光乡进化村，它是巴人的发祥地，其文化价值不亚于三星堆文化遗址。

罗家坝巴人文化遗址是四川省 20 世纪末发现的面积最大的先秦文化遗址，包括罗家坝的外坝和张家坝，总面积 60 多万平方米，规模巨大。据史料记载，该遗址曾是东乡县县城所在地，县制长达 728 年（公元 555—1283 年）。

20 世纪 70 年代，当地村民在耕作时曾经挖到过青铜罐，引起文物专家的注意。四川省博物馆文物专家前往考察、采集标本，认定罗家坝外坝为战国土坑墓群，张家坝为汉代遗址。1996 年 3 月，国家文物局

正式批准发掘罗家坝的战国土坑墓群。1999 年和 2003 年先后进行了两次发掘，出土文物 3600 余件。专家鉴定它们为新石器至东汉时期的文物。

1999 年，人们在发掘的深达 2.75 米的两个碳坑中发现 11 个文化层，出土许多件文物，其中大部分陶器具有古代巴人生活痕迹；另从 6 号墓穴中发现一具长达 2 米的人体骨架，疑为巴人部落中战死的勇士。该遗址出土的青铜器包括剑、斧、矛、带钩等，此外还出土有尊、釜、豆、纺轮等陶器以及各种玉石器。

2003 年，人们又一次进行了发掘，勘探面积 17 万平方米，实际挖掘面积 300 平方米，发现生活遗址区和墓葬区共 2 万多平方米，灰坑 24 处，墓葬 23 座。这些墓葬具有典型的巴人墓葬特点：集中排列有序，墓向或坐北向南偏东，或坐南向北偏西，均是狭窄竖穴土坑墓，仰身直肢葬，骨骸多数完整无损，墓葬与墓葬之间多次叠压，其时间都为战国中晚期。所有发掘的墓葬都具有巴人墓葬典型的组合器，男性墓葬以兵器为主，有青铜剑、矛、箭镞及陶器釜、罐等，女性墓有纺轮、串珠、玉管等。这次发掘出土青铜器 30 多件、陶器 40 多件和数百件陶器残片，许多器物在罗家坝是首次发现。

在这次发掘中，M2 号墓墓主背心嵌有 6 枚箭镞，M5 号墓墓主的头部、股骨间、身体右侧分别插一枚箭镞，而且身首分开，说明这里曾发生过惨烈的战斗。并且在身份最尊贵的 M2 号墓墓主身下铺有大量朱砂，陪葬器物多达 18 件，最有意思的是长胡三穿戈、青铜楚式鼎、青铜壶、青铜柳叶剑这四种表现不同文化的器物共处一墓室。这些都为研究巴、蜀、楚及中原文化的交融提供了珍贵的实物资料。

罗家坝文化遗址地处秦、楚、巴、蜀交界地。出土的文物具有典型的地方特色，填补了巴文化研究的空白，为研究远古时代的巴人、巴国、巴文化提供了丰富的第一手资料和史料线索，并且在研究巴文化与蜀文化、楚文化、秦文化、中原文化的相互交融关系方面，具有特殊重要的价值。因此专家将罗家坝遗址和成都金沙遗址、成都商业街古蜀大型船棺独木棺葬遗址一道，称为“继三星堆遗址之后古巴蜀文化的三颗璀璨明珠”。

# 金沙文化——出土文物丰富的文化

（约公元前 2000—约前 400 年）

金沙文化出土的黄金面具

金沙文化是四川省成都市一带的青铜时代文化，从文物年代看，绝大部分约为商代晚期和西周早期，少部分为春秋时期。该文化遗址位于成都市西郊苏坡乡金沙村，是民工在开挖蜀风花园大街工程时首先发现的。



金沙遗址分布面积在 3 平方公里以上，是一处大型的商周时期蜀文化中心遗址，可能是古蜀国的又一都邑所在。现有的勘探和考古发掘成果表明，金沙遗址是有着一定布局结构的。遗址的东部——“梅苑”东北角区域是宗教仪式活动区；遗址的中南部——“兰苑”文化堆积分布区是居住区；遗址的中部——“体育公园”文化堆积分布区是居住区和墓地。遗址的北部是进行过两次大规模发掘的黄忠遗址，该遗址主体遗存的年代为商代晚期至西周时期，是金沙遗址的一个重要组成部分。

该文化遗址所清理出的珍贵文物多达千余件，包括：金器 30 余件、玉器和铜器各 400 余件、石器 170 件、象牙器 40 余件，出土象牙总重量近一吨，此外还有大量的陶器出土。

在出土的金器中，有金面具、金带、圆形金饰、喇叭形金饰等 30 多件，其中金面具与广汉三星堆的青铜面具在造型风格上基本一致，其他各类金饰如太阳鸟金箔等则为金沙地区特有。

出土的 400 余件玉器也种类繁多，其中最大的一件是高约 22 厘米的玉琮，颜色为翡翠绿，其造型风格与良渚文化的完全一致，雕工也极其精细，表面有细若发丝的微刻花纹和一人形图案，堪称国宝。另有数量极多的圭形玉凿和玉牌形饰颇具特色。大量出现的玉璋雕刻细腻，纹饰丰富，有的上面还饰有朱砂。金沙遗址出土的玉琮、玉璋并不是此地“土生土长”的，它们留下了中原和长江下游良渚文化的痕迹，大概是通过长江这条自古以来的黄金水道自下而上运输至此的。金沙文化与中原及长江下游的频繁交流，充分说明了当时的古蜀文化不是孤立的，而是中国古代文明的一个重要组成部分。这也再次证明了中华古文明的多元一体论，各区域的文化都是彼此作用和相互影响的。

出土的400多件青铜器主要以小型器物为主，有铜立人像、铜瑗、铜戈、铜铃、方孔铜壁、铜挂饰、铜牌饰及铜礼器残片等，其中铜立人像与三星堆出土的青铜立人像相差无几。

出土的170件石器包括有石人、石虎、石蛇、石龟等，是四川迄今发现的年代最早、最精美的石器。其中的跪坐石人像头顶方形冠饰，两侧上翘，长辫及腰，口部涂砂，双手背后交叉作捆绑状，其造型栩栩如生，与成都市方池街遗址出土的石跪人像基本相同，专家认为极可能是当时贵族的奴隶或战俘；还有个作卧伏状的石虎，造型古朴生动，耳部和嘴部涂砂；石蛇的造型更是多样，这些都表明当时的蜀国已比较强大。

象牙器40余件，仅有柱状形器一类。柱状形器的一端正中有一圆点，周围有六个圆点。出土的象牙不计其数，总重量近一吨。此外还出土了大量的陶器，有尖底盏、尖底杯、高柄豆、圈足罐等，绝大部分约形成于殷墟晚期和西周早期，少部分为春秋时期。这些象牙一部分产于古蜀国的南部，还有很大一部分来源于相邻的云南、贵州等地。这部分象牙很可能是西南少数民族进贡给这里的王公贵族的，这也说明了当时金沙地区已成为西南地区最重要的政治、经济、文化中心。

金沙遗址所揭示的是过去文献完全没有记载的新的珍贵材料。有专家分析说，已出土的1000多件文物折射的信息告诉我们，古蜀统治者的活动早在3000年前就开始了。

分析金沙遗址的出土文物，很多都是有特殊用途的礼器，应为当时成都平原最高统治阶层的遗物。这些遗物在风格上既与三星堆文物相似，也存在某种差异，表明该遗址与三星堆有着较为密切的渊源关系。

金沙遗址的性质，目前推测有可能属于祭祀遗迹，但由于出土了大量玉、石器半成品和原料，不排除存在作坊遗迹的可能。不过，从出土的大量珍贵文物和周围的大型建筑、重要遗存来看，该遗址所在区域很可能是商末至西周时期成都地区的政治、文化中心。

## 曲贡文化——西藏新石器时代的独特文化

（约公元前 2000 年）

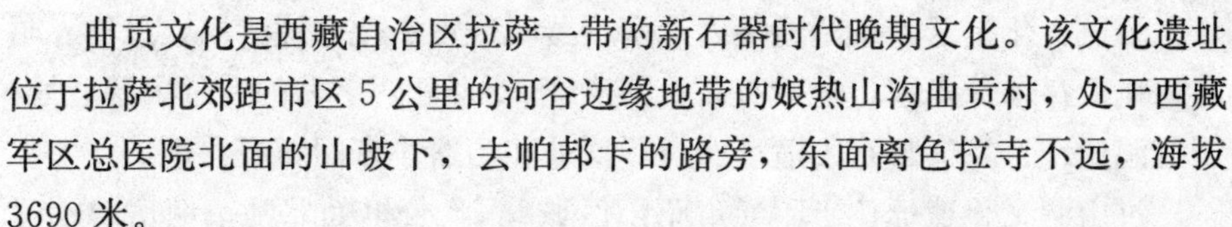

曲贡文化是西藏自治区拉萨一带的新石器时代晚期文化。该文化遗址位于拉萨北郊距市区 5 公里的河谷边缘地带的娘热山沟曲贡村，处于西藏军区总医院北面的山坡下，去帕邦卡的路旁，东面离色拉寺不远，海拔 3690 米。

曲贡遗址的年代比卡若遗址略晚，是西藏的一种独特文化类型。1983 年 10 月，西藏考古学家在这里考古发掘出总面积 5000 平方米的遗址，但已经把拉萨的文明史推到 4000 年之前。

经发掘，这里出土的主要有墓葬和灰坑等遗存。墓葬有石椁，葬式为屈肢葬。出土了 1 万多种器物和大量兽骨，石器以打制最多，也有少量磨制石器和玉器以及极少数细石器。磨制石器有石刀、石斧、石钵、石铲、石磨等；骨器也有很多，以骨锥、骨针、骨簇为主，有一枚骨针，针尖开小孔为针鼻，类似近代缝纫机针。装饰品主要有骨笄、陶耳坠、陶环和石环等，多是用于头部的饰物。

遗址下层中还出土了一枚铜镞，呈扁平形，经鉴定原料为冶炼所得，表明当时青藏高原的先民已经开始跨入青铜时代。遗址还出土了大量陶片，陶器均为手制。陶色以灰色为主，其次为表面磨光的黑色或红褐色陶。纹饰非常丰富，以刻画纹为主，也有锥刺纹、锯齿纹、弦纹等。

曲贡遗址的考古发掘证明，拉萨周围至少早在 4000 年之前已经有人类居住，而且他们从事农耕、畜牧、狩猎、采集活动。通过那些网坠、鱼骨的遗存，表明当时拉萨河中鱼类资源丰富，并且当地人早有食鱼的习惯，另外猎取野兽也是他们经常为生存而进行的活动。

# 昭通文化——石器时代的人类活动场

（约公元前 2000 年）

## 文化概况与影响



昭通文化是云南省昭通境内众多石器时代古文化遗址的一个总称。昭通文化遗存十分丰富，全市有新石器遗址 20 余处，著名的有过山洞遗址、野猪洞遗址、鲁甸野石山遗址、马厂遗址和巧家小东门新石器遗址。

过山洞文化遗址位于昭通市昭阳区城北 15 公里处北闸镇塘房二社过山洞村后边约 40 米处。分前后两洞，总长 40 多米，有季节性小溪穿洞而过，自南流入利济河。前洞宽 10 米多，最高处约 5 米，后洞略小。1982 年 11 月，昭通市文物普查队曾在后洞内约 20 米处发现一些哺乳动物化石和 1 枚人牙化石。经专家鉴定，哺乳动物化石有东方剑齿象、中国犀、猴等种类，生存时代为更新世晚期或晚更新世早期。人牙化石是云南省首次发现的早期智人化石，填补了云南省古人类从猿人阶段到晚期智人阶段的空白，定名为“昭通人”。继发现山洞后洞内的旧时器遗址后，又在前洞左侧发现了一个新石器时代遗址。洞穴前高后低，呈斜坡向内状，地表面暴露的有多块陶碎片。初步探测，文化层深 1 米多，分布面积 10 平方米左右。出土器物有石斧、石锛，磨制较粗糙。陶器以夹砂红陶居多，夹砂灰陶次之，均为素面。器形有长颈尖底罐、单耳圈足罐、环底钵、平底小杯、折沿罐、釜形器等。

野猪洞文化遗址位于昭通市昭阳区洒渔乡巡龙湾村村公所北 300 米处，属新石器时代遗址。遗址地处洒渔河东侧台地，背靠山岩，依山傍水，自然环境优越。洞宽 3—4 米，高 1.5—3 米不等，深 10 余米；两侧有岔洞，深 4—5 米。洞口处文化层达 1.5 米，内含少量碳化物。出土器物有石铸、百斧、网坠，夹砂红陶、灰陶；器形可辨的有侈口鼓腹平底罐、侈口平底瓶；此外还有人下颌骨和野牛、狗等骨骸。出土器物与过山洞新石器器物比较，石器制作更为粗糙。陶器不光滑且胎厚，火候低易破碎。其文化年代可能早于过山洞遗址。

野石文化遗址位于昭通市鲁甸县文屏镇东郊5公里的桃源乡普芝噜村野石社，属新石器时代遗址。遗址面积达1平方公里，集中分布在今野石自然村村口小河两边。文化层厚1.3米，出土器物有夹砂红陶、泥质磨光黑陶、灰陶、橙黄陶；可辨认器形有敛口碗、敛口陶壶、单耳陶壶、长颈带流陶罐、大型带耳陶罐等。遗址内还发现有古墓葬和半地穴式房基。遗址中有约200平方米土质呈灰白色，掺杂有大量陶片。野石遗址在迄今云南发现的新石器时代遗址中规模较大、文化层较厚、破坏较轻，属于比较少见的大型村落遗址，有很高的研究价值。

马厂文化遗址位于鲁甸县城东北5公里处的茨院乡葫芦口村马厂营，属新石器时代遗址。遗址面积达10万余平方米。文化层主要分布在东、南、西方向的山丘边缘临水处。西边的山丘上文化层厚达1.3米，又分上下两层：上层褐红色，下层深灰色，均有红色烧土块、木炭屑、陶片出土；陶片500多件，泥质灰陶居多，余为夹砂灰陶、泥质黑陶；可辨认器型有碗、单耳罐、平底瓶、带流瓶、单耳瓶、敛口罐、久形器、长颈小口小底壶，带米字刻符的磨光双耳黑陶罐、平底束腰圆底壶、束颈扁鼓腹圆底盂。部分器物施黑色陶衣，为云南出土的新石器时代器物中所罕见。石器有刀、斧，石质坚硬，磨制也比较精细，穿孔技术也达到较高水平。



小东门文化遗址位于昭通市巧家县（白鹤滩镇）县城中心的小东门处。晚清至民国时期，此地均为衙署。1950年后为县委、县人民政府后院。由于地面被建筑物覆盖，从未进行过有计划的勘察、发掘，墓葬面积不详。1984年，县科委建房，发现墓葬6座，采集到出土器物3件。其陶器质地为夹砂灰陶，平底鼓腹侈口罐，底部有叶脉纹、肩部及口沿为平行划纹。1990年，县人民政府建盖职工宿舍，再次发现石板墓葬，报省文物管理委员会后，责成昭通地区文物管理所和县文物管理所作抢救性发掘，历时27天。发掘面积400平方米，清理墓葬19座，出土陶器、石器、骨器、贝等50余件。石棺由自然砂石块镶嵌而成，死者头部一律向南。随葬物已清理、登记，有待鉴定。石板墓葬初步断代为新石器时代晚期。

除上述古文化遗址外，大关县（翠华镇）瓦厂坪、天堂坝、威信县（扎西镇）两合岩等处均有古文化遗址发现，但都未进行过系统清理。许多墓葬出土的战国至秦汉器物，有的具有滇文化因素，有的含巴蜀文化因素，有的近似邛都文化。昭通市盘营、水井湾、白沙地出土的陶器不少有“刻画符号”，或者是一种古代少数民族文字。这些考古发掘，出土了许多珍贵文物，对研究云南、昭通的历史，甚至在中国考古学上都有重要意义。

### 生产生活与人文特色

距今 1 万年至 4000 年的约 6000 年时间里，居住在云南昭通地区的先民们已广泛使用磨制石器，并懂得了制陶、纺织、农业和放牧等技术，开始了邑居和定居生活。西周末至春秋初期时的杜宇部落，入蜀“教民务农”，带去了先进的农耕文明，得到了蜀民的拥戴，当了蜀王，号“望帝”。

昭通文化出土的陶器

公元前 250 年，秦孝文王命蜀郡太守李冰开凿僰道。公元前 221 年秦始皇统一全国后，为了进一步经略云南，派常頞将李冰开凿的僰道延伸至建宁（今曲靖），史称“五尺道”。中原文化的南渐使得昭通地处“五尺道”枢纽，是云南最早、最充分接受中原文化影响的地区。

另外，据 1983 年中国科技大学科研处编的《科研情况简报》第六期及有关论文中所述：对安阳殷王武丁妻子妇好墓出土的部分青铜器进行检测，证明距今 3000 年前殷朝铸造青铜器的铜矿来自今天云南的永善和巧家一带。

## 昌果沟文化——夹砂陶的制造厂

（约公元前 1000 年）



昌果沟文化是位于西藏山南地区的新石器时代晚期文化。遗址长约

500米，宽约300米，总面积达18万平方米。经过对遗址边缘试掘，获得了磨制石器、细石器和打制石器标本300余件及大量陶片。陶片中可辨器形有侈日圈足碗、侈日罐、镂孔窝柄器等，陶器纹饰有网纹、弦纹、短线纹、圆圈纹、圆点纹、人字纹、十字纹等。

昌果沟新石器遗址出土的陶器，与昌都卡若、拉萨曲贡遗址出土的陶器具有不同的特征，很可能是青藏高原文化遗址中一种新的原始文化类型。

在1991年对昌果沟遗址的调查中，共采集到陶片近500片。根据对陶片口沿和底部的观察，可知有罐、盆、碗、盘、豆等器类，其中的罐、碗、豆等与曲贡遗址出土物基本相同，均为圈足器或圜底器。不见平底陶器，陶器的耳部或板部比较发达，根据调查发现的两件柱状器足来看，可能也有三足器。

该地的陶系有夹砂陶和泥质陶两种。根据对陶片的统计，大多数陶器为夹砂陶（约占72%左右），因此称得上是夹砂陶的制造厂。虽然这里泥质陶较少，但泥质陶器器表多经过磨光，其陶胎厚度一般不超过3毫米。陶器器表的装饰手法采用了磨光、压印、刻画和堆塑等，纹样主要有线纹、平行条纹、折线纹、锥点纹、圆点纹、网纹、圆圈纹等，高圈足豆采用了镂孔装饰手法。



昌果沟遗址的陶器应为手制，可能采用了慢轮修整技术，部分器耳和圈足与器身的结合采用了粘结技术，烧制器的火候一般较高，陶器质地亦较坚硬。昌果沟陶器亦主要是盛器、炊器和饮用食器，这与曲贡陶器的用途基本相同。同时在制陶工艺和器型、陶质等方面，昌果沟陶器与曲贡文化的陶器也有较多的相同或相似之处，这表明二者在文化性质和生产技术传统上都可能属于一个区域系统。

## 赫章可乐文化——风格独特的墓葬文化

（约公元前后）

### 人文风俗与特色

赫章可乐文化是贵州省赫章县一带的青铜时代晚期文化。该文化遗址位于贵州省赫章县可乐彝族苗族乡，为夜郎古国的所在地，赫章可乐文化所反映的也是古夜郎国的社会文化状况。

从20世纪50年代以来，赫章可乐已发现大量战国至汉代的墓葬及遗址。经过9次考古发掘，特别是2001年9—10月，贵州省文物考古研究所会同赫章县文管所在赫章可乐发掘古代夜郎时期“南夷”民族墓葬108座时，有许多重要发现。其中尤其是一些奇特的埋葬习俗以及具有浓郁民族特色的随葬器物，对揭示古代夜郎文化面貌，探索夜郎历史具有重要意义。

这次考古发掘主要分两个工区进行。其中Ⅱ工区墓葬分布异常密集，在约330平方米的范围内发现墓葬81座，许多掺杂或叠压关系令人吃惊。墓葬年代为战国至西汉时期，其中是否存在间隔期尚不明确。这次发掘共出土随葬器物500多件，具有极强的地方特色，可以说是建国50年来贵州夜郎考古发现埋葬方式最复杂、出土随葬品最丰富的一次。

发掘后发现这里流行一种套头葬，除此之外，可乐乡的出土文物为复原夜郎文化提供了丰富的线索。比如：具有镂空卷云纹的铜柄铁剑显示出高超的铸造工艺，铜戈提供了夜郎文化在地域分布上的重要信息。一具“干栏”式陶屋模型，展现了中原建筑文化和夜郎建筑文化的融合。此外，这里还出土一件桥形钮铜印，印面正方形，印文为朱文篆书“敬事”，又释“敬吏”。

赫章可乐位于贵州西北部，处乌蒙山脉中段东缘。从古文献和目前发现的资料看，应属古夜郎国范围，但可能还不属夜郎国中心区域。《史记·西南夷列传》称：“西南夷君长以百数，独夜郎、滇受王印。”夜郎与滇当时应同为西南地区经济和文化最发达的地方小国。滇文化的面貌现在已逐渐显现，但夜郎却始终是历史未解之谜。作为一种重要的地域文化，夜郎是中华文明史不可或缺的组成部分。赫章可乐夜郎考古的重要收获，逐步揭开了夜郎文化的面貌。

赫章可乐的考古发现，有力证明了贵州境内确实存在一支既不同于滇文化，又不同于巴蜀文化的具有鲜明地方特色的青铜文化。那些奇特的埋葬习俗以及具有浓郁民族特色的随葬器物，对揭示古代夜郎文化面貌，探索夜郎历史具有重要意义，它是贵州近年实施夜郎考古计划以来最重要的一次考古发现。而对它的研究也将旷日持久，解密从器物中传递出来的信息，研究遗址中的遗存现象，将帮助贵州进一步探秘夜郎，还历史以真实。

## 特殊的墓葬形式

赫章可乐文化遗址的墓葬均为竖穴土坑墓，地表不见封土堆。墓内填土富含红烧土颗粒。墓葬规模不大，长1.42—3.2米、宽0.4—1.45米。平面形状主要为长方形，另有两种略变异的形状：一种前后端侧壁略作弧形外扩，平面约似一哑铃状，共发现9座；另一种头端顶壁中部有一小圆弧外凸，平面约似一钟状，共发现8座。埋葬姿式多为仰身直肢葬，双手屈于胸前，另也发现少量侧肢葬。

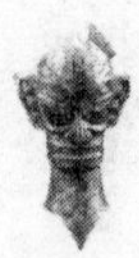

这批墓葬最引人注目的是奇特的“套头葬”，它指用铜釜套于死者头顶的埋葬方式。这里的铜釜，也可能是铁釜、铜鼓一类大型金属器。有的足部也套一件铜釜或铁釜，或垫一件铜洗。可乐发现的套头葬，在国内其他地区从未发现过，国外也未见到相似情况。

专家们发现，使用套头葬的墓中有较多随葬器物，透出某种威严或神秘的气氛。由此推断，这些死者的身份定与常人不同——他们是夜郎民族的中下层巫师，还是地位尊崇的氏族首领？探究这种奇特埋葬方式背后的含义，成为贵州考古近年来的研究重点之一。



过去在赫章可乐曾发现的铜釜，但远不如这次发现的形式多样。其一是用鼓形铜釜套于头顶，与过去所见相同，不同的是在墓坑底部四周用未经加工的石块垒砌成一圈。其二是用一件大铜釜套头，另用一件大铜釜套脚，脸上盖一件铜洗，双臂上也放置有铜洗。其三是用一件大铜釜套头，用一件大铜洗垫于脚下，右臂垫一件铜洗，左臂旁侧立一件铜洗。“套头葬”铜釜内基本都保存了一部分头骨，可看出均为仰身直肢葬。另外都发现使用木棺的痕迹。

除“套头葬”外，还发现几种特殊埋葬方式。一种是用铜洗盖于死者脸部，发现两座墓都是这种情况；铜洗下头骨大部保存，肢骨却完全朽坏无存。再一种是用铜洗垫于死者头下，仅发现1座墓，墓主头骨已不存在，但铜洗上保存了一对铜发钗，洗边沿还保存了一对骨质耳环的残痕。另一种是在死者头侧墓底处斜插一件铜戈，共发现4座墓，铜戈或插于左侧，或插于右侧。

“套头葬”及其他的这些特殊葬式属夜郎民族特有的葬式，所反映出的丧葬意识和宗教观念很值得研究。

墓葬随葬器物共出土540多件，包括铜、铁、陶、玉、漆、骨等不同质地。其中最具有地方民族特色的主要包括“套头葬”铜釜、兵器、装饰品和陶器等几类。器物分布多寡不一，许多墓空无一物，有的墓仅一两件，稍重要的墓常有一戈一剑组合或附其他器物，最重要的墓随葬器物达百余件。

赫章可乐“套头葬”的墓中主要使用了两类铜釜。一类是辫索纹耳大铜釜，宽沿外侈，鼓腹，圜底，腹上部纵向安置一对硕大的辫索纹环状耳。274号墓出土的一件大铜釜肩腹部装饰一对圆雕立虎，立虎昂首扬尾，龇牙长啸，十分威武。这类铜釜共出土3件，外壁都附有较厚的烟炱。另一类是鼓形铜釜，也出土3件，这种形制的铜釜最早出土于云南祥云大波那和楚雄万家坝，赫章可乐先后已发现这种铜釜10余件，都用于“套头葬”墓。



## 精良的器物制作工艺

赫章可乐出土的装饰品种类甚多，有发钗、耳环、手镯等。其中发钗皆铜质，包括4种形制，最多见的为U形双股发钗，其次为首部缠绕为簧形的双股发钗。发钗使用时，常见两只交叉平插于头顶，有的紧靠头骨，有的距头骨4—5厘米，说明发髻竖立于头顶，有高、低不同形式。这与《史记》记载夜郎民族为“椎髻”的发型特征相吻合。

耳环有骨和玉两种，以骨为多。佩戴方式不一，有的双耳各佩一件，有的仅佩单耳，或在单耳上重叠佩3件。玉仅出土1件，主体呈璧形，外缘饰4片对称的冠状装饰，造形颇别致。

手镯皆铜质。往往多只成组佩戴，双手数量不一定对称，有的右手戴1只，左手戴3只；佩戴最多的，双手各排列10只。手镯形制主要为窄条环形和宽带环形两种。宽带环形手镯有的镶嵌有数列细小的绿松石片，石片呈圆形或多边形，直径约0.15厘米，中心钻有小孔。另外，装饰品中还发现一些小铜铃、铜带钩和用玛瑙管、玉珠、骨珠等穿缀成的项饰。

赫章可乐遗址出土的兵器中以卷云纹茎首铜柄铁剑、卷云纹茎首铜剑和无胡铜戈最有特色。铜柄铁剑之柄饰镂空卷云纹和精细的雷纹、辫索纹，造型优美，工艺精良，表现出高超的设计和技术水平。青铜剑形制和铜柄铁剑相似，但造形与工艺明显逊色，可能是一种早期形制。铜戈皆直内无弧形，可分为长方形内和M形内两类，内上常有浅浮雕图形装饰。如350号墓出土的M形内铜戈，内上饰3个牵手上举的人图形，瑗上也有图形装饰。类似的铜戈在贵州省西南地区曾有出土，可能反映了地域之间的文化联系。

此外，这里陶器出土不多，器形主要为单耳小罐，还有盘口瓶、圈足单耳小杯等。其中特点突出的是折腹饰3—4个乳钉的单耳罐。陶器皆黄褐色，夹细砂，手制，烧制火候不高。

## 附　　录

**西南地区比较著名的古文化还有：**龙骨坡文化（重庆市巫山县，约公元前200万年）、中坝文化（重庆市忠县，约公元前3000—约公元前后）、元谋文化（云南省元谋县，约公元前170万年）、小空山文化（云南省南召县，约公元前50万—约前20万年）、洱海沿岸文化（云南省苍山县，约公元前3000—约公元1000年）、马鞍山文化（云南省兰坪县，约公元前5000年）、黄鳝溪文化（四川省资阳县，约公元前3万年）、羊子山文化（四川省成都市，约公元前8000—约前1000年）、擂鼓寨文化（四川省通江县，约公元前3000—约公元1000年）、宝墩文化（四川省新津县，约公元前3000—约公元前后）、边堆山文化（四川省绵阳市，约公元前3000年）、营盘山文化（四川省成都市，约公元前4000—约前2500年）、穿洞文化（贵州省普定县，约公元前2.8万年）、中水文化（贵州省威宁县，约公元前4000—约公元前后）、象雄文化（西藏自治区那曲市，约公元400年）、古格文化（西藏自治区阿里扎达县，约公元800年）等。

# 第二部分 世界古文化

# 一、亚洲地区

## （一）东亚及东南亚古文化

### 岩宿文化——日本列岛的最原始文化

（约公元前 3.8 万年）

#### 文化概况与影响

岩宿文化是日本列岛上古人类开始制造陶器以前的旧石器文化，其年代比绳纹时代更早。1949 年首次发现这种文化于群马县新田郡笠悬町岩宿的赤土层，其中出土了不少人类加工过的黑曜石碎片。后来出土的与这个遗址相同的古文化类型均被称为“岩宿文化”。岩宿文化的发现，揭开了人们研究日本旧石器时代历史的序幕。

大约从距今 8500 年时开始，居住在日本列岛上的原始人制作了大量石器和粗陶器。人们根据陶器表面的绳状施纹，将弥生粗陶出现以前的约 6000 年间，通称为“绳纹时代”，并长期以此作为日本历史的源头，而有关日本文化史的论述也大多从绳纹时代开始。岩宿文化的发现，打破了这一传统观念。

说起岩宿文化的发现过程，还有一段故事。有一个名叫相泽忠洋的年轻人，以走家串户贩卖豆子为生，但他的业余爱好却是考古发掘。1949年的一次行商途中，在今群马县新田郡笠悬町岩宿的裸露赤土层中，他偶然发现了一些粗陋的黑曜石打制石器。对于这些发现，相泽非常兴奋，他当即认为，这些一定是古人使用过的器物，而后来的事实也证明了这一点。相泽的发现犹如春雷一般震撼了整个日本考古界。随后，由明治大学考古学研究室展开发掘，在当地又陆续发现了手斧、刮削器、尖状器等石器。经专家们鉴定，其年代比绳纹时代的石器更为古老，由此印证了旧石器时代日本列岛已经出现人类踪影的史实。

岩宿遗存的发现，使人们掌握了一把通向远古迷宫的钥匙。之后，人们发现日本列岛的旧石器遗存星罗棋布、数量庞大，至今发现的此类遗存总数已达约4000处！



从日本数以千计的旧石器时代遗址中，不但出土了各类石制、骨制、木制的工具，偶尔也会发现一些使用这些工具的古人类化石（化石人），这为我们寻觅日本文化的源头，探索日本人的历史起源，提供了极为重要的依据。

日本学者根据出土地点给这些化石人命名，目前已知的有明石人、牛川人、葛生人、三日人、浜北人、圣岳人、夜见滨人、港川人、宫古岛人、帝释观堂人等。毫无疑问，日本列岛上最为原始的文化，便是由上述化石人所创造的。

岩宿遗址的发现，将日本的历史猛然前推了数万年，为了纪念这一划时代的发现，有些日本学者建议使用“岩宿时代”一词指称日本列岛的旧石器时代。

随着近年考古发掘的长足进展，旧石器时代的文化内蕴已逐渐呈现于世人眼前。当时人们发明的细石刃、有舌尖头器的加工技术，有些已为绳纹人所承继；而绳纹时代最为辉煌的粗陶文化，在旧石器时代已露端倪。

### 石器等器物制作技术

岩宿时代的人类使用的石器，既是防身武器，又是生产工具。石器工具制作技术的优劣，在很大程度上反映出当时社会发展的状况，从岩宿遗址看，出土的多为剥片石器。从早期的刀形器文化过渡到尖头器文化，再由形成的细石器文化向细石刃文化（九州）和有舌尖头器文化（本州、北海道）的演变，都融入绳纹文化之中。岩宿文化与绳纹文化之间，并不存在无法衔接的悬隔。从岩宿文化后期的遗存中，亦可以发现连接绳纹文化的痕迹。

岩宿文化中的石器加工技术具有较为显著的地方特色。如本州地区的濑户技术、北海道地区的涌别技术、九州地区的西海技术等。有些日本学者过于强调这些技术的独创性，从而忽略了与东亚地区石刃技术的承继关系。

需要说明的是，出土的岩宿时代的工具除了石器之外，还有骨角器和木器。如在长野县的野尻湖遗址发掘出骨制的刮刀、斧、尖头器等多种，年代在距今 4 万年前。原始人制作骨角器时，主要用打制和钻磨的方法，大的骨器一般先打制成需要的形状，再进行磨制加工；小的骨器和角器一般是磨制，个别的还需要钻孔，如骨针，挂饰等。



岩宿时代的木器多是砍砸和刻凿成的，先民们先用石斧等将木器的形状砍砸出来，再用石刀等工具加以刻凿，所需要的木器便被加工出来了。因发现“明石人”而闻名的兵库县明石市西八木海岸遗址，就曾出土经过加工的木片数块。

## 塔邦洞文化——人类岛屿迁徙的见证

（约公元前 2 万—约公元 1000 年）

塔邦洞文化是菲律宾西南部的石器时代文化。这一重要发现是美国人类学家 R. B. 福克斯于 20 世纪 60 年代在菲律宾巴拉望岛上的塔邦洞中发现的，这一发掘成果后来成为菲律宾以至东南亚考古的划时代大发现。

在东南亚考古学中，巴拉望岛占有相当重要的位置。该岛是位于菲律宾西南面一个长条形的大岛，西南面邻近马来西亚。岛长 445 公里，宽 48 公里，面积约 1.5 万平方公里，人口 75 万。岛西部多高山，中部及北部有较多平地、山谷及冲积平原。岛上拥有丰富的海洋资源及世上少数尚未受破坏的完整生态系统，包括石灰岩的喀斯特地形、热带雨林及海岸地貌，并孕育了丰富的文化遗产及自然生态。

过去200万年以来，海平面曾大幅升降。当海平面较低时，巴拉望岛成为连接菲律宾与亚洲大陆的陆桥，是史前人类及动物迁徙的必经之路。约一万年前的最后一次冰期之后，海平面上升约至现今水平，形成巴拉望岛及其附近约1780个岛屿。

塔邦洞位于巴拉望岛一岬角的崖岸之上，海拔33米，俯视南中国海。洞口向南，宽18米，深42米。洞穴采光充足、干爽、通风，为一理想的人类居所。在塔邦洞所发掘到的文物，包括著名的塔邦人头盖骨、石器及后来的瓮棺。此外，塔邦洞穴群新石器时代墓葬出土的贝熔与苏禄群岛、密克罗尼西亚出土的非常相似，为史前人类经菲律宾向太平洋迁移的研究提供了重要的线索。由于其名气大，亦泛指该石灰岩组内83个石灰岩洞穴群。



塔邦洞一共有四个人类活动时期。第一时期是旧石器时代（最早始于8万年前），当时的塔邦洞与海岸距离达30—35公里。洞中找到著名的塔邦头盖骨，测其距今2.2万年，后来发掘找到一胫骨，距今4.7万年；连同燧石制作的石片工具，反映出穴居的智人生活在连接亚洲大陆和现今东南亚岛屿的陆桥上，为菲律宾最早人类活动的最重要资料。第二时期是新石器时代（距今8000—2800年），约8000年前海水上升，陆桥消失，人类从海路往返各岛屿，并将塔邦洞用作埋葬死者的地方。除直肢葬外，他们有用瓮棺安放死者骸骨的习俗。第三时期是金属时代（距今2500—1100年），塔邦洞继续用作神圣的安放死者骸骨的地方，瓮棺的制作更为细致，有精美彩绘、刻画及印纹。第四时期（距今1100—700年），宋元瓷器取代了本土明器作为瓮棺葬具，反映了巴拉望岛与中国的密切接触。

另外，塔邦洞穴群出土的闪玉器物，是追踪矿源的考古矿物学分析的重要根据。这些闪玉器物在台湾、巴拉望岛及越南中部都有发现，而台湾东部也有该类玉料的出产。矿源、制作地点以及其使用地点的分析大大有助于追寻史前族群在东南亚岛屿之间的互动，亦有助于南岛语族的本源及其扩散的探讨。

塔邦洞穴群的发掘推翻了过去认为菲律宾在“铁器时代”前没有陶器的说法。塔邦洞穴群出土的陶器的形制及其瓮罐葬式，与越南、泰国、马来西亚的发现多有共通之处。特别是瓮罐上的刻画纹饰，越南学者指出其与南中国海对岸越南中部沿海沙黄文化的特色十分相似。其中最具特色的陶器是在其中一洞穴发现的一个瓮棺，盖上有两人共度一舟前往死后世界的图画，测其约在公元前800年产生。

塔邦洞穴群遗址在菲律宾以至东南亚岛屿考古中别具重要意义，塔邦洞穴群中宋元时期瓷器及墓葬的出现，亦为研究10—14世纪中国、菲律宾两国人民的交往贸易史提供了丰富资料。除此之外，巴拉望岛沿海的多艘沉船上的中国及外国陶瓷，提供了丰富的水下考古资源用以进行中国陶瓷及中外交通的研究，相信进一步的研究将可对整个区域的文化互动与交流有更深的认识。

## 绳纹文化——典型的粗陶文化

（约公元前6500—约前200年）

### 文化概况与影响

绳纹文化是日本的新石器时代文化，该文化类型是因陶器外面的绳样花纹而得名。

考古证据表明，在距今8000年左右的时候，日本的很多地方都进入了绳纹时代。这个时候日本还处在母系制社会，人们以狩猎、捕鱼为生，以坑居为主，即在地上挖一浅坑，四周立上柱子，上面覆以干草，屋子中间放置火盆——现代人称之为“竖穴住居”。进入中期后，平面多为圆形或椭圆形，也开始有以石为台的居住方式。这些居住址大约3—4米见方，晚期还出现了边长为10米的竖穴式居住址，说明当时的人们已经能够修建大型的建筑。

至绳纹时代晚期，以水稻种植为代表的高度发达的中国文明开始传入日本，有些地方已经出现原始的农耕活动。日本人的祖先学会了农业技术和使用金属工具，从而使日本进入青铜和铁器时代。传说中的徐福带领童男童女东渡日本就在绳纹时代末期，虽然这个传说在日本没有史实作为依据，但是秦汉之际为避乱而有大量中国人移居日本是事实，他们把中国的先进文化带到日本也是自然之事。至今日本许多地方仍有祭祀徐福的神社。

绳纹时代生产力低下，生活不稳定，根据考古学家的测定，那时人们的寿命很少有超过40岁的。但文化的进步是显而易见的，其重要标志是陶器制作技术的提高，早期的尖底陶器被平底陶器取代。绳纹时代的遗迹中还发现有环形的石头群，组成两个同心圆的形状，其外径可达50米。关于这些石头群是墓石，还是用于祭祀，尚不清楚。

绳纹文化起源于何时还不甚清楚，其结束时约在公元三世纪，为时可能长达3000年以上。纹陶器是其富有特征的遗物。绳纹时代可分为早期、前期、中期、后期、晚期五个阶段。

## 独具特色的绳纹陶器



日本所谓的“绳纹时代”，是因该时代遗存出土的粗陶大多饰有绳状纹样而命名，因此绳纹文化主要是反映在陶器上的文化特色。这种绳纹柔和地盘旋在陶器表面，有的陶器还以绳纹为底，外加线刻、饰胎、研磨等各种手法来装饰。纹样大多呈现横带状，有的饰满通体，它们主要是直线和曲线结合的抽象纹样，写实性纹样罕见。这些纹饰陶器的形制和纹样变化多姿，各个时期均有独特的风格和样式，于是人们对其按早期、前期、中期、后期、晚期进行编排。

早期粗陶。多为尖底或圆底的深钵，纹样以绳状压痕为主，也有少量篦纹、堆纹和无纹，但大多还没有使用绳纹，器物种类和饰纹都很单调，烧制温度不高（600℃—800℃左右），呈灰黄色。它们与以后的绳纹陶器大相径庭，这对于研究绳纹文化的产生，无疑具有重要的意义。在北欧、南欧、西伯利亚等地发现的早期粗陶，也多为尖底或圆底，有人认为日本的尖底粗陶可能源于西伯利亚的原始粗陶。但下此结论还为时过早，岩宿文化晚期的粗陶多在九州和本州发现，从地理上看应当与中国大陆或朝鲜半岛的关系更为密切。比如我国江西省万年仙人洞的绳纹粗陶（约9000年前）呈圜底，不像是早期的形制。今后各地的考古发现，或许能为揭开日本粗陶起源之谜提供新的证据。

前期粗陶。前期的标志是平底逐步取代尖底、尖锥形向圆筒形过渡，另一个特点是陶片经手工按捺后变薄，故有“煎饼式”的爱称。器型趋于多样化，饰纹表现复杂化，甚至出现浮雕纹，与早期的实用性器皿相比，显露出观赏性的萌芽。

中期粗陶。这时期的粗陶造型达到辉煌的顶峰。讲究对称的浮雕式涡旋纹取代平面式的绳纹，纵横交错的黏土纽和黏土片构成的立体造型别具一格；具有代表性的火焰式粗陶，洋溢着绳纹人的艺术冲动和生命热流，堪称原始抽象艺术的杰作。另一方面，粗陶作为视觉艺术开始向写实性发展，逐渐贴近生活，出现人形、鸟形、贝形等作品。

后期粗陶。中期粗陶那种缠绕叠加的立体造型给人繁冗重复之感，有损粗陶本来的实用功能。到了后期，复杂的浮雕装饰趋于简约，通体饰纹不再成为主流，理性的造型独领风骚。值得注意的是，后期陶器中，纹样有直线化倾向。

在与弥生文化并行的绳纹晚期，有的甚至完全变成直线。首先，这时期的器型突破圆筒格式，形状出现多样化，总体上从直立形向扁平形、从大型化向小型化发展；其次，重视器皿的实用性，如壶形、罐形、盘形、盆形、瓮形、高杯形等，不仅仅是一种观赏性造型，而且是出于器皿功能的需要；再则，图案简略得当，雕纹线条纤细洗练，达到主题突出的效果；还有，不少器皿经过研磨，外表柔滑光泽。此外，烧制温度较高，器体呈黑色，与中国龙山遗址的黑陶或许有某种关联。

晚期粗陶。作为粗陶生产的中心地，关东的至尊地位受到挑战，东北地区的龟冈式粗陶崛起。绳状饰纹的传统基本消失，代之以云状纹、工字纹、弧线纹等几何线条；中期粗陶所见的跃动感和奔放感已成往事，造型因过于烂熟而显得沉闷甚至呆板，局部工艺虽然愈加精巧，但整体构思却缺乏创意。绳纹粗陶作为一个文化生命体，似乎进入了衰老阶段，弥生粗陶的诞生已指日可待。

绳纹粗陶由新生而衰老，经历了约6000年的风霜。比之于人生一世，早期和前期犹如幼儿和少年，以朴实的实用器皿为主；中期似朝气蓬勃的青年，浑身上下刻意打扮，立体雕刻极尽艳丽；后期和晚期进入中年和老年，装饰趋于图案化，沉稳有余而豪气不足。

## 陶俑及工艺品制作

日本最早的艺术化人物形象出现于从绳纹早期遗址中发掘的小平板石上，它用线刻的形式表现了女性的躯体，后来普遍流行陶俑。绳纹文化早期的陶俑，是小型而简单的丝卷形和倒三角形的板状体，有的没有头部，

有的虽有头部但很小，有的在躯体上还表现出乳房和腹部。到了绳纹中期，陶俑的头部逐渐增大，手足也出现了，才真正成为人体。不过，面部一般很平坦，上面贴附眉毛和鼻子，雕出眼睛和口，手法极其古朴简练。极短的手大多平伸，躯体上均表现乳房和腹部，并经常施以纹样装饰。不少作品夸张了腰部，与乳房的表现联系起来看，也许是主繁衍和丰产的地母神。有的陶俑还有三只手，脸部近似野兽。

在后期的陶俑中，有头部像心脏的所谓心脏形陶俑，有头部像高山的山形陶俑，有眼睛和口呈圆状的鸱鹅形陶俑，有身体成筒状的筒形陶俑。其中，显示出女性特征的与前期同样多，但手已垂向下方，更为接近真人，这尤其在山形陶俑中表现的最为浓厚。在后期之末，甚至还出现前所未有的曲臂下蹲的姿态。但是，它也与心脏形陶俑、鸱鹅形陶俑一样，变形、夸张及装饰化倾向显著，还出现了用红颜色绘满全身的作品。



绳纹时代制作骨角器的工艺很发达，早期遗址出土的骨角梳子上就饰有直线纹。在遗品较多的后期和晚期，出现了施加透雕并经过细磨的骨角器，说明其可能曾经非常流行。但遗憾的是，它们难以在土中保留很久，只在贝冢遗址等特殊条件下少有残留，所以可分析的作品很少。

竹木工艺品同样残存很少，但从低湿地遗址出土的竹木品来看，很早就有了先进的加工技术，人们已懂得用雕刻装饰提柄。漆的使用也从后期普遍开始，出土了朱漆或黑漆的器具。在晚期遗址中曾出土了白木弓、桦卷朱涂弓、木制器具、漆物、席子状的树皮制品、蓝胎漆器等竹木制品，技术相当精致。

### 生产生活与人文特色

绳纹人从森林、山丘走向大海，由猎人变为渔民，带来生活习惯上的一次革命。他们驾舟出海，使得生活由封闭走向开放，不仅加速了国内的物资交流，同时为外来文明的到来准备好了条件。

纵观世界考古史，许多划时代的新发现，往往出自一些偶然的因素。北京猿人、甲骨文如是，岩宿遗址、明石人亦然，绳纹文化自然也不例外。

弓箭作为狩猎工具，从旧石器时代晚期的投掷武器发展而来，是原始人类的重要发明之一。在日本的绳纹时代，弓箭的发明同样增强了人类征服自然的能力，扩大了人类的活动空间。由于箭的飞行距离猛增、速度加快、准确性提高，一些体形细小、动作敏捷的动物，甚至包括空中飞翔的鸟类，也成了人类捕食的对象。

绳纹时代早期遗存的石镞，证明弓箭的发明不迟于距今8000年。从福井洞穴遗址和上黑岩岩阴遗址来看，与细石器文化中的小型尖头器或有舌尖头器关系密切。石镞的原料大多采用黑曜石，用敲打方法制作，不再进行研磨（后期出现箭柄局部研磨）。

弓箭一般随着农耕和畜牧的产生，从生产工具变成战争武器，在金属文化中才真正趋于成熟。然而，由于绳纹时代未能萌发农耕和畜牧，在长达6000年间，弓箭一直是狩猎的主要工具，因此成熟到石器时代所能达到的极限。



绳纹人丢弃食物残滓的遗址，因为有厚厚的贝壳堆积层，我们称之为“贝冢”（贝丘）。当时习称“介墟”的贝冢，是绳纹人饮食垃圾的堆积场，多为贝壳、鱼骨、兽骨的化石，往往同时伴出陶片、石器、人骨等，是绳纹文化的典型遗存。

在日本最早的贝冢——神奈川县夏岛贝冢，出土了最古老的骨制鱼钩和大量的鱼骨，碳14测定的时期为8500年前。粗陶、弓箭、贝冢、渔具的出现，标志绳纹时代揭开序幕。

绳纹早期贝冢的数量还不多，说明狩猎依然是主要的经济手段，以后逐步递增，绳纹后期达到顶峰，捕捞渔业从此上升为主要经济手段。绳纹晚期出现原始农耕，造成贝冢数量剧减。

## 班清文化——东南亚最早的青铜文化

（约公元前2000—约前200年）

### 文化概况与影响

班清文化是泰国乌隆地区的青铜时代文化。班清是泰国东北部呵叻高原上的小镇，原是个小村落，这里有随处可见的陶器碎片，但这并未引起班清村民的注意。直到1957年有个村民发现了一只完整的陶罐，1966年有个美国人又在这里发现了新的陶器，后来通过对其测定，人们才惊讶地发现，原来这些陶器已有好几千年的历史。由此，人们才知道这里是一处规模很大的古文化遗迹。

1974年，一批考古学家来到了这个位于泰国东北部的村庄。谁也没想到，从地下挖出的第一件“文物”让所有的考古人员哭笑不得，原来他们挖出来的是个20世纪的便盆。但当他们继续往下挖到5米深处时，就发现了层次分明的6个文化层，几千年的人类生活遗迹都重叠在这块土地上。在这些文化层上，每个新聚落的村民其居所的柱桩正好从前人的墓穴上夯下去，最深的一层可追溯到公元前2000年左右，最浅的也可追溯到公元前250年。

1975年时，人们在班清的另一个地方也发现了一处墓葬，里面的尸体由几层陶器碎片覆盖着。在挖掘时，美国考古学家切斯特·戈尔曼发现在方坑最底层有一件青铜别针模样的东西，当他轻轻地把这个小东西移动出来后，才发现这不是一只别针，而是一只带插孔的矛头，矛头的尖被特意折弯。后来的分析表明，这只矛头经过浇铸、冷却后捶打和退火等工艺，表明当时的铸造水平已相当高超。

在该墓葬属于公元前1000年左右所对应的地层中，研究人员还发现了陶土坩埚及大量被烧过的黏土，坩埚里面有渣滓余迹。

到1975年发掘结束时，班清一带地区共出土石器、陶器和金属制品18吨左右，包括红彩陶、青铜器和金银制品。此外，这里还出土了一些用象牙和骨头雕刻的人像，用玻璃和次等宝石制作的光彩夺目的珠串。

在后来的考古发掘中，随着出土的青铜器和陶器越来越多，考古学家们对班清史前民族的关注、探讨、争论和疑问也越来越多。从班清遗址出土的青铜器来看，在它最为繁华的时期，这里一定是一种地区性的中心，然而又是什么样的中心呢？班清的先民是怎样获得青铜冶炼加工技术的呢？他们是这项技术的原创者还是从别处学来的呢？考古学家们开始思考东南亚发展红铜和青铜制作技术的可能性，随着对班清研究的不断深入，班清被视为东南亚最重要的史前聚居地，是人类文化、社会、科技进步的中心。1992年，联合国教科文组织将其作为人类文化遗产，列入了《世界遗产名录》。

从目前来看，班清文化无疑是东南亚最早的青铜文化，也是世界上最早的青铜文化之一。因此，一些泰国历史学家据此推断，也许班清就是世界青铜文化的源头。然而这种看法并未成为世界其他国家学者们的共识。因为在班清文化的同期，世界上其他许多地方也先后出现了青铜文化，有些制作水平甚至更高，而这些地域有的与班清距离非常遥远，中间还隔着沙漠、高原、山脉或海洋，所以这种说法是缺乏依据的。

## 高超的制铜和制铁工艺

公元前1000年左右是班清文化的繁荣期。在此时期，班清人制作了各种精致的青铜手镯、项链、戒指和长柄勺，并在长柄勺的勺把上刻有各种栩栩如生的动物。在晚期的青铜制品中，考古人员还出土了用含锡量高达20%的青铜锻打成的颈圈。因为含锡量高很容易碎，所以制作时须锻打成多股再扭曲而成。由此可以证明，此时的班清人已熟练地掌握了青铜的冶炼和制作技术。



在青铜时代之后，班清开始了铁器时代。考古学家在这里发现了公元前1000年左右制作的铁制手镯和铁制矛头，出土了为数不多的铁器，有铁脚镯、铁手镯和双金属（铁包铜）的矛头、斧头等。

这些铁制器物表现出不同于青铜器物的铸造技术。令人不解的是，经过分析显示，班清的铁是从专用矿石中冶炼出来的。班清古代居民在陶器制作上的水平上，有着丰富多彩的风格，给现代学者留下了深刻的印象。班清遗址中出土有众多形状不一的陶器，在浅黄的底色上，绘着深红色的图案。这些图案有些是古代艺术家们随心所欲、一挥而就的，有些则是经过深思熟虑而精心绘制的几何图形，如同古希腊的骨灰罐上的图案。从制形上看，有些是颈部很细的高花瓶，这需要很高的制作技巧；有些是矮胖的大缸，上面却有着极为精致的图案，显得有些不太协调。

大量的发掘表明：班清文化中最引人注目的是青铜制品。人们发现数千年以来，班清在冶金技术方面的变化是循序渐进的。随着时代的发展，班清人在制作技术上还有着不断地创新，并且人们通过研究发现，约公元前2000年，班清一带的居民已经掌握了青铜冶炼技术。但令人不解的是，从发掘的情况来看，至今这里并未发现最初的青铜冶炼的遗迹。

## 阶段分明的陶器制品

1982年，美国考古学家乔伊斯·怀特把在班清古墓中发掘出土的陶器的制作和使用分为早中晚三个时期：在早期（公元前1000年左右）陶器中，摇摆压印、丝线标志和雕刻图案是普遍使用的装饰技术。至早期的后半叶，手工绘制简单的线条图案日益盛行。球状的陶器有的有美丽的短花边，有的在下部有着特征性的丝线标志，有的在肩部有着红色的画和雕刻的图案。中期（大约在公元前1000年到公元前300年）的特征是更大的陶器容量和更小的陶瓷厚度，丝线标志和雕刻也变得更为精细。在班清中期葬品中发现了形态各异的龙骨陶器，有些陶器有着雕刻和着色的图案，有的陶器有着白色龙骨，有的龙骨的脉管镶嵌着厚厚的红边。晚期（大约公元前300年到公元200年）的陶器普遍用红色蒙在黄色上面，有红色图案的红陶器和红色的磨光陶器，这些陶器有着鲜明的手工设计特色，主要有卷轴形的、涡旋形的、S卷形的、同心圆形的等等。



简单的、磨光的、没有绘制图案的陶器在晚期也普遍得到制作，用做祭品的陶器是精心绘制的红色、黄色错杂的陶器。

# 东山文化——辉煌的古古越文明

（约公元前600—约公元前后）

东山文化是指越南清化省等地的青铜时代文化，距今2600至2000年。该文化类型于1924年首次发现于越南清化省东山村。从此越南和世界考古界一直很注意收集和研究东山文物的信息。迄今为止，在200多处遗迹当中已发现、出土了数万件东山文物，证明了青铜时代东山文化的存在和发展。

东山文化有来自越南河西地区发现的铜鼓面，河内市东英县的铜犁头，富寿省卡村的匕首铸模，清化省绍杨县的陶瓶、缀有小铃铛的包手和包脚，义安省瓦村的铜弩扳机、铜斧、铜勺等。这其中的铜斧显示了农业的发展水平，铜鼓则被看作是宗教生活的一部分。

史学界和考古学界认为：凭着这些文物，人们可以将当地神话里的雄王时代归入正史中。

东山文物丰富多样，但可大致分成三种类型：

第一，红河类型。主要是北方山区、丘陵地带和北部平原，出土文物有铜兵器、铜犁头、铜鼓。特别有首次面世的合明坛，上面装饰东山早期铜器罕见的鸭像，年代从公元前300至公元前500年前。1977年在河西发现的舟干船墓，年代为公元前300年，骨骸和棺材保存得几乎完好，这是一种古葬式，是北方沼泽地带船形棺材的特征。

第二，卡河类型。东山文化出土了匕首、石镯、石耳环，年代约公元前500年。越南史学界和考古学界从石耳环认定，东山文化和中部各省的沙黄文化有交流关系。卡河类型突出的特点是用雕像来装饰，在铜匕首柄上有人像，还有两只老虎嘴里含着大象脚和鼻子，或两条蛇缠绕的图案。一些越南考古学研究家认为，老虎和蛇的雕像很可能与古越人的神话传说有关。



第三，马江类型。典型文物是生活用品、装饰品和艺术雕像。例如铜坛、铜灯、发簪、鳄鱼形手镯、人背人吹笙的艺术塑像等。

东山文化是东南亚地区较早形成的著名文化之一，它代表了该地区文明之火的产生与壮大。在对外联系上，它对来自中国的先进文明有所吸收，并且与越南中部的沙黄文化，以及东南亚其他文化相互都有所影响。

东山文化时期，人们已有种植水稻的传统，当时的农业生产工具已有锄、铲、斧、犁等，多为青铜制品，某些铜器上还装饰有丰富而独具特色的花纹，说明其在工艺美术方面也有所成就。

## 吴哥文化——丛林中的巍峨王城

(约公元1000—约公元1300年)

### 文化概况与影响

吴哥文化是指柬埔寨古代吴哥王朝时的一个丛林文化，主要反映在宏大的石质建筑上，时间发生在公元9世纪—13世纪。它奇迹般地崛起于柬埔寨的热带丛林之中，后来又神秘消失。

直到19世纪，在西方势力向东扩张、法国殖民者企图入侵东南亚的时候，一些探险家从中国古籍《真腊风土记》一书中才获悉，在柬埔寨的洞里萨湖北面丛林中有一个富庶的古代帝国王都的遗迹。1858年，法国博物学家、探险家亨利·德奥受巴黎地理学会委托，到柬埔寨进行考古调查。他在当地向导的带领下，深入丛林，历尽艰辛终于找到了淹没数百年之久的吴哥遗迹。

此后，经过一些学者的多次考察与发掘，19世纪末20世纪初，这个被茫茫林海覆盖的文明遗迹终于再现于世人面前。吴哥文化遗址现主要为气势恢弘的建筑群和精美的石刻浮雕，共有大小建筑600余处，主要由吴哥通（即吴哥王城）和吴哥窟（即吴哥寺）两大建筑群组成，散布在45平方公里范围内。

吴哥王朝连年的对外战争和大规模的兴建寺塔，耗费了大量的资源和人力。13世纪初，西部的泰人王国崛起，吴哥王国面临严峻的挑战。从14世纪到15世纪，吴哥王国内外交困，急剧走向衰落。1351年、1393年、1431年暹罗（今泰国）先后三次攻占吴哥城。吴哥屡遭涂炭，水利设施被破坏，经济基础被动摇，中央王权被削弱，吴哥城日益荒废。

学术界对这个拥有宏伟的建筑、优美的雕塑和独特文化内涵的历史遗迹给予了很高的评价，将它与中国的长城、埃及的金字塔和印尼的波罗浮屠被并称为“古代文化四大奇迹”，现今的吴哥遗址成了柬埔寨民族的象征。



## 宏大庄重的建筑古迹

吴哥文化早期建筑的代表首推公元9世纪末建成的巴肯寺。它建于高13米的台基之上，台上筑有5座尖塔，台基四周有砖塔36座，台基分为5层，每层各建小塔12座，构成由100座排列整齐而高矮错落有致的寺塔群，远远望去，犹如一个塔林。

建于10世纪中期的女王宫也是吴哥早期的另一处代表性建筑。它位于吴哥城东北处，以石结构为主。寺塔由三座并排的塔形神祠组成，围以高墙；墙有石门，门上有精美的浮雕。寺内有以神话故事为题材的浮雕，造型生动，雕镂别致，其中以千姿百态的女子雕像闻名，故称女王宫。

吴哥王城是12世纪后半期扩建而成的，建筑采用砂石结构。城区呈方形，周围12余公里，城墙高7米，厚3.8米，城门5座，护城河宽达百米，有大石桥跨越其间。桥之两侧有石刻神像27尊，它们手握石蛇，首尾连接成桥栏。王城内有众多寺庙和建筑物，城中央为著名神庙——巴云寺。寺的中部为二层石砌台基，台基中央为高达45米的圆形涂金宝塔，又称“金塔”。台基四周有浮雕回廊，整个台基上建有48座塔，每座塔的四面都刻有酷似王者容貌的菩萨头像。头像面带微笑，凝视远方，其独特风格就是艺术史上所说的“吴哥式的微笑”。

吴哥寺是古代柬埔寨雕塑艺术的最高峰。它坐落在王城的南郊，始建于12世纪上半叶，后来成为陵墓。吴哥寺梵语意为“城市似的庙宇”。寺庙呈长方形，围以两重石墙，周围有宽达190米、周长约6公里的壕沟。该寺主殿建于3层台基之上，台上建有5座尖塔，中央主塔高出地面65.5米。吴哥寺布局宏伟，结构匀称，设计庄重，装饰精细，全部用砂石砌成。



吴哥寺的浮雕工艺精湛，富有写实性，内容多取材于古印度史诗、神话故事，以及对外战争、皇家出行，和生产、工艺与烹饪等世俗情节。装饰图案则以动植物为主题。围绕主殿第一层台基的回廊长800米，壁高2米多，壁面满布浮雕，采用了重叠的层次来显现深远的空间，堪称东方艺术史上的杰作。

吴哥古迹的宏伟建筑和高超的浮雕设计，代表了古代柬埔寨人民在艺术上的巨大成就，显示了吴哥时代繁荣昌盛的社会面貌。但随着吴哥王国的衰落，吴哥古迹也被丛林湮没，逐渐地被人们淡忘了。

## 附　录

**北亚*、东亚及东南亚地区比较著名的古文化还有：**菲利莫什基文化（俄罗斯，约公元前40万—约前2.8万年）、乌斯季图文化（俄罗斯，约公元前20万年）、库马拉文化（俄罗斯，约公元前20万—约前3.8万年）、塞尼米斯文化（俄罗斯，约公元前3.8万年）、马利塔文化（俄罗斯，约公元前2.8万年）、科科列沃文化（俄罗斯，约公元前2.8万年）、久克台文化（俄罗斯，约公元前1.6万年—约前8000年）、苏姆纳金文化（俄罗斯，约公元前8000—约前5000年）、赛音山达文化（蒙古，约公元前50万年）、奥特森蒙特文化（蒙古，约公元前20万年）、沙巴拉克文化（蒙古，约公元前2.8万年）、莫尔特因阿姆文化（蒙古，约公元前2.8万年）、黑隅里文化（朝鲜，约公元前50万—约前40万年）、胜利山文化（朝鲜，约公元前20万年）、大同江文化（朝鲜，约公元前3000—约前1000年）、弓山文化（朝鲜，约公元前3000—约前2000年）、全谷里文化（韩国，约公元前30万年）、石壮里文化（韩国，约公元前3.8万—约前2.8万年）、武井文化（日本，约公元前1.8万年）、茂吕文化（日本，约公元前1.8万年）、上之平文化（日本，约公元前1.8万年）、矢出川文化（日本，约公元前1.3万年）、休场文化（日本，约公元前1.3万年）、福井文化（日本，约公元前1.2万年）、中土文化（日本，约公元前1.2万年）、渡山文化（越南，约公元前20万年）、和平文化（越南，约公元前8000—约前4000年）、北山文化（越南，约公元前3000年）、义立文化（越南，约公元前2000年）、冯原文化（越南，约公元前2000—约前1000年）、东山文化（越南，约公元前1600年）、沙黄文化（越南，约公元前500—约公元300年）、美山文化（越南，约公元500—公元1300年）、桑吉兰文化（印度尼西亚，约公元前150万—50万年）、特里尼尔文化（印度尼西亚，约公元前100万年）、尼阿洞穴文化（马来西亚，约公元前4万—约公元700年）、蒲甘文化（缅甸，约公元1200—约公元700年）、素可泰文化（泰国，约公元900—约公元500年）、琅勃拉邦文化（老挝，约公元前后—约公元500年）等。

＊注：北亚地区一般指俄罗斯西伯利亚及远东地区，因这一地区古文化与东亚地区古文化较为相近，故该地区虽属俄罗斯，但在这里将其古文化归入亚洲部分。

# （二）南亚及中亚古文化

## 哈拉巴文化——南亚文明的“第一道曙光”

（约公元前 3000—约前 1700 年）



### 文化概况与影响

哈拉巴文化是南亚地区新石器时代晚期至青铜时代的文化，距今约 5000—3700 年，主要位于巴基斯坦。从出土的文物可以确定，其文明昌盛期已进入奴隶制发展阶段，与同期的尼罗河文明和两河流域文明水平相当。可惜因其文字尚未释读成功，目前对其历史的具体内容还不清楚。

哈拉巴文化遗址连同此后在印度河流域陆续发现的其他古代城市文化遗址，分布在以哈拉巴为中心的东西约 1500 公里，南北约 1100 公里的广袤地区，历史学家将它们称之为哈拉巴文化。根据考古学断定，哈拉巴遗址是建在高地上的城市。城墙周长约 5 公里，城里住着 3 万到 4 万居民。其文化大致存在于公元前 3000 至公元前 1750 年间，其中中心地区约为公元前 2300 至公元前 2000 年，周边地区约为公元前 2200 至公元前 1700 年。该文化因此被称为南亚文明的“第一道曙光”。

哈拉巴文化遗址中不但出土有许多石器，还发现了大量铜器。当时的人们掌握了对金银等金属加工的技术，这可以从出土的各种美奂绝伦的手工艺品和奢侈品中想象得到。

制陶和纺织是哈拉巴文化的两个重要部门，遗址中染缸的发现，表明当时已掌握纺织品染色的技术；车船制造业等也很发达。城市的繁荣使哈拉巴文化的商业兴盛一时，不仅国内贸易活跃，国际贸易亦特别频繁。在大量古迹遗存的发掘中，都充分证明了其与伊朗、中亚地区、两河流域、阿富汗，甚至缅甸和中国的贸易。罗塔尔海港遗址的发现，反映了当地与苏美尔等地的海外贸易已经开始。

哈拉巴文化的社会经济主要是农业，已发现了镰刀等农具。当时栽培作物种类多样，有大麦、小麦等。除田间作物以外，椰枣、果品也是人们日常的食物。当时人们已经能够驯养牛、山羊等动物及各种家禽。

哈拉巴文化的创造者是达罗毗荼人，这个时期的他们已经创造了自己的文字，并存留于各种石器、陶器、象牙制的印章上。迄今所知的符号已有 500 个，这些文字符号有象形的，有一些是发音符号，亦有用几何图案组成的，一般认为属于达罗毗荼语，但至今尚未成功释读。正因如此，关于印度河文明来源问题，也一直让考古学家与历史学家争论不休。不过，文字的出现本身就说明其文明已达到了较高的水平。



## 先进的城市规划建设

哈拉巴与摩亨佐·达罗两处城市遗址是哈拉巴文化的代表，规模都相当宠大。街道布局整齐，纵横相交，有高大的城墙约 5000 米，城里住着三四万居民。房屋包括许多大厅和房间，还有两层的建筑，并有良好的排水设备；而一些小房则根本没有排水设备。这些情况说明，社会上已有财产的不平等和阶级的对立，已经存在依靠剥削养尊处优的统治者。

哈拉巴古城分卫城和下城两部分。卫城是城堡区，有防御城墙、护城河、公共建筑等设施，卫城中央的建筑物是一个砖砌的大谷仓，占地几千平方米。谷仓下建有通风管道，这样可以防止谷物发霉。这类通风的谷仓，在人类目前为止的考古发现中是仅有的。从事挖掘工作的马丁·夏尔惊叹说：“简直就像几千年前从未知世界中搬来的一样。”

哈拉巴古城里的街道大部分是东西向和南北向的直路，成平行排列，或直角相交。最宽的街道宽约 10 米，下面有排水道，用拱形砖砌成了一个独特的排水系统。街道旁有居住区，可能还有手工业和商业区，因为这里的一些房子的墙上绘着各种装饰性图案，有的图案暗示着房主的职业，有的图案表现出这个行业所崇拜的神灵。另有一些房子比较宽大，可能是专门出售货物的商店。

古城里的建筑物都用火烧的砖。当时的人们在印度河边取土和泥，脱坯入窑，然后用火将泥坯烧结成坚硬的方砖，以此盖房，因此房屋十分结实。街道上房屋排列整齐，但大小不等，小的只有两间房，大的里面则有大厅和许多间房屋，而且凡是大的住宅，都有几间房面向中央庭院，另有一扇侧门通向小巷。在这些住房中间，最突出的是一幢包括许多间大厅和一个储存库的建筑物。由于城内存在着明显的贫富分化，并设有行政机关、公共仓廪等反映国家职能的机构，因此估计此时已形成国家，但其时的国体、政体不清。

城市是文明发展水平的一个重要标志，和古埃及、古巴比伦比较一下，我们就可以知道当时古印度的文明程度。古巴比伦的房屋用太阳晒干的泥砖砌盖，古埃及的房屋用石块构建，而且这些地区里平民区的公共设施少得可怜，排水系统或处于初创水平，或者根本就没有。所以有学者认为类似哈拉巴这样先进发达的城市规划水平，只有 1000 多年后的古罗马时代才能达到！

## 辉煌文化消失的原因

哈拉巴文化遗址

哈拉巴文化的发现，把公认的古印度文明起源时间（公元前 1000 年）向前推进了 1300 年，向世人证明了印度河文明与两河流域的苏美尔文明同样古老而灿烂。

可是，哈拉巴文化大约从公元前 1750 年突然衰落，其中有些地区更是遭到了巨大的破坏，究竟是为什么呢？印度的史学家根据遗址和遗物提出了种种假说，较有影响的有以下几种：

第一，地质和生态变化说。这种假说认为印度河床的改造、地震以及由此而引起的水灾，给古城带来了巨大的破坏。另外，河水的泛滥、沙漠的侵害以及海水的消退也会引起生态的巨大变化。《百道梵书》所记载的当洪水毁灭世界之时，只有人类的始祖摩奴一人在神鱼的启示和帮助下造船得救，这也许就是对印度河文明毁灭的一个回忆。

第二，外族入侵说。这种假说认为，大约在公元前 1750 年左右，印度河流域的一些城市遭到了很大的破坏，摩亨佐·达罗经过一次大规模的入侵后，居民东奔西逃，从此古城荒凉了。同样的，哈拉巴文化区的其他城镇也遭到了或轻或重的破坏。

第三，多种因素相互作用说。还有一种说法认为古文明的衰落是多种因素相互作用的结果。首先，主要是王城内部阶级关系紧张所致，其次由于人们对自然规律认识有限，破坏了生态平衡，造成水土流失，河流改道，雨量减少，灾害频频；这一切又给了外族入侵的可乘之机，最终导致了文明的衰落。因此这种假说认为文明的衰落是个渐进的过程。



第四，核战争说。这是最近的一种说法，有些人相信是一场核战争让哈拉巴文明在瞬间消失殆尽。在印度的古代文献《罗摩衍那》中，有一段据说是叙述惨烈的古代核战争的：“大地所有的元素”形成“本身就散发出火焰”的巨枪，“那绽放出令人畏惧亮光的巨枪一发射，连 30 万的大军也会在一瞬间消失殆尽”。印度史诗《摩诃婆罗多》中也描绘了英雄亚斯瓦达曼向敌人发射的一种“连神都难以抵抗的亚格尼亚武器”。此武器一发出，太阳也要变动，太空烧成焦黑，散发出异常的热气；水蒸发了，住在水中的生物也被烧焦了；从所有角落射来的箭雨燃烧着，与凛冽的风一同落下；敌人的士卒们就像遭到比雷击还要猛烈的武器之火——燃烧的树木一样一一倒地，被这种武器焚烧的巨象也纷纷就地倒下，并发出凄惨的哀号……

导致哈拉巴文明消失的最终原因究竟是什么，也许在不久的将来，从不断发现和挖掘出的遗迹中我们可以看出些什么。哈拉巴文明虽然衰亡了，但这一古代文明的某些因素却保留了下来，它同后来的雅利安文明结合，最终成为了南亚文明的基础。

# 摩亨佐·达罗文化——“青铜时代的曼哈顿”

（约公元前 2500—约前 1500 年）

## 文化概况与影响

摩亨佐·达罗文化是南亚地区与哈拉巴文化同时代的古代文化，发现于巴基斯坦信德省，其文化类型与哈拉巴几乎相同。摩亨佐·达罗是南亚地区青铜时代的一座世界名城，被称为“青铜时代的曼哈顿”。现为巴基斯坦著名的古城遗址，也是印度河文明中最大的古代城市遗址。该遗址位于巴基斯坦信德省拉尔卡纳县城南 20 公里处。在信德语方言中，摩亨佐·达罗意为“死者之丘”。1922 年以来多次发掘，1965 年又进行发掘。联合国教科文组织将其列为世界文化遗产之一。



摩亨佐·达罗遗址于 1922 年被印度考古学家拉·杰·班纳吉等人首次发现，根据碳 14 测定，其存在年代为约公元前 2500—约前 1500 年间，虽然其历史比古埃及和美索不达米亚略晚，但影响范围更大。在距摩亨佐·达罗城几百英里以外的北方，人们也发现了布局相同的城市和规格一致的造房用砖。

这座城市已经达到了相当高的文明水平，考古学家从遗址中发掘出大量精美的陶器、青铜像以及各种印章、铜板等，还发现了 2000 多件有文字的遗物，包括 500 多个符号。

从遗址发掘来看，摩亨佐·达罗非常繁荣。在古城发掘中，人们发现了许多人体骨架，从其摆放姿势来看，有人正沿街散步，有人正在家休息。灾难是突然降临的，几乎在同一时刻，全城 4—5 万人全部死于来历不明的横祸，一座繁华发达的城市顷刻之间变成废墟。对于“死丘”毁灭的原因，科学家们从不同的角度做了种种推测，但至今没有真正让人信服的答案。

达罗毗荼人是该文化的创造者，他们也是南亚次大陆石器至青铜时代的古老居民。他们不仅是世界上最早种植棉花并用棉花织布的民族之一，而且还创造了结构独特的文字，发明了相当精密的度量衡方法，建立了高度发达的城市经济，并广泛地和其他各文明民族进行着贸易往来。如：在美索不达米亚公元前2300年的废墟中就发现了印度河流域的印章，在波斯的巴林岛上也发现了一些古印度河流域的产品。

## 高度发达的早期城市

摩亨佐·达罗这座“被埋没的城市”是一个青铜时代的古城遗址。城址占地约8平方公里，整个城市像一张棋盘，每个住宅都有6—10间房，有院子，所有建筑都用红砖砌成。整个城市有一套完整的下水道系统。城内有大浴池、大粮仓、宽敞的会议厅以及其他许多公共建筑。除此以外，古城还有宽阔的大道、合理配置的小巷、完整的排水系统和精致的汲水井等。这些都显示了古达罗毗荼人建造城市时的周密设计和高超的技术水平。



此城具有相当明确的建设规划，总的来说，布局科学、合理，而且已经具备现代城市的某些特征。整座城市呈长方形，上下两城的街区，均由纵横街道隔成棋盘格状，其中也有东西和南北走向的宽阔大道。居民住宅多为两层楼房，临街一面不开窗户，以避免灰尘和噪音。几乎每户都有浴室、便所以及与之相连的地下排水系统。此外，住宅大多于中心地方设置庭院，四周设居室。给人的印象是，该城清洁美丽，居民生活安详舒适。

今天到这里参观，仍能觉察到它的巍峨壮观。一到上城，首先看到的是一座高达15米的圆形古堡。在古堡的下面，是4300年前建成的城市。从古堡往下走，是著名的大浴池和粮仓，大浴池由红砖和灰浆砌成，四周还有精巧的上下水道。据专门研究印度河文明的专家介绍，这座大浴池很可能是为宗教仪式服务的。现在，印度河一些地区仍保留着将沐浴用于宗教仪式的传统。下城离上城约1公里，当人们置身于两人多高的街墙之间，感受迎面吹来的习习凉风时，使人们对古代建筑师巧妙地利用季风进行自然通风的技巧惊叹不已。而最使人惊奇的是许多房子里都有倒垃圾的滑道。

经专家测量考证，城址由宽7.6米的大街分成东、西两大区。西区是城堡区，东区为居民区。城堡区设在东西长200米、南北宽380米、高15米的人造平台上，四周围以城墙，上有数处望楼。城墙内有大浴室、粮仓、带走廊的庭院、有柱子的大厅等。大浴室面积为 1063 平方米，浴池长 12 米、宽 7 米、深 2.4 米，南、北两面有阶梯可下至浴池。浴室全部用烧砖砌成，有排水设备，接缝极其精细、严密。东面的居民区布局整齐，街道成东西、南北走向，有 12 个区。住宅通常为多间建筑，间或有二层楼的。有些房屋很大，包括几套院落，有些则是简陋的单间茅舍。城内有完善的卫生设施，各家的排水沟通向大街下的下水道。还装有垃圾滑运道，把垃圾倒入滑运道滑到屋外的街边小沟后再运到地下的大沟。除住宅外，这里还有店铺、染布、制陶、制珠、贝壳加工等作坊的工商业区。已出土有生活用品、生产工具、陶器、印章、塑像等，其中包括具有独特风格的青铜雕像、冻石雕像、刻有象形文字和动物浮雕的印章。

### 城市中的生产生活状况

遗存在城里的还有各种农业生产器具和手工业工具；农产品有棉花、麦类、椰枣等瓜果；家畜、家禽已广为驯养，品种有水牛、绵羊、骆驼、狗、马、鸡等；工业品有素陶、彩陶、纱、布、青铜器皿；最引人注目的是遗物中还发现有刻着犀牛图案的印章以及大量的石制法码。从对比中，我们知道当时达罗毗荼人已掌握了十进位制的计算规则，重量的基本单位是 0.86 公斤。一具用贝壳制成的尺子碎片上镌有精密的刻度，城里还发现有船只，这使人们相信，当时在农业和手工业相当发达的基础上，商业也已经发展起来。许多商人聚集在这里，并且他们还跟一些海外地区发生了贸易往来。

在该古城出土的文物中，还有大量造型精美的艺术品，如小雕像、骨刻、绘画等，其中护身符印章尤多，达 2000 余枚。令人耳目一新的是印章上的动物形象和文字符号，据统计将近有 400 个，其中有人形、鱼形、脚形、桌形等。虽迄今未能准确辨认其作用，但人们却有理由判断，当时的文化艺术水平已经达到很高的程度。

古城还出土了数百件奇异的人形陶俑，这是一组作品，描绘当时“圣母”的祭祀仪式。这些人俑体现了古摩亨佐·达罗人的艺术创作特点，表现了他们对“神力”的敬畏和虔诚。出土文物中有一尊疑是教王一类首领人物的塑像，他头系发带，面蓄胡须，左肩上斜搭一件饰有三瓣花图案的大氅，双目微睁，显出沉思的模样。另一件精巧的文物珍品是一个舞女的塑像，她全身赤裸，叉腰翘首，栩栩如生，一副高傲尊重的神态。

## 纳马兹加文化——中亚最早的城市文化

（约公元前2500—约前1500年）

纳马兹加文化是中亚地区的青铜时代文化。该文化主要分布于土库曼斯坦南部科佩特山北麓迤东至穆尔加布河下游，典型遗址是卡赫卡火车站以西7公里的纳马兹加丘和捷詹河西岸的阿尔滕丘。



纳马兹加文化自安诺文化发展而来，其发展过程可分为早、中、晚三期，其中期时达到鼎盛，聚落向城镇演化，屡见20公顷以上的大遗址，有的还建有土坯的防御围墙。这一时期，纳马兹加丘和阿尔滕丘逐渐是古代东方类型的城市，也是中亚地区最早出现的城市雏形，城中甚至出现了按职业划分的居住区。

在住所方面，该文化时期的住宅为多间的土坯房舍，密集的建筑群被纵横交错的街道分隔成坊。出土的陶、石、金属印章，表明私有制已经得到发展。墓葬沿袭安诺文化的葬俗，在聚落范围内将死者行向左或向右侧身的屈肢葬，头向无定，从发掘出土的人骨来看，属于欧罗巴人种东地中海类型。

纳马兹加文化时期的制陶已采用陶轮和比较完善的双层陶窑，并发展为独立的手工业。常见细泥薄胎的精致硬陶，器形有杯、碗、罐、壶、盘、勺、支座等，还有大中型的炊器和贮器以及纺轮。彩绘趋于简化，从前的双彩演变成单彩以至无彩，器表绝以划纹或素面。人物和动物陶塑也变得非常简略。

冶炼是纳马兹加文化又一项独立的手工业，遗址中发现有熔炉、矿渣和铸件窖藏，器物广泛用红铜、青铜铸造，并有黄铜和金银制品，另外还出土有针、锥、钻、凿、刀、斧、镰、矛、短剑、镞、罐、盘、簪、镜、环等。但当时的人们仍常使用石器，主要有石刃、磨盘、石臼、容器、刮具、制陶的磨光器、投球。还有用天青石等石材制作的串珠、穿饰和指环等装饰品。

从发掘的遗存来看，纳马兹加文化的经济以农牧业为基础，发现有炭化的大麦、小麦、黑麦、鹰嘴豆、葡萄等农产品，也有羊、牛、骆驼、狗等畜类的遗骨。出土的陶车模型也说明当时已用畜力做车的牵引。另外，这时期的狩猎仍有一定意义。

该文化是如何衰落的，至今原因不明，有气候持续干旱、农人转而主要从事畜牧业等诸多说法。此外，该文化与苏美尔、埃兰等西亚地区有联系。

## 安诺文化——出产石印文字的文化

（约公元前 2300—约前 1700 年）



安诺文化是土库曼斯坦与乌兹别克斯坦一带铜石并用时代的文化。该文化类型主要分布于土库曼斯坦南部科佩特山北麓平原。因最初发现于阿什哈巴德附近的安诺而得名。

安诺文化遗址位于土库曼斯坦首都阿什哈巴德东南 12 公里，靠近伊朗边境。1904 年美国考古学者彭北莱在那里发掘，出有彩陶。该文化遗址发掘有土坯房屋和人工灌溉，种植的小麦、大麦，饲养的绵羊、山羊遗骨，还有精致的陶器与雪花石膏器物，红铜小件工具、饰物和青铜斧等，还有金和宝石制作的佩饰。

安诺文化是铜石并用时期的彩陶文化，针对其所属文化，前苏联学者做过一系列研究工作，通常称该遗址的文化为大夏·玛剑类型，后又命名为安诺文化。

安诺文化时期的人们主要从事农业生产，主要作物有小麦和大麦，懂得引水灌溉。家畜饲养业也相当发达，有牛、羊、骆驼和猪。住房为单间和多间组合的土坯建筑，还有公共使用的集会房间。其社会处于母系氏族公社阶段。该文化与阿富汗、伊朗、美索不达米亚等地存在联系。

安诺遗址出土了一些石印，主要出于一处多间土坯房址的地下，其质料是有光泽的黑玉，印背有横置圆柱形钮，印面正方，边长稍小于 1 寸。面上刻有 4—5 个符号，印迹为红色，印上的符号均由简单的直线构成，

没有任何象形意味，这一点同中国常见的陶器符号相似。通过炭14测定，其产生年代为公元前2300年。

有学者指出，石印上的符号肯定是文字，但不是两河流域、伊朗或印度河谷的古文字。俄罗斯圣彼得堡考古研究所的克洛契柯夫博士在安诺以东的哥诺尔遗址还发现一件陶片，上面刻有4个符号，似乎与石印文字有某种渊源。这些石印文字使学术界对人类发明文字的历程有了更深入的认识。

# 附　　录

**南亚及中亚地区比较著名的文化还有：** 桑吉文化（印度，约公元前300—约公元1100年）、华氏城文化（印度，约公元前400—约公元1000年）、曲女城文化（印度，约公元600—约公元1100年）、昌胡—达罗文化（印度，约公元前3000—约前1500年）、卡利班甘文化（印度，约公元前2500—约前1500年）、索安河文化（巴基斯坦，约公元前40万年）、科特迪基文化（巴基斯坦，约公元前2800年）、塔克西拉文化（巴基斯坦，约公元前1000—约公元500年）、曼泰文化（斯里兰卡，约公元前后—约公元1000年）、阿奴拉达普拉文化（斯里兰卡，约公元前500—约公元1000年）、波罗那鲁瓦文化（斯里兰卡，约公元前后—约公元1300年）、锡吉里亚文化（斯里兰卡，约公元500年）、帕哈尔普尔文化（斯里兰卡，约公元800—约公元1300年）、阿伊尔塔姆文化（乌兹别克斯坦，约公元前200—约公元200年）、穆格山文化（乌兹别克斯坦，约公元600—约公元900年）、楚斯特文化（乌兹别克斯坦，约公元前2000—约公元1000年）、阿克别希姆文化（吉尔吉斯斯坦，约公元500—约公元1200年）、玛拉干达文化（吉尔吉斯斯坦，约公元前500—约公元1000年）、塔扎巴格雅布文化（哈萨克斯坦，约公元前2500年）等。

# （三）西亚古文化

## 纳图夫文化——世界上最早的“农夫”

（约公元前 1 万—约前 8000 年）

纳图夫文化指的是西亚新石器时代中期的文化。该文化类型遗址主要分布在叙利亚、巴勒斯坦和黎巴嫩等地。它是于 1928 年由英国女考古学家 D. 加罗德最早发现于巴勒斯坦的纳图夫地区，故名纳图夫文化，其起源目前还不清楚。

纳图夫文化可分为早、中、晚三期。早期遗存最为丰富，中期的遗址较少，持续时间也不长，晚期遗址的特点是石镞和石锥的数量很多，其他细石器减少。

纳图夫文化的不少遗址已有建筑及初具规模的村落遗迹，在社会生产上仍以狩猎和采集为主，但正在向农业方向发展，畜牧业在当时也已有了萌芽。因此，至 10000 多年前的纳图夫文化起，西亚地区才从洞穴经济步入渔猎经济，并在短短的 1000 年中，迅速转向农耕经济，因此他们可能是世界上最早的农夫。另外，在一些遗址中还发现有地中海角贝和红海贝壳，这说明当时已有商品交换的活动存在。

纳图夫文化的居民主要用燧石制作简单的工具，以细石器为主，多为半月形。在遗址中发现的镰刀有特别的光泽，可以用来割断草杆，很可能是纳图夫人最常使用的生产工具，这说明他们已经会收割野生的谷物。另外还有石臼、石杵、石磨盘等，估计可能是用来加工野生大麦、小麦的，因为这是将小麦等加工成食物的必要工具。

纳图夫文化中的骨器有收割刀、针、锥、刮刀和鱼钩等。遗址中常见

有许多野生动物的骨骼，其中如山羊、羚羊、野牛、兔及鸟类等，这些也是人们狩猎的对象。遗址中还发现有狗的骨骼，这表明当时已经出现了家犬。从兽骨集中为少数种类看，当时为畜牧业的萌芽阶段。

虽然纳图夫人在这时已进入长期定居的阶段，但其所住的房子极为简陋，有的为石砌的，有的仅构筑圆形茅棚避寒，有的则直接居住在洞穴中。在洞穴中居住的，如卡尔迈勒山中的沃德遗址和凯巴拉遗址；发现了简易房子的，如约旦河谷胡伦湖畔的艾因迈拉哈遗址等。

纳图夫人还会在石砌的房屋地面下建造抹泥的储藏室，表明他们已知道把采集来的野生谷物贮藏起来。除了食用野生谷物外，他们还广泛地利用当地的其他资源，即他们正处于一个原始农业即将诞生前夕的强化采集阶段。



纳图夫人的墓葬多在居住地之内，有单人葬、集体葬和集体二次葬。墓的表面常用碎石或大石覆盖。因为信仰的原因，他们可能有往死者身上撒赭石粉末的习俗。

在纳图夫遗址中，人们还发现了不少雕刻品，如：凯巴拉遗址出土的骨制镰柄上雕刻有动物头像，乌姆祖韦提奈出土的无头羚羊雕像以及艾因塞赫里出土的爱神像都是十分生动的作品，属于原始艺术品中的上乘之作，这说明纳图夫人已有精神上的追求和艺术审美上的进步。

## 贝达文化——房屋建造独特的文化

（约公元前8000—约前3000年）

贝达文化是西亚约旦地区的新石器时代文化，时间约为1万至5000年前。该遗址在约旦的佩特拉附近，1958—1967年发掘。

该文化遗址的底层为新石器时代文化，内涵与纳图夫文化相同，其后文化层中断。公元前7000年，这里重新有人居住，其文化属新石器晚期阶段，遗迹主要是半地穴式房屋。在这里发现的最早的房子是圆形的，后为多边形建筑，最后发展成长方形；同时，早期成群的小型房屋也逐渐为大型的多间建筑所取代。其出土的石制品有臼、杵、碗、盆等。

贝达文化时期的居民主要靠采集野生植物为生，已开始栽培作物和驯养山羊，与小亚细亚、地中海、红海等地区有着原始的贸易交换。

## 耶莫文化——西亚最早的陶器制造者

（约公元前 7000—约前 5800 年）

耶莫文化是西亚新石器时代的文化，它位于伊拉克东北部的基尔库克以东 60 公里处，为一处新石器时代的农业聚落遗址，遗址面积约 1.6 公顷。

在西亚，陶器大约出现于公元前 8000 年至公元前 6000 年。耶莫文化分为前陶和有陶两个阶段。前陶时期的房屋平面为长方形，一般分成数个小间。居民栽种大麦、小麦等作物，同时驯养狗、山羊和绵羊；石制容器是日常用具，制作得很精美；还有一些泥塑女像，可能是女神像。有陶时期彩陶发达，陶器表面涂橘黄、浅黄色颜料，上绘红色线条，风格独特，被称为耶莫彩陶。

耶莫遗址是一个比较固定的居民点，1948 年开始发掘，文化层厚达 7 米，遗址下层出土几百件石制器皿，至上层则为陶器所取代。耶莫陶器是夹草的浅黄和橘黄彩陶，绘有动物的长角状花纹。一些陶器有把柄，表面施有红彩，经测定距今已有 8000 年，是西亚地区最早时期的陶器。

## 苏撒文化——伊朗文明的神奇基石

（约公元前 6000 年）

### 文化概况与影响

苏撒文化是伊朗地区新石器时代的城邦文化，它是伊朗文明最早的发

祥地，是伊朗土著部落埃兰人建立的都城。

关于苏撒城的历史，有许多奇特和神秘之处。苏撒自古是王朝战争的必争之地，因此客观上它也充当了文明传播的“载体”。例如在苏撒城，亚历山大轻而易举的战胜了波斯王大流士，吞并了波斯。

世界上最古老的法典——巴比伦的《汉谟拉比法典》，并不是首先在巴比伦而是在苏撒城发现的。1901 年 12 月，由法国人和伊朗人组成的一支考古队在伊朗西南部一个名叫苏撒的古城旧址上进行发掘工作。一天，他们发现了一块黑色玄武石，经确定是一座石碑的一部分，上面记载着《汉谟拉比法典》。几天以后又发现了另外两块，连同先前发现的一块拼合起来恰好是一个椭圆柱形的石碑。这块石碑高 2.25 米，底部圆周 1.9 米，顶部圆周 1.65 米。石碑上半段刻着精致的浮雕，古巴比伦人崇拜的太阳神沙马什端坐在宝座上，古巴比伦王国国王汉谟拉比则恭敬地站立在他的面前，接受沙马什授予的一把象征帝王权力标志的权标。石碑的下半段刻着汉谟拉比制定的一部法典，是用楔形文字书写的，其中有少数文字已被磨光。这个石碑就是著名的《汉谟拉比法典》石柱。



## 生产生活与文化特色

苏撒宫廷的建筑工作是由巴比伦人完成的，就因为他们具有丰富的建筑经验，善于建筑台基式的雄伟建筑。大流士一世的宫廷就建筑在巨大的人工台基式上，面积约 37500 平方米，其中有 110 个房间、走廊和大殿，面积约 2 万平方米。苏撒宫廷的全貌，今天已无从知晓。现代考古发掘证明，它的雄伟壮丽远胜于大流士一世诏令中所说的。仅大流士一世的接见大厅，面积就达 1 万平方米，大殿的屋顶，由 6 列高达 20 米的柱廊撑起，柱廊顶部装饰着牛头。根据最新发现的诏令，这个大厅使用了 22 个地区的人力、物力和财力才得以建成。

在苏撒宫廷的宫墙上，镶嵌着精美的琉璃砖浅浮雕，内容大多为王室侍卫、各种动物和神奇的怪兽，这在当时是最高级的装潢艺术。

苏撒一度非常富足，犹太人以斯贴记载了公元前 483 年波斯王薛西斯在苏撒王宫举行的一次盛宴，参加者有波斯、米底和各省的权贵、首领。“他为一切首领和大臣摆设宴席。他荣耀国家的富足，他美好、威严的尊贵，让他们观赏了好几日。他又为所有住在苏撒的大小人民，在王宫的院子里摆设宴席，大吃大喝了 7 天。有白色、绿色、蓝色的帐篷，用细麻绳、紫色绳从银环内系在白玉石柱上。有金、银的床榻，摆在红、白、黑、黄玉石铺成的石地上。用黄金的器皿赐酒，器皿各不相同，御酒也很多，足以显示国王的厚意”。

从他的描述中，我们可以看出苏撒宫廷真可谓极尽豪华。如果他的记载属实，那么薛西斯的这个宴会，可以算是世界历史上最盛大的宴会。因为当时苏撒宫廷大小官吏不下几万人，全城的老百姓少说也有几十万人。这么多的人在宫廷中大吃大喝一星期，真是开创了宴会史上的世界之最。

在彩色陶器上，伊朗的苏撒文化明显受欧贝德文化的影响，器物上的花纹有动物纹、人物纹和植物纹。动物纹主要有公羊纹，还有长颈长脚无尾的鸵鸟类的鸟纹及犬纹、蛇纹等；人物纹也是全身的，但似乎是人身鸟首；植物纹样则以穗纹最常见。



## 哈苏纳文化——西亚诸文化的开创者

（约公元前 6000—约前 2000 年）

哈苏纳文化是西亚新石器时代晚期文化，主要分布于美索不达米亚北部底格里斯河两岸的摩苏尔地区和辛贾尔三角形地区，以 1943—1944 年伊拉克文物局发现的哈苏纳遗址而得名。

在美索不达米亚北部新石器时代文化的序列中，该文化有西亚诸文化开创者的作用，关于这一文化的起源目前还不清楚。该文化晚于乌姆达巴吉耶文化（西亚地区的一个新石器时代和铜石并用时代文化），其后继者是萨迈拉文化。

哈苏纳文化以刻纹陶器和彩陶为特征，也有磨光陶器和粗制陶器，晚期陶器有萨迈拉文化的因素。典型器物是短颈球状罐、钵等，饰以人字形和三角形等简单图案，彩绘颜色为红色或黑色，纹样简单，仅见人字纹和三角纹。因该文化是西亚地区首次发现彩陶的地方，故被一些学者认为是世界上最早含有彩陶的古文化。

哈苏纳文化的居民从事农耕，主要作物是二粒小麦、六棱有稃大麦和六棱裸大麦及少量单粒小麦。还种植续随子、蓟、亚麻等。在农业生产上，他们已使用人工灌溉。生产工具多为石镰和刃部经磨制的燧石斧头。

哈苏纳文化时期已出现定居的农业村落，圆形和长方形的房屋鳞次栉比，大多以泥块作建筑材料，但还不是具有一定形状的砖坯。当时的人们饲养绵羊、山羊、牛和猪等家畜。

哈苏纳文化出土有很多泥塑，都为女性像，着类似短裙的服装，说明当时可能流行女性崇拜。这些泥像质地较硬，大都经过烘烤。此外，这里还出土有玉髓珠串以及大理石、绿松石、红玉髓制成的印章等遗物。

## 萨迈拉文化——西亚典型的彩陶文化

（约公元前6000—约前5000年）



萨迈拉文化是西亚新石器时代晚期文化，在时间上晚于哈苏纳文化，但早于欧贝德文化。

萨迈拉文化主要分布在美索不达米亚北部底格里斯河支流小扎卜河沿岸及以南地区。1911年，德国学者E. 赫茨费尔德在索万之北11公里处的萨迈拉遗址发现了与标准的哈苏纳陶器相似，但制作更精巧、装饰更精美的陶器，人们称之为“萨迈拉陶”，并将它划归哈苏纳文化后期。后来随着考古工作的深入，尤其是索万和乔加马米两个典型遗址的发现，证实这种陶器属于独立发展的文化系统，故称萨迈拉文化。其独特之处在于有规模宏大的定居村落、别具一格的泥砖建筑及先进的农业灌溉设施。

萨迈拉文化在彩陶上有着较大的体现，从时间上可大致分为早、中、晚三期，即无彩陶时期、典型的萨迈拉彩陶时期和几何形装饰的彩陶时期，其中以中期文化最为繁盛。

早期萨迈拉文化的典型遗存为位于底格里斯河中游东岸的索万遗址Ⅰ、Ⅱ层。索万遗址Ⅰ层据碳14测定，年代为前5506年左右。萨迈拉文化居址多呈长方形，四周有壕沟。遗址内有砖坯结构的T形建筑3座，均由许多大小房间组成，布局规整。房屋的地面和墙壁涂抹泥灰，以支撑对壁墙起承托屋顶作用的木板。其中的一座建筑似具有宗教的职能，因在一个房间的壁龛内发现一尊“母神像”。

早期萨迈拉文化发现了约130座墓，尸体为屈肢葬，多是幼童，用席包扎，上面撒有红赭粉。随葬品丰富，除了各种贝壳和石串珠外，还有大量用雪花石制作的、造型别致的碗、罐、瓶、长柄勺及女性雕像、石制生殖器等。索万Ⅰ层出土的陶器甚少，以偶有刻痕的素面粗陶为特征，其风格往往模仿雪花石器皿。索万Ⅱ层出现了与典型萨迈拉陶相似的薄壳彩陶，从而提供了萨迈拉文化从素陶到彩陶发展的线索。这一时期的萨迈拉文化已有灌溉农业。居民种植二粒小麦、六棱裸大麦、二棱有稃大麦以及面包小麦等。这时期的生产工具为镰刀、石叶片、边击器、垂直刀片及臼、杵、手磨等石器。人们饲养的家畜为山羊、绵羊、狗等。除农业外，采集和渔猎活动仍占一定比例。

中期萨迈拉文化主要以索万Ⅲ-Ⅴ层及巴格达东北的乔加马米遗址的早期层次为代表，这是萨迈拉文化的全盛期。这一时期经济有了发展，捕鱼业得到加强。遗址周围发现许多小型水渠，是一个原始的灌溉网。作物除麦类外，还有亚麻、小扁豆等。有人推测此时可能已实行牛耕。



这时期的手工业已相当发达，乔加马米可能已用亚麻纤维织布，因为在这里发现了大量的陶纺轮，并有素面纺织品的痕迹。索万遗址出土有非本地产的锻制红铜制品、黑曜石等，说明与其他地区的交换已相当频繁。

与前一阶段相比，这时期的村落规模有了扩大，乔加马米遗址长350米、宽100米，估计曾生活过千余人口；索万遗址在原护村壕沟沿线筑起有扶壁的防御围墙。此时期的建筑形制有新的发展，索万遗址Ⅲ层已出现神庙，房屋旁边出现灶、窖穴等设施。乔加马米的土坯建筑物为长方形，往往由两到三排，排三间小屋构成。索万、乔加马米等遗址的房屋建筑往往直接建立在早期房屋的废墟之上。村落防护设施的复杂化，以及陶制印章的出现及广泛使用，说明萨迈拉文化的居民已形成了所有权的观念。

这一时期的彩陶工艺已十分考究，器表涂有黄色陶衣，并以赭褐、黑灰或淡色颜料绘出水波、花卉、动物和人物等各种写实的图案。器形主要有碗、罐、瓶等。有些陶碗带有假圈足。其中彩色女陶像带有高高翘起的奇特发式，戴着项链、耳环、鼻饰，或以彩斑纹身，或穿彩色长袍。此外，这里还普遍发现雕像瓶，瓶中的女性头像梳着波浪形发式，其造型可能是模仿萨迈拉文化早期的蹲坐式女性石瓶的风格并加以改进的。

后期萨迈拉文化中有许多居址被废弃，只有乔加马米继续存在，但提供的材料甚少。在这一阶段，典型萨迈拉彩陶的艺术风格逐渐消失，而代之以纯几何形的装饰风格，其中尤以V字形图案居多。陶像仍有发现，但服饰细节已不太讲究。在这一时期之后，属于萨迈拉向欧贝德过渡时期，这时陶器的风格已与美索不达米亚南部的欧贝德文化早期相近。但目前关于萨迈拉文化的起源及居民种属等问题，还缺乏系统的材料。

## 基罗基蒂亚文化——海岛上的石器文化

（约公元前6000—约前5000年）



基罗基蒂亚文化是西亚的新石器文化。该文化遗址位于塞浦路斯岛上，于20世纪50年代发掘。

这里曾是一个相当繁荣的村落，遗址中房屋密集，有小路穿过。房子多呈圆形，墙壁下半部用石灰石砌筑，上部及屋顶以黏土建造，规模较大的还用石柱支撑阁楼。有些房屋还配置仓房、厨房和碾谷房等，说明其村落的建设已相当完善。

该遗址中出土有雕刻刀、刮削器、石镰、石磨等大量生产工具，居民还饲养山羊、绵羊和猪等，说明当时农业已较完善。这里的日常器皿多用石制成，以盆、碗为大宗。一些器物的把手上还浮雕有人头、绵羊和牛等形象，制作得较为逼真生动。

在墓葬习俗上，这里的死者多埋在屋内，随葬品无多寡区别。较晚时期还出现母子合葬墓。

## 哈拉夫文化——不明来源的河边文化

（约公元前5000—约前4300年）



哈拉夫文化是西亚地区铜石并用时代的文化，晚于哈苏纳文化，约在公元前4400—约前4300年为欧贝德文化所取代。哈拉夫文化主要分布在伊拉克、叙利亚北部和土耳其东南部的山区。最初发现于叙利亚北部哈布尔河畔的哈拉夫土丘，并由此得名。

哈拉夫文化以其优美的彩陶为特征，其陶器表面大多施陶衣，绘复彩花纹。在古代美索不达米亚地区的陶器中，哈拉夫文化的彩陶是最优秀的。其特点是器壁薄，表面涂有奶油色或浅黄色的泥釉，饰以黑色、白色和橘红色的彩色图案。图案大多为几何形，但也有表现鸟、人和其他动物的，其中动物纹以牛为主，人物纹是全身的，画面都富丽精致。由于经过高温焙烧，陶器具有近于瓷器的表面特征。在器形上则有平底钵、盘、碗、壶、带流器，及高足杯、大口而外侈的壶和尊形器等。

该文化的村落多建在河边，主要遗址有阿尔帕契亚、耶里姆、高拉、哈拉夫等。村落面积不大，房屋排列密集，多为建造在石基上的圆形住房。每所屋子包括一间圆屋顶的内室和一间长方形的前室，圆屋的直径初为5.5—7米，后来发展为9—10米，墙体以砌墙泥建成，厚达2—2.5米。年代较晚者以土坯建筑，十分坚固。

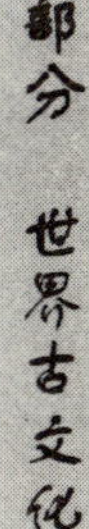


哈拉夫文化时期居民的经济生活以农业为主，兼营畜牧业和狩猎。他们种植单粒小麦、二粒小麦、二棱大麦和六棱大麦等，家畜则主要饲养绵羊、山羊和猪。

在生产工具上，哈拉夫文化的石器主要有镰、碾磨工具等，黑曜石和燧石是常见的石材。当时人们的制作技术很高超，不仅掌握了切割石材的技术，还能使用钻孔技术。

哈拉夫文化已有发达的手工技艺，各遗址均有装饰品出土，如：石制的牛头小雕像，双斧形、鸟形、牙形及小动物形的垂饰，石制圆筒印章等。这一文化已出现铜器，主要为针、饰物之类。遗址中还发现有由亚美尼亚输入的黑曜石以及产自印度洋地区的贝壳，说明这一地区有与外界的交换活动。

考古资料表明，西亚旧石器时代的文化遗址大多出现在两河流域北部的山区，而新石器时代的农业文化也从这里发展起来。哈拉夫文化位于北部丘陵地带自至它要结束时，两河流域南部的苏美尔地区才被逐渐开发出来，出现了欧贝德文化。自此以后，南部低地平川的优良居住条件才逐渐显示出来，农业发展迅速，城镇增加……这些在某种程度上都得自于哈拉夫文化。

哈拉夫文化的起源尚不清楚，有人推测是由外来者创造的。这些还有待学术界进一步研究。

## 欧贝德文化——影响巨大的彩陶文化

（约公元前 4300—约前 3500 年）



### 文化概况与影响

欧贝德文化为西亚铜石并用时代的文化，以 20 世纪初在乌尔附近发现的欧贝德遗址而得名，其分布范围遍于美索不达米亚，远传至沙特阿拉伯东部。欧贝德文化晚于埃利都文化，但早于乌鲁克文化。

欧贝德文化起源于两河流域南部，后来在北方取代了哈拉夫文化，通过贸易和文化传播，影响达到波斯湾，到达今巴林、阿联酋地区，可谓影响巨大。欧贝德时代结束后，两河流域史前历史发展进入苏美尔和乌鲁克时代。

在欧贝德文化形成时，从两河流域北部和东北部不断有人移入，构成了苏美尔地区最早的居民，称之为欧贝德人。欧贝德人与以后创造苏美尔文明的苏美尔人是什么关系，目前尚不清楚，有的学者认为欧贝德人就是苏美尔人。

欧贝德的文化遗存以陶器最富特色，主要为素面的粗制陶和彩陶。晚期出现轮制陶，器形有高脚杯、瓶、碗、椭圆形大盘及口部前端外张的带流陶器。彩绘多为黑、绿、棕色单彩，纹饰以动物、植物、几何形图案为主。除陶容器外，其他陶制品有纺轮、饰物、人像。在美索不达米亚南部发现有陶镰、陶斧。

欧贝德彩陶以筒形杯和内外施彩的碗为特色，动物纹占一定数量，主要为大角羊、犬和鸟纹。鸟纹的形象是一种长颈短尾曲背的热带沙漠中特有的鸟。欧贝德彩陶主要以直线为造型。最典型的彩陶器物为浅黄色或绿色，用褐色或黑色几何图案装饰。在欧贝德还发现了两个赤土陶器：一个为女性人头像，属于公元前 4500 年；另一个是一个正在哺乳的妇女形象。

两件雕像上有珠宝装饰，有纹身，身材细长，脑形细长，眼睛突出，是典型的欧贝德文化特征。

欧贝德文化的遗物还有石锹、石矛、石片、骨锥、骨镞等。在美索不达米亚北部发现有少量印章，个别遗址出土有铜制品。墓葬中发现有红陶制人物小雕像，均为裸体，头部呈蜥蜴状。女性雕像大概象征母亲女神；男性雕像也有很多，其臂、肩、胸部有很多泥丸，左手大多执一小杖，它的出现标志着母权制社会向父权制社会的过渡。

## 生产生活与人文特色

通过发掘来看，欧贝德文化时期的居民主要从事农业，以渔猎为辅；已能运用灌溉技术种植小麦、大麦和亚麻。出土的这里位于两河流域下游冲积平原，有大片湿地，在传统的狩猎和渔业基础上，欧贝德时期出现了更先进的生产生活方式，灌溉农业迅速发展，成为社会生产的主角。动物遗骨表明居民已养牛。



欧贝德时期农业和畜牧业的迅速发展导致剩余产品数量不断增加，足以支持非农经济部门和人口的需要，因此人们出现了专业化分工。手工业种类开始增多，如陶器制造、金属制造和珠宝制造都已经高度发展，并可能已经出现专业商人进行长途贸易。手工业生产和商业贸易已经超出生产和交换日常生活用品的范围，有能力和余力生产奢侈品和饰品。这些专业集团的相互影响促进了社会各个领域的改革和创新。

欧贝德时期的居住形式以由几个大型村落组成的小型聚落为主，但村落的规模大于之前任何一个时期。聚落依水源而居，规模不超过 10 万平方米。但这时人们的社会活动中心在神庙，神庙的管理者称为祭司，他可能同时是宗教仪式、政治和经济领袖。神庙中心和祭司的出现证明：在由村落组成的聚落中出现了地位较高的中心聚落，它可能是一个城邦，也可能是各村落推举的中心。它有政治、军事、文化和宗教中心的地位和作用，周围的普通聚落则失去平等、独立地位，与中心聚落形成半从属关系。有人推测，此时已出现小城镇，但遗址中发现的居住房屋构造简单，除苇棚外，有的用土坯建造。

欧贝德时期的房屋面积远大于此前任何一个时期的建筑，特点是三进院落，沿中心大厅两侧建造房屋，这种格局后来在神庙建筑中延续下来。

神庙位于聚落中心，规模较大，多为泥砖结构，不用于日常居住，所有神庙样式相同。在埃利都遗址，考古发现的神庙建在平台上，后来逐渐演变成多级塔庙。

在欧贝德时期，出现了以掠夺剩余产品为目的的战争，聚落中出现了防御体系。青铜制造业的发展保证了武器的进步，与城市和村庄的防御体系共同促进了军事职能的发展。在商业方面，他们盛行铜、石材、木材的交易。

欧贝德文化的墓葬多呈方形，葬式为仰身直肢单人葬，但也见有若干合葬墓，有的在死者身上撒赭石粉或在头部放一赤铁矿石。墓葬出现了砖造墓穴，有私人用品陪葬，陪葬品中没有明显的财富差别。



## 苏美尔文化——伟大而辉煌的西亚城邦文明

（约公元前4000—约前3000年）

### 文化概况与影响

苏美尔文化是西亚两河流域南部的新石器时代晚期和青铜时代的文化，距今约6000年，是西亚地区最早的人类文明，也是世界最早出现的文明之一。

苏美尔文化女性石雕像

该文化为苏美尔人所创造，他们的老家在哪儿一直是个争论不休的问题。有人认为他们可能来自伊朗高原，也可能来自阿富汗、印度甚至中国。但从语言上来看，苏美尔人与以后出现的西亚其他民族皆无关系，它是一支相当独特的民族。

苏美尔文化有着众多的发明。约公元前3500年，苏美尔人就铸出了青铜，他们对陶瓷技艺和轮式运输工具也十分精通，他们还是最优秀的冶金工艺师和建筑师，最原始的啤酒可能也出自居住于两河流域的苏美尔人。为适应日益复杂的社会的各种具体需要，他们在最早的数学文献中记述了对牲群的计算、对谷物的计量和对土地的测量方法。他们的占星家，积累了大量的天文资料，这些资料后来被用于发展科学的天文学。他们首创的马拉战车，使一个又一个的王朝覆灭，以致于有人认为人类的“历史从苏美尔人开始”。另外，苏美尔人还是时间上的伟大创新者，他们设立了一周7天的时间系统，又设定1小时为60分钟。这些都显示了远古先民们的智慧。

苏美尔人还发明了一种象形文字，后来这种文字发展为楔形文字。这是已知的最古老的人类文字。今天从它的遗址中已经发掘出来的上十多万篇文章，大多数刻在黏土板上。其中包括个人和权力机构的信件、汇款、菜谱、百科全书式的列表、法律条文、赞美歌、魔术咒语，以及数学、天文学和医学内容的科学文章。许多大型建筑上如雕塑也刻有文字。也许它们经常被作为写字练习的模板，许多文章的多个版本被保留了下来……所有在泥版上用楔形文字记载下来的一切，都在表明：6000年以前人类社会的确存在过一个具有高度发达的智慧与文化，这是苏美尔人的骄傲。



## 世界领先的城邦文化

在欧贝德文化后期，苏美尔地区的文化发展已领先于整个西亚，人口逐渐增加，农村之外形成了城镇。城镇中已出现了作为文明标志的神庙。在随后的乌鲁克文化期间，苏美尔进入了国家萌生和城邦形成时期，这时期的苏美尔文化也是当时全世界最发达的文化。

当时的苏美尔主要有乌鲁克、乌尔、基什、拉格什、尼普尔等12个城邦。苏美尔早期城邦的规模不大，人口也不多。神庙是城邦经济中每一城市都有若干神庙，其中城邦主神神庙地位最高。所有的神庙面积一般为国家土地的1/4—1/3，并占有依附于神庙的大量自由民和奴隶。城邦的农村公社也占有许多土地，但已分配给各个家族，其地位不及神庙重要。

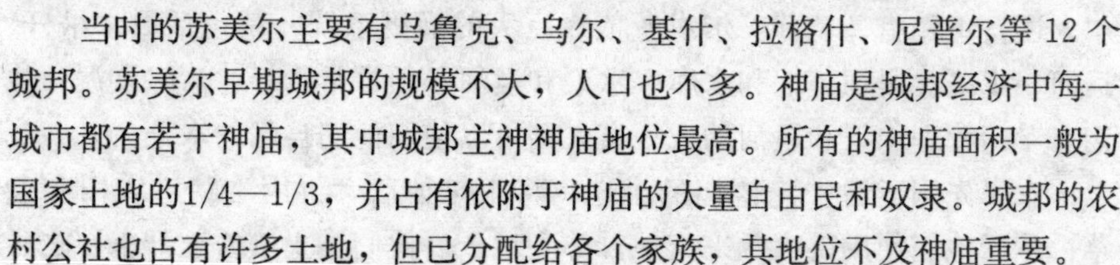

苏美尔城邦的政治制度，保留着军事民主制的残余。城邦有3个政治机构：城邦首领、贵族会议和人民大会。城邦首领被称为恩、恩西、卢伽尔，兼有宗教和世俗职权。但公民大会有权选举城邦首领，决定城邦战和大事。而贵族会议的权力更大，能主持和操纵公民大会。现挖掘的资料表明，城邦首领的世袭制还没有确立，权力也受到限制。著名的《吉尔伽美什史诗》反映了乌鲁克城邦首领吉尔伽美什在处理国政方面与贵族会议的冲突，因此有的学者认为：世界上最早的两院制议会起源于苏美尔。

苏美尔文化有两个中心，即南部的埃利都城邦和北部的尼普尔城邦。这两个城邦的文化影响截然不同。在苏美尔人的神话中，尼普尔是恩利尔的圣地。恩利尔是阴间的主神。他给予人类的咒语和魔法可以驱动好鬼和恶鬼。他的领域在一座山里，他的产物生活在地下。埃利都则是文化神恩基的圣地，他是光和善的神，地下的淡水的主宰，医生和人类的朋友，他为人类带来了艺术、科学、工业和文明。据说最早的法书是他的产物。



埃利都本来是一个海港，它与外界的贸易和各种文化在这里的融合对它的文化的发展无疑起了重要作用。在人类有文字纪录开始以前，埃利都的文化就已经与尼普尔的文化融合了。巴比伦似乎是埃利都的一个殖民地，而埃利都附近的乌尔则是尼普尔的殖民地，在那里供奉的月神是尼普尔的恩利尔的儿子。在两个文化的融合中，埃利都的影响似乎占主要地位。后期的苏美尔法律保护妇女，而且妇女可以达到相当高的地位，但还是男人占主要地位。

## 生产生活与人文特色

通过遗址发掘并结合史书记载来看，苏美尔人的社会经济以农业为主。他们种植的植物中包括大麦、鹰嘴豆、小扁豆、黍子、小麦、芜菁、枣椰、洋葱、大蒜、苦菜花、韭菜和山葵，他们饲养的牲畜包括牛、驴、绵羊、山羊和猪。牛是他们主要的负物牲畜，驴是主要的运输牲畜。苏美尔人还打鱼和猎鸟。苏美尔农业依靠巨大的灌溉系统，其包括汲水吊杆、运河、水渠、堤坝、堰和水库。水渠和运河必须常常修补，清除淤泥。他们有专门管理水渠和运河的人；富人则可以使用他们自己的水渠。

农民先用运河来淹他们的土地，将水排掉后，再用牛踏过农田和杂草，然后他们使用鹤嘴锄来挖地。等到地干后他们将土壤松散开来，之后播种灌溉。苏美尔人秋季收割，他们三人一组，使用碾石将收割来的谷粒和茎分离，使用打稻棍来分离谷粒及麸皮，最后使用风吹开来分离谷粒和麸皮。

人类历史上最早的农书《农人历书》也是苏美尔人编写的。《农人历书》讲的是一个老农民教育儿子务农的故事。这位老农民对儿子不厌其烦地讲述应该如何务农，要注意的各种事情。比如：怎样节省灌溉用水、不要让牲畜践踏田地、驱赶食谷的飞鸟、及时收割等等。

在建筑方面，因为两河平原缺乏石矿和木材，所以苏美尔的建筑都是泥砖造的，砖与砖之间没有灰浆或水泥连接。泥砖建筑随时间会损毁，因此它们过一段时间就得被拆除、铲平和重造。随着时间的推移，河平原的城市因此不断抬高，这样的古迹被称为台勒。在中东到处都可以见到这样的古迹。

苏美尔人最壮观和最著名的建筑是塔庙，它们建筑在巨大的平台上。《圣经》中的巴别塔可能也是类似的建筑。苏美尔的圆形印章上还发现刻有类似于目前伊拉克南部沼泽阿拉伯人还在使用的芦苇造的房子。苏美尔的庙和宫殿使用复杂的结构和技术，如支柱、密室和黏土钉子等。

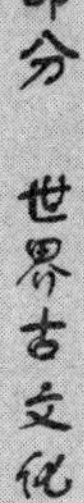


在商业贸易方面，这里发现有来自安那托利亚的黑曜石、来自阿富汗东北部的青金石、来自迪尔蒙（今天的巴林）的珠串和一些刻有印度河文明的文字印章，这说明当时在波斯湾沿岸有着很大的贸易网。

在军事方面，苏美尔人使用城墙来保护他们的城市，可是他们的城墙是泥砖做的。苏美尔的军队主要由步兵组成。轻步兵的武器是斧、匕首和矛。正规步兵还配有铜盔、毡披风和皮革裙。苏美尔军队中还有由野驴拉的车。这些早期的战车在作战时不是很有用，有人认为它们主要是作为运输工具来使用的，但同时发现上面的士兵佩战斧和长矛。苏美尔战车有四个轮，上面有两名士兵，由四头野驴拉着。车身是一个织成的篮子，车轮是实心的。苏美尔人使用的远兵器包括投石索和简单的弓。

在生产工具和手工技艺方面，苏美尔的生产工具有轮、锯、锤子、铲子、斧、刀具、叉等，手工制品有镯子、鞍、指环、匕首、袋子、靴子、拖鞋等。苏美尔人有三种不同的船：皮船是由芦苇和动物皮制的，帆船使用沥青来防止水渗入，木船有时用人力或畜力拉。苏美尔文化遗址中出土的陶器主要是彩陶，色彩富丽夺目，有的还有涂层。

苏美尔人使用奴隶，但是奴隶的工作不是苏美尔经济的支柱。女奴隶被用来织布、印刷、做磨房工和搬运工。

# 埃勃拉文化——地中海边的伟大古国

（约公元前4000—约前1600年）

## 文化概况与影响

埃勃拉文化是叙利亚地区铜石并用时代的文化。埃勃拉是这一地区在五六千年前的一个古国名，大约是由迦南人和胡里特人创建的。从1964年起，意大利考古学家在叙利亚的泰勒—马尔狄克赫进行发掘，首先发现了宏伟壮丽的特尔·马尔狄赫陵墓。1968年，他们又在该地古遗址中发现了一个无头玄武岩男子雕像，他们认为这是埃勃拉王子的雕像，时间约为公元前2000年，雕像的袍子上刻着26段楔形文字铭文。在26段文字中有一段特别引人注目的铭文，其中写道："因为埃勃拉之王和伊斯塔尔女神的缘故，将水槽献给大神庙。"这里第一次提到"埃勃拉"，但不能确认其真正的含义。一些考古学家据此推断：这个卫城是古国的首都。初步确定这就是埃勃拉古国的都城所在地。埃勃拉古国的发现，被认为是第二次世界大战后"古代世界在语言学、考古学和历史学方面的最大发现"。

此后，他们又在这里发掘出了王宫、档案库、城墙、神庙等。接着又发掘出埃勃拉王国的宫殿和神庙。这些建筑布局和谐，技巧精湛，堪称古代西亚建筑艺术的精华，让人惊叹不已。由于马尔狄赫荒丘遗址的地层叠压完好，因而实际上构成了一幅完整的西亚历史画卷。

埃勃拉城平面大致呈菱形，最宽处约1000米，辟有4个门，遗址总面积56万平方米，城址中央是近似圆形的卫城，直径约170米。1973年，考古学家在卫城中发现了公元前3000年的王宫建筑。宫墙高达15米，宫殿鳞次栉比，千门百户，结构复杂多变，阶梯走廊曲折相通。在城墙和卫城之间是普通居民的生活区。

通过发掘人们发现：在叙利亚地区，至少在6000年前就已有居民居住了。公元前3000年后，埃勃拉已是西亚比较强盛的国家之一。这个国家是以埃勃拉都城为中心联合附近一些村庄和城镇而形成的，故有学者称

之为“城邦国家”。据估计，当时埃勃拉都城里聚居着约 3 万居民，整个埃勃拉王国鼎盛时期人口约 20 万—30 万，是古代西亚城邦国家中人口较多的国家之一。这时已出现了王宫及档案库。但它的王宫曾两度遭到破坏（约公元前 2500 年和公元前 2000 年）。公元前 2000—前 1800 年左右，该地文化又有所发展，显示出与以前文化的不同。公元前 1800—前 1600 年时埃勃拉城被彻底毁灭。

在埃勃拉古国强盛之时，它同周围地区的埃及、两河流域、小亚细亚、腓尼基等地有着广泛的联系。阿卡德王国国王萨尔贡曾远征过埃勃拉，其孙纳拉姆·辛也曾征服过它。拉伽什第二王朝的统治者古地亚统治时，曾同埃勃拉有过密切的商业联系。在乌尔第三王朝的档案中，埃勃拉同马里、图图尔也一起被提到，而且当时的一些铭文表明，埃勃拉人经常造访两河流域南部。埃勃拉还同叙利亚的另一古国阿拉拉赫联姻过，当时埃勃拉国王的公主嫁给了阿拉拉赫国王米塔库。

## 数量庞大的陶土碑牌

1974 年，在王宫里的一间小房子中，人们发现了 42 块散落在地上的碑牌，有些碑上的楔形文字是苏美尔语，另外一些碑上的楔形文字无法辨认。1975 年 9 月，考古队又发掘出 1000 多块这样的碑牌，后又发掘出一个很大的档案库，里面有大量的泥板文字（亦称“陶土碑牌”，上面刻有楔形文字，但不同于苏美尔和阿卡德的楔形文字）。发掘出的楔形文字多刻在石头和泥板（泥砖）上，它们由于落“笔”处印痕较为深宽，提“笔”处较为细窄，每一笔画的形状很像楔形，故称之为楔形文字；又因为笔画颇像钉头或箭头，故又称为“钉头文字”或“箭头文字”。

这里的有些泥板文书最晚是写于公元前 2500 年，而早期的泥板文书出现于公元前 3000 年左右。有一部分（约 80%）泥板文书上写着真正的苏美尔语；另一部分（约 20%）泥板文书上写着一种古老的闪语（西亚塞姆族方言，或称埃勃拉语）。

这些文书中不止一次地出现“埃勃拉”一词，其中有段文字写道：“人类创始以来，众王之中没有人夺取过阿尔马纳和埃勃拉，纳加尔之神为坚强的纳拉姆·辛拓宽道路，赐予阿尔马纳和埃勃拉，又赐予阿那拉姆、杉树之山和大海。”大海指的就是地中海。据此，考古学家欣喜地意识到，他们幸运地发现了消逝数千年之久的文明古国“埃勃拉”。

在埃勃拉皇家档案库的一万多块泥板文书上，楔形文字记载的内容涉及到行政、经济、外交、司法等方面的问题。此外，还有神话和词典（苏美尔和埃勃拉的楔形文字字典），从而揭开了埃勃拉文化之谜。这些楔形文书为研究埃勃拉古国提供了资料，也为我们勾勒出一个神秘的国度提供了可能。埃勃拉在考古发现之前一直是一个不为人知的国度，有关这个王国的各方面情况，几乎全部来源于楔形文书的记载。

从大量的泥板文书堆中，人们还发现了迄今为止最早的翻译词典，这部词典把“埃勃拉语”的词汇译成对应的苏美尔语词汇。由于发现了这部古老的翻译词典，因而为今天的学者们研究埃勃拉泥板文书提供了方便。



## 行政制度与社会体制

在政治上，埃勃拉是一个君主制的国家。一些因为铭文中提到过6个国王的名字：伊格里斯·哈拉姆、阿尔·恩努姆、埃勃里乌姆、伊比·希庇斯、杜布呼·哈达、伊尔卡布·达姆。埃勃拉王国当时可能是实行世袭制，因为从铭文中可知，第五位国王杜布呼·哈达是第四位国王伊比·希庇斯之子。另外据推测，埃勃拉国王有一定的任期，到时就得换届离任，因为铭文中讲当埃勃里乌姆早已是国王时，其父阿尔·恩努姆还健在。

埃勃拉国王也拥有两河流域苏美尔时代王的称号——恩西。国王虽是国家领导人和国际国内政策的负责人，但还不能专权。长老、王室成员（王后、母后）都可同他分权，王子也可成为共治者。长老在国家政治生活中的作用还相当大，王权大概还要受其制约，因为行政铭文中常用“国王和长老”的表述方式。

在埃勃拉社会中，“埃勃拉之子”和外国人的界限十分清楚。前者享有一切权利，而后者虽是自由民，但不能享有任何权利，因为他们只不过是居住在埃勃拉的外国人。

## 生产生活与人文特色

埃勃拉虽不处于大河流域，但农业相当发达。埃勃拉城周围郊区是一片平原，有着丰富的水源。农业不仅靠天然雨水灌溉，也可用河水灌溉。

居民主要种植大麦和小麦。此外，畜牧业在经济中也起重要作用。在埃勃拉经济中，手工业和商业相当发达。铭文中提到有陶工、雕刻工、金属工、面包师、木匠、纺织工、制香料者、磨坊工等。商人有两类：国家商人和私商。

鼎盛时期的埃勃拉曾控制了广大的地区，但到公元前2000年初期，埃勃拉衰落了。其原因何在？学者们提出了种种说法：阿摩利人的影响；埃及古王国的衰落以及由此而引起的埃及与亚洲商业贸易联系的削弱；克里特在贸易方面作用的增加；贸易中心转移到了伊朗高原；幼发拉底河和地中海之间贸易商道的北移；农业条件的恶化等等。

当时的埃勃拉王国可能以苏美尔语为官方语言，而民间语言仍属西亚塞姆族语系的一部分，因为埃勃拉国最古老的居民有可能是塞姆族的一部分。但“埃勃拉语”作为塞姆语的一种，究竟与已知的西亚阿卡德语、阿摩利语、希伯来语有何联系，尚是一个待解之谜。



埃勃拉泥板文书写有上千个人名、5000多个地名，其中提到较多的是启什和阿达卡。有一块泥板文书上写有260座古代城市的名字，对于这些城市历史学家们迄今还未听说过。另一块泥板文书上写有70种动物的名称。一些泥板上写有很多指令、税款和纺织品贸易的账目以及买卖契约。由此可以推断当时的埃勃拉王国的经济相当繁荣。

## 乌鲁克文化——西亚象形文字的创建者

（约公元前4000—约前3100年）

乌鲁克文化属于西亚的铜石并用时代文化，于公元前4000年后兴起，晚于欧贝德文化，于约前3100年为杰姆代特奈斯尔文化所取代。乌鲁克文化主要分布在美索不达米亚地区，因最早发现于伊拉克境内的古城乌鲁克而得名。它也是苏美尔文明的一部分，该文化的主要遗址有乌鲁克遗址、埃利都遗址和尼普尔城址等。

在陶器方面，该文化流行轮制的红色或灰色磨光陶器，有的饰以简单刻纹，器形以高柄长嘴的钟形罐为主。石斧、石刀等石制生产工具和陶镰在当时仍继续使用。除石器外，当时更多地用铜制造武器，并打制金银器皿，因此金属制品的盛行也是这一时期的特色，主要为矛、棍棒头等铜制武器及金银制容器等。

乌鲁克文化时期的人们多从事农业和畜牧业，已使用人工灌溉。手工业，特别是制陶业和采石业日益从农业中分离出来，成为独立的行业。这一文化的雪花石膏雕像也十分精致。

这里的神殿建筑较欧贝德文化的规模更大，以神庙为中心，出现了大规模的聚落，并向城市发展，这种聚落址以乌鲁克为最著名。其第6层时的城区面积不小于0.81平方公里，其中官方建筑物，园地、墓地和民房各占1/3。神庙建筑物集中在伊安纳塔庙和天神安努塔庙区。前者的代表性建筑是石庙、红庙、迷宫和镶嵌厅。其中镶嵌厅筑于台基之上，大厅的柱廊由两排直径达2.62米的柱子拱立而成，围墙以红、白、黑色的圆锥形镶嵌物装饰，显得神奇而又富丽。这些建筑物的宏伟规模和高超的镶嵌装饰技术，反映了当时生产力发展的水平。

这一时期还产生了美索不达米亚地区最早的象形文字。在基什城址附近的奥海米尔岗发现的一小块石板上，其两面以直线刻画出表示各种事物的图画符号，其中可以辨识的有人的头、手、脚等，年代约为公元前3500年，这是迄今发现的最早的文字。目前已发现乌鲁克文化的象形文字共有2000多个，大多书写在泥板上。

乌鲁克文化晚期，财产和社会分化已很明显，氏族制度开始崩溃，逐渐向阶级社会过渡。

## 杰姆代特奈斯尔文化——白庙建造者

（约公元前3100—约前2900年）

杰姆代特奈斯尔文化是西亚美索不达米亚平原南部铜石并用时代晚期的文化。该文化类型主要分布于两河流域，因最初发现于巴比伦城址西北25公里的杰姆代特奈斯尔遗址而得名。杰姆代特奈斯尔文化上接乌鲁克文化，主要遗址还有乌鲁克、阿格拉卜、奥海米尔、法拉和阿斯马尔等。

该文化以农业为主，其生产工具多半为石器，如镰、锄、刀等，也有匕首、斧头、鱼钩等铜制工具和武器，但使用还不普遍。另外如灌溉设施、土木工程、金属加工等技术都有明显进步。

乌鲁克遗址中的神庙建筑这时有了进一步发展，其中最典型的是乌鲁克的白庙。它建造在天神安努的塔庙上，面积约378平方米，为土坯拱墙结构，外表以石灰粉饰，白庙因而得名。有人推测以神殿为中心的城市国家此时已经形成。

杰姆代特奈斯尔文化的主要遗物有优美的轮制彩陶、刻有象形文字的泥板文书、石雕像和印章。陶器多半绘有几何形图案和写实的图画，器表涂以光亮的泥釉，图案大多为红色、黑色或棕色，多绘在器身上半部。除彩陶外，还有素面粗陶和刻纹陶器。



该文化出现很多象形文字和印章。象形文字用苏美尔语刻写在泥板上，比乌鲁克文化的要进步，使用也更广泛，已发现的主要是关于经济活动的记载及词汇表。印章呈圆柱形或塑成人和动物形象，上面雕刻驯服牡牛、狩猎、宗教崇拜等场面。印章数量虽多，但与乌鲁克文化的相比，图案和制作都比较粗糙。

杰姆代特奈斯尔文化的雕刻已达到很高的水平。以乌鲁克发现的一批石雕最为著名，其中有白色大理石贵妇人头像、刻有一个男子手持矛和弓箭与狮子搏斗场面的玄武岩石碑。该文化类型还流行石制容器，常在容器上饰以浮雕或镶以几何形的装饰物，如一石灰石的大口水壶，周边一圈交替雕刻狮子和公牛图像，每只狮子都表现为以爪子捕捉公牛的姿态，逼真而富有动感。此外，该文化还发现有车及各种质料的装饰品、金属制品、玩具等，反映了这一文化生活内容的丰富和技术的进一步发展。

## 埃利都文化——神庙建筑的始建者

（约公元前3000—约前2000年）

埃利都文化是西亚美索不达米亚南部新石器时代晚期和铜石并用时代的文化。其遗址位于伊拉克境内欧贝德遗址东南20公里处，今名阿布沙赫赖因。1946—1949 年，伊拉克文物局进行发掘。该文化遗址直径在 450 米以上，堆积自下而上分属于埃利都文化、哈吉·穆罕默德文化、中期欧贝德文化、晚期欧贝德文化、乌鲁克文化和杰姆代特奈斯尔文化。这一遗址的地层堆积，为确定西亚古代文明的发展过程提供了丰富的材料，有助于鉴别苏美尔历史传说中的正确成分，对研究西亚文明的起源有重大意义。



埃利都文化属于苏美尔文化的一个阶段类型，根据后来《苏美尔王表》的记录：城市是神创造的，神最早建立的城市有埃利都、乌尔、乌鲁克、西帕尔、舒如帕克等。巴比伦人编写的史诗中写道：当芦苇没有长起，树木没有出芽，房屋没有建造，城市没有产生，所有的土地都是大海的时候，埃利都建成了。埃利都是《王表》中提到的第一个城市，是水神恩基的城市，位于两河流域最南端，靠近海口。

埃利都文化遗址的中心是神庙，附近为塔庙，西北角有墓地和民房。估计在欧贝德文化时期，城市的面积约为 8 万—10 万平方米，人口在 4000 人以上。芦苇棚是居民主要的住房形式，其结构简单，内部划为几个房间，墙以黏土筑成，厚仅 13 厘米。也有以砖坯砌成的住房，砖大而重，常以草为掺和料。

埃利都遗址还发现有南部美索不达米亚最早的宗教建筑——神庙。这里的神庙很完整，平面为长方形，面积不大于 4 平方米，庙的一端有一突出部分，内安祭坛，庙堂中央另设一祭坛，门开在庙的另一端。紧挨着建筑物有圆形的献祭所或献祭桌，并有祭烧后残留的灰烬。至埃利都文化之后，西亚神庙建筑明显进入一个新的发展阶段，其平面呈长方形，中间为殿堂，殿堂一端是放置供品的桌子，两侧建有一些较小的房间和壁龛。建筑物四角正对东南西北四方。这是此后美索不达米亚几乎所有神庙建筑的共同特点。

埃利都遗址中约有墓葬 1000 多座，已发掘的 200 多座在时间上均属欧贝德文化晚期，墓以土坯砌出箱形，覆土后以土坯为盖。随葬品大多仅为陶器，较特殊的为泥雕像和帆船模型。前者为手执短杖的男性裸体像，其头部为蜥蜴状，两肩及胸部有许多泥丸；后者中央有安放桅杆的孔，近于现代伊拉克的河舟。

埃利都文化遗址也出土有很多陶器，分属不同的文化发展阶段。它的陶器以单色彩陶为特征，多赭色，有时为棕色、黑色，偶尔也有红色，常涂以黄色和米色陶衣，纹饰主要是带状、斑马线、方格等几何形图案。哈吉·穆罕默德文化层典型的器物为深底碗、钵，器表多为紫黑色，略有光泽。欧贝德陶器则以半球形小碗及奇异的几何图案装饰最富特征。此外，在遗址中还发现有陶网坠、奉献于祭坛的小型容器等。

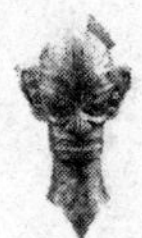

## 腓尼基文化——海上贸易的发起者

（约公元前 2000—约前 700 年）



### 文化概况与影响

腓尼基文化是西亚新月地带的青铜时代文化。该文化类型主要位于地中海东岸北部，即现今的叙利亚和黎巴嫩沿海地带。公元前 2000 年初，这里先后出现了一些奴隶制城邦，有著名的友推罗、西顿、乌加里特、毕布勒、泰尔等。另外还包括一些腓尼基城市及地中海周边的殖民地，例如比布鲁斯（在现今的黎巴嫩）和迦太基（在现今的突尼斯）等。

从今天的发掘来看，这些城市曾经非常繁华、富庶。城市规模宏大，建筑技术高超，手工业门类齐全，商业贸易发达，人们生活安居乐业。并且每一个腓尼基城市都是一个独立的国家，居民们推选自己的国王，崇拜自己的保护神。人们在考古挖掘中还曾发现不少腓尼基铭文。这些都说明当时这里的文化已非常发达。

腓尼基文化是由腓尼基人创造的，腓尼基人是古代中东地区的一个民族，起源于今巴勒斯坦附近。

### 高超的船舶制造技术

考古证实，腓尼基人也许是最早制造大船的民族，有不少大船的遗存。腓尼基地区多山，山地盛产木材，特别是雪松等造船用的珍贵木材，所以腓尼基的造船业很早就发展起来了。由于它是西亚和地中海的海陆交通枢纽，因而商业相当发达，主要从事中介贸易。腓尼基人从小亚西亚、两河流域等地运来手工业品和农产品，转运到地中海各地贩卖，从中赚取利益。

与海上商业相适应，腓尼基的航海业同样发达，称得上是一个出色的航海民族。腓尼基人在航行中依靠太阳和“腓尼基人的星”——北极星的位置，并根据所熟悉的海岸地形与地貌来辨别航行的方向。腓尼基人的船是当时世界上最好的海船，船头往往雕刻着一个高高昂起的鸟头，船尾竖着一条鱼尾巴。他们就是驾驶着这种半鱼半鸟的航船，乘风破浪在大海上航行。

腓尼基人造的帆船

公元前 12 世纪初，腓尼基文化达到极盛时期。从公元前 10 世纪起，腓尼基各邦都开始利用航海优势，向海外进行殖民活动，殖民地遍布地中海沿岸各地。公元前 9 世纪，推罗殖民者进军塞浦路斯，远征非洲，其在非洲北岸突尼斯建立的迦太基后来发展成地中海东部的强国，该城遗址现在也是腓尼基文化的重要见证之一。

正是因为航海业的发展，腓尼基人的对外贸易越做越大。他们所贩卖的商品荟萃了各个地方的特产：有来自远东和印度的谷物、酒类、纺织品、地毯和宝石；有来自黑海的铅、黄金和铁；有塞浦路斯的铜、柏树和玉米；有非洲的盐、象牙和奴隶；有西西里岛的酒和油等等。

### 最早创制的字母文字

在贸易的过程中，由于腓尼基人需要进行书面结算，写贸易账簿、商业文件，于是他们为世界文明做出了一项杰出的贡献：他们发明了一套简单明了、书写方便的字母系统——腓尼基字母。这种字母的雏形在公元前 1000 年出现，最早是在迦南地区产生。

目前已知世界上最古老的文字是西亚的楔形文字、埃及的象形文字，

腓尼基文化时期的金币

以及中国的中骨文，但前两者结构都比较复杂，书写速度慢，也不容易掌握。比较起来，腓尼基字母自然就要简单方便得多，同时它也是世界上最早的字母文字。

该文字系统由 22 个辅音字母组成，这些字母向东传播到西亚、南亚一些国家，成为这些国家文字的源头。腓尼基字母像希伯来字母和阿拉伯字母一样，都是辅音字母，没有代表元音的字母或符号，字的读音须由上下文推断。腓尼基语也是用腓尼基字母来表示的，是一种北闪族语言。

后来，希腊人在这套拼音字母的基础上，加上几个元音字母，创造了希腊字母。后来罗马人又师承希腊字母，创造了拉丁字母，希伯来字母、阿拉伯字母也都可追溯至腓尼基字母因，此现今欧洲各种文字字母的渊源都与腓尼基字母有某种关联。



## 哈马丹文化——辉煌而长久的城市文化

（约公元前 1000—约公元 1000 年）

哈马丹文化是伊朗哈马丹地区的古代城市文化，从公元前 1000 多年前开始后，哈马丹作为城市文化在伊朗历史上繁荣了 2000 多年之久。

哈马丹位于阿尔温德山峰下，德黑兰的西南方，海拔 1829 米。它是伊朗历史上最古老的人口稠密的城镇之一，也一直是个地区性的商贸中心、文明中心，并且曾是多个朝代的首都。

古代哈马丹在各个时期的城市建设究竟如何，人们尚不清楚，因为挖掘哈马丹古城的工作一直没有展开。但从现今哈马丹市遗留下来的古代哈格玛塔那的废墟来看，其历史可追溯到米底王国的君主统治时代（公元前7世纪至公元前6世纪），他们曾定都于该城。

哈马丹的哈格玛塔那是其早期较为重要的一个地方，它的地位在阿契美尼德王朝和帕提亚王朝时代得到了进一步加强，并成为古波斯帝国的第一个首都。考古学家们已在该地区发现了颇多器物，其中包括金、银书板等，这表明阿契美尼德君主们的财库曾设在哈格玛塔那。

在古老的哈格玛塔那城堡，人们还发现了哈夫特·黑萨勒宫以及历史上古老的军事防御工程的一些零星的遗迹，显示了米底王国和阿契美尼德王朝时期该城市的壮丽景象。至今，人们仍能在莫萨拉小丘上发现一些雕像，证明在这座小山上曾出现过安息王朝时期的早期堡垒。

哈马丹的拱巴迪·阿劳维扬遗址位于艾因努·古扎特广场附近，又名“马斯杰迪·阿劳维扬”，是一座12世纪塞尔柱王朝的陵园。后由阿拉维家族接管，该家族势力庞大，曾统治哈马丹长达200多年。阿拉维家族共有两个位于塔下地下室里的墓葬，可通过塔内的盘旋阶梯走下去。其墓室上有灰泥装饰，外墙上面饰有复杂的几何图案和变形的花卉花纹以及一些库非书法体和索尔斯书法体的铭文。它是哈马丹最富价值的历史遗迹。

这里还有亚历山大时期雕刻的一座石狮像，该像为纪念马其顿的一位阵亡将领——赫费斯提翁而建的，波斯语称该像为“散格·希勒”。它长2.5米、宽1.5米、高1.2米，最初是被放在该城的一个城门入口处。石像东北面是莫萨拉山，在那里曾发现了属帕提亚王朝时代的古堡遗迹。

哈马丹古文化的遗址还有以斯贴和马尔杜蔡圣殿，以斯贴是古波斯帝国国王薛西斯一世之妻，马尔杜蔡则是以斯贴之叔父。该建筑外貌类似伊斯兰式建筑，以砖和石块建成，其对面有一间小室，是供祈祷者使用的，内贴有皮纸，上面写有经文。还有两座紫檀木墓体被披盖物覆盖着。在圆顶的内侧以及墙上的灰泥上有一些希伯来文的铭文。

塞琉古王朝庙宇废墟也是哈马丹古文化的重要见证。它屹立在纳哈万德城中的小丘上，是一座塞琉古时代的庙宇废墟。在1943年的挖掘工作中，这里曾发现了一片刻有32行希腊文铭文的石板片，其时间当系安条克统治时代。铭文内容是安条克向他的妹妹授权的故事。铭文包括两个部分：一封曼杜莫斯的来信，另一封安条克向其妹曼杜莫斯颁发圣旨，指示由她出任老底嘉城的女祭司。石板片是十分珍贵的文物，现在被保存于伊朗国家博物馆里。

# 附　录

**西亚地区比较著名的文化还有：**阿里库什文化（伊朗，约公元前7000—约前5700年）、基洛夫特文化（伊朗，约公元前3000年）、扎尔齐文化（伊朗，约公元前2000年）、巴姆文化（伊朗，约公元前600—约公元1200年）、哈桑鲁文化（伊朗，约公元前1000年）、坦格潘季文化（伊朗，约公元前后）、波斯波利斯文化（伊朗，约公元前500—约前200年）、启什城文化（伊拉克，约公元前3000—约前2400年）、马里文化（伊拉克，约公元前3000—约前1700年）、巴比伦文化（伊拉克，约公元前2000—约前500年）、尼尼微文化（伊拉克，约公元前2000—约前400年）、阿卡德文化（伊拉克，约公元前400—约前200年）、萨马腊文化（伊拉克，约公元800年）、乌贝蒂亚文化（以色列，约公元前150万—约前100万年）、克巴拉文化（以色列，约公元前1.3万—约前6000年）、杰里科文化（以色列，约公元前4000—约前1400年）、贝尔巴西文化（土耳其，约公元前1万年）、贝尔迪比文化（土耳其，约公元前8000年）、博阿兹柯伊文化（土耳其，约公元前3000—约前300年）、桑索斯—莱顿文化（土耳其，约公元前2000—约公元700年）、埃布拉文化（叙利亚，约公元前2900—约前1600年）、布拉克文化（叙利亚，约公元前6000—约前1200年）、巴尔米拉文化（叙利亚，约公元前后—约公元400年）、巴特—库特姆—艾因文化（阿曼，约公元前3000年）、巴米扬谷文化（阿富汗，约公元前后—约公元1300年）、巴尔贝克文化（黎巴嫩，约公元前3000—约公元300年）等。

# 二、非洲地区



## 阿舍利文化——直立人的进化见证

（约公元前150万年）

阿舍利文化是非洲、西欧、西亚和印度的旧石器时代早期文化，已知年代最早的阿舍利文化遗存在非洲，距今约150万年，最晚的遗存距今约20万年。该文化因最早发现于法国亚眠市郊的圣阿舍尔而得名，这里的文化遗物出土于高出索姆河河面30米的阶地砂土层中，地质年代为中更新世。在西班牙，人们曾发现该文化的洞穴和岩棚遗址，在肯尼亚地区还发现了这时期人们在湖边的居住址。

根据出土的人骨化石来看，考古学家一般认为该文化时期人类已开始由半爬行状态转向直立行走，并已进化为智人。该文化的较早时期还被称为阿布维利文化，这时期的人类还处于类人猿向人类的过渡阶段，但较晚时期的阿舍利文化已明显是早期智人所创造。现在人们大多认为：在距今大约200万年前，人类进化的历史序幕缓缓拉开了。至阿舍利文化时期，直立人的脑子已经明显增大，早期成员的脑量就已经达到800毫升左右，晚期成员则上升为1200毫升左右。而且，脑子不仅仅是体积增大了，它的结构也变得更加复杂并进行了重新改组，显示出阿舍利人已经有了相当复杂的文化行为。大脑左右两半球出现了不对称性，显示出阿舍利人已经有了掌握有声语言的能力。

阿舍利人是最早能够按照心想的某种模式来制造石器的人类。据考古发现，阿舍利人面部比较平扁，身材较以前的人类明显增大，平均身高达到160厘米，体重达到约60千克。阿舍利人的牙齿也发生了变化。后部牙齿减小，应使相应的牙床和支持面部及下颌骨的骨结构减小，这显然与他们更多地和更经常地以肉食代替若干植物性食物有关。前部牙齿则扩大了，这似乎并不直接与咀嚼食物相关，而似乎与用嘴来咬紧和衔住物品有关，也可能与制备动物性食物有关。例如：用牙撕扯肉食以便将其分割成小块，或是为了小孩食用而撕碎肉食等等。

阿舍利文化的代表性石器为手斧，较阿布维利文化的手斧进步，是用软锤（骨棒或木棒）技术打制成的，也有的由燧石结核打制而成。其一端圆钝，是用手抓握的部分；另一端尖利，可用来切割、砍砸和钻孔，也可对木料进行加工。这种石器的特点是器身薄，制作时留下的石片疤痕较浅，刃缘规整，左右对称，器形有扁桃形、卵圆形、心形等。

阿舍利人所具有的一系列进步性特征大大地扩大了其对环境的适应性。因此，阿舍利人再不像他们之前的人类成员那样仅仅在非洲的原野上徘徊，而是在后来的岁月里顽强地走出了非洲，散布到亚洲的广大区域以及欧洲的许多地区。



## 巴达里文化——最早的铜器使用者

（约公元前4500—约前4000年）

巴达里文化时期的箭簇

巴达里文化是埃及中部地区新石器时代直至铜石并用时代的文化。

巴达里文化上继公元前5000年的塔萨文化，两者类型相似，故还经常被称为塔萨·巴达里文化。巴达里文化开始于约公元前4500年，其居民在生产方式上已形成系统，在农业、畜牧业和渔业经营上分工明确，无疑早已是各种面食和肉食的生产者。

巴达里人生活于原始的乡村或者城镇中，有固定的居住地。从房屋遗址来判断，巴达里人建筑了圆形或次圆形的周边底部凹陷的茅舍，大致有三种规格：面积分别是 3×2.25 米、2.7×2.7 米、1.6×2.1 米。但是，从巴达里墓地的数量和规模来看，他们的人口分布也是相当密集的。

从居住地和出土的遗物来看，巴达里人身着兽皮或亚麻制的衣物，有时是短裙，还有大的衬衣或长袍。这些衣着样式长期保留下来，直至法老时代几乎没有大的改变。

巴达里文化的基本生产工具是石器工具。他们的石器制造技术是粗糙的，主要表现为岩球的打制和磨制。除石器外，巴达里文化的最高成就是铜器的使用，也许他们是最早的铜器使用者，有人因此把它的时代归为铜石并用时代。巴达里文化的铜器主要是出土了一些铜念珠和单个的小工具如扣针。武器、工具很少，仅仅发现了有翼的或叶状的箭头，使人联想到弓箭的使用。此外，还出土了某些木质的棍棒，或许可以称为投掷棒。



巴达里人已经形成了氏族公社。从墓葬的挖掘来看，巴达里人的氏族公社是以母系为主的。

## 涅伽达文化——埃及文明的奠基者

（约公元前 4000—约前 3000 年）

### 文化概况与影响

涅伽达文化是埃及铜石并用时代的文化，因埃及南部的涅伽达遗址而得名。分为两大阶段：前段涅伽达Ⅰ，又称阿姆拉文化，约为公元前 4000—前 3500 年；后段涅伽达Ⅱ，又称格尔塞文化，约为公元前 3500—前 3100 年。

涅伽达文化处于埃及由原始社会向阶级社会过渡的时期，前段属原始社会末期，后段已建立若干奴隶制小国，在埃及史上有“前王朝时期”之称。严格说来，埃及的文明是从涅伽达文化Ⅰ的末期开始，到涅伽达文化Ⅱ时代最后形成，因此也可以说涅伽达文化是埃及文明的奠基者。

涅伽达文化时期石器和陶器制作日趋精细，对外贸易发展迅速，铜器逐步增多，人工灌溉系统逐渐发达。这时村落转变为市镇，出现了最早的埃及文字、王族墓葬及国王权标，表明国家已经形成。当时涅伽达和耶拉孔波利斯相继成为埃及南部最大城镇和政治中心。涅伽达文化与西亚两河流域的文明有较多接触，表明这两处人类文明摇篮在文明开始时期即联系密切。

涅伽达文化Ⅱ（约公元前3500—约前3100年）通常被看成是史前文化或前王朝文化的最后阶段，但实际上它已进入了文明时代。当时社会已形成贵族与平民、奴隶主与奴隶的阶级划分。耶拉孔波利斯等地已发展成为具有城市公社性质的小邦，希腊人称之为诺姆，又译为“州”。州是地域的区划，它成了古埃及政治结构的基础。关于前王朝时代的州或州国的数目，至今没有确切的资料可以说明，有专家认为共计42个或40个，也有的说38个或39个。涅伽达文化Ⅱ的末期，便出现了州的联盟与争霸的局面。



每个州除了一定的领域外，通常还有其独特的标志或徽章。在涅伽达文化Ⅱ时期的一些彩陶和墓葬壁画上描绘的舟，通常有两个称为“船仓”的建筑物，其中一个船仓前插入固定的或可能移动的杆子，上面往往挂有一个徽章。徽章的形式不同，有的是各种不同的动物形，也有的是三角形、圆圈形或Z形的几何图案。那些特殊的Z形符号，有人把它看成是神圣物或神的标志。但是，如果不把它看成是州徽，也有人提出过是否是“神的标志”的问题。事实上每个州都有其固定的保护神，如隼鹰（荷鲁斯）、母牛（哈托尔）、蛇（涅特）等，它们显然都是由氏族图腾演变来的。

## 王衔、王冠与调色板图案

涅伽达文化的考古文物中有很多关于王衔与王冠起源的记录。其一是涅伽达1546号墓出土的一块陶罐碎片，罐标上是一间带有圆屋顶的房子，屋顶上栖息着一只小鸟。这种圆屋顶的建筑物可以看成是后来的“王宫的门面”，也可以称为“御座”。屋顶上的那只鸟则是隼鹰神荷鲁斯的粗略形象。荷鲁斯是法老时代埃及国王的保护神，并且是国王的第一个头衔称号。第一王朝的国王后来都被称为“荷鲁斯的追随者”。其二是涅伽达

1610号墓中发现的一块带有红冠浮雕的黑顶陶片。红冠是埃及国王的两种基本冠式之一，也是最受尊敬的王徽之一。王徽、王衔的出现，意味着王权的萌芽与产生，并关系到国家形成与否的关键。

这里还有一些保留了部分象形文字符号的历史文物。另外还有刻着各种场面的图刻，尽管对其内容的理解还存在着某种程度的推测，但是在涅伽达文化时期，成篇的历史文献几乎是没有的。

不列颠博物馆收藏的“狩猎调色板”共计刻画了19名猎人打扮的人物。他们手执权标头（梨头棒）并装饰以动物尾，前者是权力的标志，后者是国王之装饰物。

这种现象又见于“那尔迈调色板”，在这幅图刻中有两个分别举着不同标志的两面旗帜，其象形文字符号意为“西方”和“东方”。图刻中的长方形宫室图样，表示三角洲的神殿建筑。板面上共有大小三只狮子，其中两只已中箭。整个图刻表现了三角洲东部和西部各州联盟打败了以狮为标志的敌对的州。

“战场调色板”（残片）所描绘的内容是鹰州与鹭州在狮州的领导下，联合攻击并俘虏了三角洲居民的事件。其正面的图刻是一些具有象征意义的狮、鹰、朱鹭联合噬食被打倒了的敌人和追赶正在逃跑的敌人；中间部分的大狮子是非常突出的。调色板的左面上端有鹰和朱鹭为标志的两面旗帜，旗杆上各长出一只手紧紧抓住被绑的俘虏。右上端一个被绑者的面前有一束纸草的象形文字符号，可能表示被击败的三角洲居民。



## 国家的形成与国王的权威

在第一王朝建立前，即涅伽达文化Ⅰ的末期开始，埃及划分为两个独立的部分：北部的下埃及，它包括尼罗河三角洲及向南延伸到现在爱特斐附近地区；南部的上埃及，包括爱特斐和赛勒赛拉。上、下埃及经常发生战争。大约在公元前3000年，上埃及逐渐强盛起来，国王美尼斯（一说为那美尔）亲自带领大军攻打下埃及。两军在尼罗河三角洲展开决战。美尼斯头戴白冠，冠顶上装饰着一只神鹰，亲自在阵前督战。在阵阵呐喊声中，两军刀枪闪烁，无数面军旗错综交杂，厮杀得难解难分。经过三天三夜的激战，下埃及军队终于被击溃，下埃及国王带领剩下的将士，脱下红色王冠，然后跪在地上，双手把它奉献给美尼斯。美尼斯为了纪念这次战争的胜利，把这个决战的地点命名为“白城”。这时大致进入了涅伽达文化Ⅱ时期。后来，这里成了统一的古埃及王国的首都——孟斐斯城。上、下埃及的统一标志着人类历史上第一个国家诞生了。

埃及统一以后，逐渐建立起一套专制统治机构。全国最高统治者是国王，国王之下设有各种官吏。每年都要派人清查全国的人口、土地、牲畜和一切财富，以确定租税数额。国王的权威神圣不可侵犯。石刻或壁画总把国王画成一个巨神，或画成神鹰、神蛇的形状。后来，人们不能再称国王的名字，而要尊称为“法老”（意为“宫殿”，相当于中国称皇帝为“陛下”）。“尊敬的法老，您乃天降睿智，洞察万物，必定过于神明……”大臣们朝见国王时，都要说一番诸如此类的颂词，并且必须匍匐在御座之前，上胸贴地，吻着国王脚前的尘土，不能随便抬头。

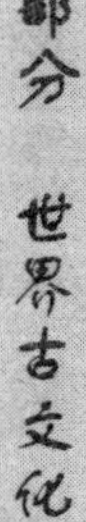


## 生产生活与人文特色

涅伽达文化Ⅰ与巴达里文化一样，仍处于铜、石并用时代。但是铜器、石器与陶器的生产有了进一步的发展。手工业生产也愈益专门化，并且早已与亚细亚部族有了商业关系。涅伽达文化Ⅰ遗址中发现有居住地和墓地。居住地筑有雉堞墙，并有防御工事，所以涅伽达Ⅰ的人民被称为“城市居民”。涅伽达Ⅰ遗址附近的一个被称为“南城”的居住地是该文化一处重要的遗址，其堡垒和近似长方形的房屋是用小砖筑的，是一个设防的城市。

涅伽达文化Ⅰ时代，墓穴已有大小、贫富之别。在阿巴底亚，最大和最富裕的墓是妇女的墓，这种现象反映了母系氏族的特点。在其他地方的一些大墓中，还发现了作为陪葬的巫术用品。西方埃及学者认为，这种迹象表明墓主是“巫师或女巫医，是公社的重要成员，或许甚至是他们的领袖”。还有的学者讲到，在前王朝时代早期，每个乡村都是自治的，并且有一个首领，他的权力依赖于他的“呼风唤雨王”的名声，大概是要会观察尼罗河洪水。

涅伽达文化Ⅱ时代的墓穴发现很多，仅在涅伽达就发掘出 2149 座“史前墓”。涅伽达文化Ⅱ的居民更精心制作呈长方形的墓，并且有了砖墙结构，但是穷人仍然葬于圆形墓穴中。涅伽达的 T 墓地是富裕的象征，在那里面分布有几十座大小形状不同的墓，其中除了个别的圆形、半圆形与正方形外，绝大部分都是长方形的，并且有几座规模较大的墓。研究者认为，T墓地是统治阶级（集团）的墓地。

根据上述基地遗址的设防、墓葬的分化等现象，可以确认：早在涅伽达文化Ⅰ之末期，即公元前3500年左右，埃及的氏族制度已经解体，国家开始萌芽，并逐步形成了历史上最古老的尼罗河文明。

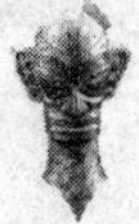

涅伽达文化Ⅱ末期时“州”的出现显然是农村公社发展到一定阶段时出现的一种社会组织形式，但是还不具备国家的资格，所谓的王冠只能是一类似于王权的象征，它只能说明古埃及人对权力集中有一种意识上的内驱需要，州盟间的争霸正是反映了这样一种酝酿过程。



# 耶拉孔波利斯文化——尼罗河上的古老都城

（约公元前3200—约前1000年）

## 文化概况与影响

耶拉孔波利斯文化是一处古埃及时期的城市文化。该古城位于尼罗河西岸，距上埃及底比斯城南60公里，今名考姆艾哈迈尔。

古城耶拉孔波利斯始建于前王朝（约公元前3400—约前3100年）后期，是上埃及文明萌生阶段的城市和政治中心，新王国（约公元前1567—约前1085年）以后废毁。现以前王朝和早王朝时期的遗迹最为重要。

“耶拉孔波利斯”一词源于古希腊文，意为“鹰之城”。而古埃及人则称自己的城市为“涅享”，意为“隼鹰头的荷鲁斯之城”。从很早起，耶拉孔波利斯就信仰隼鹰神荷鲁斯，后发展成上埃及荷鲁斯神崇拜中心，在埃及历史上具有重要的宗教和政治意义。1897—1898年英国考古学家J.E.奎贝尔曾在此发掘，20世纪五六十年代后，欧美学者曾在此多次进行考察。

1897年时，奎贝尔在这里发现了城墙、城门、街道和土坯房屋等遗迹。耶拉孔波利斯古城的宫殿像其他埃及古城那样已不存在，但墓葬和荷鲁斯神庙窖藏的文物却甚为丰富，其中最重要的是发掘出了埃及最早的文字和反映王权活动的文物。耶拉孔波利斯文物的大量发现，使人们对埃及远古历史及文化有了较全面的了解。

古埃及前王朝时期，也就是涅伽达文化后期，埃及已出现一些奴隶制小国，其中南部埃及（上埃及）的涅伽达和耶拉孔波利斯最有名。涅伽达衰落后，耶拉孔波利斯成为埃及南部的最大势力，后由南而北第一次统一埃及，建立第一王朝。此后埃及北部建新都孟斐斯，耶拉孔波利斯则与提尼斯一起成为南都，而作为王族兴起之城和王权之神荷鲁斯的圣城，其地位也尤为重要。

## 城市布局与建筑风格

耶拉孔波利斯前王朝时代的居住遗迹包括中心城市及近郊。根据地表陶片分布范围，面积不超过5.08万平方米，因而人口至多1万。早王朝时期，城市中心约北移400米。新城平面为不规整长方形，面积至少为6万平方米。



古城的土坯城墙一般厚约3—6米，最厚处达9.5米，发现两处城门。在遗址上，人们发现了公元前3100年前的城市街道，但很狭窄，街道两旁整齐有序地排列着土坯房屋，房址十分清晰，排列十分密集。在城南角一段石护墙后有一土台，可能即为第二王朝末卡塞凯姆威王时建造的城市保护神荷鲁斯神庙的基址。在这里发现有花岗岩大门、雕像和奉献物等，在神庙地面下发现埋藏有大量远古文物，即所谓“大宝藏”。

在城址北部的东半部分布有许多朝向一个中心的房屋，专家推测中心位置是宫殿所在地，但建筑形制已难以复原。在前王朝时期居址东部分布有墓地，西部有第二王朝的堡垒和早期王朝时代的墓地，西南方还有第十八王朝的岩石墓。

该古城文化层堆积很厚，城区特别是神庙遗址的堆积前后延续达六期：第一、二期属前王朝后期；第三期为早王朝时代，建筑有荷鲁斯神庙；第四期是古王国时代前期（第三、第四王朝），是城市发展的最盛期；第五期为古王国末期（第六王朝），建造有围墙和新的荷鲁斯神庙；第六期为新王国第十八王朝时期，也修建有荷鲁斯神庙。

## 独特的画墓和精美的壁画

在前王朝时期居址东部发现一组共五座大墓。墓的形制不同于普通的浅圆土圹墓，应属王陵。其中第100号墓因墓中装饰有壁画而被称为画墓，又叫装饰墓。

这里的画墓墓圹呈长方形，墓室长为4.5米、宽为2米、高1.5米，上口与地面齐平。墓室中间有低矮的横墙，由粗制砖砌成。墓已被盗，残存的随葬品仅有30余件。有少数骨头残渣，可能是人骨架的一部分。西墙绘有彩色壁画，主题较复杂，且没有一定的次序。但大致可分成3种不同类型，即：外形不同的白船和黑船，各种动物与狩猎活动，各种形象的人物。其中最引人注意的是高举权标的大人物与蹲跪在地上的俘虏。画面左端，双狮之间的英雄形象明显地具有美索不达米亚平原地区的原始艺术风格。



## 丰富的文化遗存

在居住址、墓葬、神庙，特别是被称为“大宝藏”的地下窖藏中，人们发现了许多重要遗物。工具与武器主要有燧石刀、燧石分叉长矛、石灰石纺轮、铜剑、铜凿等。日用器皿主要有石瓮、平底或尖底的陶罐、陶钵等。有些红地黑顶彩色陶瓮明显地继承了前王朝时代陶器的风格。雕塑艺术品主要有男女人像和猪、狗、鱼、猿猴、蝎子等动物像，质料通常为石、木、象牙、陶等，也有铜制的人物像。有些石灰石瓮和雪花石膏器皿上还有蝎子和荷鲁斯的浮雕像，并附有表示蝎子王的名字和头衔的铭文。

在地下窖藏中，出土了数十件标志王权的权标头和研磨颜料用以化装的板岩调色板，其中最重要的是蝎王权标头、那尔迈权标头和那尔迈调色板。蝎王权标头中间部分刻画头戴白冠的蝎王主持开渠仪式，反映了国王对外征服和开挖水渠等活动；蝎王前方和下方有奴隶劳动形象，上部则刻有表示被镇压的平民（田凫）和外国人（弓）的象形文字符号。那尔迈权标头上刻画头戴红冠的那尔迈坐在轿中的形象。那尔迈调色板正反两面的那尔迈则分别戴有红、白二冠，这表现那尔迈王先后戴着南部和北部埃及的两种王冠，显示他完成了全国的统一，因此史学界认为他就是传说中第一王朝的开创者美尼斯王。蝎王是迄今所知的第一个有名号的国王，那尔迈则通常被认为是蝎王的继承者。

# 孟斐斯文化——金字塔的集中地

（约公元前 3100—约前 1000 年）

## 文化概况与影响

孟斐斯文化是古埃及时期的城市文化。孟斐斯是古埃及最大的城市之一，也是人类历史上第一个国家首都，位于今尼罗河三角洲南部，上下埃及交界的米特·拉辛纳村。孟斐斯的名称起源于第六王朝（约公元前 2345—约前 2181 年）国王佩皮一世的名为“Men-nefer”的金字塔，希腊人讹称为孟斐斯。传说该城约在公元前 3100 年由第一王朝第一王美尼斯所建，最初称为“白城”（城市的泥砖墙涂以白石膏粉）。

孟斐斯是世界上最古老的城市之一，是古埃及中古王朝时期的首都，也是其宗教、文化中心之一，在埃及古王国时代（约公元前 2686—前 2181 年）建都于此。中王国和新王国时代迁都底比斯，但孟斐斯仍不失为重要城市之一。公元前 1000 年以后，库施王国、亚述、波斯帝国、希腊、罗马帝国等先后围攻和占领过孟斐斯；公元 7 世纪时，阿拉伯人征服埃及，孟斐斯遭到毁灭性破坏。19 世纪后，考古学家对孟斐斯城的遗址作过调查，在城区附近的萨卡拉墓地发现有早王朝和古王国时代的马斯塔巴墓和金字塔，并出土有石器、陶器以及象牙等遗物。

埃及是人类文明最早的发源地之一，远在公元前 3000 年就有水利工程，并出现了象形文字、日历、炼钢技术及丈量土地的方法。根据传说，约公元前 3100 年，上埃及提尼斯州的首领美尼斯，经过长期战争后，开始称霸整个尼罗河地区，奠定了建立统一埃及的基础。美尼斯自称“纳尔迈”，意为“天下四方之王”，定都提尼斯，史称“早王朝时代”，包括了埃及第一、二个王朝。据传，孟斐斯正是美尼斯后来兴建的。至今，孟斐斯遗址一带仍留存了许多著名的金字塔和狮身人面像，从北至南，主要的金字塔遗址包括：吉萨、阿布西尔、塞加拉和代赫舒尔等。可谓埃及金字塔的集中地。

## 气势恢宏的金字塔

孟菲斯金字塔及狮身人面像

根据传说，在埃及古王国第三王朝之前，无论王公大臣还是老百姓，死后都会被葬入一种用泥砖组成的长方形坟墓，古代埃及人叫它“马斯塔巴”。后来，一个名叫伊姆荷太普的聪明年轻人，在为法老左塞设计坟墓时，发明了一种崭新的建筑方法：从山上运来呈方形的石块代替泥砖，并不断修改陵墓的设计方案，最终建成一个六级的梯形四方锥体——这就是我们现在所看到的金字塔的雏形。

自此，建造金字塔的风气便开始盛行。到了第四王朝时，法老开始追求更宏伟的陵墓。现时并排在吉萨高地上的三座巨型金字塔，正是由这些法老所建：最北面一座属于该朝第二代国王胡夫，中间一座属第四代国王海夫拉，南面一座则属第六代国王门卡乌拉。胡夫王的陵墓体积最惊人，被誉为“大金字塔”，底部平均每边长 270 米，原高估计约 167.5 米，但因沉降关系，现在高 150 多米。这座巨型金字塔被誉为世界七大奇观之一。在胡夫金字塔南面，有一座由石山雕凿而成的巨型狮身人面像，面貌与海夫拉王十分相近，身体则如卧狮，长约 83.5 米，高达 23 米。

但建造金字塔的风气在第五王朝时开始减退，原因可能与人民的激烈反对和法老的财政状况变得拮据有关。位于吉萨南方的塞加拉，就有一座属于第五王朝最后法老乌纳斯的金字塔，其规模明显较前朝的金字塔为小。到了第六王朝以后，地方势力抬头，各州州长纷纷自立，法老的中央集权有名无实。古王国亦逐渐由统一趋向分裂，建造金字塔的风气亦由此没落。

## 面积庞大的萨卡拉墓地

萨卡拉墓地是古埃及首都孟斐斯城“大墓地”的一部分，位于开罗西南 20 多公里处。以早王朝（约公元前 3100—前 2686 年）、古王国（约公元前2686—前 2181 年）的墓葬为主，也有新王国（公元前 1567—前 1085 年）、后王朝和希腊、罗马统治时期的墓葬。“萨卡拉”一河可能起源于对葬仪神索卡里斯的纪念。英国考古学者奎贝尔和埃默里等分别于 1912 年和 1935—1956 年两次在此发掘。

墓地南北长约 7 公里，东西宽 0.5—1.5 公里。北端为早王朝时代的墓地，分布有大约 15 座国王、贵族的马斯塔巴墓。其中 3504 号墓据推测是第一王朝第 4 位国王杰特之墓，地面建筑长为 56.45 米，宽为 25.45 米，高约 13 米，内部有 45 个贮藏祭品的小房间。地下有竖井通道通向中央墓室，墓室旁有 4 个侧室及 16 个放置随葬品的贮藏室。陵墓围墙周边还有 62 个式样相同的小墓，死者可能是殉葬的奴婢。主墓已遭多次破坏，木乃伊和贵重随葬品荡然无存，但各贮藏室中现存的陶罐、石皿总数仍达数千件，可以想像当初的奢华程度。另外，这里还有第一王朝第 5 位国王和第一王朝最后一个国王卡阿的陵墓，规模均较杰特王墓大，但破坏严重，墓内设置、随葬品等均无留存。



墓地中部为古王国时代的金字塔墓群。中央为第三王朝左塞王的 6 层阶梯金字塔，周围设有祭殿和庭院，并以围墙环绕。在其东北和西南，分布着第三、五、六王朝诸王的金字塔。第五、六王朝金字塔的规模明显小于第四王朝建于吉萨的金字塔，石材也较粗劣。这些金字塔周围往往分布有贵族的马斯塔巴墓，墓内有较多的浮雕和壁画，题材主要描写世俗生活，刻画生动具体，是研究古王国时期社会状况的重要资料。墓地的最南端则分布有第 13 王朝诸王的金字塔。从新王国时代起，特别是在后王朝和托勒密王朝时代，萨卡拉北部成为埃及神圣动物埋葬的中心之一。

## 阿拜多斯文化——古埃及的“圣城”

（约公元前 3100—约前 1000 年）

阿拜多斯文化是古埃及时期的城市文化。该遗址位于尼罗河西岸的拜勒耶纳东南 11 公里处。“阿拜多斯”为古希腊语，起源于古埃及当地地名

阿拜多斯文化时期的浮雕

“阿卜杜”。1857 年，法国考古学者 A. 马里埃特开始在这里发掘，此后又有人将发掘工作继续下去。经发掘证明，这一遗址在公元前 4000 年的阿姆拉文化（北非新石器时代和铜、石并用时代文化）时期即已存在，但主要堆积属早王朝至新王国阶段。这里发现的遗迹以神庙为主，是当时的宗教中心之一。



在阿拜多斯遗址的北部，人们发现有阿拜多斯墓地保护神肯塔美翘和奥西里斯的神庙。肯塔美翘原为地方神，中王国以后和冥府主神奥西里斯（又译俄赛里斯）神合为一体。相传奥西里斯葬于阿拜多斯，所以阿拜多斯可称得上是古埃及人信仰的“圣城”。神庙建筑的最早部分属第一王朝时期，新王国与后王朝时期改建。此外还有第二王朝的两个泥砖“堡垒”、拉美西斯二世小庙和托勒密王朝前后的寺庙建筑物。

在阿拜多斯遗址周围还有已被盗掘的各个时代的墓葬，其中中王国时代墓中出土的奉献给奥西里斯的石碑是重要的历史与宗教文物。遗址西部的乌姆加卜有第一王朝诸王的陵墓，其中著名的登王墓长为 23.5 米，宽为 16.4 米，比建于萨卡拉墓地的登王墓小得多。墓中发现了记有王名的纪念碑。墓周围分布有 100 多个陪葬小墓，埋有殉葬的 136 名男女奴隶。

埃及第一王朝时期的诸王通常在萨卡拉和阿拜多斯两地都建筑坟墓，但近年来人们多认为萨卡拉才是真正的墓地，而阿拜多斯则是埋葬王碑之处。在遗址的南部发现有第十九王朝拉美西斯一世的礼拜堂及第十九王朝塞提一世的庙和纪念碑，该庙有精美的彩色浮雕，保存尚好。庙的背后建有崇拜奥西里斯的地下建筑物，也有专家说是奥西里斯的模拟墓。

# 底比斯文化——古埃及文明的奇葩

（约公元前2000—约前800年）

## 文化概况与影响

底比斯文化是尼罗河中游地区的古埃及城市文化，该城始建于4000多年前，公元前1555年进入鼎盛期，到公元前663年亚述人入侵底比斯，该城被毁。

底比斯位于埃及首都开罗南面700多公里处，南距阿斯旺200公里，横跨尼罗河中游两岸，是古代埃及中王国和新王国时期的首都。历代埃及帝王在这里辛勤经营1000多年，是一座美轮美奂、“生者与死者奇妙结合”的城市。

底比斯的东岸是“生者的乐园”——法老居住的地方，太阳从这里升起，光耀大地。东城规模壮阔，拥有一百座城门，号称“百门之城”，是当时最大的城市。城内布满豪华的王宫、阴森的庙宇，大臣和奴隶主的府邸、外国使节的宾馆，手工作坊和监狱等等。因此底比斯东城是当时古埃及的宗教、政治中心。这里有著名的卡纳克和卢克索的寺庙和宫殿，其中的卡纳克神庙是世界上仅存的规模最大的古庙宇。



底比斯西岸是太阳沉落的地方，被称为“死者的天堂”。山谷遍布着第十八至二十王朝之间的多位法老和皇后的陵墓，有连绵不绝的陵墓群，被称为“帝王谷”和“帝后谷”。

底比斯城是古埃及高度文明的历史见证，也是世界上屈指可数的最古老的都城之一。1979年，底比斯古城及墓被列入《世界遗产名录》。

## 规模宏大的神庙建筑

古城底比斯是供奉阿蒙神之城，另外还有卡纳克和卢克索的神庙和宫殿。

卡纳克神庙和卢克索神庙是古埃及建筑艺术上两块璀璨的瑰宝。两庙南北相峙，相距约 2 公里。卡纳克神庙由许多庙宇组成，是当今世上现存的神庙群中规模最大的一个，占地面积达 3 万多平方米，始建于公元前 1870 年，是埃及法老献给太阳神阿蒙、自然神和月亮神的庙宇。后经历代法老的不断修建，形成了一个长 1.5 公里、宽 0.8 公里的庞大建筑群。因附近村庄叫卡纳克，故神庙也以卡纳克命名。

卡纳克神庙中的主体建筑物是用来供奉底比斯主神——太阳神阿蒙的大庙。阿蒙是古埃及人心目中的太阳神，阿蒙大神庙始建于 3000 多年前，经历了多次增建。神庙有十重巍峨的门楼和三座雄伟的大殿。庙内最蔚为壮观的是一座密林似的柱厅，其中竖立着纵横排列整齐的 134 根、需 6 人才能合抱的高大巨柱，每根柱高约 21 米，据说柱顶的圆盘可站立近百人。石柱和殿堂墙垣上还有生动精致的浮雕和色彩鲜艳的彩绘，记载着神和人的故事。庙内还有闻名遐迩的方尖碑和多位法老的后妃的塑像。

在离卡纳克神庙不到 1 公里的地方就是卢克索神庙，它是用来祭奉阿蒙神的妻子穆特穆伊亚女王的。其规模仅次于卡纳克神庙，同样雄伟壮观。神庙包括塔门、拉美西斯庭院、一个大厅与侧殿。大厅东面是一个小型礼拜堂，墙壁上刻有穆特穆伊亚女王和阿蒙神故事的浮雕。神庙北面入口处是雄伟壮观的柱廊，共有 14 根近 16 米高的石柱。这里的大部分工程是由第十八朝法老阿蒙·诺菲斯三世完成的，后来的法老拉美西斯二世又增建了大门和庭院，并在门口竖立了自己的塑像。庙内原来有两座尖方碑，其中一座被埃及 19 世纪统治者穆罕默德·阿里送给了法国，现竖立在巴黎协和广场上。

在尼罗河西岸有一座唯一的大神庙——哈特舍普苏庙，它距离帝王谷有数公里之遥。它的式样独一无二，紧附底比斯山冈，分为三层，极为宏伟。大殿上浮雕完整，还有阿蒙神同母后结合，生下女王的神话故事。女王着男装，带法老的假胡须，是埃及古代历史上唯一的女王。

尼罗河西岸群山是古埃及帝王后妃和达官贵族墓葬集中之地，帝王谷中还存有拉美西斯二世葬祭殿。拉美西斯二世是新王朝的最后一位法老。他的葬祭殿规模极大，是帝王谷中最有代表性的墓葬之一。进入凯旋门，正面就是高 22 米、上宽 63 米的第一塔门。由此一直向前，其左侧是第二塔门和第一院落，右侧是第二院落，内有 24 根石柱组成的列柱室。列柱室顶部保存有色彩鲜艳的浮雕。其入口处并排矗立着 4 根拉美西斯二世的奥塞里斯柱，柱子前方就是拉美西斯二世座像的头部。葬祭殿内还保留有描述拉美西斯二世事迹的浮雕，内容是讨伐敌人、捕杀野牛等。

门农巨像是矗立在尼罗河西岸和帝王谷之间原野上的两座岩石巨像，于新王国时代鼎盛期建造。巨像高 20 米，现风化严重，面部已不可辨识。该坐像身后原来是阿蒙和蒂三世的葬祭殿，但后来的法老拆了这座建筑，将其作为自己的建筑石料。到了托勒密王朝时代，该建筑物已经完全被破坏了。人们认为石像是希腊神话中门农的雕像，就给石像取名为门农像。该像还曾有一个奇特的名字是“会说话的门农”，因为每当起风的时候，石像就发出声响，就像在说话或唱歌一样，十分神奇。后来在罗马统治时期发生的地震使雕像出现了裂缝，罗马皇帝令人整修了门农巨像，但从此这两座巨像便不再“说话”了。

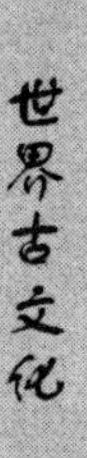


## 文化价值巨大的陵墓群

王谷是埃及国王的陵墓聚集地。这里峰峰相连，崖崖相对，从第十八王朝开国国王为自己建造的第一座陵墓开始，历经 500 多年，已形成了世上少有的王陵群。这里的墓穴高低错落，布满崖坡，已发现国王墓 62 座，据史载还应有 11 座。

这些新王国时期的陵墓，金字塔形式已被完全废弃，而改建为地下墓室，或者在岩石上开凿墓穴。在这种新型陵墓内，阶梯、画廊和墓室开凿深度可达 200 米，墓道起伏曲折，左右各有厅室。厅室墙壁和拱形的天花板上绘着彩色壁画。壁画内容有动物形状的神明肖像，也有古代耕耘、狩猎、宫廷欢歌笑语的场面。这些壁画是古代埃及人生活和信仰的真实写照，有极高的历史研究价值。

第十八王朝陵幕的特点是前室和墓室成直角，而到了第十九王朝之后，大多成了直线式的了。帝王谷中有著名的拉美西斯二世葬祭殿和举世闻名的图坦卡蒙黄金面具，以及其他珍贵文物。

陵墓的甬道深入地下几十米到百余米不等，两壁凹凸不平，空气稀薄，光线阴暗令人感到窒闷、恐惧。但一抵墓室，就霍然敞亮，四壁浮雕美不胜收，顶壁彩绘眩人耳目，几千年的岁月似乎都在此凝滞不动。石棺雕刻精细，陪葬品比比皆是。

墓道中常见这样的文字：“你死之后，必将复生，灵不离体。人世之为，犹如一梦。”帝王们正为此而将其坟墓造得极其奢华、隐秘。墓成之日，必将建墓之工匠悉数处死。但其愈隐秘，愈能激起冒险家的欲望，千百年来盗墓活动从未停止过，“国王谷”宝藏几乎为亡丧失殆尽。不过，在1922年时，人们又在帝王谷发现了图坦卡蒙法老墓，这是埃及帝王陵中规模最小但保存最为完好的一座。当时在墓中发现了3500多件文物。其棺椁共有七层，外面是四层木制棺椁，里面又有三层，分别为石棺、硬木人形棺和黄金人形棺。最内层的黄金颜面肖像人形棺前后均用3厘米厚的金板制成，长187.5厘米，宽51.3厘米，重134.3千克。黄金颜面肖像人形棺表面光彩夺目，是用蓝宝石、玻璃等进行的装饰工艺精湛。棺内为图坦卡蒙法老的木乃伊，其面部佩带着黄金面具。这个面具完成于公元前1350年前后，高54厘米，宽约40厘米，色彩绚丽辉煌，真实地再现了这个年轻法老的容貌，现收藏于埃及开罗博物馆。

走出帝王陵，在岩石山西面，有集中的王妃陵墓及贵族墓区。这些墓的规格虽不及帝王陵墓，但也有四五百座之多。规模没有王陵的大，但内部壁画表现得自由奔放，与庄严肃穆的帝王墓完全不同，多反映生活情趣，更接近凡人的生活。

哈特谢普苏特女王陵是帝后谷诸多建筑中的佼佼者，其陵墓位于底比斯卫城的最北端，建在峭壁北端。在这里有因希腊式柱廊和独具特色的岩雕而名扬世界的阶梯式庙宇。

哈特谢普苏特是埃及的第一位女王，她下令将自己的陵庙建在峭壁上，是希望自己的统治能够长治久安。女王陵放弃了传统的陵墓布局，完全按山崖谷地环境的需要把整个建筑设计成叠升的三层。由上而下以平缓的梯道连接，最上层的正面柱廊为简单的方形柱，后面是殿堂本部，其内殿凿于山崖中。上层侧廊则为刻有凹槽的圆柱，各种廊墙面皆有彩色壁画，柱廊外观则以清亮纯净的色调和作为背景的悬崖相呼应。这种建筑手法被认为是古代建筑中和自然景观充分结合的典范。两层平台极其广阔，每层平台前设廊柱和通廊，配有极细腻的浮雕，内容为女王降生、女王出访蓬特、众人搬运方尖碑等。

# 阿克苏姆文化——以方尖碑著称的文化

（约公元前 600—约公元 700 年）

## 文化概况与影响

阿克苏姆文化是埃塞俄比亚高原一带的古代文化，位于埃塞俄比亚北部和厄立特里亚西部地区。这里竖立着举世闻名的方尖碑，是非洲阿克苏姆文明的发源地，被誉为埃塞俄比亚的“基石”和“古代文明的摇篮”。同时，阿克苏姆文明也是古代非洲的重要文明。1980 年联合国教科文组织将其列入《世界遗产名录》。

大约在公元 1 世纪，阿克苏姆王国在此出现，并定都于此。公元 4—6 世纪是王国的鼎盛时期，也是阿克苏姆最繁华的时期。作为当时的政治、文化中心，即使阿克苏姆王国后来迁都拉里贝拉，新国王的加冕仪式也还要在这里举行。

据说在公元 1 世纪，一个埃及商人写了一本《红海回航记》，书中称阿克苏姆是当时世界出口象牙的主要市场。公元 3 世纪，在一个名叫摩尼的先知写的一本书中，称阿克苏姆是当时著名的“世界第三大帝国”，其版图一度包括今天埃塞俄比亚北部、苏丹和阿拉伯半岛南部的大片土地。

作为当年的历史名城，阿克苏姆遗址内众多的寺院、雕刻，高大的方尖碑和碑文、巨大的石桌和石凳以及一座座王陵都是最好的见证。特别是巨型的方尖石碑、尖石塔和巨大无比的石柱，是阿克苏姆文明的标志性建筑，有很多直到现在仍然高高耸立。

值得注意的是，在非洲撒哈拉沙漠和埃塞俄比亚高原地区，没有一个地方存在着哪怕与这些石碑稍微相似的石碑，因此没人知道阿克苏姆文化的起源，也没人知道当时人们的灵感来自何处。

## 方尖碑——埃塞俄比亚古文明的象征

阿克苏姆方尖碑

阿克苏姆方尖碑是埃塞俄比亚古老文明的象征，是世界文化遗产之一。公元前 6 世纪，在埃塞俄比亚高原北部，兴起了一个影响很大的贸易帝国，即著名的阿克苏姆王国。阿克苏姆王国第 74 代国王兰巴曾建造了 66 座独石方尖碑。据考古学家考证，这些石碑很可能是阿克苏姆国王及其他重要人物的墓碑。可以说，阿克苏姆的方尖碑群反映了王国的发展和社会变迁，是王国兴衰的历史见证。

今天，在埃塞俄比亚的提格雷州阿克苏姆考古遗址上仍然遍布着大大小小的方尖碑，这些碑雕刻精美、外形壮观。有一处遗址上原有个由 7 座方尖碑组成的石碑群，其中的 5 座早已倒塌，剩下的两座中有一座于 1937 年被意大利人抢去，仍耸立的这一座高 33 米，重达 500 多吨，在碑顶下雕刻着一面类似盾牌的图案，被认为是古代世界成功开采并竖立的最大的整块岩石，也是人类有史以来竖立起来的最高的石碑。这块石碑如同一座九层塔楼，其正面的主要雕刻如一些木质窗口、过梁等，都象征性地嵌在墙壁上。每层之间的空隙由象征性的圆木柱区分出来，一扇象征性的门则使石碑更像座楼屋。



曾经耸立在意大利罗马市中心现联合国粮农组织总部外的广场上的阿克苏姆方尖碑，就是阿克苏姆考古遗址上 7 座方尖碑中的一座。这块方尖碑建造于公元 4 世纪，有着 1700 年的历史，重达 180 吨，有 24 米高。不论从文物价值还是从历史上产生的深远影响来看，都可谓价值连城。

## 生产生活与人文特色

阿克苏姆有比较发达的农业和手工业。手工业有酿酒、陶瓷、造船等。阿克苏姆已使用金属铸币。铸币正反两面分别刻有国王手持宝剑和棕桐叶的图案，象征王权的威严与仁德。阿克苏姆的商业发达，国内外贸易相当活跃，对外贸易的主要港口为阿都利斯。在社会文化方面，国王埃扎纳皈依基督教之后，基督教获得广泛的传播，教会在国家的政治、经济、文化生活中起着重要的作用。

阿克苏姆的建筑艺术也很高超。方尖碑就是其在建筑上的代表作。在阿克苏姆石碑群不远处，有一处带围墙的宽敞建筑群，主体是两座教堂。其中一座很古老，而另一座的年代显然要近得多。这两座教堂都是为锡安山的圣玛利教堂的存放金约柜的使命而建造的。根据当地教会的传说，《圣经》中记载的装有摩西十戒的金约柜不知去向，后来经过所罗门和示巴女王的一个后裔运至此地，珍藏在本地的圣玛利教堂中。也就是说，阿克苏姆是金约柜最后的安放地。

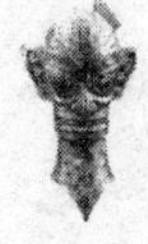

离这两个古代教堂不远，有一片大厦的废墟，这就是第一座锡安山圣玛利教堂的遗迹，它建于公元 372 年，是一座具有 5 个侧廊的长方形大教堂。它很可能是非洲西撒哈拉地区最早的基督教堂，因为曾有金约柜，它被视为全才埃塞俄比亚最神圣的地方。



在阿克苏姆考古遗址北面，还有公元 535 年阿克苏姆国王卡列卜的陵墓。墓室的顶部和墙壁都是用整块的花岗岩石雕砌而成。这座墓壁上还刻着埃塞俄比亚最古老的文字——盖埃兹文，今天埃塞俄比亚的官方文字——阿姆哈拉文就是在其基础上演变而来的。公元 7 世纪时，阿拉伯人的势力日益强大，阿克苏姆王国开始走向衰落。到公元 10 世纪，虽然阿克苏姆文明逐渐衰亡，但方尖碑这种纪念碑建筑形式被全世界的人们所采用。

## 大津巴布韦文化——南部非洲的“石头古城”

（约公元 800—约公元 1500 年）

### 文化概况与影响

大津巴布韦文化是指津巴布韦一带的铁器时代文化，这种文化的重要特征是以花岗石垒砌而成的建筑物和发达的黄金贸易。大津巴布韦遗址是撒哈拉以南的非洲大陆最重要的古代遗迹，位于哈拉雷以南约 300 公里处，总面积达 720 公顷。它是一处庞大的石头建筑群遗址，约建于公元 8—10 世纪。其中一堵约 250 米长、10 米高的椭圆形城墙，一座约 9 米高的圆锥形石塔和建筑在 90 米高悬崖上的“卫城”，全部用约 30 厘米长、10 厘米厚的花岗岩石块垒成。

“大津巴布韦”在非洲班图语中意为“石头城”。在公元 13—15 世纪，大津巴布韦曾是南部非洲古王国的都城，该古城共由 90 多万块花岗石砌造而成。石块连接未用任何黏合物，至今仍坚固挺拔，宏伟壮观。大津巴布韦古城规模宏大，建筑精巧，是非洲古代文明的象征，风格类似的石头建筑群遗址在津巴布韦已发现百余处。其代表的古代非洲文明，被称为“津巴布韦文化”。该文化遗址 1877 年被德国考古学家卡尔·毛奇发现，他当时认为这是曾经拜访过所罗门王的示巴女王仿照所罗门王宫而建造的宫殿。现已被联合国列入世界文化遗产之一。

在大津巴布韦建筑群周围还分布有古代梯田、水井和水渠的遗迹，说明这里当时已经有发达的农业。在津巴布韦地区，还发现古代采矿场 7000 多处。古代冶炼黄金使用的熔炉和铸钱的泥范的发现，也说明了当时这里的经济已很发达。大津巴布韦遗址还出土了一些古代中国瓷器的碎片。



## 古城的历史和宏大的建筑

大津巴布韦遗址分山顶建筑、山下石廓和谷地建筑三个部分。山顶建筑是遗址中最古老的部分，建在 100 米高的山顶上，设有堡垒和围墙，是国王的住所，构筑坚固，里面设有可能用于宗教祭祀的“圣坛”。山下石廓是遗址中规模最大的一部分，呈椭圆形，由高 11 米、周长 243 米的石墙围成，最宽处 106 米，均用凿切齐整的花岗石块垒砌，不用灰浆黏合，据说是王后和嫔妃的住所。石廓内立有大小不一、错落分布的圆锥形石塔，一般高 11 米，底部直径 6 米。锥形石塔现已成为津古文化的象征。谷地建筑是大臣和其他重要人物的住所，许多著名文物都在此出土，如“津巴布韦鸟”的石雕。津巴布韦的国徽、钱币上都有此“鸟”的图案。

大津巴布韦的建筑群和相关的文物遗存被发现后，使西方人深为震

惊，随即引起了一场考古学、人类学和种族优劣的争论。西方许多人认为，只有希腊人、罗马人和腓尼基人才能够胜任宏大的建筑工程，他们不相信当地人能够完成如此宏伟和精美的建筑。19 世纪 90 年代，英国好望角总督塞西尔·罗德斯参观了这一遗址。他断言：这座伟大的废墟只能属于白人，是腓尼基人所建造。但考古学家认为，津巴布韦的古文化遗存是非洲人自己的创造。

## 锡诺亚洞文化——古洞中的神秘文化

（时间不详）



锡诺亚洞文化是津巴布韦一带的铁器时代文化。它是津巴布韦的一处古人类穴居的遗址，位于津巴布韦首都哈拉雷西北 120 公里的山区中一片高低起伏不平的丘陵上，该文化遗址于 1887 年被发现。

锡诺亚洞遗址范围包括一个明洞、一个暗洞以及两个洞之间的一个深潭组成。明洞分为 5 级，洞口直径 4 米左右，洞身呈 45 度坡度向下倾斜，长达数十米，从洞口到中部的石级是近代人工开凿的，为人们进出洞口提供了方便。在这一段洞内，有两个由洞顶的石孔构成的天然窗口，阳光直接照射进洞时内，洞内显得亮堂非常。从中部到洞底的石级是当年的原始人类开凿的，拾级而下，越走越宽阔，洞底中的一片碧水，即两洞之间的深潭。

深潭处非常明亮，这里原来有一个竖井般的巨大石洞直通地面，有强烈的阳光照射到洞度，是明洞中最大的一个“天窗”。明洞内壁墙上残存着许多类似近代人类文字的符号，也有许多原始人的壁画残迹。虽然久经自然风化和侵蚀，但仍依稀可见那些粗犷的线条。

深谭另一侧的暗洞内伸手不见五指，游人进入洞中全靠电灯照明，据说是当年原始人的另一次穴居遗址。在灯光的照耀之下，洞内各种形状的钟乳石柱、石笋、石花等，千姿百态，光彩炫目，让人觉得这里是一片神秘的世界。暗洞内的壁上也残留有许多原始人留下的遗迹。

锡诺亚洞山丘上面的部分被称为“卫城”，由巨大的岩石组成，高达

120 米。以圆柱型塔为中心，周围由精巧的石壁组成，被称为“神殿”。在此之间分布着居住遗迹，被称为“谷的遗迹”。后来这里的“神殿”还被用于津巴布韦的硬币设计上。

锡诺亚洞文化起源于何处，是什么样的部落创造的，至今人们知道的还并不确切，因此该文化还披着神秘的面纱。但它的发现，为研究非洲古代人类的社会活动和生活习俗提供了珍贵的原始资料，考古和科研价值都很大。

## 附　录



**非洲地区比较著名的文化还有：**阿法文化（埃塞俄比亚，约公元前350 万年）、阿瓦什河谷文化（埃塞俄比亚，约公元前 230 万年）、索多文化（埃塞俄比亚，距今年代不详）、库比福拉文化（肯尼亚，约公元前160 万年）、斯瓦特克兰斯文化（南非，约公元前 160 万年）、诺克文化（尼日利亚，约公元前 1000—约公元 500 年）、伊费文化（尼日利亚，约公元前 1000—约公元 1500 年）、贝宁文化（尼日利亚，约公元 1000—约公元 1800 年）、石头城文化（津巴布韦，约公元 800 年）、阿梅克尼文化（阿尔及利亚，约公元前 6700 年）、提帕萨文化（阿尔及利亚，约公元前200—约公元 700 年）、杰米拉文化（阿尔及利亚，约公元前后—约公元500 年）、塞布拉塔文化（利比亚，约公元前 200—约公元 400 年）、希兰尼文化（利比亚，约公元前 700—约公元 800 年）、瓦卢比利斯文化（摩洛哥，约公元前 300—约公元 700 年）等。

# 三、欧洲地区

## 克拉克当文化——独具特色的石器文化

（约公元前 80 万—约前 30 万年）

克拉克当文化是欧洲的旧石器时代早期文化，因最早发现于英国埃塞克斯的克拉克当露天遗址而得名。该文化遗址主要分布于英国和法国北部，在德国东部、匈牙利等地也有类似的遗存。

克拉克当文化遗址在英国泰晤士河旁，遗物包含在高出泰晤士河河面约 30 米的阶地砾石层中。其地质时代为中更新世，相当于约在明德冰期与里期冰期之间，到里斯冰期时发展为勒瓦娄哇文化。



克拉克当文化是一种以石片工具为特征的石器文化，它在欧洲东部和中部的旧石器时代早期文化中占有主要地位。但它不同于阿舍利的手斧文化，故长期以来被认为是由两个不同的人群所创造的不同传统的文化。但也有的专家认为两个相同的人群由于所处的环境不同，也会创造出不同类型的文化。

克拉克当文化的石器主要有用石片加工而成的刮削器，包括鸟喙状的和锯齿状或带缺口的。该文化中石器的典型特征是石片厚而粗大，是使用硬锤直接打击或碰砧技术获得的，故这些石片具有大的石片角和显著的或多个的半锥体。法国考古学家布日耶把这种由碰击石帖而产生石片的方法称为碰砧技术，认为在碰击之前，古人类对火石结核是不加修理的。

另外，人们在克拉克当遗址的泥煤层中还发现有木矛，据推测可能是用带缺口的刮削器制作的。

人们在克拉克当遗址中还发现有很多哺乳动物化石，主要有古象、大鼻犀、草原犀、梅氏犀、河马等，它们都可能是当时人们的狩猎对象。这些主要生活在热带地区的动物的遗骨出现在这里，也表明欧洲当时的气候较现在是温暖的，非常适合人类的生存。

## 勒瓦娄哇文化——石器制作技术独特的文化

（约公元前 30 万—约前 8000 年）



勒瓦娄哇文化是欧洲旧石器时代中期至晚期的文化，因其最早发现的地点在法国巴黎近郊的勒瓦卢瓦—佩雷而得名，另外在非洲、亚洲地区也有分布。在欧洲大部分地区，勒瓦娄哇文化在里斯—维尔姆间冰期时，逐渐代替了阿舍利文化，其下限则延续到维尔姆冰期。

勒瓦娄哇文化以一种预制石核的技术为特色。这种预制石核技术被称为勒瓦娄哇技术，这种技术是指石片从燧石石核上剥离下来以前，先将石核加以修理，所以也称为修理石核技术。经修理后的石核，像个倒置的龟甲，一边平整，一边凸起，常常不加修整便可当作工具使用。这样的技术表明了当时人类想象力、预见性的飞跃。

经过勒瓦娄哇技术处理过的石片背面布满石片疤，台面上也有许多小疤片，锐利的刃缘很像一把石刀。但是，这种技术看来并不只是在一个旧石器时代人类的群落中产生过。例如在南非，它与晚期的阿舍利文化伴存，在东非的阿舍利文化层中也发现有勒瓦娄哇石片，在亚洲，修理台面的技术在旧石器文化中亦有所发现，说明这是几十万年以前的一种广泛使用的石器制作技术。

# 莫斯特文化——石核制作技术高超的文化

（约公元前15万—约前2.8万年）

莫斯特文化是欧洲、西亚、中亚和东北非的旧石器时代中期文化，该文化因最早发现于法国多尔多涅省莱塞济附近的莫斯特地区而得名。另外，我国云南地区富源大河文化出土的一些石器也有莫斯特文化特征。



莫斯特文化时期的遗址数量很多，但有着不同的类型分类，法国考古学家F. 博尔德曾根据器物类型的不同，将法国的莫斯特文化归纳为四大群：典型的莫斯特文化、夏朗德型的莫斯特文化、锯齿型的莫斯特文化和阿舍利型的莫斯特文化。其他国家的学者也有应用这种分类方法来区分不同的莫斯特文化类型的。

多数学者相信，莫斯特文化是由勒瓦娄哇文化、克拉克当文化和阿舍利文化融合而成的，其后为旧石器时代晚期的奥瑞纳文化和梭鲁特文化所代替。它的创造者是尼安德特人，时代为晚更新世，属于维尔姆冰期。又因为与该文化共存的人类化石大多数是尼安德特人，因此也有人认为这种文化是尼安德特人独有的文化。

莫斯特文化的典型特征是修理石核技术十分独特和高超，其技术主要包括勒瓦娄哇技术（见勒瓦娄哇文化）和盘状石核技术（制作方法是先按标准尺寸打成毛坯，再进一步加工成别的工具）。莫斯特文化的石制品大多数属石片工具制作系统，受勒瓦娄哇文化的影响是明显的。但莫斯特文化的石核体小成盘状，与勒瓦娄哇文化的不同。典型器物是用石片精心制作的边刮器和三角形尖状器，主要用于动植物的削皮和剥皮。此外还有凹缺器、锯齿状器、钝背石刀、用石灰岩制作的石球和小型手斧等。

但莫斯特文化的石器制作技术也不是完全相同的，西欧遗址里的遗存和东欧在石器制作上就存在着技术的差异，有一种“心形手斧”就为西欧遗址群所独有。

莫斯特文化时期，人类已会使用骨质工具，他们能以研压、剥落的方法对骨器进行细致的第二次加工，有粗制的骨针等，说明人们已会缝制兽皮作衣服。

通过发掘来看，这时已有了狩猎技术上的进步，猎物的种类也很广泛，遗址中常常出土大量兽骨，证明了其狩猎方法的成功。人们在西亚卡尔迈勒山的莫斯特文化类型遗址中发现一具木矛致伤的遗骸，这提供了当时人们使用木矛的证据。莫斯特文化遗址出土的哺乳动物多半是喜冷的，如驯鹿、披毛犀、猛犸象、原始牛、洞熊和洞鬣狗等，表明欧洲当时的气候是较为寒冷的，可能处于冰期阶段。

莫斯特文化多是洞穴遗址，说明这时期的人类还不太懂得建房居住，多在洞穴之中生活，但人们在东欧地区莫洛多瓦的遗址中发现有一种窝棚，说明当时的人类开始向人为地改善居住条件的方向发展。另外，人们在东欧遗址中还发现有炉灶的遗迹，说明当时的人类已会用水煮熟食物，这对改善人们的饮食和卫生方面的作用是巨大的。

莫斯特文化已有埋葬死者的习俗，这在典型的莫斯特文化遗址、夏朗德型遗址和其他一些地点都有发现。

这一文化时期的人们还会使用赤铁矿和氧化锰给物品或人体染色，说明他们已懂得艺术的美感；并且在遗址中偶尔还出土有穿孔的牙齿、骨头及刻画过的骨头等原始装饰物和艺术品，说明他们在艺术方面也有了审美的追求。还有的学者根据莫斯特文化遗址中发现的有意识地安放的洞熊颅骨和肢骨以及培葬的山羊角，证明当时的人类已产生了图腾，有了精神方面的信仰崇拜。

## 尼安德特文化——独特人种创造的文明

（约公元前 10 万—约前 2.2 万年）

尼安德特文化是指欧洲地区发现的由尼安德特古人类创造的文化，因最先发现于德国尼安德特河谷而得名。

尼安德特人简称尼人，是著名的原始人类，据考证被认为从几十万年前就开始生活在欧洲大陆和亚洲一些地区。该人种常作为人类进化史中间阶段的代表性种群的通称，在地球距今的最后一次冰期时代（玉木冰期）

尼安德特人的装束

后，他们曾广泛分布于欧洲、亚洲和近东地区。

最早发现的尼人化石是1848年出自直布罗陀的一个颅骨，但当时未被重视。1856年，有考古学家在德国杜塞尔多夫附近的尼安德特河谷的一个山洞里发现了一具人骨化石（包括头骨和部分体骨）。这一发现引起了激烈的争论。由于当时人们对早期人类的存在缺乏认识，许多学者怀疑尼安德特人是化石人类，以致把它当作是现代人的病态类型、最低能的人或者是古代野蛮种族的骨骼，因而尼安德特人在进化中的地位未得到肯定。直到后来在欧洲的许多地点又发现了更多的尼人类型化石，它作为介于直立人和现代人之间的一个阶段（又被称为“尼人阶段”）的人类地位才得以确立。

1908年，法国圣沙拜尔地区也发现了尼安德特人骨骼化石。著名的法国人类学家M. 布勒称圣沙拜尔人化石为尼人类型的典型代表。后来，在欧洲西南的伊比利亚半岛南端一处洞穴中，人们还发现了一些尼安德特人留下的遗迹。分析显示，这些尼安德特人生活于距今2.8万年前，甚至有可能存活至距今2.4万年前。

科学家在该洞穴中共发现103件具有尼安德特人特征的石器和用火的痕迹。他们依靠分析地层中的放射性碳同位素等方法测算出这些物品的年代。早先的考古研究显示，一批现代人类大约在距今3.2万年前迁徙到伊比利亚半岛地区。科学家因此认为在该地区，一些尼安德特人与现代人类可能曾共存数千年。

除欧洲外，后来又在亚洲、非洲的近东地区发现了与欧洲尼人同时代的人类化石，被认为是尼人在其他地区的代表或称为类尼人，例如赞比亚的布罗肯山人、印尼的梭罗人等。发现于近东地区的斯虎尔人和卡夫札山洞中的时代稍晚的化石，则被认为是尼人过渡到现代人的转变类型。但也有人主张上述化石都不属于尼人化石，认为尼人化石只包括欧洲玉木冰期的化石，通常称为“典型尼人”，如圣沙拜尔人，近东地区的塔邦人、沙尼达尔人和阿木德人等。

大多数尼人居住于山洞之中，他们能够捕获大、小型动物和携带猎获物。有人认为尼人已经会用兽皮御寒和构筑隐蔽所。尼人制造的工具被考古学家称为莫斯特工具，即大多从燧石石核上打下石片后修整成的尖状器、刮削器和石刀。但是尼安德特人的工具数万年都没有改革，因此认为他们的智力比现代人低。他们没有弓箭，要有特殊的策略去围捕动物。他们会与熊等动物争夺栖身用的洞穴。另外，尼人已懂得埋葬死者和放置陪葬品。

考古学家根据化石判定，尼安德特人的脑量已达到1300～1700毫升；与直立人相比，头骨比较平滑和圆隆，颅骨厚度较小；面部（从眉脊向下到下齿列部分）向前突出的程度与直立人相似；鼻骨异常前突，显示它们拥有一个像现代欧洲人那么高同时又像现代非洲人那么宽的大鼻子，鼻孔可能更朝向前方。研究结果还显示，尼安德特人可能已经掌握了语言。

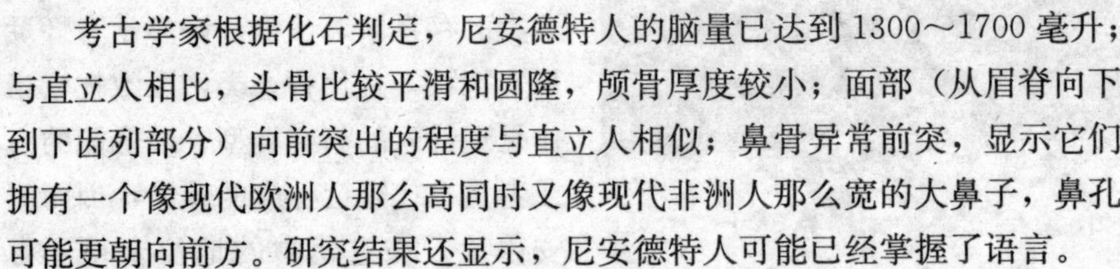

科学界通常认为，尼安德特人与现代人类没有直接亲缘关系，属于人类历史上灭绝的旁支。根据比较流行的看法，起源于非洲的现代人类祖先向各大洲等地迁徙，取代了这些地区原有的原始人类，成为各大洲的主宰。



## 阿布维利文化——以手斧著称的文化

（约公元前 3.8 万—约前 1.8 万年）

阿布维利文化是欧洲的旧石器时代早期文化，因最早发现于法国北部索姆河畔的阿布维尔附近而得名。许多学者认为它起源于奥杜韦文化，大约在第二间冰期时为阿舍利文化所代替，因而又名早期阿舍利文化。该文化遗址地质时代为中更新世，主要分布于法国和英国。其遗存多发现于高出河面 45 米的阶地砾石层中。

阿布维利文化属于欧洲手斧文化系统（因石器的代表器物为手斧），其手斧是用火石结核从两面打制而成，特点是器身厚，石片疤深，刃缘曲折，不定型，根部常保留火石结核的外皮。

另外，在阿布维利文化的诸多遗址中，和手斧等工具伴存的动物化石有大象、古犀、河马、剑齿虎、巨河狸等。这些动物表明西欧当时的气候是较为温暖的，气候环境较适合人类生活。但到目前为止，尚未发现与阿布维利文化伴生的人类化石，但有人把海德堡人看作是与该文化同时代的人。

## 奥瑞纳文化——人类艺术之光的首次闪耀

（约公元前 3.2 万—约前 2.7 万年）



奥瑞纳文化是欧洲旧石器时代晚期文化，该文化因最初发现于法国南部加龙河上游图卢兹附近的奥瑞纳克山洞而得名；在西亚的许多遗址中也有类似的遗存。其创造者是属于晚期智人的克罗马农人和格里马第人。

奥瑞纳文化的时代为晚更新世，属维尔姆冰期。关于该文化的来源有两种说法：一种认为在莫斯特末期时来自亚洲的西南部；另一种认为和具有阿舍利传统的莫斯特文化有关。

奥瑞纳石器主要是用石叶制作的。这种石叶不同于旧石器时代中期以前的石片，它狭长而小，是用间接法产生的。用石叶制作的石器有端刮器、吻状刮削器和各式雕刻器等。

奥瑞纳骨器有全部分叉的尖头骨针和骨锥穿孔器，劈开的基部和双椎形的尖端都说明骨器已经装柄使用。装饰品有穿孔的兽牙和贝壳等。

奥瑞纳文化的艺术成就代表着人类艺术史上第一个大发展的阶段，是人类艺术的第一次耀眼的闪光。这个时期最早的艺术品是在西欧地区发现的一些刻有简单动物形象的小石头，后来发展为在骨片和象牙上雕刻动物。在东欧还出现了真正的立雕艺术，创造出造型简单但栩栩如生的小型泥塑动物，以及造型非常一致的体态丰满的孕妇小塑像，即所谓的维伦多夫妇女小雕像，推测是丰产女神。

在西欧的一些石灰岩洞穴中，人们还发现了该文化末期的数以百计的绘画和雕刻，法国西南部拉斯科克斯洞穴中的野马和野牛壁画即是这方面的代表作。奥瑞纳文化这一时期的人死后也进行埋葬，曾发现以红土将遗体染成彩色的情况，说明了他们在生活习俗上的艺术追求。

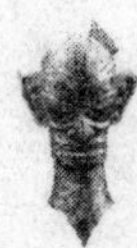

法国考古学家布日耶早年曾将奥瑞纳文化分为早、中、晚三期：早期具有沙泰勒佩龙尖状器（又称豕背石刀）；中期具有基部分叉的骨制尖头器；晚期具有格拉韦特尖状器。后来有人将布日耶的早、晚期合并为一期，称佩里戈尔期。现今流行于欧洲的奥瑞纳文化分期，先后顺序为佩里戈尔期、奥瑞纳期和格拉韦特期。与该文化伴存的动物化石有猛犸象、驯鹿、狗熊等，多属寒温带生活的动物，表明当时的气候比较寒冷。



## 梭鲁特文化——压制石器技术高超的文化

（约公元前 1.9 万—约前 1.6 万年）

梭鲁特文化是欧洲的旧石器时代晚期文化，因最初发现于法国东部里昂附近的梭鲁特雷山洞而得名。该文化类型主要分布在法国北部，也发现于西班牙、比利时和英国等地。

梭鲁特文化时代为晚更新世，属维尔姆冰期的最后阶段。该文化虽比奥瑞纳文化晚，但并非起源于奥瑞纳文化，而可能是在莫斯特文化的影响下直接发展起来的。

与旧石器时代晚期其他猎取大型野兽的猎人所创造的文化一样，梭鲁特文化以高超的压制石器技术著称，并且达到了旧石器时代石器制作技术的顶峰。该文化的石器种类多样，有雕刻器、刮削器和石锥等。但独具风格的典型器物是桂叶形或柳叶形尖状器，它们制作精致，器身很薄，有的器物甚至达到透明的程度。

梭鲁特文化的骨器总的说来比较贫乏，但是到了后期出现了带孔小骨针，说明人们已能缝制皮衣。

梭鲁特文化时期的艺术品也很多，手镯、串珠项圈、垂饰、骨饰针等均有出土，还有浅浮雕以及绘在石饰板和洞穴石壁上的图画。就连石器原料也都选择美丽的，诸如彩色石英、碧玉及丰富多彩的燧石等。



梭鲁特文化一般分为早、中、晚三期：早期梭鲁特文化与莫斯特文化有些接近，包含较多的端刮器、单面加工的尖状器和莫斯特型的边刮器，雕刻器不多见。中期虽然还残留着用木棒打制石片的方法，但是压制技术已普遍使用。尖状器则由单面压制演变为两面压制，出现体积小的桂叶形尖状器。雕刻艺术较早期有了发展，如在岩壁上用线条刻画多种动物的形像。晚期出现了带肩的尖状器和柳叶尖状器，但桂叶形和单面修整的尖状器仍存在。

在该文化遗址中出土的动物化石有猛犸象、驯鹿、熊、马等，属寒温带生活的动物，这些都是当时人类的猎物；同时也说明欧洲当时的气候与奥瑞纳时一样比较寒冷，可能属于维尔姆冰期时代的末期。

## 马格德林文化——远古洞穴艺术的创造者

（约公元前 1.5 万—约前 9500 年）



马格德林文化是欧洲的旧石器时代晚期文化，该文化因最早发现于法国西南部多尔多涅省蒂尔萨克附近的马格德莱纳岩棚而得名，主要分布在法国、比利时、瑞士、德国、西班牙和波兰等地。

该文化虽然晚于梭鲁特文化，但并不是其继承者，而可能来源于奥瑞特文化，后来逐渐被属于中石器时代细石器文化的阿齐尔文化所代替。与马格德林文化遗物伴生的人类化石，是属于晚期智人的尚塞拉德人，时代为晚更新世之末，属于晚期智人。

有考古学家将马格德林文化分为早、中、晚三期：早期马格德林文化中有原始的鱼叉，基部分叉或斜形的尖头器，用骨头、石头或鹿角制作的动物雕像，刻画在投矛器上的浮雕以及厚背石刀、鹦鹉嘴状雕刻器等；中期有相当多的单排倒刺鱼叉、投矛器、双斜的尖头器等，在形式上都较早期为好；晚期有鹦鹉嘴状细尖雕刻器、端刮器、似箭镞尖状器、细把尖头器和双排倒刺鱼叉等。

在马格德林时期，欧洲大陆食物丰盛，有着大群的猛犸象、驯鹿、野马、披毛犀、狐狸和野牛，基本都属寒系动物，说明当时仍处于寒冷时期。

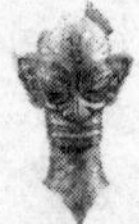

马格德林文化多属洞穴类型，由遗址和遗物来看，马格德林时期的人们过着半定居的生活，用梭镖、罗网及陷阱猎取动物。冬居洞穴、岩棚或其他坚固的住所，夏季则住帐篷。这时居住在法国河边村落的人群，已由梭鲁特文化时的1.5万人增至5万人。

马格德林文化出土有很多石器，其主要类型包括嵌入骨柄或鹿角柄中使用的小巧几何形石器，以及雕刻器、刮削器、石钻和钝背石刀等，还有带肩的和钝边叶形的投掷尖状器。该文化出土的骨角器有矛头、鱼叉、带孔的针和饰物等。特别是马格德林遗址中出土的骨鱼镖，被学者们称为最具特色的远古渔猎工具。

相比以前的阶段，这时期的艺术品和饰物大增，表明由于生产的发展和自然条件的优越，人们有了一定的闲暇时间。小件艺术品在这一时期达到了一个新的高峰，表现在细致的雕刻片和立体雕像上，也常常出现一件作品上雕刻出两个或更多的动物形象上。而其最杰出的成就，则是晚期的洞穴雕刻和彩色壁画。那些原始时期的艺术家们着力于形象本身的描绘，巧妙地展示出姿势以及复杂的构图。西班牙北部的阿尔塔米拉洞穴中，即保存有当时绘画的部分珍品，被认为是旧石器时代晚期人类的艺术杰作。这些雕刻和壁画艺术手法古拙，风格粗放，无言地诉说着远古时期人们的生活状态及对艺术的理解。



## 塔德努瓦文化——农业起源的前奏

（约公元前1万年）

塔德努瓦文化是法国海滨一带的新石器时代文化。因首次发现于法国塔德努瓦地区而得名。

塔德努瓦文化的地质时代属于全新世，是旧石器时代和新石器时代之间人类文化发展的过渡性阶段。此时，地球上更新世最后一次冰期已经消退，气候由严寒转变为比较温暖，但人们的经济生活仍然是以渔猎和采集为主。



因原来适应寒冷气候的大型动物，如猛犸象和披毛犀等的消失，塔德努瓦人面对现存的动物群，改以猎取中小型野兽为主，其中大宗的猎物是鹿类。这时的狗已成为家畜，在欧洲和西亚的一些地方，人们可能已开始驯养猪或山羊，并且这时人们还从水域中用网获取更多的鱼、贝类，以丰富食源。在塔德努瓦文化的海滨河口居民遗址中，有些堆积层含有人们吃剩的大量贝壳和鱼骨，形成最初的贝丘遗址。

随着人们采集活动经验的积累，在西亚一些地区，采集目标逐渐集中于大麦、小麦等野生植物，这可看做是农业起源的前奏。

在生产工具上，此时人们继续使用直接打制的大型石器，而占主体地位的是几何形细石器，并且出现了用三角形、半月形和梯形的细石片镶嵌在骨、木柄上的箭、刀等先进的复合工具。镖、锥等骨器也较为精良实用。弓箭的普遍使用，使狩猎效率大为提高。总之，塔德努瓦文化时代的整个渔猎、采集经济比以前有了长足进步。

在居住方面，该文化时期的人们除依旧利用自然洞穴栖息外，还有了季节性的窝棚居址。另外，塔德努瓦文化埋葬死者的习俗比旧石器时代也更加复杂。



## 阿齐尔文化——以彩绘砾石著称的文化

（约公元前 8000—约前 6000 年）

阿齐尔文化是欧洲地区的新石器时代早期文化。以法国南部的发现地点阿齐尔而得名。

有人认为阿齐尔文化是塔德努瓦文化在马格德林文化的影响下而产生的一种文化。其文化特点是有鹿角的鱼叉、彩绘卵石，还有小型圆型刮削器、尖雕刀等。但也有的专家认为阿齐尔文化是独立发展起来的古人类文化。

阿齐尔文化的出现标志着欧洲中石器时代的开始，在法国南部和西班牙的一些遗址中，阿齐尔文化层和旧石器晚期文化层是连在一起的，石器制作技术也一脉相承，说明这些地区的新石器文化是直接从旧石器文化发展而来。但在三个基本方面，阿齐尔文化又有和旧石器文化不同的特点。

这三个特点主要是：石器以几何形细石器为主，用作箭头或嵌入骨、木上的凹槽中作刃口，还有石刀、石斧、鱼叉等；猎物由驯鹿、野牛等转为以鹿类为主；旧石器晚期以动物形象为主、富有写实风格的岩画和线刻画已绝迹，出现了彩绘砾石，并以此著称。这种新的艺术品是以红线组成几何图样，有时也可见一些图案化的人形图样。这时的岩画也变为主要表现人类活动，如狩猎、舞蹈和各种仪式等。

阿齐尔文化时期的人类既在高地洞穴中生活，也在低地营造木构茅棚作季节性居留。其经济生活以狩猎鹿类为主，渔猎和采集也占有重要地位。



## 卡拉诺沃文化——历时较长的南欧文化

（约公元前6000—约前2000年）

卡拉诺沃文化是欧洲巴尔干地区的新石器时代和青铜时代文化，历时较长。卡拉诺沃文化遗址位于保加利亚东南部新扎戈拉城附近，文化堆积包括新石器时代、铜石并用时代和青铜时代各阶段。该文化遗址发现于20世纪30年代，之后有很多考古学家都在这里进行了发掘。

该遗址表面呈丘状，底边长约为250米，宽180米，文化堆积厚达13米，自下而上可分7层。其中最有代表性的文化层属于新石器时代早、中期，约为8000—6000年前。属于新石器时代晚期文化也是直接从卡拉诺沃文化发展而来的，并没有为其他文化所阻断。其年代约在前4500—前3000年间。卡拉诺沃第5层以后出土有金属器，在第6层中发现斧、别针、短剑等青铜制品。

在卡拉诺沃文化的早期时代，这里便已形成农业村落。考古学家发掘有18间住房，居民约100余人。住房为方形单间，一般为长7米，宽6米。前开一门，屋内有炉灶，墙壁为木骨泥墙，每房约居住一个家庭，说明这时的人类社会已出现了早期家庭制度，这比氏族公社时期又有所进步。

这里出土的生活工具多为陶器，典型的陶器为球腹长颈的瓶与罐，又称为梨状瓶，较精致者已有简单的彩绘。约在6500年前，这里出现了带四足的钵形陶器。后来他们又掌握了青铜器等制造技术。

该文化时期人们的社会经济以农业为主，种植小麦。家畜主要是绵羊、山羊，还有牛、猪等。

## 布格河-德涅斯特河文化——依河而生的文化

### （约公元前5500—约前4000年）

布格河-德涅斯特河文化是东欧南部的新石器时代文化，分布于东欧南布格河中游和德涅斯特河中游，在类型上可分为南布格河类型和德涅斯特河类型。20世纪50年代始，前苏联考古学家达尼连科和马尔克维奇曾主持发掘与研究，并据分布地域定名。

该文化的遗址一般位于河滩台地或河中的岛上。面积不大，如索罗基城附近的索罗基Ⅲ号遗址，南北长80米，东西宽仅60米。该文化的每个聚落由3—8间住房组成，住房多为长方形地面建筑，德涅斯特河类型早期亦有椭圆形半地穴居址。居住面上层挖有窖穴，屋内外设火塘或石灶。

该文化的陶器为手制，胎中有各种掺和料，器形主要是各种形制的罐，也有钵、碗、杯。纹饰有河蚌壳押捺的假指甲纹，以及阴线纹、篦纹等，末期还有窝纹。石器中主要是燧石制的细石器，有石核、刀形细石片、梯形器、菱形石镞、用作镰刃的石片等。还发现研磨谷物的石磨盘。另有挖掘器、锄、镞、标枪头、鱼镖、鱼钩、诱具和针等骨、角、牙器。个别遗址出土有少量锻打的红铜小珠。还发现有兽骨，鱼骨，河蚌壳及牛、猪、羊、狗等畜骨；陶片上有小麦粒、大麦粒印痕。这些表明，居民经营渔猎、采集以及初期的家畜饲养业和锄耕农业。从公元前5000年左右起，此地的农牧业得到较大发展，渔业地位下降。

有人根据石器和住房形制的比较，推测该文化是特里波利耶—库库泰尼文化的形成基础之一。从陶器的比较研究表明，该文化与第聂伯河与顿涅茨河文化、线纹陶文化、斯塔尔切沃文化及克烈什文化之间有联系。

# 印纹陶文化——欧洲早期的农业文化

（约公元前5400—约前3700年）

印纹陶文化是欧洲地区的新石器时代早期文化，因其陶器外部饰有以指甲或贝壳压印的篦齿纹组成的简单图案而得名。

该文化主要分布于东欧和西欧南部的沿海地带，代表着这一地区最早的农业文化。其典型的遗址有巴尔干地区的茨尔韦纳、斯蒂耶纳、斯米尔契奇和西班牙的阿尔科伊、科瓦、德洛拉等。

据考古学家考证，印纹陶文化发源于巴尔干半岛，然后沿地中海岸西行，经亚得里亚海两岸进入西地中海。该文化类型的遗址极少深入内陆，居民点往往由定居村落和洞穴等季节性宿营地共同组成。创建该文化的人类在意大利、法国南部、西班牙和葡萄牙沿海，以及西地中海许多大小岛屿上建立了农业村落。其村落面积一般在1.5公顷左右，居民在150人以下，约有10—20间房屋，每间长度很少超过10米，它们代表着西欧最早的农业村落。

印纹陶文化的陶器为手制，器物以碗、钵和长颈瓶为主。石器有石镰、石臼、石斧等。其种植的农作物以大麦为主，也有小麦。人们饲养的牲畜有牛、羊等，但以羊为主。另外，捕渔业也占重要地位。

# 线纹陶文化——原始长屋的居住者

（约公元前4500—约前3500年）

线纹陶文化是欧洲新石器时代早期文化，因其陶器饰有回旋纹、曲折纹、平行纹等线形刻纹而得名。



该文化主要分布于中欧和东南欧北部。也有人因其大体分布于多瑙河一带而称之为多瑙河文化，其主要遗址有捷克斯洛伐克的比拉尼、荷兰的埃尔斯洛、波兰的桑博热茨等。

该文化的陶器很有特色，基本上全为手制，典型器物有半球形的圜底钵和葫芦形的长颈瓶。此外，磨光锛形石斧也是富有特征的器物。这种石斧的广泛使用，说明当时的伐木生产对该地居民相当重要。

线纹陶文化时期的人们以种植小麦为主，牲畜则以牛为最重要，但牛只供肉食。当时已有较大村落，比拉尼遗址就占地达 22 公顷，并且在同一时期至少有 7—10 间长屋。这种长屋一般长约 20—30 米、宽约 5—6 米，可能为一个大家族所居住，这是线纹陶文化的特征性居址。

在墓葬方面，过去专家们对线纹陶文化的墓葬所知甚少，近年始有一些发现。墓地一般离住地 100 米以上，有少量贝壳和石器作随葬品，说明当时人们过着平等的氏族社会生活。

一些考古学家目前一般认为：线纹陶文化可能源自巴尔干地区，经多瑙河至莱茵河，并向东北传至波兰和俄罗斯西边。



## 温查文化——红铜的早期使用者

（约公元前 4500—约前 3000 年）

温查文化是欧洲巴尔干半岛和西亚部分地区的铜石并用时代文化，得名于前南斯拉夫贝尔格莱德附近的温查遗址。

温查文化时期，人类已经定居，村落已很普遍。该文化的遗址规模较大，光温查遗址的面积就达 8 公顷。遗址中街道整齐，住房由两间方形屋组成，有木骨泥墙和夯土地面，后期出现 3 间的房屋，中房有火灶，后房为贮藏室。

该文化时期的生产生活工具仍以石器、骨器为主，石器主要为舌形和椭圆形石斧，骨器则有鱼钩、鱼叉等。这时期人类已使用红铜，一些遗址中发现有红铜串珠。

温查文化的陶器呈黑色，主要有高脚杯、钵和大水罐，精制者施以简单彩绘。亦有泥塑人像和动物像出土。

# 迪米尼文化——欧洲著名的彩陶文化

（约公元前 4000—约前 2800 年）

迪米尼文化是希腊地区的新石器时代晚期文化。1903 年，希腊考古学家 C. 特孙塔斯在以色萨利地区沃洛斯市迪米尼村发现该文化，并因该村而得名。

迪米尼文化时期的村落已有建于小丘之上的圆形防御建筑。其城堡长宽均约百米。由外至内共有 6 道石砌围墙，一般高约 2 米，厚 0.8 米。各围墙之间有横墙阻断，其建造有明显的防御目的。最里一圈墙垣结构最为厚实，里面为一中央庭院，建有一座典型的麦加伦型厅房建筑。

麦加伦型厅房建筑是整个城堡中最重要的建筑物，它长 11 米，厅内宽约 6 米，门廊中有两根圆柱，大厅内有方柱和炉灶。研究者认为，迪米尼的这种城堡建筑当为迈锡尼文明的卫城和麦加伦厅房的前驱。

迪米尼文化的彩陶极为发达。彩陶在希腊新石器文化中期已经存在，但迪米尼彩陶尤以富丽著名。彩陶多用白、黑两色，衬以器壁的淡赭色，富于变化，图案有螺旋纹、回纹、粗细相同的带纹等，风格奔放。典型器物为双耳大水罐，往往在回绕器壁的带纹大花之间穿插以螺旋等图案，被认为是希腊史前彩陶的杰作。此外，陶器也以刻纹等为饰。

迪米尼文化的经济以农牧并重，牲畜有牛、羊和猪，农作物则有小麦、无花果、梨和豌豆，工具主要为带鹿角柄的石斧等。

从彩陶花纹看，该文化和中巴尔干地区的一些文化有一定联系，但过去认为迪米尼居民自中欧迁移而来的观点则可能不确实。现在学术界倾向于认为迪米尼文化系从希腊本土新石器文化中期直接发展而来。作为其彩陶特征的螺旋纹图案，则主要来自基克拉泽斯文化，但也接受了中欧和小亚细亚的影响。这些说法虽有一定的依据，但还未获得大多数人的认同。

# 特里波利耶-库库泰尼文化
## ——平底陶器生产者

（约公元前 4000—约前 3000 年）

特里波利耶-库库泰尼文化是东欧地区铜石并用时代的文化，主要分布于东喀尔巴阡山至第聂伯河中游，根据前苏联考古学家 B. 赫沃伊科和罗马尼亚考古学家 G. 布祖雷亚诺分别在基辅城附近特里波利耶村和雅西城附近库库泰尼村发掘的特里波利耶遗址和库库泰尼遗址而定名。

在时间划分上，该文化可分为早、中、晚三期。早期为公元前 4000 年以前，中期约为公元前 4000—前 3000 年，晚期约为公元前 3000—前 2250 年。各期均可分为前后两段。

该文化类型的居住区多为村落，一般建在河流附近，其布局往往为同心圆形，面积常在 5 公顷以下，中、晚期则屡见 10 公顷以至数百公顷的大遗址，说明其人口较为集中。部分村落建有壕沟土墙，土墙内的住房多为 30—90 平方米的长方形地面草泥建筑，也有的能达 300 平方米，个别地区还流行 2—3 层的楼房。这些房内常设炉灶、碾谷草泥台和贮藏窖，还发现有用作厨房和劳动场所的椭圆形地穴或半地穴。在中、晚期的若干遗址旁边还有两层陶窑的遗迹。在德涅斯特河沿岸的晚期遗址中还出现了专门的制陶区，以及产品远销第聂伯河的大型燧石开采加工场等。



该文化类型的晚期墓葬较有代表性。其墓穴多为长方形土圹，地表标以石板或石环，间或还有坟丘。墓主屈肢向左侧身，头向北或东北。墓里撒白黏土和赭石粉，并有少量随葬品，这种土圹墓应属普通公社成员。在第聂伯河中游，人们还发现了火葬的痕迹。晚期时男墓中随葬品较多，说明当时的社会已进入父系氏族阶段。个别坟丘规模宏大，并有以 2 人殉葬的墓，其应属部落上层人物。

该文化出土的陶器多为手制，分炊器和贮食器两大类，前者有罐和钵，饰窝纹、堆纹、篦纹、绳纹等，胎土中常掺耐火黏土或贝末。后者有梨状器、双圆锥形瓮、罐、钵、高圈足钵、壶、碗、杯和单筒或双筒望远镜形器。其器身基本全为平底，式样也独具特色。早期和中期常施沟纹和刻画纹，中期开始流行彩陶，一般以白、红、黑等颜色绘出螺旋纹、几何纹及仿生纹等。

陶塑在该文化的遗址中也很常见，多为女像和动物雕像。女像常表现性特征，推测系丰收女神。动物雕像多为牛、羊、猪狗等家畜。此外，还见有牙、骨、铜、陶质地的人形或几何形护身符，略似坐态女像的陶椅及草泥祭台等，这些遗存似亦与祈求丰收等崇拜行为有关。

在社会生产上，该文化时期的居民以经营农业居多，种植小麦、大麦、黍、豆，饲养牛、猪、羊、狗。从出土兽骨和工具看，渔猎采集仍占一定地位。

该文化出土的生产生活工具以石器为大宗，有石片修整的刀、镰刃、镞、矛，磨制的斧、战斧、权标、磨盘等。另有针、锥、钩、锄、斧、凿、短剑等骨角器。遗址中发现有角制的犁等。

这里的人们从该文化早期后半段起，开始用来自巴尔干地区的红铜锻造用具。这些铜制用具采用了焊接技术，中期始有铸造技术，器类有斧、锥、鱼钩、凿、刀、短剑及饰物。从中期开始才有铸造技术，并发现有陶纺轮和织机陶坠。

关于该文化的起源，目前有人提出其在形成中吸收了东喀尔巴阡山地区和多瑙河下游的博扬文化、线纹陶和带纹陶文化等新石器时代文化的若干成分，但仍需作进一步研究。从出土遗物看，这一文化与喀尔巴阡山一带、多瑙河地区及巴尔干地区有较密切的文化联系。另外这里与位于东方的一些文化也有密切联系。



## 小窝-篦纹陶文化——地穴中的陶器制作者

（约公元前 4000—约前 1500 年）

小窝-篦纹陶文化是东欧森林地带的新石器时代文化，因出土圆锥形的小窝纹与篦纹陶器而得名。

该文化较为独特，其范围从伏尔加河与奥卡河之间的地方开始往北直到芬兰和白海沿岸，往南分布到沃罗涅日河上游和顿河上游的森林草原地带。小窝—篦纹陶文化的遗址多位于河、湖沿岸。1917年后，苏联考古学家布留索夫等人对该文化进行了发掘研究。之后有人以公元前2500年为界，将该文化分为两期：之前的为早期类型，主要分布在伏尔加—奥卡河间地；之后的为晚期，因地域扩大，还形成了地方类型，有人还将其按地区分为若干种文化类型。

小窝—篦纹陶文化以陶器著称。其陶器多手制，器形多为直口、直壁、圜底或尖底，有大型贮器、中型炊器和小型食器。基本的纹饰是押捺的小窝纹和篦纹。该文化的陶器纹饰表明：在奥卡河地区，该文化受到第聂伯河—顿涅茨河文化的影响；而在伏尔加河中游，则与伏尔加河—卡马河文化有联系。

该文化出土的石器工具多为打制、磨制和压制的镞、矛、刀、斧、凿、钻等石器，不同地区亦有变异。另有箭镞、鱼镖等骨器。文化晚期时出土有青铜残片和坩埚。从石器类型看来，该文化可能起源于伏尔加—奥卡河间地的新石器时代文化。



该文化的工具组合和贝壳堆积说明，当地居民多从事渔猎和采集，其社会处于原始公社阶段。关于居民种属，目前只知波罗的海沿岸为欧罗巴人种与蒙古人种的中介类型，这是乌拉尔部落入居于此的证据。在该文化类型的末期，分别在南方和北方被法季扬诺沃文化和网纹陶文化、石棉陶文化等青铜时代文化所取代。

小窝—篦纹陶文化时期人们的住所多系圆形、椭圆形或长方形的半地穴建筑，长方形的房屋之间有过道相连，面积为14—50平方米不等。该文化中发现的墓葬极少，葬俗情况不清楚。

## 基克拉泽斯文化——爱琴文明的明珠

（约公元前2500—约前1500年）

基克拉泽斯文化是希腊的青铜时代早期文化，因主要遗址多分布在基克拉泽斯群岛而得名。该文化是爱琴古文明的早期阶段，从时间上可分3期，早、中期尚处于原始社会阶段，晚期受米诺斯文明影响，进入文明

阶段。

基克拉泽斯群岛很早就已经有人开始居住，但它的黄金时代大约在公元前 7 世纪到前 6 世纪之间，这一时期，纳克索斯岛上的商业最发达、艺术最辉煌，成为基克拉泽斯群岛诸岛中最耀眼的明珠。

关于基克拉泽斯群岛的由来有这样一个传说：上帝在创造世界的时候将土地平均分给各国，却独独忘记了希腊。希腊向上帝抱怨，所以上帝只好将手中仅存的沙土撒向希腊，这些沙土落到了美丽的爱琴海上立刻化为一个个美丽的岛屿，而纳克索斯就是其中最美最亮的一颗珍珠般的石子。



纳克索斯岛是当之无愧的基克拉泽斯群岛的重要商业和文化中心，也是基克拉泽斯文明的重要组成部分。著名诗人拜伦就曾经赞颂这里为梦幻之岛。关于该岛也有许多传说，人们始终相信酒神狄奥尼索斯就居住在这个岛上。当年雅典王子从克里特岛魔怪口中救出了公主，但是却将她留在了这里，后来这位公主便嫁给了酒神。直到今天，岛上的居民还在庆祝许多与酒神有关的节日。

生产生活方面，基克拉泽斯人多以渔业为主，每日与海洋打交道，岛与岛之间的贸易也很发达。贸易等方面的往来也促使他们的海上交通和商业十分繁荣。

基克拉泽斯文化遗存中的典型代表是青铜器，以剑和匕首最为常见。另外，其大理石雕像也很有特色，一般只刻画身躯四肢、头部，不刻眼和嘴，形象古拙，磨制光洁晶莹，多表现大地母神，是希腊爱琴海一带远古艺术的代表之作。

## 米诺斯文化——欧洲文化的起源

（约公元前 2500—约前 1450 年）

### 文化概况与影响

米诺斯文化是希腊爱琴海一带的青铜时代文化，它也是爱琴海周围地区最早出现的古文化之一，为爱琴文明的一部分。该文化因其国王在希腊神话中被称为米诺斯而得名，有时也据所在地而称为克里特文化或克里特文明。

公元前2500年左右，位于爱琴海南端的克里特岛便成了米诺斯文化的发源地，因此人们便把米诺斯文化看作是最早出现的欧洲文化。该文化以精美的王宫建筑、壁画、陶器等著称于世。

米诺斯文化得名于其传奇故事中的国王米诺斯。传说有一个名叫米诺陶洛斯的半人半牛的怪物住在一所迷宫里，他是王后帕西淮的儿子。王后和米诺斯国王派人建造迷宫，用来隐藏这令人恐惧的怪物。米诺陶洛斯每年要吞食7名童男童女，直到希腊王子忒修斯凭借着智慧和勇气打败了迷宫中的牛怪，拯救了雅典人民。

米诺斯文化萌芽时，当时爱琴海地区的基克拉泽斯文化已得到了充分发展，克里特岛受其影响，逐渐过渡到了青铜文化时期，并同古王国时期的埃及人发生联系。到公元前1900年左右，克里特岛上已建立起奴隶制国家，米诺斯文明遂告形成。他们在克里特岛上建立了一系列的城镇，并沿地中海东岸开设了不少贸易据点。由发掘来看，当时的米诺斯人爱好和平，热爱艺术及美好的事物，他们还与地中海周围地区建立了广泛的贸易联系。

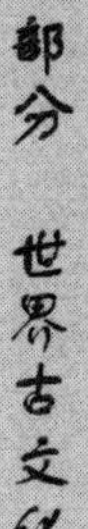


米诺斯王朝除统治克里特岛外，还控制着爱琴海地区，并掌握着海上霸权，海中许多岛屿和希腊南部沿岸（包括迈锡尼）均归入其势力范围。在克里特岛上，费斯托斯、马利亚等地也有类似的王宫建筑，只是规模比较小。

大约在公元前1450年，临近的锡拉岛发生火山爆发，使得很多希腊本土的迈锡尼人逃到克里特岛，后来迈锡尼人统治了克里特岛，米诺斯文明也逐渐为迈锡尼文明所取代。

## 独具魅力的宫殿建筑

米诺斯文化以发现诸多的宫殿而著称，可以说是以宫殿为中心的文化。这一时期，有很多分散在农村的居民开始聚集居住在宫殿周围。而这些宫殿也不同于一般帝王们的宫殿，它是规模巨大的建筑群，集政治统治、经济和社会管理的功能于一身。整个克里特岛有许多个这样的宫殿中心，最重要的有克诺索斯王宫、法伊斯托斯、马利亚、扎克罗斯等。这些宫殿和宫殿周围的建筑几乎靠在一起，很难将之归类于村庄或城镇。

米诺斯文化宫殿遗址

克诺索斯是米诺斯王朝的首都，也是该地区当时经济、文化的最大中心。它位于克里特岛中央，濒临北岸，在公元前1500年时是地中海地区最大的工商业城市之一，估计有8万多人口。1900年，英国考古学家阿瑟·伊文思爵士在克诺索斯发现了一个宏伟的宫殿遗址。在这之前，人们对米诺斯文化了解的并不多。该建筑物建于公元前1700—前1450年间，互相不连贯，而是散布在山麓上。它的设计建造十分出色，有1000多间房间，甚至有复杂的排水系统。

该宫殿又被称为米诺斯迷宫，迷宫的各个宫室和长廊都画有瑰丽多姿的壁画，其中的《戴百合花的国王》最为有名。这些壁画历经3000多年，但刚出土时色泽还很鲜艳。墙上的壁画有斗牛戏的内容，这些也许和希腊神话中所说的南海迷宫和宫中饲养的吃童男童女的人头牛身怪物的情节相符合。在宫殿的长廊中，有表现国王、贵族活动和集合的壁画。有的壁画中，男子们拿着金银器皿，女子们穿着镶白边的黑裙，体态婀娜，栩栩如生。有的彩绘壁画上面绘有小鸟和动物的画像。所画的动物大多为海洋生物，这说明了米诺斯文化与海洋之间的关系。

在这里，伊文思还发现了用线形A和线形B两种文字风格书写的泥版文书。在英国学生迈克尔·文特里斯开始研究线形文字B之前，没人能看得懂这种文字，一直到1953年才破译了这些文字的意思。原来它记载着王宫财物的账目，其中有国王向各地征收贡赋的情况，计算法是十进位。这些文字和古希腊使用的文字只有很小的差别，由此可知，克里特岛文化和希腊文化之间有密切的联系。

在这个宫殿遗址里，伊文思还发现了大量文物，其中包括黄金、珠宝、装饰品及纹饰精美的陶器和塑像。后来人们在迷宫的周围还发现了豪华的住宅，里面居然有冷热水管俱全的浴室。在豪华住宅的旁边，有极为简陋的小屋和茅舍，这显然是穷人和奴隶居住的地方。宫外西北角有剧

场，附近还有皇家别墅和陵寝的遗址。

无论从整体布局上看，还是从细微之处观察，米诺斯的宫殿都闪耀着米诺斯人的智慧。另外，克里特岛上还有其他众多古迹，都在无声地诉说着米诺斯文化的无穷魅力。

### 生产生活与人文特色

因生活于岛屿之中，米诺斯人很少从事农业，而是以渔业为主。

米诺斯人制作的陶器非常出色，他们用陶轮制作出薄如蛋壳的、装饰精致的壶以及装油、酒和谷物的大储藏罐，其制作技术也非常高超。

在米诺斯人的社会之中，妇女有着较高的地位。她们可以拥有并继承财产，而且可以向丈夫提出离婚。这说明米诺斯人有了男女平等的观念，有着较大的人身自由，这在当时的其他文化中是不存在的。

与众不同的是，在米诺斯人的信仰和文化中，公牛占有相当重要的地位。比如，他们有有关公牛的舞蹈和跳跃仪式，这种仪式可能是在克诺索斯宫里举行的。年轻的米诺斯男女轮流从冲过来的公牛的角上跳过去，他们喜欢表演这种有生命危险的杂技。跳完舞后，他们就会把公牛宰杀，把血撒在大地上祭神。



## 特洛伊文化——叠加起来的城市文化

（约公元前 2500—约公元 400 年）

### 文化概况与影响

特洛伊文化是古希腊时代的城市文化，其遗址位于土耳其达达尼尔海峡主要港口查纳卡累以南 40 公里处的西萨尔立克。

著名的特洛伊战争发生在公元前 1220—前 1210 年。公元前 8 世纪，希腊诗人荷马写下了两大史诗《伊里亚特》与《奥德赛》。这两大史诗是世界文化的瑰宝，也是古代希腊人留给后世的一份重要的精神财富和文化遗产。《伊里亚特》写的就是特洛伊战争。战争是由于普里阿摩斯国王的儿子帕里斯诱走了希腊斯巴达国王梅内莱厄斯的妻子、希腊最著名的美女海伦而引起的。

在古希腊文明的全盛时期（公元前 700 年—前 200 年），特洛伊战争被视为希腊人早期的一段历史，特洛伊也被誉为古希腊人获得辉煌胜利的地方。在后来著名的希腊历史学家中，希罗多德和修昔底德都认为荷马所讲的故事完全属实。

罗马人离开小亚细亚之后，新特洛伊被废弃不用，之后没有人能确切知道它当时究竟位于何处。直到 1870 年，考古学家施里曼根据荷马所著的《伊里亚特》和《奥德赛》中的记载来到了西安纳托利亚的爱琴海岸和今天土耳其的西萨尔立克。令世人惊奇的是，凭着荷马史诗的指点，施里曼不仅证明了希腊人用木马计攻陷特洛伊城是历史事实，挖掘出湮没 2000 多年的特洛伊城遗址，还找到了“普里阿摩斯宝藏”，而且又在伯罗奔尼撒半岛的一条山谷发现了迈锡尼王阿伽门农的坟墓，打开了埋藏 3000 年之久的地下宝库，由此揭开了世界考古史上让世人震惊的一幕。

另外，荷马笔下的特洛伊是一个宏大的城市，有高大的城墙和城门，他还特别提到特洛伊城的西城墙建造得不好。后来的考古发现，第 5 层特洛伊的城墙有 4 米多厚，有几段城墙超过 9 米高，但是西段城墙建造得确实较差。因此又有人怀疑荷马史诗中的特洛伊是在第 5 层。但不论是第 5 层、第 6 层还是第 7 层，都可以说施里曼发掘出的“普里阿摩斯宝藏”并非真正的荷马史诗中的宝藏。那么，这些宝藏的主人到底是谁？而真正的普里阿摩斯宝藏又在何处呢？

## 规模宏大的城上城

1870 年 4 月，考古学家施里曼开始在西萨尔立克小山上开始挖掘，他很快在土壤表层下 4.5 米处发现了一段由巨石构筑的古城墙。1872 年，施里曼在当地找了一百多个工人来协助他。他们发掘出的不是一座古城，而是一些城市的遗迹，这些城市一座建在另一座的上面。很明显，一座城市被毁之后，另一座城市在它的废墟上又建造起来。挖掘者们找到了更多的城墙、缸和陶器的碎片。



1873 年 6 月，施里曼在靠近特洛伊王宫的环形墙附近发现了一批宝

特洛伊木马复原图

贵的器物，其中最珍贵的是两顶华丽的金冠，另外还有金镯、高脚金杯、高脚琥珀金杯、金耳环、金扣子、穿孔小金条以及银、铜的花瓶与青铜武器。

施里曼去世之后，他的同事、德国考古学家威廉·德普菲尔德继续在此地挖掘，推断出这层城市形成于公元前 2500 年—公元前 2200 年；这比传奇中的特洛伊战争年代要早 1000 年。再后来，美国考古学家卡尔·布莱根和的科夫曼等著名专家都花费了多年的工夫，做了进一步的挖掘研究工作。经过长期的发掘，他们发现在特洛伊的遗址中竟然重叠着分属 9 个时代的古城：第 1—5 层相当于青铜时代早期，第 6、7 层属青铜时代中期和晚期，第 8、9 层属早期铁器时代。

最初的特洛伊城为一直径 90 多米的小城堡。它有石筑城墙和城门，是当地的农民和村民在危险的时候躲避灾难的一个设防城堡。第 2 层特洛伊城建在第一个特洛伊城上面，被历史学家们称为特洛伊 2 城。它是一个更大更富有、直径达 120 多米的城堡，城中有王宫及其他建筑，在一座王家宝库中，考古人员还发现了许多金银珠宝以及青铜器、石器和骨器。这座古城毁于大火，随后 3 层的城池都比原来的大。

第 6 层有许多新的居民，城墙坚固，曾经多次扩建，总长 540 米，至少有 4 座城门，城内有许多贵族住宅的建筑台基，公元前 1300 年这座城市毁于地震。再上一层即特洛伊 7 层甲城，于公元前 1250 年被掠夺并被烧毁。历史学家能知道这个时间，是因为他们可以精确地判断出当时进口的迈锡尼陶瓷的年代。大多数历史学家认为，特洛伊 7 层甲城就是传说中普里阿摩斯国王时发生特洛伊战争故事的那座城。后来的特洛伊乙城存在的时间不长，于公元前 1100 年被舍弃，在随后的几个世纪里，这里成了一座空城。

第 8 座特洛伊城建于公元前 7 世纪初，那时它附近利姆诺斯岛上的希腊人重新占领了它，并繁荣了很多年。最终，罗马人于公元前 85 年劫掠了这座城市并建造了特洛伊 9 城，也就是考古学家们所认定的最后一座

城。公元400年左右，这座城市被离弃，直到施里曼重新发现它之前，一直没有被打扰过。

## 安德罗诺沃文化——古墓中的史前文化

（约公元前2000—约前1000年）

安德罗诺沃文化是东欧和西伯利亚以及中亚地区的青铜时代文化，因发现于俄罗斯阿钦斯克附近安德罗诺沃村的墓地而命名，其分布范围西起乌拉尔，南到中亚草原，东至叶尼塞河沿岸，北达西伯利亚森林南界。



20世纪20年代，苏联考古学家捷普劳霍夫最早发现了该文化。在南西伯利亚，该文化晚于奥库涅夫文化，早于卡拉苏克文化；在中亚和南乌拉尔地区则晚于当地的铜石并用时代文化，早于塔扎巴格亚布等青铜时代文化和萨尔马泰文化等早期铁器时代文化。有的研究者将该文化分为3期：早期为公元前18—前16世纪；中期为公元前15—前12世纪；晚期为公元前12—前8世纪。在外乌拉尔和哈萨克斯坦3个时期的文化都有发现，而鄂毕河、叶尼塞河沿岸的遗存则属早期之末和中期之初。

考古学家对外乌拉尔地区的居址研究得比较清楚。当时的村落一般位于河流下游沿岸，面积在1万平方米以上。村内建立了10—20座圆形或长方形半地穴式房屋。以晚期的阿列克谢耶夫卡遗址为例，这里有长方形房屋12座，面积均不超过250平方米，中间有隔墙。房内发现贮藏窖、炊用的泥灶和取暖的石灶。除半地穴式房屋外，也有平地起建的茅舍。

安德罗诺沃文化的墓葬多有不高的土冢。四周多有石板圆形围垣，直径为5—33米不等，有些围垣互相衔接成网状。墓内一般有一个长方形墓穴，少有超过两个的。穴深1—3米不等，内多置木椁或石棺。儿童墓或在成人墓旁边，或另埋一处，结构基本与成人墓相同，唯尺寸较小。该文化早期主要是火葬，中期开始多土葬，儿童则一律土葬，葬式为侧身屈肢，头一般向西或西南。随葬品不多，有陶器、饰物以及青铜和木骨制品。有的墓规模较大，随葬有大量金器。广泛流行男女合葬，女子葬于男子身后。出现了成人埋在主围垣内，附垣内葬儿童的家庭合葬，但为数不多。单独儿童墓地的存在，说明氏族内对儿童的关怀。墓葬的分化情况表明，与经济的发展相适应，社会已出现贫富差别，进入父权氏族阶段。

通过墓中发掘的人骨资料表明，安德罗诺沃文化的居民属欧罗巴人种的一个特殊类型，定名为安德罗诺沃类型。该文化在西部地区与木椁墓文化有密切联系。两种文化的遗迹在南乌拉尔交错分布。前者的文化因素往西渗入，迄于伏尔加河沿岸；后者的文化成分往东可到托博尔河。这种融合现象在安德罗诺沃文化中期表现得尤其明显，推测中期文化的形成当有木椁墓文化居民参与。在东部地区，安德罗诺沃文化与西伯利亚森林地带居民亦有较密切的文化联系。

## 生产生活与人文特色

该文化时期狩猎经济已经衰退，锄耕农业和畜牧业在经济生活中占有重要地位，晚期形成半游牧经济，发现有牛、马、羊等家畜的骨骼和炭化的麦粒，以及青铜镰刀和砍刀、石锄、石磨盘和石磨棒等农具。根据西部地区出土的骨镳判断，马在中期已用于乘骑。

这时期的人们多居住在长方形的半地穴式房屋中，屋顶由圆木柱支撑，房内有隔墙，以石灶取暖。居所分布在河谷、河湾等宜于农牧业的地方。推测当时已有缝制衣服、靴、帽的皮革业和毛织业。

该文化的陶器为手制，平底。主要器类是大口圆腹小底的罐形器和直壁微鼓腹的缸形器，叶尼塞河和鄂毕河沿岸还有方口陶罐。纹饰多为篦形器压出的杉针纹、三角纹、之字纹、锯齿纹、折线几何纹，也有用小棒端头押捺的圆形、椭圆形或三角形印纹，晚期出现附加堆纹。罐形器纹饰比较繁缛，用弦纹将器表分为唇、颈、肩及近底部等若干区，各区纹饰有一定组合规律。缸形器常饰杉针纹，比较简单。

这时期的金属冶炼也得到进一步发展，已有红铜、锡和金的开采。发现采铜遗址，有矿坑和露天矿场两种。金属冶炼和青铜制造业集中在阿尔泰西部地区，当时还给伏尔加河流域一带的居民供应金属原料。除铜矿外，也发现有锡矿、金矿遗址。人们在矿场进行碎矿、选矿后，将矿石运回居住区进行冶炼和铸造。在遗址里，矿石、炼渣、冶炼工具及青铜制品常有发现，有的合范可同时铸出 6 把刀和 1 把凿。金属制品有青铜锻造或铸造的武器、工具和其他日用器具，如斧、矛、镞、刀、短剑、锛、凿、锯、镐、鱼钩、锥、针以及铜箍，也有青铜串珠和饰牌，红铜和金、银的耳环、鬓环等饰物。

# 迈锡尼文化——古希腊的文化中心

（约公元前1500—约公元800年）



## 文化概况与影响

迈锡尼文化是希腊青铜时代的城市文化，也是爱琴文明的一部分，以城堡、圆顶墓建筑及精美的金银工艺品著称于世。

迈锡尼位于伯罗奔尼撒半岛东北部的亚哥里斯，是荷马时代一个最强大的希腊城邦，也是古希腊最伟大的文化中心之一。迈锡尼文化的创造者是阿卡亚人，公元前1600年前后进入希腊中部和南部，并在这里创造了水平较高的青铜文化。

早在米诺斯文化时期，希腊南部沿岸曾产生过宫室一类的建筑。距迈锡尼南面不远的勒尔纳就发现了一座宏大的建筑遗址，大约是一个阿卡亚部落首领的王宫。

公元前1600年左右，勒尔纳的宫室被破坏了，在它的废墟上建立了包括一个竖井式坟墓在内的圆土堆，同时期在迈锡尼也出现了类似的竖井坟墓。这就说明毁灭勒尔纳宫的入侵者也占领了迈锡尼，日后的迈锡尼国家可能就是这些入侵者建立的。

公元前1450—前1400年，克里特的克诺萨斯王宫被使用迈锡尼文字的希腊人占领。在这一时期，迈锡尼输往埃及的物品已超过克里特，小亚细亚、塞浦路斯和腓尼基等地也开始输入迈锡尼陶器。

后来迈锡尼一带建造了王宫，王宫内有宫殿、庭院、寝室、浴室。庭院的地板和墙壁都涂上了色彩，黄、蓝、红的线条在正方形框架里边构成复杂的图案。而且，王宫的总平面与荷马史诗所描述的王宫平面图十分相似。



在迈锡尼国家的形成过程中，克里特文化的影响起着很大的作用。迈锡尼社会经济的发展，特别是手工业和商业，很大程度上是受克里特文化的影响。但之后迈锡尼便与克里特展开了竞争，它的金银工艺品和陶器逐渐达到甚至超过了克里特的水平。另外，阿卡亚人的线形文字B（希腊文最早的一种写法）出现于克里特的克诺萨斯王宫，是迈锡尼取得胜利的标志。

迈锡尼文化在公元前12世纪达到了繁荣的极点。迈锡尼遗址在荷马史诗《伊利亚特》和《奥德赛》中有直接反映，这两部史诗对后世欧洲的美术和文学产生了巨大影响。1999年，联合国教科文组织将迈锡尼考古遗址列入《世界遗产名录》。

## 独具特色的圆顶墓

坟墓显然是属于握有权势和财富的氏族部落首领。到公元前1500年左右，迈锡尼的竖井坟墓发展为圆顶墓，同时在迈锡尼卫城山上也出现了宫殿城堡，这标志着国家已经形成。圆顶墓是一种更为宏大富丽的石墓，墓前有通道，经过庄严的墓门后可见一圆顶厅，厅的一端又有小门通入墓室。圆顶墓就在迈锡尼卫城外不远处，被认为是迈锡尼国王的陵墓，所以这时统治迈锡尼的王朝也称为“圆顶墓王朝”。圆顶墓王朝是希腊青铜文化的繁荣时期，自此以后迈锡尼便进入发展和繁盛阶段。



迈锡尼遗址共有6个王室陵墓，里面出土的15具枯骸、珠宝、武器等充分证明了迈锡尼灿烂的历史和文明。在文化遗存上，这些圆顶墓中藏有大批的金银工艺品。其中一部分是殉葬品，如青铜剑、金酒杯等；一部分则是葬仪用品，如蒙在死者脸上的金面具，缝在衣上的金盘、金片等。其中一个陵墓中发现一个葬礼用的黄金面具，即施里曼称之“阿伽门农的面具”的金制死人面具，因此这个陵墓被传说是特洛伊战役中希腊军队统帅迈锡尼国王阿伽门农的陵墓。

## 生产生活与人文特色

在生产生活方面，创造迈锡尼文化的阿卡亚人可谓形式多样，他们有的从事渔业，有的从事农业，也有很多从事手工业，社会比较安定，文化生活也一步步地得到了发展。

在建筑方面，迈锡尼城规模宏大，里面的建筑风格庄严雄伟，城市人

口的狮子门是最著名的景观之一。迈锡尼卫城外围由巨大的回形墙所围绕，墙体窄部为3米，宽处为8米。城堡中最突出的建筑是当地统治者的宫廷，它们的式样都比克里特岛上的宫廷简单得多。

迈锡尼宫廷的特色是类似较早的希腊底模式的大厅，叫做正厅。正厅中间有一个圆形的地炉，两旁各有一根圆柱，还有玄关和接待室。庭院周围其他房间的地面和墙壁都涂着灰泥，墙上有壁画装饰。

从线形文字B的一些文献中可以看出，迈锡尼文明时期已大量使用奴隶。他们分属于宫廷、神庙、贵族所有，也有属于金属匠的。他们从事各种农业或手工业劳动，靠领取一定口粮生活。

考古发现表明，迈锡尼王宫内劳动力分工细致，该社会应存在着一个高度发展的制造业。同时它所控制的这个地区是整个王国政治和军事，以及手工和经济中心。

迈锡尼的国家组织还带有军事民主制的残余。国王之下有指挥军事的将领，国王的扈从、公社的上层分子，有的地方还有长老会和民众会。

## 色雷斯文化——以金属加工著称的文化

（约公元前1500—约公元700年）

### 文化概况与影响

色雷斯文化是欧洲巴尔干半岛一带的青铜时代文化，主要位于保加利亚境内。今天的保加利亚凭借其境内多处色雷斯遗址，已被公认为是古色雷斯文明的中心。

色雷斯文化由色雷斯人所创，他们最早集中在巴尔干半岛东部一带，是活跃在古代欧洲世界的一个人口繁多的混合型部族，其形成时间极早，从公元前2000年至前1000年前期渐为外人所识。色雷斯人与其毗邻的希腊人、马其顿人、伊利里亚人、斯基泰人、萨尔马特人和凯尔特人形成时间差不多，鼎盛时期的色雷斯王国疆域北起中欧，南临爱琴海，西濒亚得里亚海，东至小亚细亚，可谓疆域广阔。

色雷斯人同罗马人由初时的零星冲撞，到随后的深入交往，直至最终被完全征服，自身不同程度地渐趋罗马化。色雷斯人不同支系与罗马之间的种种交往，在罗马时代的文献中不乏其例，常可觅得成段的记述。

公元前46年，色雷斯王国被罗马人灭亡。在之后的700多年里，色雷斯民族与罗马人、马其顿人、希腊人、斯拉夫人和古保加尔人不断融合，逐渐从历史上消失。

色雷斯文化中没有文字，却以对黄金、青铜、铁和白银的熟练加工技术和使用而闻名于世，据说高度发达的克里特—迈锡尼文明也有色雷斯文化的影响。

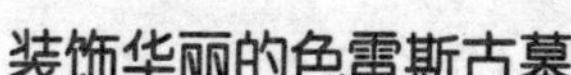

## 装饰华丽的色雷斯古墓



在色雷斯文化中，古墓是很有特色的，著名的色雷斯古墓位于保加利亚中部巴尔干山脚下的“玫瑰谷”中的卡赞利克城城边。卡赞利克城是在中世纪的克伦要塞的基础上发展而成的，以盛产香料闻名，被誉为保加利亚的“玫瑰谷之都”。

同时，这里也是古代色雷斯文化的中心，有大量色雷斯文物出土，其中以1944年发现的公元前4世纪的色雷斯古墓最为著名。

色雷斯古墓保存完好，它的大概结构是这样的：在一座耸起的宽大坟头下，有一个长方形的前庭，从前庭向前，一个狭窄的石砌通道口后面是一条拱顶的走廊，走廊的尽头是墓室，里面安葬着色雷斯王子夫妇。墓室的直径为2.65米，顶高3.25米，室顶呈钟罩形，走廊与墓室全部用砖砌成。这是当时色雷斯建筑艺术的典型。

墓壁上有精美的彩色壁画，表明希腊艺术已在当时色雷斯贵族中广泛传播。

其主壁画是一幅丧宴图，位于墓室的下边。画面中心为王子夫妇，左右配以立和坐着的妇女，再两侧分别排列着捧酒人、奏乐人、牵马人、侍女、马车等。这幅父母和亲戚等人向死去的王子夫妇依依不舍地作诀别的画面，凄楚动人。画中的人物形象栩栩如生，极为精致，为了解当时色雷斯王族的生活和习俗提供了重要资料。墓室上边的壁画则是一些飞奔中的马车，具有很强的力量感和写实性。墓室的入口处，还绘有一对夫妇的像。此外，在长方形前室里绘有步兵、骑兵战斗场面的壁画。尽管这些壁画的个别细部采用了胶画技法，但基本上是以壁画技法绘制而成。壁画色彩基本上以红色、白色和绿色为主。不论是壁画的整体构成还是不同的细部技法，都与现在已知的古希腊绘画与雕刻艺术有或多或少的联系。但奇怪的是，除了这座古墓的壁画外，在其他色雷斯墓中却没有任何遗存。

如今，色雷斯古墓已被列为联合国教科文组织与世界遗产委员会首批57项世界文化与自然遗产之一。

## 迦太基文化——地中海的殖民者

（约公元前800—约公元400年）



### 文化概况与影响

迦太基文化是突尼斯一带的古代城市文化。该古城遗址位于突尼斯城以北17公里处，曾是古时候统治地中海地区的一个重要文明，现为突尼斯最著名的古迹。

迦太基城于公元前814年为腓尼基人所建，是奴隶制国家迦太基的都城，也曾是地中海最大的商港。古城曾于公元前146年被罗马人摧毁，后作为罗马属地由罗马人重建，加盖有圆形竞技场、古罗马第四大浴场——安东尼浴场和一些别墅。因此，城内建筑呈现出浓郁的欧洲风情。

迦太基在腓尼基语里的意思是新城。根据传说，它是由创建者狄多运用自己的智慧建立起来的。狄多为了逃避排挤自己的兄弟——腓尼基国王的追捕而逃离了自己的国家，抵达现在突尼斯附近的希尔巴斯辖区。为了给自己和随从们找到一块落脚地，她请求努米德亲王赐给她一块能用一张牛皮包住的土地。然后她把牛皮剪成细条，并以此围住了比尔萨山丘，即今天圣路易大教堂矗立的位置，并开始在那里建造“新城”迦太基。

公元前6世纪，迦太基变得日益强盛。作为当时地中海地区的一个帝国，它还建立了自己的舰队，并获得了大量殖民地。这时期有不少迦太基城市出现，喀尔库阿内就是其中之一，它存在了400年，之后随着王国的覆灭而被毁。在古城遗迹周围可以清晰地看出城市布局，许多房屋的围墙还在，经常可以看到上面的彩色黏土。还有一些寺院立柱保留下来，并在一座小门厅里发现了一些镶嵌砖。

迦太基人还建造了两个人工港口，这两个港口是他们海上实力的象征。现在，还能见到这两个港口的影子。其中一个港口为圆形的军港，中间有一个小岛。据记载，这个军港能容纳200多艘舰船，这种描述在很大程度上得到了考古学家的证实。与军港相连接的是一个大型的商用港口，这个港口的入口处现已被探明。

## 罗马风格的城市建筑

迦太基古城遗址

古城迦太基有很多著名的城市建筑，其中最著名的要数埃尔·杰姆竞技场和安东尼浴场。

埃尔·杰姆竞技场历史悠久，建于公元3世纪初，是古罗马帝国在此处留下的一座著名建筑。斗兽场围墙高大，层层拱廊相连，构筑典雅，人行其间仿佛在古代城堡殿廊中穿行。端坐在观众席的顶层俯身下望，偌大的斗兽场尽收眼底。不少法国著名作家如莫泊桑、福楼拜等都曾专程来此观光，并将它描述为“世界上美妙绝伦的斗兽场”、“罗马帝国在非洲存在过的标志和象征”。它是世界三大竞技场之一，高36米，建有500个门，可同时容纳4万人。这里的罗马建筑、雕刻都令今人赞叹不已。

安东尼浴场是罗马皇帝安东尼修建的。如今，地面建筑只剩下柱石残墙，但从底层结构可以看出两边对称地排列着的更衣室、热水游泳池、按摩室、蒸浴室、温水室、冷水室和健身操室。供浴室用的水是通过渡槽从60公里外引来的。

迦太基古城复原图

渡槽全部以石筑成，现仅存数段。3 万立方米容量的贮水池至今仍能使用。最令人陶醉的是从观景台上向湛蓝的大海和矗立在其后的高山眺望。在罗马别墅的考古公园里，当人们置身于用卓越的建筑艺术重建的亭台楼榭之中，也就不难想象当时的贵族们是过着怎样醉生梦死的生活。

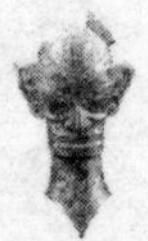

# 斯基泰文化——以精美金饰著称的文化

（约公元前 700—约公元 300 年）



## 文化概况与影响

斯基泰文化是欧洲黑海北岸一带的早期铁器时代文化，中亚地区也有分布。斯基泰文化为斯基泰人所创，是活动于欧亚草原地区的游牧或半游牧民族之一，中文曾译作西徐亚人、斯奇提亚人，属印欧语族。他们是优秀的弓箭手和牧马人。

发展到公元前 4 世纪，斯基泰文化勃兴于黑海沿岸地区。他们曾与毗邻的希腊移民互通有无，并委托那些技艺精湛的“邻居”为他们打造金货。公元 3 世纪后，斯基泰文化被东欧人创造的文化所取代。

斯基泰文化有很多的金制遗物，除去那些大捧的珠串外，单金器就超过 5700 多件。其中大多数是动物形制的小造像，特别是那些公野猪和似虎类狮的猫科动物。

斯基泰部落使用的语言属于印欧语系伊朗语族，而这些特征都与他们的邻居萨尔马特人、马萨格泰人、塞种人十分相似。

身为游牧民族，斯基泰部落纵横欧亚大陆，漂迫不定。公元前 5 世纪左右，斯基泰部落步入了全盛时期，希腊边境的城邦被迫每年向斯基泰人纳贡以免遭劫掠。大约在公元前 4 世纪中叶，斯基泰部落开始衰落。公元前 2 世纪左右，斯基泰人被萨尔马特人排挤到克里木，建都于涅亚波里。公元 3 世纪，斯基泰人被哥特人所灭，其残部最后在迁徙中与其他民族融合，成为今天乌克兰、塔吉克等民族的祖先。这支在俄罗斯南部草原上称霸一时的部族就这样销声匿迹了。以后，人们用“斯基泰”这个名字来泛指居住在黑海以北的各个民族。

斯基泰人没有留下宏伟的地面建筑作为其文明的见证，但却留下了为数众多的坟丘。坟中有制作精美的金饰，这是斯基泰文化中最具特色的遗物。在一座斯基泰古墓中，一些金饰品被细心的缝制在早已朽烂的古装上；另外还有431枚来自遥远的波罗的海的琥珀珠，或许是贸易，或许是战利品，总之它们被千里迢迢地带到了西伯利亚腹地。此外，其中还有1657枚绿松石珠；一张朽烂的残弓和大量骨、铁或青铜箭镞，以及石质祭祀盘和其他杂器。经碳14测定，该墓的形成年代约在公元前7世纪。这说明在2700年前，斯基泰人的生活就已经很丰富多彩了。

斯基泰文化有诸多独具特色的艺术品传世。该文化在艺术上的一个主要标志，就是动物纹饰的广泛运用。在图瓦西南阿尔泰山区的巴泽雷克墓地，一具鱼纹刺青的斯基泰冰尸曾被发现，另外还出土过类似鱼形的金器。此外，属斯基泰文化类型的阿尔赞遗址出土有数以千计的猫科动物形小造像。在黑海沿岸的斯基泰陵墓中也曾有相应的发现，它们以雄狮的造型来装饰器物。



## 生产生活与人文特色

在斯基泰人的王国中，国王拥有最高权力。王国由四大行政区组成，每个行政区都设有长官负责司法、税务等工作。每个行政区里都有很多以氏族部落为主体形成的村落，战斗时它就是一个作战单位。斯基泰人保持着部落生活方式与家长制度，国王和各级首领都采用世袭制。

斯基泰人除了进行游牧外，还进行农耕和渔猎。他们住在房车（一种载有小屋的车）里，以方便迁徙。当成千上万的牲畜把各村落周围的牧草吃尽时，他们就必须寻找另一块水草丰美的地方。因此，斯基泰人被认为是“世界史上最早的典型骑马民族”。

斯基泰人也与四邻的部落和民族，特别是黑海北岸的希腊殖民城市进行通商活动，但更多是抢劫和勒索。斯基泰人输入的主要是纺织品、金银宝石装饰品、葡萄酒、橄榄油等，同时他们也输出谷类、皮革和奴隶。斯基泰人最初信奉自然神，他们进入俄罗斯南部草原后，受到了希腊人的影响，开始信奉帕倚欧斯、塔比提、阿列斯和戈伊托叙洛斯等神，相当于古希腊人信奉的宙斯、希司提亚、阿瑞斯和阿波罗等神。

斯基泰人虽然没有文字，但是他们却创造了非凡的文化，特别是在艺术方面。“斯基泰艺术”比“斯基泰”这个名字更为后人所知晓，它是草原文化和草原艺术的典型代表。由于斯基泰人游牧的特性，使他们不可能制作那些大型的浮雕或修建辉煌的建筑，他们的艺术体现在其他方面：个人戴的帽子、耳饰、颈饰、手镯、金带，供战斗用的弓箭、短剑、斗斧、甲胄，马鞍、马镫、辔头等马具，还有毛毯、花瓶等日用品和装饰品。这些物品的做工十分精细，装饰的花纹和图案大都以动物为主题，风格也不是简单的写实，而是在写实的同时透露出一种奇异和细腻。斯基泰艺术的典型代表是一块金制的浮雕板，上面雕刻着一只半跪着的长着螺旋形角的鹿。整个画面线条流畅，形象分明，动感十足，极富表现力，让人似乎能清晰地感觉到鹿的血脉在跳动，甚至就要一跃而起。

斯基泰艺术还极大地影响了周边地区的文化。大约公元前 4 世纪—前 3 世纪，斯基泰艺术就已经传播到东至蒙古高原及其附近地带，西达多瑙河流域的欧亚大陆干燥地带及其周边地区。斯基泰艺术的动物风格后来发展形成了萨尔马特人的彩饰风格，以后又被哥特人所吸收，进入了中欧。在中世纪时又传入了斯堪的纳维亚半岛，从而传播到了北欧，成为欧洲艺术的典型特征之一。

## 庞贝文化——天然的历史博物馆

（约公元前 600—公元 79 年）

### 文化概况与影响

庞贝文化是意大利地区的古代城市文化，是由于维苏威火山的爆发而被火山灰深深掩埋并毁灭的。

公元前 8 世纪，随着希腊水手登陆那不勒斯湾，坎帕尼亚地区开始出现最早的居民点。直到公元前 7 世纪的后半叶，居住在萨尔诺河谷地的奥斯坎人才建立了这个结合了伊特卢西亚文化和希腊文化的城市。公元前 91 年，庞贝归属罗马人，此后盛极一时，富庶不让罗马。

庞贝城东西长1200米，南北宽700米，城内面积1.8平方公里，每边有大约2公里的石砌城墙围绕，有城门七扇。城内的四条大街呈“井”字形纵横交错。主街宽7米，由石板铺就，沿街有排水沟。城内最宏伟的建筑物都集中在西南部一个长方形的公共广场四周，广场周围设有神庙、公共市场、市政中心大会堂等建筑物，这里是庞贝政治、经济和宗教的中心。广场的东南方是庞贝城政府的所在地，广场的东北方则是繁华的集贸市场。另外，城内还有公共浴池、体育馆和大小两座剧场，街市东边则有可容纳1万多名观众的圆形竞技场。

但庞贝城的选址不太好，它距维苏威火山仅10公里，在公元79年因维苏威火山的爆发而被火山灰深深掩埋。结果，一座数百年的庞大古城瞬间覆灭。

庞贝城被发现完全是由于一次偶然。公元17世纪，一位建筑师在维苏威火山附近修造水渠，无意间发现了掩埋于地下的石刻，后来得到证实，这块石刻正是庞贝城留下的遗物。公元1748年春天，农民安得列在挖自己的葡萄园时，发现了一个金属柜子，打开一看，里面竟是一大堆熔化、半熔化的金银首饰及古钱币。消息一传开，在这片土地上种植葡萄的农民突然想起祖辈相传的关于庞贝失踪的传说，于是盗宝者蜂拥而至，之后也吸引了一批历史学家与考古专家来这里考古。1750年，庞贝古城的发掘计划终于正式实施。后来意大利政府又根据专家们的建议，于1876年开始组织科学家发掘庞贝古城。经过百余年的工作以及数千名工作人员的辛勤劳动，终于将庞贝古城被掩埋时惊心动魄的一幕真实地再现在世人面前。



参与发掘庞贝城的历史学家瓦尼奥说：“那是多么令人惊骇的景象啊！许多人在睡梦中死去，也有人在家门口死去，他们高举手臂张口喘着大气；不少人家的面包仍在烤炉上，狗还拴在门边的链子上；奴隶们还带着绳索；图书馆架上摆放着草纸做成的书卷，墙上还贴着选举标语、涂写着爱情的词句……”这些充分展示了当时古城中的人们遭到灭顶之灾时的景象。

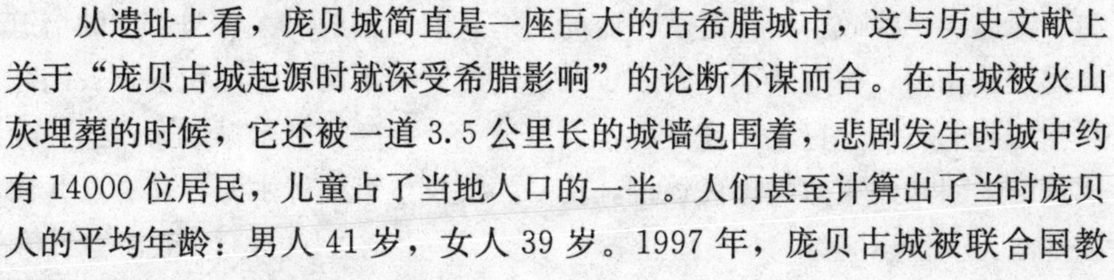

从遗址上看，庞贝城简直是一座巨大的古希腊城市，这与历史文献上关于“庞贝古城起源时就深受希腊影响”的论断不谋而合。在古城被火山灰埋葬的时候，它还被一道3.5公里长的城墙包围着，悲剧发生时城中约有14000位居民，儿童占了当地人口的一半。人们甚至计算出了当时庞贝人的平均年龄：男人41岁，女人39岁。1997年，庞贝古城被联合国教科文组织列入《世界遗产名录》。

## 城市建筑与文化特色

庞贝古城遗址

在庞贝城的土地上，用白色、青色巨石铺筑的大街小巷已达几十条。街巷方正整齐，小的约两米宽，大的四五米宽。这里的每条人行道都比马路要高出一二十厘米。古罗马马车非常发达，因为中间的路面都留下了一道道很深的车辙，大概有一二寸深。看来，当时武士和贵族的大马车总是在道路中间疾驰，而俯首低眉的奴隶和谦卑的小市民只能在路两旁走。在所有的交叉路口有与如今一样的斑马线，每条路口都设置着一块块凸起的约 30 厘米高的“隔车石”，当飞奔而来的马车临近交叉路口看到“隔车石”时，自然放慢速度，车辆只能从巨石夹缝中缓缓驶过。

在许多街口和交叉巷口，都有刻着浮雕的大石槽。石槽上的浮雕图案或神面、或兽头、或鱼嘴，它背后都连接着青铜管子，并有旋扭龙头。打开龙头便有汩汩山泉流出，供行人饮用或洗涤。

庞贝城址遗物甚多，建筑有民宅、商铺、别墅、5000 座位的圆型剧场、3000 个座位的斗兽场及有 4 万个座位的大型体育场。还有各类壁画与精美的马赛克镶嵌画、造型奇异的各类陶器与玻璃器皿等。

在城市的规划建设上，庞贝可谓独具特色，其市政建设是罗马工程学和罗马生活方式的完美体现。全城最宽阔的庞贝广场，是 2000 年前最有人气的地方，也是最能体现庞贝社会风情的地方。城市中街道密布，丰收街、幸运街、执政官街都是从主要的大道呈网状辐射出去，与希腊的街道布局极其相似。街道路面上有不少凸起的石阶，下雨天地面积水，人们可踩在凸起的石块上行走。庞贝的水利系统十分完整，引水渠四通八达。除了从山上引来的泉水供市民饮用，街头的喷泉也可提供水源，还有水井和蓄水池。

位于庞贝市中心的大会堂是一座可以容纳数千人的规模庞大的公共建

筑。大会堂正面有 5 个入口，会堂内有露天的前庭、32 根大柱子支撑着两层高的三元大厅（正厅和两旁的侧厅）。大厅的纵深处一个较高的台子是裁判庭，有能直接从大厅两边走上去的木梯。大会堂在城市的政治、经济生活中占有头等重要的地位。人们在这里举行大规模的行政集会，公开进行法律审判，发布法令、训示，城市中一些重要的法律、经济问题也在这里解决。在会堂的墙壁上，绘有许多希腊风格的装饰画。最有研究价值的是那些刻写在墙壁上的形形色色的题铭，有讽刺性的内容，有幽默的言语，有政治见解，也有情色的表露，反映了当时庞贝人开放而活跃的交流状态。

庞贝城里有多座剧场，与罗马的一样为圆形大剧场。其中用作角斗的圆形竞技场比著名的罗马竞技场还要早 51 年。这里主要表演角斗，包括人与人、人与兽之间的角斗，有时也举行体育赛事。圆剧场外围墙高达两米多，墙上绘有许多狩猎、竞技的壁画，反映出当年人们的生活状态。城市里还有另外一大一小两个剧场，多用于戏剧和音乐演出。



从发掘来看，公元前 2 世纪庞贝就建有食品市场，现在还依然能够看到出售的商品遗迹。城中有一个尚在建设中的粮食市场，还没等到建成就被火山岩浆吞没，里面堆放着许多大型陶罐、石碾等。位于市中心东侧的欧玛齐娅楼，是一座很大的综合性市场。其外厢高处有两个相对着的大壁间是拍卖市场，为拍卖主持人和唱价人而设，里厢则是大型的洗衣场。此外，这里还是羊毛交易市场。

庞贝城内有 3 座公共浴场，斯塔比亚浴场为其中最古老的浴场。这个浴场相当古雅，建于公元前 2 世纪，内有脱衣室、温浴室、游泳池等，是庞贝城内现存已出土的 3 座浴场中保留得最好的一座。浴室长廊中圆柱成列，室内墙上的雕塑非常细致，连浴室内一个大理石浴盆都价值连城。双层设计结构的地板，方便下方冒出的蒸汽保持浴场内的温度。研究人员称，当年在这儿出入的多为政客和城中的一些重要人物。

庞贝与罗马其他城市一样，盛行娼妓文化，城内共有妓院 25 家，最正规的一家妓院设在市中心以东一片较为密集的中下层居民区。妓院里，楼上、楼下共 10 间房，大门口处有淫神普利亚普斯的画像，用以表明此场所的功用。每间客房门口都绘有不同内容的性爱壁画，室内墙上到处是顾客留下的各种图文。

在庞贝人心目中，神是无处不在的。他们在城内修建了大量神庙建筑。阿波罗神庙是城中占地最广阔的建筑。庞贝人认为：阿波罗不仅主管光明、青春、医药、畜牧、音乐、诗歌，而且代表主神宣召神谕，预言未来。现在，庙宇虽已毁坏，但其48根庙柱和宏伟的台阶，仍能让人感受到昔日辉煌的气势。传说中罗马人的祖先埃涅阿斯的母亲爱神维纳斯，在庞贝人的心目中也占有较高位置，因此爱神庙的规模不小。从原始状态进入文明社会以后，唯一能够维持罗马“国家”精神力量的就是先祖神话，以及对“当代”皇帝的半神崇拜。于是，庞贝城里的公共家神（佩纳特斯）庙、罗马主神朱庇特神庙和纪念皇帝的庙宇，规模也较大。

# 附　录



**欧洲地区比较著名的文化还有：**凯拉米克斯文化（希腊，约公元前1200—约公元300年）、艾加伊城文化（希腊，约公元前3000—约公元500年）、埃皮达鲁斯文化（希腊，约公元前600—约前100年）、德尔斐文化（希腊，约公元前700—约公元400年）、埃皮达鲁斯文化（希腊，约公元前500—约公元600年）、梵尔卡莫尼卡文化（意大利，约公元前6000年）、阿格里真托文化（意大利，约公元前500年）、努拉格文化（意大利，约公元前1500—约公元1000年）、塔尔奎尼亚文化（意大利，约公元前900—约公元前后）、锡拉库扎—潘塔立克文化（意大利，约公元前1300—约前300年）、阿塔普卡文化（西班牙，约公元前80万年）、塔登诺阿文化（法国，约公元前1万年）、韦泽尔文化（法国，约公元前8000年）、马格勒摩斯文化（瑞典，约公元前9000年）、斯皮耶纳文化（比利时，约公元前3000年）、内巴塞尔城文化（保加利亚，约公元前2000—约公元1400年）、斯韦什塔里文化（保加利亚，约公元前300—约公元400年）、克拿维文化（立陶宛，约公元前8000—约公元1000年）、巨石庙文化（马耳他，约公元前3500年）、塞姆奥拉德恩文化（芬兰，约公元前1000年）、阿尔塔文化（挪威，约公元前4200—约前400年）、杰尔宾特文化（俄罗斯，约公元前100—约公元600年）、博因文化（爱尔兰，距今年代不详）、高阿山谷文化（葡萄牙，约公元前2万—约前8000年）等。

# 四、美洲地区

## 大兽猎人文化——美洲的野兽捕猎者

（约公元前 2.8 万—约前 6000 年）



大兽猎人文化是遍布美洲大陆的旧石器时代晚期文化。顾名思义，该文化是美洲追捕大型野兽的原始人创造的文化。

北美旧石器文化可分为砍斫器—刮削器文化、大兽猎人文化两大类型。其中大兽猎人文化又分作拉诺文化、福尔瑟姆文化和普莱诺文化三组。但拉诺文化和福尔瑟姆文化有很大的相似性，因此有时又被认为是一个阶段，共同构成了大兽猎人文化的早期时代，而普莱诺文化则属大兽猎人文化的晚期阶段。

美洲的史前早期文化难于发现，石器文化具代表性的遗址很少，而晚期的文化也相当晚才传播到美洲大陆。在欧洲、非洲和亚洲处于新石器时代时，美洲还处于旧石器时代的晚期，其代表性文化就是大兽猎人文化。大兽猎人文化的代表性遗存有美国西南部的拉诺遗址、福尔瑟姆遗址、布莱克沃特德罗等地。

拉诺文化多分布在美国西南部和墨西哥北部，更新世末期才扩展到北美东部，距今约 3 万—1 万年。出名的遗址有新墨西哥州克洛维斯附近的布莱克沃特德罗遗址和亚利桑那州东南端的纳科—莱纳遗址。前者是位于古沼泽地的一处营地遗址，产猛犸象化石和“克洛维斯尖状器”以及“克洛维斯石叶”，两者为从预制石核上打下来的用作刀具或刮削器的长石片，采用锤击法打制而成，一面或两面有短凹槽，器身可长达12厘米。另外还有刮削器和少量雕刻器、石锥。后者是一处捕猎和屠宰的遗址，以猎取猛犸象见长，多居于沼泽岸边或悬崖下。从这里发现了9只被杀死和肢解的猛犸象，还有马、野牛、貘等动物。它们的石器和用火的遗迹共存。据放射性碳素断代，其年代为距今1.15万年，可以代表拉诺文化中期的平均年代。

福尔瑟姆文化距今1万—9000年，早期距今1.3万—1.1万年。但该文化在一些遗址里有叠压在拉诺文化层之上的现象，这说明福尔瑟姆文化可能稍晚于拉诺文化，但在更多情况下两者是并列的。这种文化集中在落基山以东的大平原，并经中美再沿科迪勒拉山系扩展到南美。代表性的遗存有新墨西哥州的福尔瑟姆遗址、布莱克沃特德罗遗址的第二水平层和桑迪亚洞穴遗址，蒙大拿州的麦克哈菲遗址和科罗拉多州的林登迈尔遗址等。它们多半是捕猎和屠宰场所，而林登迈尔则是一处宿营地。这里的石制品很丰富，除“福尔瑟姆尖状器”外，还有用火石打制的拇指盖状刮削器、直刃刮削器、凹刃刮削器、“克洛维斯石叶”以及许多雕刻器。其年代据放射性碳素测定为公元前1.08万年。



普莱诺文化的遗址不仅在落基山以西的高原、大盆地周围和以东的大平原发现很多，连加拿大和中、南美也有。得克萨斯州的普莱恩维尤遗址属于这一文化，是一处狩猎陷阱遗址，位于悬崖之下。从这里发现了数以百计的野牛残骸，以及“普莱恩维尤尖状器”等工具。

拉诺文化时期，人们的社会生产以采集和狩猎为主，至福尔瑟姆文化时期，人们仍以狩猎为主，但方式已开始多样化。至普莱诺文化时期，农业开始萌芽，但直到公元前1500年后才出现以玉米为主的种植业。

## 砍斫器-刮削器文化——美洲原始的石器文化

（约公元前6000—约前5000年）



通常情况下，砍斫器和刮削器文化是人类原始文明的一个阶段，在世界各个地区均有分布，只是时间不一样。但这里所讲的砍斫器—刮削器文化是特指美洲地区的原始文化类型，多分布在北美和南美大部分地区。因地域的不同，该文化类型的时间也不一样，大约在公元前6000—前5000年，北极地区出现了一个技术风格和东亚、东北亚同类制品一致的“细石叶传统”，它在阿拉斯加持续到公元前约3500年。但生活在格陵兰岛及其附近地区的爱斯基摩人，则一直到近代还在使用由这种细石器制成的复合工具。

该文化的石器用锤击法加工而成，一般都比较粗大，加上许多石器的表面有长期风化而形成的很重的石锈，容易给人以古老的印象。一些学者将它和欧亚旧石器时代早、中期的石器相比，推测它可能代表一个“前投掷尖状器时期”。但由于标本多采自地表，至今仍缺乏可靠的地层和断代依据。



## 奥尔梅克文化——“印第安文明之母”

（约公元前1200—约前400年）

### 文化概况与影响

奥尔梅克文化是中美洲古印第安文明萌芽阶段的文化，得名于奥尔梅克印第安人，主要分布在墨西哥的韦拉克鲁斯州和塔瓦斯科州。

奥尔梅克文化是已知的最古老的美洲文明，有“印第安文明之母”之称，主要遗址有拉文塔、圣罗伦佐和特雷斯萨波特斯等处。拉文塔为中美洲最早的宗教中心，当时已形成较大市镇，有宏伟的金字塔式台庙、巨大的仪式性广场、玉石雕刻和最早的美洲文字，表明此时的奥尔梅克人已脱离原始社会建立了美洲最早的文明。

奥尔梅克文明于公元前1200年左右产生于中美洲圣洛伦索高地的热带丛林当中。圣洛伦索是早期奥尔梅克文明的中心，在繁盛了大约300年后，于公元前900年左右毁于暴力。其后，奥尔梅克文明的中心迁移到靠近墨西哥湾的拉文塔。奥尔梅克文明最终在公元前400年左右消失，其消失的原因尚不得知，但它影响了中美洲文明。

奥尔梅克文明的许多特征，如金字塔和宫殿建造、玉器雕琢、美洲虎和羽蛇神崇拜也是后来中美洲各文明的共同元素。大多数学者认为奥尔梅克文明是玛雅、阿兹特克、托尔特克等文明的母体，其传统为日后中美洲的诸多古印第安文化所继承。但也有人认为奥尔梅克文明和其他中美洲文明的关系是姐妹关系。

关于它的起源，有人认为是自发的，也有一些学者提出中国殷商人东渡美洲论是解释奥尔梅克文明突然出现的原因，因为奥尔梅克艺术风格和中国殷商时代的艺术惊人地相象。



## 杰出的石雕艺术

奥尔梅克文化具有独特的艺术风格，最大的成就在于石雕像和石刻艺术。作品一般体积都很大，构思奇特，比例也相当匀称。无论巨型雕刻、小型玉雕、陶器或其他物件，都反映出这种特有的艺术风格。

奥尔梅克文化石像

奥尔梅克人最著名的艺术作品莫过于“奥尔梅克巨石头像”，它是1936年被发现的，共14个。这些头像都是用整块玄武岩雕成，构思完善，具有强烈的写实性。其中最大的是一个青年的面部雕像，重达30吨，高305厘米左右，形象十分生动。他鼻子扁平，嘴唇厚大，眼睛半睁，呈扁桃状，眼皮显得十分沉重；头戴一顶装饰有花纹的头盔，遮住了两耳。还有一块重约10吨，用整块玄武石雕刻而成，高284厘米，是用于祭祀的古代武士头像，其造型生动，表情威严，使人感到强烈的视觉冲击和心灵震撼。这些在花岗岩上雕出的巨大人头像都带有古怪的头盔，人脸具有

非洲人的面部特征。

最令人感到吃惊的是，这些地方并不盛产石头，当地人制作大型石雕像的巨石必须从几十甚至几百公里外运来，可以想象这项工程的工作量之巨大。

还有考古学家们认为，这种头盔是古代一种神圣的球赛的安全帽，在这种球赛中，失败的一方会被砍下头颅，这些头像可能与这种竞赛的祭祀有关。但还有人认为，头像可能是当时奥尔梅克领袖的雕像，或者就是一种向死者表示致敬的纪念物。

## 生产生活和人文特色

奥尔梅克文化时期的人们以农业为主，大多种植玉米、南瓜和豆类，而且他们是世界上最早种植玉米的种族。

奥尔梅克文化也有许多的陶器出土，中美洲各地到处分散着带有奥尔梅克风格和设计标记的陶器。近来，考古小组从各地搜集了725件陶器，分析了它们的化学成分，发现它们所用的粘土均来自墨西哥圣洛伦索。圣洛伦索曾经是奥尔梅克第一个首都所在地。这反映圣洛伦索当时曾做过出口贸易，把自家的陶器卖到中美洲各地。此外，奥尔梅克人也用了这种方式把他们的文化传播到其他地方，因为他们的文化对其他地方来说都是新奇的。这说明奥尔梅克当时没有吸收外来器物，也没有吸收外来文化，或者当时那个地区根本就没有出现物物交换现象，所以有人认为奥尔梅克在当时地区里一定比任何其他文化都先进。



在艺术上，除巨大的石雕以外，在奥尔梅克人看来，最为贵重的物品是玉石，它代表着高贵的身份和权势。绿色玉石所折射出的颜色仿佛滴翠的青玉米或荡漾的碧波，由此绿玉成为“珍贵”和“生命”的同义词。奥尔梅克人雕刻出来的小型玉石像晶莹圆润，玲珑可爱。这些玉石人像以裸体直立的站相和五官俱全的面具为最多，有的小人像胸前还缀有一面用黑曜石凿成的镜类饰物，即使在3000多年后的今天仍然闪闪发光。

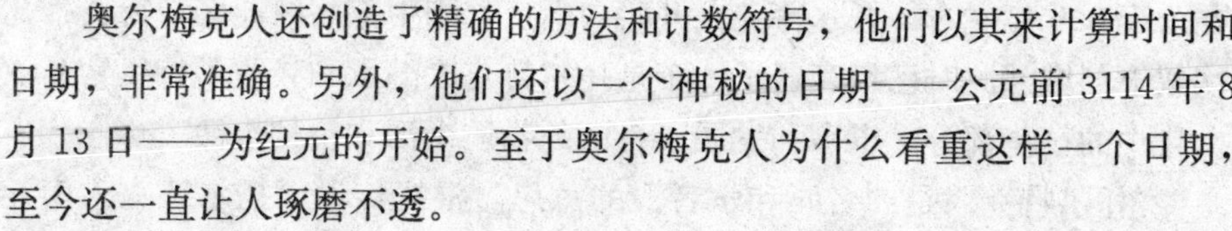

奥尔梅克人还创造了精确的历法和计数符号，他们以其来计算时间和日期，非常准确。另外，他们还以一个神秘的日期——公元前3114年8月13日——为纪元的开始。至于奥尔梅克人为什么看重这样一个日期，至今还一直让人琢磨不透。

# 托尔特克文化——“伟大的工匠”创造的文化

（约公元前 800—900 年）



## 文化概况与影响

托尔特克文化是墨西哥地区的土著文化，创造这一文明的是托尔特克人，他们在吸收特奥蒂瓦坎文化和后特奥蒂瓦坎文化的基础上，于图拉城创建并发展了自己的文明。

托尔特克文明兴起于图拉城，该城也是托尔特克文化的中心。图拉城属今墨西哥伊达尔哥州，位于墨西哥城北 83 公里处的群山怀抱中，山下 20 公里处则为古城特奥蒂瓦坎，图拉河流经其间。图拉城虽然在山上，但河流、森林、野兽和石材为其发展创造了有利条件。图拉城面积约 13 平方公里，人口最多时达 6 万，谷地里还生活着约 6 万人。在谷地里生活的大多为农民，他们主要从事玉米、菜豆和辣椒的种植。

图拉城文化遗址分布在一个每边长约 120 米的四方形广场的周围。它的北面有一个该遗址中最大的神庙，是托尔特克人祭祀金星的神庙所在。另外，还有太阳神庙、烧焦的宫殿、球场、祭坛和起居室等等。

这些建筑讲究布局对称，有排水设备，且大量应用了模制土坯（即日晒砖）。图拉城中还有专门的石器作坊，里面的原料大都为坚硬的黑色石头，这些黑色石头是用来制造农具和武器的，作坊集中在专门的街区。另外，在某些街区还设有专门的纺织和制陶作坊，所有的作坊都是家庭作业。



特奥蒂瓦坎文化开始兴起的时候，居住在今墨西哥北部的另一支游牧民族托尔特克人，在长期的生产斗争实践中，也创造了自己独特的文化。在公元 800 年左右，托尔特克人开始向南迁移到中部高原地区，特奥蒂瓦坎奴隶制城邦此时已经衰弱了，于是托尔特克人继承和吸收了特奥蒂瓦坎文化中的精华部分，丰富和发展了自己的物质生活和精神生活。



“托尔特克”是“名匠和学者”的意思。根据传说，托尔特克人南迁到中部高原约50年后，在这个奴隶制国家里，有一个有名的首领叫霍拉特，他对治理他们的国家有杰出贡献，后来不幸被敌人杀死。他的儿子继位，并自称为克沙尔柯脱尔。公元856年，克沙尔柯脱尔开始营建规模宏大的图拉城。公元967年，托尔特克人远征达金和奇琴伊查，在那里建立了新的城邦。在以后的历史发展中，托尔特克人逐渐把奇琴伊查奉为圣地，并很快取得了这个地方的控制权。他们扩建整个城市，使之成为了当时最繁华的艺术文化中心之一。现在人们在那里发现了大量古代托尔特克人的文化遗址，其中最著名的是武士庙。

托尔特克人远征之后，中部高原地区逐渐为另一个游牧部落奇奇迈加所侵占。随着公元1156年奇奇迈加人攻破图拉城，外族的入侵和托尔特克人的迁出，托尔特克文明在这个地区的辉煌宣告结束。



托尔特克人所创造的文明在很多方面曾影响了玛雅人和阿兹特克人，这主要体现在建筑雕刻艺术和国家建制上。托尔特克人和阿兹特克人在建筑艺术上有许多相似之处。例如，托尔特克人建筑艺术的代表金字塔常常采用“斜坡—层阶”结构式样，而阿兹特克时期的金字塔则将托尔特克人这一金字塔建筑形式完全继承了下来，这从阿兹特克人的太阳金字塔和托尔特克人的月亮金字塔的对比中就可以看出，由此可见，托尔特克文化在中美洲古代文化中的地位。

总之，托尔特克文明在许多方面为其他文明的发展奠定了基础。在风俗信仰方面，托尔特克文化废除了用活人作为牺牲献祭的礼仪，而代之以禽鸟和蝴蝶。

## 建筑、雕刻的艺术成就

托尔特克人在建筑、雕刻方面具有极其辉煌的成就，因而有“伟大的工匠”之称。在墨西哥古代建筑发展史上，托尔特克文化以创造和使用圆柱而闻名。

在图拉城发现的武士像巨型石柱雕像，更体现了托尔特克人高度的雕刻艺术。由于图拉人崇拜羽蛇神，所以它的形象不时地出现在艺术品和建筑中。在这里，人们发现了一个建在金字塔上的羽蛇神金字塔庙遗址。在金字塔的顶部通往羽蛇神庙处，有两排雕成男性人像的石柱，这些雕像被刻画成了羽蛇神的形象，他们头戴羽毛装饰，胸前有巨大的蝴蝶状盔甲，背部有象征太阳的圆盘。他们右手执长矛，左手拿着箭和其他物品，原来的作用是用以支撑神庙的屋顶，但现在神庙屋顶已不复存在，而他们本身也曾因为具有神的形象而受到当时人们的崇拜。雕像涂有色彩，眼睛和嘴都是镶嵌的，他们表情严肃，具有鲜明的武士风格。这一武士像巨型石柱高约 4.6 米，大约存在于公元 900—950 年，1942 年被发现，是一个非常能体现托尔特克文化特点的代表作。

托尔特克文化古金字塔

托尔特克人不仅在石雕上有极高成就，在建筑上也体现出高度智慧，这集中体现在奇琴伊查古城上。托尔特克人于公元 10 世纪南迁至尤卡坦半岛，取代玛雅人而成为这个地区的新统治者后，他们在发扬自己优良传统的同时，吸取了玛雅文明的精华，并与玛雅人一起兴建了许多新的城邦，其中就有奇琴伊查。在奇琴伊查城邦中，他们兴建了武士殿、金字塔、观象台、头颅墙、球场、市场等建筑。这些建筑既有托尔特克人原有的风格，又保存了许多玛雅文化的特点，形成了玛雅—托尔特克文化。

## 出色的制陶和绘画技艺

托尔特克人在制陶和绘画艺术上也表现出极为鲜明的特征。托尔特克人的制陶工艺，深受特奥蒂瓦坎文化的影响。这里的陶器以橘黄色陶为主，器壁较薄，大部分经过磨光，但亦有刷泥痕迹。它的器形有三足器、带把圜底罐形器和平底钵形器等。托尔特克人很喜欢黑色，他们多数是在器里口沿画出黑色直线纹，少数是画在器外。但也有在器里外的口沿部分画出红色宽边的。

托尔特克人还利用蚌壳制成各种装饰品。最引人注目的是一件嵌贴在陶器上的人头像。人头的髭、眉和头发全用黑色蚌条缀成，牙齿用白色蚌片，头上披的山狗也全用铅黑色蚌片嵌贴，形象颇为生动。

托尔特克人的绘画艺术集中体现在一座金字塔上。此塔位于图拉城，共有 5 个阶层，塔身侧面有许多绘画和雕像。这些绘画的主题大多是表现战争的，有武装到牙齿的武士和各种各样象征战争的动物（诸如美洲豹、鹰、蛇等），这些动物的嘴中都叼着滴血的人心。总之，比起特奥蒂瓦坎人的绘画艺术来，托尔特克人作品的艺术氛围显得比较阴郁，不那么明快。

在托尔特克时代，武士国家开始形成，政府趋于世俗化，出现了“两头执政”，即两名最高首领：武士主持政务，祭司主持教务。图拉城邦与另外四大城邦结成联盟，成立了一个最高委员会，设在图拉城。

在这一联盟中，商人起了重大作用，因为他们不仅进行商品交易，而且还相互传递信息。

# 玛雅文化——美洲最长久的古代文化

（约公元前 500—约公元 300 年）



## 文化概况与影响

玛雅文化是古代北美洲地区的土著文化，其延续时间长达 3000 年，可谓是美洲地区时间最长的古代文化。

该文化是世界最著名的古代文化之一，更是美洲重大的古典文化，有美洲“印第安文化摇篮”之称，主要位于墨西哥一带。玛雅文化发展的地域包括现今墨西哥东南部的尤卡坦半岛、危地马拉的提卡、洪都拉斯西部的科潘、瓦萨克通（已知最古老的玛雅城市），以及伯利兹和萨尔瓦多部分地区，其范围共约 32.5 万平方千米。

玛雅文明和其他墨西哥各地古代文明之间有许多共同之处。当奥尔梅克文明的余晖渐渐消失在热带丛林之中的时候，玛雅文明的光环开始显现。公元前后的两三百年间，玛雅文明的主要特色都已在卡米拉瑚郁和其他玛雅南部城市发育成形。

通常，人们将玛雅文明划分为三个时期：公元前 1500—公元 300 年称为前古典期或形成期；公元 300—900 年为古典期；公元 900—1500 年为后古典期。1697 年最后一批有组织的玛雅人被西班牙人征服，玛雅文化彻底消失。

其实玛雅人在5000年前就出现在墨西哥和中美洲一带的太平洋海岸，在美洲远古的石器时代他们就开始了生产活动，所以和世界上的其他人类一样，他们的古代史经历了采集、渔猎向农耕过渡的发展阶段。

公元前2000年左右，玛雅人进入了定点群居时期并从采集、渔猎进入到了农耕时期。正是农业和定点群居孕育了玛雅文明。

玛雅文化的前古典文明出现在危地马拉的太平洋沿岸和高原地带。这时，玛雅文化的主要特点是在出现的城市广场上建立了许多大型的石碑，其上雕刻上历朝历代的统治者形象。因为在公元1—2世纪时出现了象形文字，所以石碑上就有了记述统治者历史的文字。此外，城市里还出现了大型石料建筑物（如金字塔和城市的卫城）。大型石铺广场和堤道反映了这时候的建筑已有了一定的规模和水平。前古典时期的文明中心在中美洲的纳克贝和埃尔米拉多尔。



古典时期文明发展的中心在危地马拉一带的蒂卡尔、帕伦克、博南帕克和科潘等地。这时的文化特征主要反映在建筑、雕刻和绘画上。博南帕克壁画是世界有名的艺术瑰宝。

9世纪时，位于中美洲的玛雅古典文明中心不知什么原因衰落了。此后，玛雅文化北移到了墨西哥合众国的尤卡坦半岛，在那里进入了后古典文明时期。玛雅的后古典文明有奇琴伊查、乌斯马尔和玛雅科潘三大中心。后古典文明的文化特征除了继承南部玛雅文明的文化遗产外，主要是建立了许多比以前更大和更雄伟的神庙和大型金字塔。天文和历法也得到了长足的发展。

玛雅文化在建筑、雕刻、绘画艺术、象形文字、天文、历法和数学等领域都取得了卓越的成就。但在玛雅人的观念中，历史是以千万年为单位推演的无尽轮回，人生短暂如同朝露。而他们的文明也在几度辉煌之后湮没在中美洲的蓊郁丛林之中。玛雅文明的突变式发展和倏然消失至今仍是难以破解的谜题，这使得它成为最引人入胜的古代文明之一。

### 社会经济与生产生活

约在公元前1500年，玛雅部落进入了定居的农业生活时代，他们采用原始刀耕火种的耕作方式，最早培植了玉米和甘薯等农作物，并掌握了饲养火鸡、狗和蜜蜂的技术。

在农业生产中，玛雅人培育了对人类有重大贡献的粮食新品种，如玉米、西红柿、南瓜、豆子、甘薯、辣椒、可可、香兰草和烟草等，其中玉米的培植是古代玛雅人最主要的经济活动，对人类贡献也最大。玉米本是美洲的一种野生植物，玛雅人的培育把它变成了高产的粮食品种。玉米的品种多、营养价值高、产量大，不仅是美洲印第安文化的物质基础，后来欧洲人到达美洲后将玉米传播到全世界，也成了许多主要食粮，帮助许多人民度过了无数次的灾荒，对人类的延续和发展作出了不可磨灭的贡献。

玛雅人还是火鸡的培育者。火鸡现在已是欧美家庭过节必备的美味佳肴，因此在欧美人的饮食文化中，玛雅人的功绩是载于史册的。



玛雅的城市很多，公元前后，它们逐步形成城邦。这些城市人口众多，组织完善，建筑宏伟，文化丰富。其中比较有名的有帕伦克、科庞等。一般的集镇和城市都有市场，各业人员可在市场上进行交易。商品有燧石武器、棉布、蜂蜜、蜂蜡、盐、鱼以及各种日用品和食品。商品交易已经有了货币——可可豆。由于商品经济的发达，玛雅人不但内部经济发达，而且有了广泛的外部贸易。其经济活动远至南美洲的哥伦比亚一带，还影响到秘鲁、智利等地。

玛雅取得较大的经济发展的原因是因为玛雅人的手工业水平很高，他们会用陶土制成各种器皿，并能制作彩陶，还会用燧石或黑曜石制成各种工具和武器，用龙舌兰纤维和木棉织布匹，用金、银、铜和锡等元素制成合金加工成各种器皿和装饰品。

玛雅人制作的陶器很有特色，在初期阶段以黑色陶为主，器形较厚，装饰手法只用刻画，划纹也比较简单。从陶器表面所出现的一些红色的斑点来看，这时似乎还没有陶窑，而是在露天烘烧的。从公元 3 世纪以后，玛雅人的制陶技术达到了鼎盛时期，这时的陶器是橘红和橘黄色的，表面磨得很光亮，器形以三足器最有特色，但最引人注意的还是画彩装饰。通常的画法是先用黑色钩出花纹图案的轮廓，然后填以深红色彩，最后再在上面画出黑色线条。有的器物里外都有花纹，其最有代表性的是武士像，它们线条简练，刻画入微，形象生动。

## 高超的建筑和雕刻艺术

玛雅人用石头建造了许多宏伟的殿堂、庙宇、陵墓和巨大的石碑。玛雅人的建筑物不但气势宏伟，而且富丽堂皇，雕刻和壁画制作精美。至今在尤卡坦或危地马拉的热带丛林里残存着的玛雅遗址中，我们还可以看到在那些断垣残壁上鲜艳的色彩和美丽的图案。博南帕克遗址中还留下一些大约公元8世纪时创作的古代战争壁画，画中人物千姿百态、各具情态，栩栩如生，富有现实主义的表现力，是当今世界有名的壁画艺术宝藏之一。



玛雅人常在城市里的立柱上记事，时间间隔有固定的年限，通常是每隔20年立一些石柱记一些重要的事情。历史学家可以根据石柱上的记录知道这个城市的来龙去脉。据现有的材料得知，立柱的年代延续长达1200多年，最早的一根石柱立于328年，最后的一根立于1516年。如已被破译的危地马拉玛雅蒂卡尔神庙石柱，立于公元468年6月20日，恰好是玛雅日历的第13年。石柱上的文字主要叙述了蒂卡尔城第12代统治者坎阿克和他家属的一些事迹。蒂卡尔城是由一位叫雅克斯·摩克少克的玛雅人所建，他是坎阿克的祖先。经过100多年的统治，坎阿克家族把蒂卡尔城变成了当时最为繁华的城市。

玛雅人也是高水平建筑师。奇琴伊查的库库尔坎金字塔超过了蒂卡尔和其他城市的金字塔。库库尔坎金字塔塔底呈正方形，高30米，塔身分9层，每层有91级宽阔的石阶。四周台阶总和为364级，若把塔顶神庙算一级的话，共365级，代表一年的天数。神庙高6米，呈正方形。金字塔正面的底部雕刻着羽蛇头，高1.43米，长1.87米，宽1.07米。每逢春分和秋分两天的下午3点钟，西边的太阳把边墙的棱角光影投射在北石阶的边墙上，整个塔身从上到下，看上去起起伏伏，犹如一条巨蛇从塔顶向大地爬行。这个金字塔是为适应宗教和农业的需要，经过精密的设计和计算建造的。

奇琴伊查还建造了天文观象台。它是一个圆形的建筑，高22.5米，整个塔像一个蜗牛壳。塔内有螺旋式楼梯通向塔顶的观象台。塔壁上开有精心设计的8个窗口，由此观察天象。奇琴伊查城中还建有规模庞大的古建筑群。这个建筑群包括“总督府”“修女宫”“勇士庙”“虎庙”及庞大的金字塔。这些建筑物的外墙、门框、石楣上都布满了精雕细凿的羽蛇浮雕，其用料之细、形象之华美和匀称，都超过了原来南部玛雅文化的建筑，甚至连今天的建筑学家都惊叹不已。

玛雅人的不少公共建筑都建有坚固的围墙，在图鲁姆地方至今还留有一道长达约716米、宽约6米和高约6米的古墙。玛雅人还是伟大的筑路工，各城市间路路相通，四通八达。

在玛雅雕刻艺术中，那些高大的纪念碑是其中的代表。玛雅的纪念碑无一例外地都刻成规整的长方形，高与宽之比一般都在3∶1以上，最高的可达6∶1甚至7∶1。

玛雅纪念碑实际上是把立体的雕塑感与图画般的浮雕手法合二为一的特殊作品，这一点在世界各古代文明的雕刻作品中实属罕见。

如科潘1号碑，其正面雕成披挂齐全、盛装华服的国王形象，整个纪念碑高达3.5米，国王的头部、手足都比常人大一倍多。而礼仪上的要求又使得他的姿势有点呆板，脸上的表情也不免僵硬，但庞大的体形和凝重的神情仍能令人感到他的威严和强大的力量。人物的身形体态在玛雅雕刻惯用的复杂头饰、衣着覆盖下显得若隐若现，而且胸腹部位的大大压缩，使得头脚之间很不成比例。这些都是玛雅雕刻造型在宗教礼仪下不得不做的“牺牲”，这确实大大损害了纪念碑形象的生动与完整，事实上这是在神权政治控制下造型艺术所犯的通病。当然，这不等于玛雅匠师们未能掌握正确的人体比例和表现行动灵活的姿态，实际上这些衣着头饰虽然繁杂，但它们的线条与变化多端的图样却很优美，而且那些夹杂其间的羽毛蛇、小神灵的雕像更不乏鲜活跃动的自由自在，所以整个纪念碑的雕刻在宏伟精美之余不失其生动与丰富。



在一些独立的或用作神庙建筑装饰的雕像上，玛雅艺术家们受到的约束与限制不像纪念碑雕刻那样强烈，通过它们我们可以看到玛雅匠师们的惊人技巧。科潘神庙中著名的玉米神像就是在神像的头上简洁地刻了一束玉米为标记，神像本身却是近乎裸体的人像，但感情的表现非常丰富、深沉。玛雅匠师们既使在神权政治的高压下也能利用各种机会创造令人喜爱、隽永的作品。在玛雅的雕刻艺术中，造诣最高的不是它的浮雕作品，也有木刻，它能把绘画的丰富细致与雕刻的立体感集于一身。

## 社会制度和文化成就

玛雅社会有发展完善的高级的阶级制度，形成了金字塔式的社会阶层组织。在玛雅的社会阶层中，最高一级是统治阶层，或称统治家族，统治者自己担任这个复杂社会组织的首要执行长官，维持上层建筑并且管理这个文明社会的基础设施，他可以兼任这个国家宗教和世俗两主面的领袖下有常设的“顾问议会”，由领导阶级及祭司等组成。祭司阶级构成了玛雅社会的中心，他们通晓占星术与历法，对宇宙的奥秘有极为深刻的认识，不但能作出正确的太阳历，而且更能运用图画文字将呼种知识记录于图画文字资料中。他不仅是祭司，同时也拥有对非宗教世界的权力，控制着王室或贵族。



玛雅社会的地方长官，则由各部落的小酋长及助手担任。除此之外，还有类似指挥作战的司令官及警察等公共场所人员编制。显然，玛雅人此时已建立了职位与身份划分很明确的社会制度。

居于这种金字塔式社会组织基层的是为数众多的农奴和手工业奴隶，他们被迫出卖体力以满足统治阶级的各种需求。

在玛雅文化的末期，这种倾向愈来愈盛，最终分化成战士、祭司、世袭之王等集团，为平民阶级带来极重的负担。

玛雅人具有其他印第安民族所望尘莫及的抽象思维能力，他们创造了精确的数学体系（采用 20 进位法和 18 进位法）和天文历法系统（太阳历），以及至今仍有待我们去破译的象形文字系统。他们创造的文化成就与当时的生产力水平相差之大，令人难以想象，这也是玛雅文明的一个谜。

玛雅人在天文历法和数学运算方面在当时世界上首屈一指。其历法的精确度远高于欧洲人后来使用的格里高利历。他们把一年定为 365 天，13 天为一周，一年分为 18 个月，每月 20 天，剩下 5 天作为禁忌日。他们还会推算月亮、金星和其他行星运行的周期，日食的时间。玛雅人运用“太阴计算法”将金星年份也推算了出来，比当时世界上任何一部历法都准确。玛雅人在数学方面的成就是发现了零，这在数学上是一个了不起的成就，这一成就比欧洲要早 800 年。玛雅人的计算方法是根据人的手指加脚趾合起来计算的，所以是 20 位制的。玛雅人只用 3 个数字符号组合就能运算非常精确的天文历法和日常生活中的一切数学难题。这三个数字是用圆点表示“1”，一横表示“5”，一个贝壳表示“0”。

玛雅人创造了表达人间万事万物和人的情感的象形文字。这种象形文字主要刻在建筑物、陶器上，或写在树皮、绢布上。玛雅语文的词汇十分丰富，大概有3万多个。玛雅文字是非常奇妙的，它是一种兼有意形和意音功能的文字，既有象形，也有会意、形声。

玛雅人已使用了纸，纸通常是用树皮或鞣制过的鹿皮做成的。他们用这些纸编成各种书籍，其主要内容是历史、科学、典礼仪式、神话传说和历法等，有的书籍还记载当时玛雅社会的各种情况，文字与彩色图画并列在一起，图文并茂。西班牙人在进入玛雅地区时大肆破坏了玛雅文化，绝大多数书籍被西班牙殖民者当作“魔鬼的作品”付之一炬，他们杀害了玛雅的祭司，致使玛雅文字无人认识，历史无从考证，玛雅文明的宝贵财富成了一堆废品。有一些劫后余生的玛雅文献流散在世界各地。已知的有《德累斯顿古抄本》、《马德里古抄本》、《巴黎古抄本》、《格罗利尔古抄本》、《柏林古抄本》、《纽约古抄本》等。

玛雅文化是美洲最先进的古文化之一，它在物质和文化方面的成就十分可观，至今仍对墨西哥和中美洲部分国家产生着重要影响。但与同时代的欧洲大陆先进文明相比，显得原始而落伍。因此，16世纪西班牙入侵时，脆弱的玛雅文化遭到了严重的摧残。



## 让人匪夷所思的水晶头骨

1927年，英国探险家弗雷德里克·米切尔·黑吉斯在现今洪都拉斯首都伯利兹城一处玛雅遗迹发现一个水晶头骨。数十年过去了，科学家们至今仍未揭开水晶头骨之谜。

据了解，水晶头骨是由坚硬的熔融石英制成，重5公斤，硬度很高，是依照女性头骨雕刻而成的，上有雕刻精湛的牙齿、线条平滑的颧骨，其所有部分无不显示出制作者对人体解剖学的透彻了解。

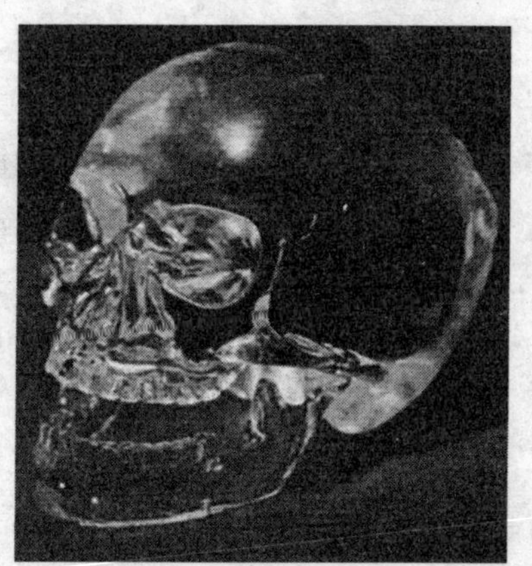

玛雅文化水晶头骨

水晶头骨的结构也十分巧妙，有人把

水晶头骨和真正的人类头骨作了比较，发现除了眼部特征稍稍偏于人类的正常范围以外，其他参数都与真正的人类头骨相差无几。此外，头骨面部两侧的下方各有一个微小的圆形凹槽，水晶下颌使得下颌可以与头颅连结，还可以像人类头骨的下颌一样自由张合，并与其他头骨组件分离开来，有人认为该头骨也许还会有其他部分。

这个水晶头骨制造近乎完美，研究人员强调称，它是无法从技术角度解释的。它不但用玛雅人当时的技术难以雕刻，即使现代工艺也难以制作如此精美。20 世纪 70 年代，惠普公司曾计算出这种坚硬的石英水晶需玛雅人花费 3 百年用丘砂来磨制，这必须是几代人坚持不懈地工作。但是否会有几代玛雅人用去大量时间去慢慢磨制呢？恐怕这是不可能的。



有玛雅传说认为，在人类文化十分发达之时，将有 13 颗水晶头骨出现，水晶头骨里隐藏了人类起源和死亡的秘密资料，能帮助人类解开宇宙生命之谜。如果这是真的，那它会以什么方式来告诉人们这些秘密呢？

然而，古代玛雅人给我们的困惑还远不止于此。科学家们发现，当有光束照在这颗头骨上时，隐藏在基底的棱镜和眼窝里用手工琢磨的透镜片组合在一起，能产生一系列光学变化，它所发出的炫目光束，有一种催眠般的魔力，会让人出现幻觉、幻听等现象。曾经研究水晶头骨长达 6 年之久的专家富兰克·多兰德先生说，他在与水晶头骨共处时，能听到一种“非常安静又引人注意，像是从高音大钟发出”的声音，还能从水晶头骨上看到“山峦、庙宇”等图像。更有人在抚摸过水晶头骨后，发现自己身上的疾病居然奇迹般地消失了。

所有集中在水晶头骨上的谜团都让人匪夷所思，还有些人干脆把它归之为是天外来客的杰作：当外星人即将离开之前，将水晶头骨作为礼物送给了玛雅人，之后玛雅人就把它一直保存在金字塔里。对于这种说法，人们现在还无从考证，因此关于玛雅水晶头骨之谜，还需要人类进一步探索研究。

# 特奥蒂瓦坎文化——印第安的“众神之都”

（约公元前500—约公元1000年）

## 文化概况与影响

特奥蒂瓦坎文化是古印第安人的一支——阿兹特克人在墨西哥一带创造的城市文化。其文化约形成于公元前500年，在公元1—6世纪发展到鼎盛时期，公元9世纪时开始衰落。在其全盛时期，它是全美洲最大的城市，拥有大约12万人口。

特奥蒂瓦坎古城址位于墨西哥城东北40公里处波波卡特佩尔火山和依斯塔西瓦特尔火山山坡与谷底之间，面积达20平方公里。在印第安语中，特奥蒂瓦坎意为“天神降生的地方”，被誉为“众神之都”。它曾是古代特奥蒂瓦坎人的都城。这座城市创造的文明，不仅支配着当时的整个王国，还影响了邻近的玛雅人发展。居于城市中央的死亡大道闻名遐迩，太阳金字塔和月亮金字塔更是举世闻名。

实际上，特奥蒂瓦坎不仅是一个宗教中心，而且与玛雅及中美洲的其他地区有着广泛的贸易关系，组成了广阔的商业网。特奥蒂瓦坎和玛雅是这个庞大的商业网中的两个枢纽。近年的考古发掘表明，这座由数以千计的建筑组成的城市，有众多的街坊、店铺和作坊，还有专门的商业区或手工业区。

从特奥蒂瓦坎的遗址中可以看到精美的壁画、雕刻和彩绘陶器，这是古印第安文化的瑰宝。其中尤以一种叫“薄橙”的彩绘陶器和石雕最为精彩。此外，还有其他声名远播的文物，如：三足鼎式陶罐，其釉面光洁，造型粗犷而花纹精细；以几块巨石拼接成的水神雕像，头戴冠冕，耳佩饰物，表情严肃，双眼深邃有神，衣袍上装饰着几何图案。这些出土的文物向人们证实了那个已逝文明曾经的辉煌，也向人们提出了新的问题。比如，从出土的文物里人们发现当时的特奥蒂瓦坎盛产黑曜石，甚至他们还把这种石头向其他地区出口，但对在那个缺乏工具的年代，人们怎样对它

们进行精细加工，至今仍不知其详。同样让人费解的还有，这个辉煌的文明在公元 8 世纪的某个历史瞬间突然凋敝的真正原因。

## 独具风格的美洲金字塔

古代美洲的金字塔不仅数量多，而且各具特色。与非洲用作陵墓的金字塔不同，中美洲的金字塔往往用作神庙的平台。在建筑形式上，美洲金字塔与埃及金字塔的空心式也有很大不同，这里的金字塔为实心，内填沙土外包巨石。

在特奥蒂瓦坎，有两座十分著名的美洲金字塔：即城市北端的月亮金字塔和南端的太阳金字塔。这两座金字塔分别是祭太阳神和月亮神的宗教建筑。



太阳金字塔大致建于公元 1—3 世纪。这座接近四方锥体的建筑坐东朝西，逐层向上收缩，底边长 226 米，宽 223 米，塔高 64.5 米，占地约 5 万平方米，总体积达 100 万立方米。它被设计成古代印加人视为神圣符号的五点形，即在正方形的四角各放置一个点，正方形的中心是第五点，金字塔的顶点正好处于底座四角的中央。它使所有相互对立的力量和解，并合而为一，象征着生命生生不息的源泉。因此，有人认为，太阳金字塔的建造是为了迎合在阿兹特克人的传说中，有“太阳从特奥蒂瓦坎升起，徐徐升到宇宙中心”的说法。

在阿兹特克人的传说中，人类的第四太阳纪结束于一场洪水。洪水过后的世界陷入了漫漫黑夜，众神中的两位神在特奥蒂瓦坎牺牲自己，分别化身为太阳和月亮，帮助人类复兴。所以，特奥蒂瓦坎是传说中第五太阳纪时太阳和月亮的诞生地。这里的所有建筑，包括宫殿和民房，都严格与太阳金字塔的方向保持一致，对应着太阳在天上运行的轨迹。城中街道的坡度被设定为 30 度，每隔一定距离修建六级台阶和一个平台。从南向北望去，台阶和平台会隐没在精准的坡度差中，而且街道上的台阶与 3000 米以外的月亮金字塔自然相连，仿佛直抵天际。

太阳金字塔外部以琢磨平整的红色火山岩石砌成，其正面筑有数百级石阶通到塔顶，台阶两侧镶嵌彩石和雕刻图案，其余三面则平整光滑。在太阳金字塔塔顶的平台上曾建有一座供奉着太阳神的神庙，当年就在这里用人牲祭祀太阳神。据公元 18 世纪西班牙历史学家考证，当初这座神庙金碧辉煌，高大的太阳神像立在神坛中央，面对东方，端庄严肃，胸前佩戴着无数金银宝石饰物。当阳光射入庙堂时，太阳神像周身反射着耀眼的光芒，使人肃然起敬。但后来，神庙、神像遭到了彻底拆毁，至今仍无法复原。

月亮金字塔坐落在城北，是古印第安人祭祀月亮的地方。它底边长150米，宽140米，塔高46米，分为五层。它的建筑风格和太阳金字塔一样，但是规模较之小，修建时间也比太阳金字塔晚。外部叠砌的石块上绘有许多色彩斑斓的壁画，塔前的宽阔广场可容纳上万人。塔身的顶部也是一个平台，但建筑在平台上的神庙和其中供奉的月亮神像却不知所踪。

## 彰显宗教信仰的建筑

太阳金字塔的西侧就是著名的死亡大道。人们通常认为全盛时期的特奥蒂瓦坎是中美洲各民族向往的圣地，当时前来朝拜的人们对城中央那条笔直的死亡大道都会心生敬畏，它就位于特奥蒂瓦坎的标志性建筑太阳金字塔和月亮金字塔的脚下。死亡大道长约2500米，宽40米，呈南北走向，像是一条城市的中线。在大道两旁，神殿林立，高大的金字塔上装饰着精致的彩色浮雕。当年，不知道有多少人在这条路上被祭司送往神殿祭神。死亡大道的称呼由此得名。

位于城市南部的羽蛇神庙，被古印第安人称为凯察尔考阿特鲁神庙。神庙由一个365平方米大小的平台和平台上的羽蛇神金字塔构成。塔高21米，其上所刻的羽蛇图案令人惊怵。庙的建成较太阳金字塔和月亮金字塔要晚一些，规模也较小，但造型精巧，外观华丽，铺砌考究。现存台阶表面用石料一层层拼砌而成，每层都装饰着带羽毛项圈的蛇头和用玉米芯贴饰的象征羽神的假面。

## 生产生活与人文特色

在特奥蒂瓦坎城中，平民的住房是清一色的单层平房，院墙设有窗户。这种封闭的院落可以隔开外界的喧闹，并使居室白天保持凉爽，夜晚又便于防风保温。院子中央有宽阔的天井，天井的一部分被辟为祭坛，屋檐下和墙脚都挖有排水沟。那时许多人在城外有自己的土地，白天他们就外出耕作。但也有相当数量的人在城里从事手工劳作，其中以从事黑曜岩加工的人为多。在当时，由黑曜石制成的工具和武器对印第安人来说是不可缺少的，其他的手工制造业还有制陶、玉石加工、纺织、皮革和木材加工等。白天，来自各地的人们在熙熙攘攘的集市上进行交易；晚上，人们回到自己舒适的寓所，外地人则只能住在专门界定的区域内。

与平民不同，这里的统治阶层在城中过着养尊处优的生活，他们分散居住在城里的许多地方。南北走向的死亡大道和另一条东西走向的大街把整个城区分为四部分。祭司和贵族占据了离金字塔最近的地段，那里远离喧闹的市场。在统治者富丽堂皇的房间和厅堂中有许多大石柱，上面装饰着精美的浮雕，色彩缤纷的各种雕像从地面一直延伸到厅的顶部。即便是在一天中阳光最刺眼的时候，豪宅的主人仍可以自在地享受阴凉和清静。今天，人们仍可以在那些损毁了的豪宅遗址中看到华丽的壁画，想象当年那些大宅子主人非凡的气派。



根据遗址考古证明，在特奥蒂瓦坎晚期，曾宰杀活人祭献太阳神。人们用剖取牺牲者心脏献给太阳的方式以祈求太阳运转不息。祭祀仪式异常惨烈恐怖。所以，当有学者将这种无限度的牺牲祭献与特奥蒂瓦坎文明的消亡联系起来时，也就不足为奇了。

# 阿兹特克文化——美洲最辉煌的古代文化

（约公元前 200—约公元 650 年）

## 文化概况与影响

阿兹特克文化是古代墨西哥地区的古代文化，也是这一地区文化舞台上的最后一个角色。

阿兹特克文化是由阿兹特克人创造的。阿兹特克人是北方贫瘠而居无定所的狩猎民族，后来侵入墨西哥谷地，征服了原有的居民托尔特克人，在这里创造了辉煌的阿兹特克文化。



阿兹特克人在迁徙和对外扩张的过程中不断学习和吸取其他印第安文

化的精华，因此阿兹特克文化不仅具有自己民族的特色，还兼具备其他部落的特色。他们以玛雅历法为基础创建了“太阳历”。其历法通过图象表达出来：一年有 18 月，每月 20 天。阿兹特克人又继承了托尔特克人的文明，并结合自己的创造，建立了古代墨西哥谷地最后的印第安文明，是个文化交替的过程。

关于阿兹特克人在墨西哥的定居还有一个有趣的传说。受他们的保护神维洛波切特利的启示，他们去寻找一只鹰，它栖身在一株仙人掌上，口中还衔着一条蛇，找到之后就应该在鹰的位置上建造城市。而阿兹特克人在墨西哥谷地的特斯科科湖中的一个小岛上找到了这只鹰，于是他们就在这里建立了以后成为印第安著名古都的“特诺奇蒂特兰”，意即“仙人掌之地”。今天的墨西哥的国徽就是根据这个传说而来。这虽然只是个传说，但它说明了阿兹特克人并不是墨西哥谷地的原住民。



1519 年 11 月，西班牙殖民者的远征军抵达阿兹特克都城特诺奇蒂特兰。当时的阿兹特克首领引狼入室，将他们迎接入城。不久，西班牙殖民者制造事端，残杀市民，遭到阿兹特克人奋勇反抗。1521 年 5 月被赶出城的西班牙殖民者卷土重来，围攻特诺奇蒂特兰。8 月，该城陷落，大部分居民英勇战死，壮丽的特诺奇蒂特兰被侵略者夷为平地。阿兹特克文化遭到摧残和毁灭。

阿兹特克帝国留给后人的遗产是丰富的。特诺奇蒂特兰虽然毁灭了，但它在人们的脑海里仍是一座辉煌的古城。像其他的美洲印第安文明一样，它们仍然在人类的历史长河中显示着自己的力量。

## 美洲最辉煌的古代文化

阿兹特克文化创造了美洲地区最辉煌的古代文化，他们继承了这里诸多文化的一切优秀传统，并在此基础上推陈出新，终将自己的文化发扬光大。

在教育方面，他们设有各级的学校，儿童、青少年不分男女，从孩提时开始不但要接受自然、历史、法律、宗教、体育、军事和科学等教育，还要接受道德教育。

而阿兹特克人的科学研究也达到了一定的水平。他们对植物特别有研究，还建造了植物园，对各种植物的生长过程进行观察，对它们的特性和用途进行研究、分类，分别应用于医疗、手工业生产、食品制作等方面。据说阿兹特克帝国境内有4大著名植物园，分别设在特诺奇蒂特兰、伊斯塔帕拉潘、特斯科科和瓦斯特佩克四座城池中。许多植物园集中研究药用植物学，一些植物园还附设诊所治疗疾病。在药用植物普遍应用的基础上，各部落均有一所医院，为平民治病。此外，还有一些专科医院。

阿兹特克人使用的计数法是20进位法。这一方法普遍应用在他们的日常记账、交易买卖和税收登记方面。

阿兹特克人和美洲其他地区的古代文明一样也创造了象形文字，他们还会造纸，用于书写，这样就为后人留下了很多古籍。他们的文字有表意和象形两种。比如用火烧神庙来表示某个地方已被征服，用一只鹿角表示一只鹿。用于书写的材料除了纸张外，还大量应用鹿皮和棉布，也有书写在石头上的。

在阿兹特克时期，石雕是用来刻画人物形象的通常手法。这些石雕通常是阿兹特克神话中的男女诸神。在这种粗糙的男女诸神的复制过程中，依然表现出古代工匠在这一艺术领域中捕捉人物生命之光的天然能力。

阿兹特克人的绘画艺术表现在手抄书籍上。他们为了记录历史事件、交流思想、传递信息，就在纸上设计出各种表意的图形。使用颜色是阿兹特克人的又一艺术特色，其中使用最多的是红色和黑色。阿兹特克人在手抄本和雕塑上着色，用以区别不同的神。

### 天文历法与神灵崇拜

阿兹特克人还根据日月运行的规律和季节的变化，相当精确地制定了自己的历法。一共有两种历法：一种是“太阳历”，即和玛雅文化一样把一年定为365天，分成18个月，一个月20天，剩余的5天为祭祀用，闰年（每四年一个闰年）加一天；第二种是“月亮历”，一年为13个月260天，一个月也是20天。每52年，两种历法重合一次。阿兹特克人的这两种历法在许多方面都有重要的作用：首先在农业方面，确定农耕季节，指导农业生产活动；其次在纪年方面，用于记录历史的发展和历史事件的发生；第三在祭祀方面，可以确定举行祭祀仪式的日期，指导人们的宗教节日活动；最后在天文方面，可以记录天体运行规律和天文现象。

阿兹特克人根据多年的观察，对天体的运行有一定程度的了解。他们不但测算出了日蚀和月蚀发生的时间，而且还记录下了水星、土星、金星等一些肉眼可以观察到的行星的运动周期和轨迹。这些表明阿兹特克人具有很高的数学水平，拥有一套精确的计算方法。

阿兹特克人的太阳历石是墨西哥人独特的创造。它被雕刻在一座巨石上，很像一个圆盘，直径 3.6 米，重 24 吨。它是墨西哥人奉献给太阳神的一块纪念碑，本来装饰在诺提特兰神殿的墙上，西班牙人破坏了神殿，而太阳历石却奇迹般地留存了下来。西班牙殖民地时代，印第安人依旧礼拜这块石盘，后来被埋到墨西哥市的大广场地下，1790 年再度被发现后收藏于博物馆。

这块太阳历石中央绘有太阳神托纳提乌，周围配置有阿兹特克的历法及与宇宙论相关的图画文字和符号，这些符号代表了墨西哥人的宇宙观。也就是说，由于太阳神的子民阿兹特克人的宇宙观与世界观完整地表现在这块圆形石盘上，因此，这块太阳石盘就成为阿兹特克文化的象征。

阿兹特克人相信，自上帝创世以来，墨西哥人曾经历过四个太阳，但这四个太阳相继被风、虎、水、火所毁灭，最后只有第五个太阳，即托纳提乌成为胜利者，并且是一直运行着的石盘中央的太阳；石盘的上下左右分别刻上述的四个太阳的二十天图象。第五个太阳的周围所刻的是太阳的光芒、宝石和鲜花等，是对新太阳的礼赞。

除太阳神外，阿兹特克人还崇拜蛇神，他们称蛇神为“羽蛇”克萨尔科亚特尔，他是托尔特克人的主神，其历史可以推到特奥蒂瓦坎时期。除羽蛇神外，阿兹特克的主要神还有：战神维洛波切特利，他是特诺奇蒂特兰的保护神；雨神特拉洛克，他掌管着雨，是一个古老的神，可以追溯到特奥蒂瓦坎时代。除了上述提到的神外，阿兹特克人还有其他的许多神灵，这些神灵都需要人们的祭祀。

在特诺奇蒂特兰的每个家庭都设有一个祭坛，一切行为都受到某种神灵的保护。阿兹特克人经常为这些神举行宗教仪式，人们总是抱着最虔诚的态度，奉献自己最好的实物进行祈祷，每个家庭对神灵的崇拜都力图超过以往。因此祭祀用品就充分展示了当地最好的手工艺。

## 生产生活与人文特色

阿兹特克文化在经济上的繁荣进而推动了阿兹特克人的教育、科学研究、天文学、历法、文字、艺术各方面的发展。

阿兹特克人的经济基础是灌溉农业，主要种植玉米、豆类、西红柿、可可、棉花、辣椒、龙舌兰和烟草。其生产工具多为木器和石器。阿兹特克人不懂炼铁，但初步掌握炼铜和炼金技术。纺织、制陶、石刻和宝石镶嵌等手工艺达到较高水平。在特诺奇蒂特兰地区，最著名的行业是制羽业，原料是外地的贡品，工匠用其来制作武士的头饰和盾牌。

当时的黑曜石是最具有经济价值的物品，它被用来制作各种物品，其中祭祀时用的刀是最常见的一样物品，它要求的技术很高，需要制作得又薄又锋利。他们还用这种岩石为神像安装眼睛。而最具特色的应该是阿兹特克人雕凿的黑曜石杯子，由于黑曜石又硬又脆，造这种杯子很是不易。

阿兹特克文字为象形文字，与玛雅文字类似。阿兹特克人的医学比较发达，会用草药治病并施行土法麻醉。从古抄本的图画中可以看出，土著医生对人体的构造和各器官的作用已有一定了解。

在人文风俗方面。阿兹特克人的宗教祭祀中最重要的就是人祭的仪式。人祭并不是阿兹特克人独有的祭祀方法，早期的印第安人就有人祭的习惯。

阿兹特克人的人祭可以追溯到特奥蒂瓦坎时期。那时，墨西哥谷地和中美洲地区都流行着一种金星崇拜。金星崇拜的传统形式除军事征服外，还有一种就是处死战俘的仪式，象征着血转化成了水和丰收。特奥蒂瓦坎的羽蛇神就象征金星。

有关于金星周期祭祀的实在证据就在羽蛇金字塔的建筑物底下。1925年，人们在羽蛇金字塔四角外各发现一处单人葬坑，所埋的显然是殉葬者。后来在1983—1984年墨西哥国家人类学、历史学主持的挖掘工作期间，两位专家在挖掘探沟时发现，沿金字塔的南边有3处对称葬坑。最大的是190号坑，其中有18具男性青年骨骸。他们发现这18具骨骸的大部分手腕交叉在背后，说明他们被放入葬坑之前是被绑着的。调查者的结论是：这是殉葬的军事人员。190号葬坑两侧的两个小葬坑，每坑只埋有一人，他们也被证实为殉葬者。1988—1989年期间，一些墨西哥的人类学家和历史学家进入了羽蛇金字塔，为特奥蒂瓦坎的尚武精神和人祭提供了确凿的证据。

16 世纪的西班牙编年史家贝纳迪诺法萨阿贡就曾生动地描述过阿兹特克人崇拜的人祭仪式："至于晨星，这颗伟大的星，据说当它重新出现时，恐惧便会降临到他们身上；人人都很害怕，各处出口和（房屋）通道都被关闭。据说当它出现时偶尔的一点（亮光）都可能带来病源、灾祸之类的不幸。但是，有时它被看成是仁慈的。它出来时还要杀俘虏喂养它。他们向它撒血。用俘虏的鲜血向它泼撒，用中指和拇指向它弹血；以血作为贡品抛向它；以供奉的形式滋养它。"

虽然阿兹特克人的这种宗教崇拜带有血腥的味道，但在当时的原始部落的这种行为也是人类发展到这个阶段所不能避免的，只要随着社会的进步，这种人祭的行为自然就会消失了。



## 纳斯卡文化——以巨画著称的文化

（约公元前 200—公元 600 年）

### 文化概况与影响

纳斯卡文化是南美洲的古印第安文化，位于现在秘鲁南海岸纳斯卡谷地及其周围的皮斯科、钦查、伊卡等附近，主要遗存分布于秘鲁南部沿海地区，因所在地有纳斯卡河谷而得名。

纳斯卡地区气候干旱，农业生产全凭安第斯雪山融化之水。当时已建立早期国家，但城镇遗址发现得较少，主要文物是墓葬中出土的陶器、纺织品等。

考古学家曾在纳斯卡文化的宗教仪式中心卡瓦奇进行了大规模发掘。卡瓦奇距纳斯卡城 35 公里，建筑物由土坯造成，占地 24 平方公里，被认为是世界上最大的祭祀场所之一。考古学家在那里发现了许多庙宇和神龛，而最重要的发现之一是每边长 102 米的卡瓦奇大金字塔，最古老的发现则是一具数千年前的人体遗骸。

此外，考古学家们发掘出来的水渠系统证明这一居住在干旱地区的民族拥有先进的水利工程技术。他们找到了一个存放有 200 余件纺织品的仓库，有些织物长达 4 米，其中一些布匹上印有考古学界从未见过的神秘图案，描绘的是一种大鸟吃水果、吃鱼甚至吃活人的情景。

## 巨大而神秘的纳斯卡地画

纳斯卡文化以其荒原巨画闻名于世。当时的古居民在方圆 400 平方公里的荒原上，用石子铺成了巨大的线条、几何图形，动物和植物的形象，有半写实的猴子，各种长颈鸟，大蜘蛛、晰蝎，鱼和鲸等。其中最大的图形占地达 5 平方公里，只有在至少 300 米的高空才能看见这些巨画的全貌。

纳斯卡文化荒原巨画

这些画作于公元前 200 年到公元 600 年之间，由美国人保罗·科索科于 1939 年在纳斯卡地区研究古印第安人灌溉系统时发现。它们大多位于秘鲁首都利马南 300 多公里处，散布在干燥沙质地表上，深几十厘米、长几百米到几公里不等。

这些巨大的图案为挖去地表砾石露出白沙而形成，有关线条的制作者和制作目的有许多猜测。主要推测认为，这是创造过纳斯卡文化的古印第安人的作品，是古代人奇特的天文日历；或是印第安人的灌溉系统，或道路，或与印第安人的宗教祭祀活动有关，甚至有人认为可能是外星人修建的飞船着陆标志。最为可信的是，它用于宗教仪式，如在举行仪式的日子里，人们举着火把沿着这些图象游行，这在当地的风俗留有痕迹。虽然目前还不能完全解开这些图案的秘密，它们仍不失为人类智慧最精彩的创造之一。但从公元前 3 世纪到公元 5 世纪纳斯卡文化留下的陶器上的图形看，纳斯卡文化同巨型图画之间有着密切关系，因此基本上可以肯定线条出自创造纳斯卡文化的古人之手。联合国科教文组织于 1994 年 12 月 14

日决定将这一遗迹作为人类文化遗产予以保护。

### 生产生活与人文特色

除巨大的地画外，纳斯卡文化还以绚丽多彩的彩陶闻名于世。这里的陶器多为双口提梁壶和敞口碗之类，用泥条盘筑法制成，上有风格独特的彩画。陶色多呈砖红或褐色，绘彩颜色多达 11 种，所绘人、兽、鸟、鱼及花草树木等具有自然主义风格，也有宗教性的神怪体形和头像。图案多以黑线勾出轮廓，然后填以浓淡不同的各种颜色，手法较呆板生硬。早期纳斯卡陶器多为开口碗或带提梁的双嘴罐，彩绘简单粗放；晚期纳斯卡陶器形状较多样，已有一些模仿人形的器物，图案也较精致。

纳斯卡文化的纺织品也很出名，均发现于墓葬中，原料为棉花和美洲驼的驼毛，品种有刺绣、花毯、织锦、薄纱和条纹布等，制作技术十分精细。花纹图案与彩陶相同。这些纺织品的图案美丽，色彩配合巧妙，制作工艺极精，为古代纺织品中的上乘之作。

陶器和纺织品的动物图案与纳斯卡地区地面线纹和绘画图形十分相似，故人们判断其为同一时期的产物。

值得一提的是，在纳斯卡社会中，女性具有极高的地位。考古人员发现了大量的宗教祭祀仪式用的礼服残片，复原后可以看出，其中绝大部分礼服是妇女穿的，其样式朴素而不失庄重。因为大量证据表明宗教仪式在纳斯卡人的生活中占有极其重要的地位，由此也可以推断，女性在等级森严的纳斯卡社会中属于“上流社会”的成员。



## 帕恰卡马克文化——印第安人的神庙中心

（约公元前 200—约公元 1500 年）

帕恰卡马克文化是秘鲁地区古老印第安文化的一种，是以神庙为中心的古代城市文化。它于公元前 200 年左右兴起，15 世纪达到鼎盛时期，1533 年被入侵的西班牙殖民者毁坏。

帕恰卡马克遗址位于秘鲁利马以南20余公里处的“鲁林谷地”，在秘鲁古文明史上占有重要地位。此地原为前印加时期土著人的土地神庙，后被印加王国征服，成为秘鲁中部海岸最著名的神庙，以庄严、肃穆、雄伟而著称。

帕恰卡马克遗址大部分是土坯和干打垒的泥土建筑群。地基由石块铺垫，墙壁上有一排上窄下宽的梯形窗式装饰。其中最高大的建筑物被称为太阳宫（或太阳庙），高6层，背靠大海，建在山顶上。大殿背后建有观象台，观看太阳出没并据此制定农历。

在太阳庙另一侧的低洼处还建有月亮宫。印加时期这里集中了邻近地区的美女。她们从9岁起被选入宫中，学习各种技艺。长大后，出落得最美丽的可被选为王妃，相貌稍逊者则作为宫女或教师。月亮宫内的通道犹如迷宫，宫内还修有水池、水渠供美女们沐浴。



人们还曾在这里的一座木乃伊的坟墓中发掘出一只古老的凉鞋。据估算，这只凉鞋有近千年的历史，其制作用的材料是美洲驼皮。

## 蒂华纳科文化——高原上的神秘古城

（约公元前后—约公元1600年）

### 文化概况与影响

蒂华纳科文化是古代玻利维亚一带的城市文化。蒂华纳科古城位于玻利维亚境内的的喀喀湖以南约20公里处。从秘鲁的库斯科出发，要乘上几天的火车和轮船才能到达这里。这座谜一般的神秘之城坐落在海拔4000米的高原之上，距其他任何城市都很远。

在古印第安语中，“蒂华纳科”有创世中心之意，因此这座古城处处充满神秘的气氛。从远处看，它异常宏伟壮观，大批宗教建筑、绘画雕刻以及高度发达的古文化麇集于一地。古城所在地的高原景象，看起来不像是地球上的，倒似别的星球。这里的气压很低，大约只有海平面气压的一半，空气中氧的含量也极少，体力劳动对于任何一个非本地人来说都不堪忍受。但是，恰恰就是在这样的高原之上，曾经出现了一个高度发达的古代文明。1995 年 5 月，南美洲的“蒂华纳科古城遗址”被联合国教科文组织列入《世界遗产名录》，与神秘的马丘比丘古城一起，被誉为南美最负盛名的两大古城。

蒂华纳科古城的建筑宏大而规整，给人一种庄严之感。现存的蒂华纳科古城遗址主要包括太阳门、地下神庙、亚卡帕纳金字塔以及卡拉萨萨雅广场四部分。每个部分的建筑都极具艺术性，每个部分都潜藏着一个个神秘莫测的古老之谜。

西班牙人征服玻利维亚之后不久，史学家维加曾对这座古城做过详尽的描述。当时，入侵者对城中财宝和建筑材料的掠夺尚未展开，因此虽然饱受岁月的风霜，但蒂华纳科城依然保存得相当完整。目睹了古城的壮观气势，这位西班牙史学家抑制不住心中的激动，写道：“尤其值得一提的是蒂华纳科城中庞大的、令人叹为观止的建筑……其中最引人瞩目的是整块岩石凿成的石门；这些石门矗立在长达 30 英尺、宽达 15 英尺、厚达 6 英尺的基座上，而基座和门是用同一块岩石雕凿而成……当时的人类，运用什么工具和器械，使用什么方法，完成规模如此庞大的建筑工程？这个问题我们无从回答……我们也无从得知，如此巨大的石头当初是使用什么交通工具运载到这里来的……”



维加描述的是 16 世纪的蒂华纳科。但即便是在 400 多年后的今天，人们在面对这座古城遗址时，仍然无法不为它的气势所震慑。尽管几个世纪以来饱受掠夺，蒂华纳科城周遭依旧散置着一座座用整块岩石雕凿成的碑柱。这些石头是如此的巨大、如此的笨重，却又切割得如此的整齐、雕凿得如此的精美，以至于人们不禁怀疑它们是否出自神祇之手。尤其是那些 1.8 米长、0.5 米宽、如同玩具一样散落一地的石头水管，其制作之精巧令人吃惊，即使如今工业化生产的水泥管都无法与之相比。

对此，人们不免心存疑问：蒂华纳科城的祖先们究竟借助什么样的工具制作了这些水管？这个城市隐藏着什么秘密？一切都有待我们去研究。

## 神秘的艺术精品——太阳门

太阳门是蒂华纳科古城最吸引人的地方，被称为“世界考古最伟大的发现之一”。它不但是一件世界级的艺术精品，而且被专家们看成是雕刻在石头上的一套既繁复又精确的历法。

太阳门巍然矗立在古城的西北角，是一座用整块青灰色巨石雕琢而成的建筑，约有 3 米高，5 米宽。整块石雕的重量估计在 10 吨以上。乍看之下，它使人们联想起巴黎的凯旋门，只不过规模要小得多。太阳门屹立在蒂华纳科古城广场上，有如一扇幽冥之门，连接着两个肉眼看不见的世界。太阳门的两侧画着 48 幅方形图案，分列三排，簇拥着太阳门上方的一个会飞的"神"。

此外，建造太阳门的安山岩石料产于的的喀喀湖上一个名叫珂帕卡班纳的半岛，它是怎样搬运到蒂华纳科来的？玻利维亚的科学家做过实验，结果是：用木筏在水上只能运输较小的石块；如从陆上运输，6 名士兵才能拖动一块半吨重的石头。太阳门的重量在 100 吨以上，该需用多少人力拖动？而要把这么庞大沉重的石门立起来，必须要用大型的起重机，但当时的印第安人连车辆都没有发明，他们是怎样把这巨大的石门立起来的？莫非蒂华纳科古城不是建于 1500 多年前，而是史前时期的产物？



此外，太阳门上还镂有许多象形文字。最先尝试释译这些象形文字的是考古工作者贝士基，后来阿希敦继承了他的事业。经过艰苦的努力，终于在 1949 年结束了此项研究。结论令人吃惊，原来太阳门上镂刻的象形文字是一份天文历！这个古老的天文历与现代太阳历大相径庭，独具特色。它的一年不是 365 天，而是只有 290 天，并且一年的 12 个月中，有 10 个月只有 24 天，其余 2 个月 25 天。除此之外，这部天文历还包涵些什么含义呢？古代印第安人是如何获得这些知识的？又是如何了解地球是圆形的呢？对此，我们无法得知。

太阳门上另一神秘耐人寻味之处是雕刻在东正面门楣上的"回纹"图形。围绕该图形，考古学界形成了关于蒂华纳科古城建立年代的争论。这些"回纹"图形是一系列代表阶梯金字塔的几何图形，连绵不绝地排列在门楣上，有些直立，有些倒立，据说也具有历法上的功能。在右边第三列上面雕刻的是一只大象的头颅、耳朵、长牙和鼻。这个发现令人惊异，因为美洲地区根本就没有大象。不过，考古学家后来找到的证据却显示，在史前时代，美洲确实曾经有过大象。一种学名为"居维象亚科"的哺乳动物曾经出现在南美洲，尤其是在安第斯山脉南端，直到公元前 10000 年左右才突然灭绝。这种长鼻动物类似今天的大象，有长牙和长鼻，模样酷似蒂华纳科古城太阳门上雕刻的"象"。

在太阳门上的一群风格独特的动物图像中，考古学家还发现了其他一些已经绝种的生物。根据考古学家的研究，其中一种生物已经被辨识为“剑齿兽”。它是一种三趾两栖哺乳动物，身长大约 2.7 米，肩高约 1.5 米，模样酷似犀牛与河马杂交生下的一种体型矮胖的动物。如同“居维象亚科”哺乳动物，剑齿兽在鲜新世（大约 1.2 万年前）结束时才绝种。于是，考古学家们推定，蒂华纳科的建城年代属于洪积世末期。此说向历史学界的正统观点——蒂华纳科古城只有 1500 余年的历史提出了严峻的挑战。值得一提的是，雕刻在太阳门上的剑齿兽头像不下几十处。这种丑怪动物的图像，并不仅仅出现在太阳门上，而且在蒂华纳科古城出土的陶器碎片上随处可见。更值得注意的是，有好几件雕刻品以完整的、立体的方式再现了这种古代生物的雄姿。

此外，在蒂华纳科发现的古生物图形中，还包括一种已经灭绝的在昼间活动的四足兽，以及一种学名为“后弓兽”、体型略大于马、足部有明显三趾的古代哺乳动物。由此可见，太阳门不仅清晰地记录了天文学家的观测和计算，而且是一本记录古代珍禽异兽的“图画书”。

## 雕刻精美的地下神庙

蒂华纳科古城的第二个奇观是地下神庙，里面有印第安人传说中的“维拉科查”神像。它高约 7 英尺，坐北朝南，背对着的的喀喀湖古时的湖岸线。在位于神庙中央并代表维拉科查的方尖形石碑后面，排列着两座比较矮小的石碑。它们代表的是维拉科查传说中的门徒。

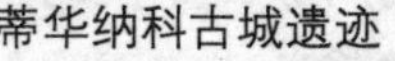

蒂华纳科古城遗迹

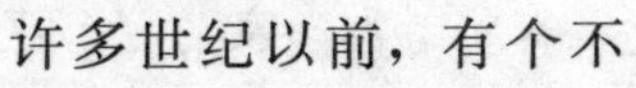

许多世纪以前，有个不知名的工匠将维拉科查的肖像雕刻在一根高大的红色石柱上。尽管饱受风沙侵蚀，肖像所呈现的面容依旧那么祥和恬静，流露出一股莫名的震撼力。他的额头宽阔，眼睛又大又圆，嘴唇丰润，鼻子挺直，鼻梁虽然狭窄，却向两边伸展到鼻孔。这张脸庞最引人注目的特征是造型奇特、令人望而生畏的胡须，使他的下颚看起来比太阳穴还要宽广。雕像的头颅两侧和耳朵上下方，均雕刻着奇异的动物图形，看起来像体型硕大、举止笨拙的史前哺乳动物。

供奉维拉科查雕像的“地下神庙”是露天的，坐落在一个长方形的大坑洞中，形状像一座游泳池，深达1.8米。庙堂的地板用坚硬平滑的碎石铺成，约莫12米长、9米宽。庙堂的墙十分坚固挺直，由许多块大小不一、搭配得天衣无缝的方石组成，接合处完全不使用灰泥。沿着墙体，每隔一段距离便矗立着一根高大粗糙的石柱。

地下神庙里除了“维拉查科”神像外，引人注目的是墙壁上数以百计用岩石雕成的人头。这些人头全都是完整的头颅，一颗颗从墙上凸出来，制作得栩栩如生。至于它们的用途，学术界至今仍争论不休。



## 雄伟的“亚卡帕纳金字塔”

地下神庙的西边是蒂华纳科四大遗址之一的“亚卡帕纳金字塔”。如同埃及吉萨地区的金字塔一样，它依循东西南北四个基本方位兴建，精确度很高。跟埃及金字塔不同的是，它的地基并没那么方方正正。不过，单凭约210米的边长，这座金字塔就完全有资格被尊为古代建筑史上的一大巨作。

考古学家推测：当初兴建这座金字塔时，先用泥土堆成山丘，再在表面覆盖巨大的长石，砌上阶梯，然后再对塔身进行打磨修整，可谓工程浩大。

在金字塔内部，考古学家还发现一个纵横交错、用上等方石砌成的渠道网。这些渠道的角度和连接点都经过仔细测量和设计，误差只有0.05厘米。渠道的最初功能是将水从塔顶的贮水池一层一层引下来，注入环绕塔身的壕沟，冲刷金字塔南边的地基。

然而，动用那么庞大的人力、花了那么多心思建造这个复杂的引水系统，肯定还有某种特定而重大的用途。据此，有些考古学家猜测，亚卡帕纳金字塔的兴建跟祭拜雨神或河神的某种原始宗教有关，目的是对水的威力表示无上的敬意。但还有一些学者在仔细研究了亚卡帕纳金字塔内部引水系统的特征后指出：这些人工水道极可能是洗矿设备的一部分，也许是用来冲洗附近开采的矿砂。

综观整个金字塔，可以看出它的兴建绝非单纯为了装饰或仪式用途，相反，倒是有可能曾经被当作某种神秘的“装置”或“机械”而使用。故有一些学者认为，亚卡帕纳金字塔内部神秘的“科技装置”跟死亡有关。这座金字塔名为“亚卡帕纳”（Akapana），在目前仍旧使用的古代文玛拉族方言中，“Akapana”指的就是人们死亡的地方。

### 不明用途的卡拉萨萨雅广场

从亚卡帕纳金字塔往西，便可见位于蒂华纳科古城西南角的卡拉萨萨雅广场。卡拉萨萨雅广场被当地人称为“石头竖立的地方”。因为广场旁边有座用不等边四边形巨石砌成的墙，每隔一段相等的距离就竖立着一根形状如短剑、高 3.6 米多的石柱，尖端朝天，底部插入的的喀喀湖畔高原的红土中。以这种方式建成的石栅栏相当辽阔，面积约 46 平方米。

卡拉萨萨雅广场的用途是什么？考古学家们一般认为，它主要用于观测天象，以确定春分、秋分、夏至、冬至的日期，从而精确预测一年的四季等。因为墙中的某些装置（包括墙体本身）显然是配合天上的某些星座而设计的，好像是要方便测量春、夏、秋、冬四季太阳出没的方位角。



## 印加文化——印第安建筑师的杰作

（约公元前后—约公元 1600 年）

### 文化概况与影响

印加文化是南美地区有代表性的古代土著文化，在 15 世纪和 16 世纪初达到鼎盛时期。

顾名思义，印加文化是印加人所创造的文化。“印加”意思是“太阳的子孙”，因为这支印第安人自认为是太阳的后代，并且认为国王是太阳的化身。他们原居今秘鲁的库斯科，讲歧楚阿语。在第 9 代王帕查

库蒂（1438—1471 年）及其子图帕克（1471—1493 年）统治时期，开始征服邻近部落，到第 11 代王瓦伊纳·卡帕克（1493—1526 年）时，形成了庞大的帝国。疆土北起今哥伦比亚南部，南到智利中部，西临太平洋，东至亚马逊丛林，囊括今天厄瓜多尔、秘鲁和玻利维亚等地区，总面积达 80 万平方公里，人口约 600 万。1532 年，西欧殖民者皮萨罗等攻占库斯科，最后一位国王被杀，印加帝国遂亡，印加文明也走向了衰亡。

早在公元之初，印加人便已有相当发达的农业。他们垒起层层梯田，修成百余公里长的渠道引溪水灌田，并已经知道使用粪肥，使生产力大大提高。他们培育出近 40 种作物，特别是玉米和马铃薯，为农业的发展作出巨大贡献。他们开采金、银等多种金属，制造出坚固的青铜器、精美的装饰品。印加人能用手工织机织出绚丽多彩的布匹，上面带有精美的动植物图案和几何形花纹。



印加人没有文字的记载或者书籍存在，因此印加人记载历史的方式主要是绘画。有很长一段时间印加人依靠代代相传的故事来记载历史。聪明的印加人记住那些故事，再由学者们把它们记录下来。

结绳文字是印加人的另一种记录方式，即用带结的绳子代表数字，甚至其他更复杂的意思。其中的一些结绳文字已经被破译。印加数字系统使用十进制。印加人为了精确描述他们仓库中的商品数量、国家人口以及其他信息，常常要用几百条不同颜色的绳子来记录。

印加人在数学和天文方面也有成就，但要逊于玛雅人和阿斯特克人。库斯科设有观象台和测定时间、季节的“日表”。他们采用阴阳合历：太阴历以月亮圆缺一次为一个月，一年有 12 个月，共计 354 天；太阳历以冬至为岁首。

储藏技术是印加人取得的另一项巨大成就，使得印加人即使在高山气候带来的频繁欠收中，仍然能够保持稳定的食物供给。一些沿路而设的管理中心也有食物储备设施。在帝国各地的几千个仓库中有些有特殊的通风系统，多数仓库是利用了高地的冷空气来延长储藏时间。

## “空中城市”马丘比丘



马丘比丘是印加帝国的古城废墟，在印加语中意为“古老的山颠”，位于印加帝国首都库斯科城西北 112 公里的高原上，四周丛山峻岭环抱。古城两侧为 600 米的悬崖峭壁，下临湍急的乌鲁班巴河。

马丘比丘城的面积约为 13 平方公里，海拔 2300 多米。它建成的年代至今尚是个未知数，不过很可能是建于 15 世纪末，即印加帝国向外扩张势力的鼎盛时期。有人估计说，当时这里至少居住有 1500 人。1983 年，该地被认定为世界文化遗产。

16 世纪西班牙人入侵美洲大陆后，古城遂被舍弃。之后，由于山高路陡、丛林繁茂、人迹罕至等原因，加之缺乏相关的历史记载，马丘比丘逐渐被人们所遗忘，其遗址一直到 1911 年才被发现。遗址虽只剩下残垣断壁，但当初兴盛时期的壮观风貌依稀可见。古城内的许多建筑，如宫殿、寺院、作坊、堡垒等各具特色。它们多用巨石堆砌而成，没有灰浆等粘合物，大小石块严丝合缝。

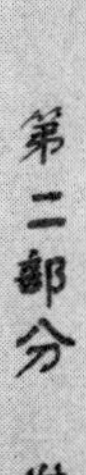


马丘比丘古城街道狭窄，但排列整齐有序。宫殿寺院与平台宏伟壮观，巍峨的金字塔上有由处女管理的太阳神庙。有些贵族住宅的墙壁上遗留有呈长方形或三角形的窗户。古城中建筑物的台阶倚山铺砌，高广且整齐，还有石砌蓄水池，引山泉流入供人们饮用。这里发掘出的日晷，显示了古印加帝国的高度发达的科学文化水平。考古学家还在这里发掘出上千具印加人的残骸，其中每具男性残骸周围都有 150 具女性残骸。据考证，这是用来祭祀太阳神的。废墟石壁上还刻有许多神秘的符号和标记。因此，这里与其说是个城市，不如说是个宗教活动的聚集地。

虽然马丘比丘遗址在考古学上名堂响亮，可是人们对于它的历史却只是略知皮毛而已。由于印加文化里没有文字，历史全凭口述流传，根本没有任何文字记载，因而有人猜测：当时印加人不愿让城堡被西班牙人占领，因此个个守口如瓶，以致这一宝贵的文化失传。

## 卓越的建筑技艺

印加人擅长建筑，被誉为印第安人的建筑工程师。首都库斯科有宏伟的太阳庙，正庙四壁装饰着厚厚的金片，人称金宫，中间是一座金铸的太阳像，镶满宝石和翡翠，一旦晨光照进，光芒四射。庙旁有太阳神的“黄金花园”，里面布满了金银制成的花卉草木、飞禽走兽，千姿百态、栩栩如生，几可乱真。他们修建了两条贯通南北的大道：一条在高原，从哥伦比亚南部直通智利，长约5600公里；另一条在沿海，从厄瓜多尔经秘鲁到智利中部，长4000公里。两条公路路面宽约5—8米。干线之外还有支线，通往全国各地。印加人在建筑过程中逢山开路、遇水架桥，有的藤编吊桥长达60米。大道沿线遍设驿站，险要地段筑有要塞和烽火台。有的学者认为，这是人类最伟大的工程之一，足以让现代最出色的工程师自愧不如。

印加建筑首先由于它卓越的工程技术和杰出的石工技术显示出高度的实用主义风格。印加城市被设计建立在一个被较小的街道分割开的宽阔林荫道的基础上，而那些较小的街道最终又会聚于一个被建筑物和庙宇排列成的开放的广场中。尽管在沿海的低地常用砖块和灰泥造房，但是印加房屋从结构上来说，常常是单层的，而且倾向于使用一些切好的石块完美地堆砌在一起构成。为了建造一些巨大的纪念碑，例如在库斯科附近的要塞，常用巨大尺寸的、极为精确的多边形石块拼接在一起构成。在这里，印加的建筑常常表现出一种和周围环境相融合的独特设计风格。

门口和壁龛向内会逐渐向上倾斜。大部分的屋顶也逐渐向上伸展以适应上升的山脉地势。

印加建筑大部分都简朴且正式。门上除了可能涂有比较明亮的色彩外，是不会有其他装饰物的。同样的，门内部的装饰也很简朴。这样做并不是为了节省劳动力，而是因为印加人喜欢简约的风格。

当时的印加人已懂得建筑设计。在建筑开始之前，建筑师一般先做一个建筑物的模型。然后，在建筑工地，他再把自己的设想解释给测量员和泥瓦匠。建筑工人们费力地找出巨大的石块，并沿着石块有缺陷的边钻孔，把缺陷的地方去掉。石块在一系列的滚筒或者背架上送到工地。一般会有几百个工人同时参加这项艰苦的工作。他们用石球重击形状不规则的石头让它们变得比较规则，并且石头的表面都要用坚硬的石块摩擦光滑。至于土坡，是用来拖石头的，借助土坡的帮助可以把石头放上高高的围墙。一般最大的石头放在底端。只有熟练的匠人才能砍凿最后使用的那些矩形石块，这些石块用于建筑最重要的部分。印加人的建筑水平非常高超，直到今天，我们也不能把哪怕是极薄的刀片插进石缝。大部分的印加建筑是非常坚固的，它们甚至能够经受强烈地震的考验。

## 生产生活与人文特色

在印加帝国时代，手艺人是很受人尊敬的。有一些专业的匠人能制作出很精美的物品，如金器匠和银器匠，他们只做祭祀用具和呈献给国王的精巧绝伦的物品。

印加文化虽然出产过很好的纺织品，但几乎没有什么布料留下来，大部分布匹已经被破坏了。但是从现有的极少量的证据里，我们能推断印加人是一流的织布工。女孩子们从很小的时候就学会了把羊毛纺织成衣物。她们也收集一些能够给羊毛染色的植物。染过色后的羊毛被织成柔软的薄片。羊毛制品常常是条纹状的，但是有些有很复杂的图案。

在制陶上，印加时代并没有现代制陶工人所用的轮子，所有的陶制品都是手工完成的。黏土制品也都被放在炉子里烧结，然后再取出着色。颜料主要有红色、紫色、奶油色和黑色四种。此外，这里还有建造宫殿和太阳神庙的建筑工匠，以及能雕出很特别杯子的木雕家。

在社会生活方面，大体上来说，印加人是比较守法的民族。因为他们拥有日常生活所需的每件东西，所以偷窃的事很少发生，整个国家都没有监狱。

对印加人来说，最坏的罪行是谋杀、诬蔑印加人和亵渎神灵罪。犯这些罪的人将被处以死刑。通常执行死刑的方法是把这些罪犯从悬崖上扔下去，让他们在岩石上撞得粉身碎骨。

很少有罪犯通过割掉手足或剜出眼睛受到惩罚。如果有罪犯受到这种惩罚，那么日后将由国家供给他们衣食。每天他们被带到最近的城门处，用一个行乞碗乞讨。这就使得每个人能看到他们，因此得知这种可怕的惩罚，并由此引以为戒。

在婚姻习俗上，印加人实行一夫多妻制，实际上印加帝国的每个人都将结婚，而且在上层社会，一夫多妻制是受人敬重的，因为只有那些得到印加帝国宠爱的人才能够实行一夫多妻制。小妾被作为奖赏赐予那些勇敢的人。男人所娶的第一个妻子作为“妻子中的首领”，并且保持这种地位直到她去世。她是官方承认的唯一妻子，永远不能被忽略和抛弃，所有的其他妻子必须听从她的命令。如果她去世了，她的丈夫能再娶一个新的“第一夫人”，但是不能从他的其他妻子中选择。这个习俗阻止了其他妻子之间为了争做“第一夫人”而引起的自相残杀。第二任妻子常常是从前的保姆。印加人获得其他妻子的另一种方式是在战争中掠夺，因为战败部族中的妇女会在胜利者的军队中进行分配。继承也为获得小妾的一种方式，儿子可以继承他已故父亲，或者已故兄长的小妾。

在整个秘鲁，一个广泛流传的丧葬风俗是把死者最珍视的财产以及他最喜爱的美丽妇人作为殉葬品一起埋葬。他们相信灵魂的不朽，因此在印加建造宏伟的陵墓是很普通的事情。陵墓中常有死者和他的财产、女人，以及侍从，还有大量的食物和酒、武器及装饰品。在埋葬前，尸体先放置在一个巨大的雕刻过的石头上，然后举行仪式进行哀悼。在石头的附近还有一个私人用的小洞穴，死者的家属可以在那里呆一段时间以悼念离开的家人。



当酋长死亡时，他们把他最大的珍宝、活着的女人和男孩子，以及他的好朋友一起埋葬，并相信死后他们还能在一起享受食物和饮酒作乐。有些妇女甚至因为恐惧坟墓中没有她们享受的位置，而用头发上吊而死。一般来说，印加人会很看重这些自愿殉死的女人，从而在坟墓中提供给她更好的位置。

另外，在印加时代的早期，孩子很难存活，因为抚养孩子困难重重：妇女要远离人群，在没有任何帮助的情况下独自生下孩子。而且，孩子生下不久，婴儿就被紧紧地裹在襁褓中，放进摇篮，很少被母亲抱在怀里，因为她们认为抱着他们会引起他们太多的哭泣。孩子的胳膊在三个月，甚至更长的时间内都不能解开，因为他们相信解开会使孩子的胳膊变虚弱。印加人注意到动物每天在早、中、晚三个固定的时间喂养它们的后代，他们也沿用了这种方式，每天只喂孩子三次。

## 奇琴伊查文化——印第安的“羽蛇城”

（约公元 400—约公元 1500 年）

### 文化概况与影响



奇琴伊查文化是墨西哥尤卡坦半岛一带的古代城市文化，主要是由古印第安人的一支托尔特克人在后期创造的。

奇琴伊查城素有“羽蛇城”之称，该城位于墨西哥尤卡坦半岛东北部，建于公元 435 年。公元 11—13 世纪时，城市发展达到顶峰，是古代中美洲玛雅文明的三大城市之一。公元 15 世纪，这座城市被废弃，在历经了短暂辉煌之后，奇琴伊查神秘地湮没在中美洲的蓊郁丛林之中，这也使得它因此成为世界上最具吸引力的古代文明遗迹之一。

现在的奇琴伊查文化遗址多是其后期的建筑。遗址占地 5 平方公里，南北长 3 公里，东西宽 2 公里，有规模庞大的各种建筑数百座，如金字塔、千柱群、总督府、修女宫等等。今日古城所保留下来的建筑物，大都是玛雅时期建造的。

奇琴伊查族和托尔特克族共同膜拜的羽蛇神以及玛雅雨神的图腾在整个古城内随处可见。这些建筑物的外墙、门框、石楣上都布满了精雕细凿的羽蛇神浮雕。其用料之细、做工之精、形象之华美，都超过了原来南部玛雅文化的建筑，甚至连今天的建筑学家都惊叹不已。



奇琴伊查的繁荣是多种文明融合的结果。在公元前 2000 年左右，玛雅人就步入了定点群居时期，从原始的采集、渔猎进入到农耕时期。可以说，农业和定点群居孕育出了璀璨的玛雅文明。公元 10 世纪后，势力强盛的托尔特克人后裔从墨西哥侵入尤卡坦半岛，玛雅文化与托尔特克文化发生了巨大的融合，奇琴伊查发展到了一个新的高度。此后，奇琴伊查居民修建了许多更加雄伟的神庙和大型金字塔，在天文和历法方面也有了长足的发展。奇琴伊查人的历法的精确程度远高于同时期的欧洲人，他们会推算月亮、金星和其他行星运行的周期，以及日食发生的时间。

## 智慧与信仰相结合的建筑

库库尔坎金字塔高约 30 米，四周环绕 91 级台阶，加起来一共 364 级台阶，再加上塔顶的羽蛇神庙，共有 365 阶，象征了一年中的 365 天。这座古老的建筑在建造之前，经过了精心的几何设计，它所表达出的精确度和玄妙而充满戏剧性的效果，令后人叹为观止：每年春分和秋分两天的日落时分，北面一组台阶的边墙会在阳光照射下形成弯弯曲曲的七段等腰三角形，连同底部雕刻的蛇头，宛若一条巨蛇从塔顶向大地游动，象征着羽蛇神在春分时苏醒，爬出庙宇。每一次，这个幻象持续整整 3 小时 22 分，

分秒不差。这个神秘景观被称为“光影蛇形”。

除了神秘景观“光影蛇形”之外，库库尔坎金字塔还有一个不解之谜：如果有人站在主阶梯前拍手，在金字塔顶端便会听到一声沉闷的回音，听起来像鹰的叫声。这种鹰的叫声被视为天空中神的声音。玛雅人认为，通过这种方法，可以使居住在地上的人和居住在天上的神进行沟通。这种奇异的现象更为这座金字塔增添了神秘的气息。

库库尔坎金字塔是玛雅人对其掌握的建筑几何知识的绝妙展示，而金字塔旁边的天文台，更是把这种高超的几何和天文知识表现得淋漓尽致。这个天文观象台在内部有螺旋形的梯道和回廊，屋顶也呈半圆形状。天文台高 16 米，是迄今为止在玛雅文明遗址中发现的唯一圆形建筑物。它建在两层高大的平台上，四周视野辽阔，不失为进行天文观测的好位置。



天文台的设计者充分了解观测的条件和需要，使塔内厚墙在观测室内形成的窗口连线也变成为观测季节的好方法。更奇妙的是，螺旋天文台的一些观测窗口，经过科学家研究，发现它们面对的观察点竟然是肉眼无法看到的天王星和海王星。可以说观象台本身就是一架精心设计的天文仪器。

在库库尔坎金字塔的右下方有一片廊柱，占地 140—150 平方米，列柱如林，被称为“千柱群”。当时玛雅人用石柱支撑起一个木头楼宇，但他们并不知道这种建筑方式的弊端。随着时间的推移，木头腐烂殆尽，只留下孤零零的石柱。在这些石头柱子上，人们能够欣赏到无数士兵的威武形象，他们手执重型武器，身上挂满饰物。从现在遗留下来的情况已看不到石柱当年所承载的建筑模样，但从这庞大的占地面积中，不难想象它们当年支撑着多么大的一片建筑物。

“千柱群”所环绕的是著名的战士神庙，又称武士庙，建于一个较矮的金字塔上，顶部已经消失。在武士庙的入口处，有一个托尔特克典型的圆雕作品，这就是“恰克摩尔像”，像高 66 厘米，雕像姿势非常奇怪，平卧地上，但上身仰起，双腿上屈，脸面侧视，双手置胸前，合捧一盒，臂上带有钏，肚子则像一个容器。恰克摩尔是托尔特克人崇拜的神，他的形象大量出现在托尔特克人的雕塑作品中。这些雕塑的作用据考证是用于祭祀，腹部的容器就是装贡品的。他们的胸前大都有蝴蝶状装饰，样式固定，但随着其附带物的不同而用于不同的神的祭祀。奇琴伊查的这尊恰克摩尔是当时大量同类雕像中现在保存比较完整的一个，是人们研究古代托尔特克人的重要史料。

神庙中有一座长方形的石桌是解剖活人祭品的祭台，支撑祭台的雕像是顶天立地者阿特兰登欧。活祭是玛雅人最悲壮的祭祀活动，祭品包括战俘、奴隶和平民百姓。祭司们把“祭品”放到平台上，主祭人员用石刀剖开活人的胸膛，并迅速取出心脏，放到神使恰克摩尔手中的圆盘上，再由恰克摩尔把它献给玛雅的主神太阳神。

与祭祀有关的建筑还有战士神庙正面的奇琴伊查大球场，球场长163米，宽67米，两侧分别是贵族和祭司观看球赛的坐席。比赛的主要目的是占卜和祭祀，通常是对新一年的年景和庄稼的收成进行预测。当时的人们相信，比赛越是白热化，就越有可能下雨，获得丰收。因此，这种比赛被看作是神圣的宗教活动，参加人员都经过严格挑选。球赛分成两个队，每队7个人，由一名队长和6名队员组成。比赛前祭司首领在没有任何人知道的情况下，暗中赋予两个队不同的含义，一个代表好运，另一个代表厄运。如果最终好运战胜了厄运，一切皆大欢喜；如果厄运战胜了好运，代表厄运的这支球队的队长将被处死祭神，以此表示战胜邪恶力量。球场侧面墙上装饰的浮雕显示，比赛失败者往往被作为献祭品，祭拜神灵。



奇琴伊查城里还有两口直径约60米的天然大水井。居民们将其中的一口水井用于饮水和灌溉农田，而把另一口水井奉为“圣泉”，用来祭祀雨神。1909年一位美国人对这口“圣井”进行了发掘，在里面发现了许多金器和玉器，还找到了一批尸骨，那些是传说中祭祀用的宝物以及作为牺牲祭品的少女骸骨。

## 复活节岛古文化——谜一样的岛屿文化

（约公元1200—约公元1400年）

### 文化概况与影响

复活节岛文化是智利复活节岛上的古代文化。著名的复活节岛在距离南美大陆3700公里的南太平洋中，在南纬28度和西经108度交会点附近，离太平洋上其他岛屿距离也很远，是一个美丽而神秘的孤岛。它面积只有117平方公里，人口不过1400人。

这个岛的首先发现者是英国航海家爱德华·戴维斯，当他在1686年第一次登上这个小岛时，发现这里一片荒凉，但有许多巨大的石像竖在那里，戴维斯感到十分惊奇，于是他把这个岛称为“悲惨与奇怪的土地”。1722年4月5日，荷兰海军上将雅各布·罗格文航行经过这里再次发现了这个岛，因为那天是西方的复活节，于是被命名为“复活节岛”，这个小岛的名称就这样沿用了下来。

在西方人未到这个岛上之前，这里还处于人类的石器时代，岛上土著居民约2000人，都属波利尼西亚人种，称这个小岛是“世界的中心”，他们只有语言，没有文字。因为岛上都是石块，不长农作物，只能种些易生长的甘薯。岛民靠捕鱼、种少数甘薯为生。

岛上耸立着一个个巨大的石像，奇怪的姿态和阴沉的眼神给小岛笼罩了深厚的神秘气氛，其所涵盖的文化意义令无数学者所热衷。这些高达9米，重约30吨的神像是用巨石凿刻而成的人头像，长耳朵，短前额，大鼻子，面色凝重，表情十分严肃，令人望而生畏。

除去巨大的石像之外，岛上还有许多的祭坛，已发现的有300座。有的祭坛之上竖立着巨石像。祭坛样式众多，最多的是一种窄长石台，两边都有侧翼。此外，还有其他一些石建筑物，如祭师居室、祭祀场等。

## 巨石人像及其传说

该岛之所以著名，主要是这里有巨石人像，当地人称呼石雕像为“莫艾”。这里巨石人像的数量之多也是惊人的，仅一处海滩就达40多个，而在拉诺·拉拉古山的一面斜坡上竟多达300个。它们有的并靠在一起，更多的是隔50米左右一个个地散立着，总数约有440个。此外，在拉诺—洛拉科火山口的碎石堆

复活节岛巨石人像头部

里，还躺着150尊未完成的雕像。这里还有石锛、石斧和石凿等石质工具，显然这就是这些石像的原始雕刻工具。

但无论是完工的还是未完工的石像，它们没有一尊带有喜悦的神态，大都或忧郁，或冷漠，或沉思。

石像的雕刻原因至今还是一个谜，石像的雕刻方法也是一个谜。令人们百思而不得其解的是：复活节岛上没有金属矿石，也没有机械的运载工具，岛民是如何运送这些雕像，又如何将它们直立起来的？这些石雕像究竟代表什么？代表神灵，还是代表他们的祖先？它们又为何凝望着远方的大海？雕像对此却始终缄默不语。

对于这些不解之谜，一种说法是这些石像是岛上人雕刻的，他们是岛上土著人崇拜的神或是已死去的各个酋长、被岛民神化了的祖先，同意这种说法的人比较多。但是有一部分专家认为，石像的高鼻、薄嘴唇是白种人的典型相貌，而岛上的居民是波利尼西亚人，他们的长相没有这个特征。

雕塑是一种艺术，总会蕴含着那个民族的特征，而这些石像的造型，并无波利尼西亚人的特征。那么，它们就不会是现在岛上居民波利尼西亚人的祖先，这些雕像也就不可能是他们制作的。此外，人们从另一个角度分析，岛上的人很难用那时的原始石器工具来完成这么大的雕刻工程。有人测算过，在2000年前，这个岛上可提供的食物最多只能养活2000人，在生产力非常低的石器时代，他们必须每天勤奋地去寻觅食物才能勉强养活自己，哪里有时间去做这些雕刻呢？况且，这种石雕像艺术性很高。即使是现代人，也不是每个人都能干得了的，谁又能相信，石器时代的波利尼西亚人个个都是擅于雕刻的艺术家呢？

还有一种说法是，石像不是岛上人雕刻的，而是比地球上更文明的外星人来制作的。他们为了某种目的和要求，选择这个太平洋上的孤岛，建了这些石像。这种说法太为离奇。为雕刻这些石像，岛上丢弃了许多用钝了的石器工具，谁会相信比地球人更文明的外星人，会用这些原始的石器工具来完成这批雕像作品呢？

那么为什么山上还有几百个未完工的石像呢？为什么没有把它们雕刻完毕就放弃在那里呢？有专家们分析说，这可能是因为在雕凿中遇到了坚硬的岩石，无法继续雕凿下去而放弃的。因此，这些未刻完的石像，不是遇到什么灾变性事件突然停下的，而是在雕制过程中逐步被放弃的。其中一个最大的石像，高 20 多米，是复活节岛所见石像中最大的一个，因为未完工，现仍躺在山上的岩石上。可是岩石学家并不完全同意这种看法。他们解释说：也可能雕刻石像的人花费了很大的劳力和时间，把石像雕成并竖立了起来，却又被地震震倒了，再竖起新雕的，又被震倒了。雕刻的人认为这是上天或神的惩罚，不让他们再干下去，因此都停了下来。

复活节岛上成排的巨石人像

总之，有关复活节岛的石人像，种种说法很多。近 200 年来，许多专家学者们，一代代地对复活节岛进行了深入的研究，他们做了大量的工作，付出了辛勤的劳动。但是直到今天，还没有得出一个使大家信服的、科学而又圆满的解释。



## 众多的未解之谜

复活节岛上的未解之谜还不止这些巨石像。1806 年，一位名叫艾德劳的法国修士在岛上发现了一种刻有文字的木板，并发现当地居民把这种木板当柴烧。这种木板现已留下不多，仅有 21 块。木板上刻着的是一种表意文字，有的像人，有的像鸟，有的像船桨，有的像祭坛……还有的就是几何图形。这些文字是了解岛上居民历史的可贵材料，但文字的内容至今无人破解。

另外，在复活节岛南部的圣城奥朗戈还发现了 4300 多幅岩画作品。作品内容丰富，具有高超的艺术表现力。另外还发现了科哈乌朗戈朗戈条板，上面刻有祭祀人鸟用的象形文字，这些文字如同天书一般，至今还没有人能解读。

多数考古学家和历史学家认为，复活节岛上延续至今的土著居民——玻利尼西亚人，是在公元 12 世纪左右定居于岛上的。相传这部分最早的土著居民是乘着木筏，凭借着玻利尼西亚人高超的航海技术，从岛的西北面 3700 千米以外的太平洋岛屿马克萨斯群岛迁移过来的。

但自从人们在复活节岛上发现了刻有表意文字的硬木书板和石像后，这一认识又有了改观，因为历史学界公认的一个事实是，玻利尼西亚人从未有过书写文字的表达形式。因此，复活节岛的最初移民或许是来自有过文字历史的某个其他民族。在秘鲁维拉科察一地发现的石刻人像，其面貌特征与复活节岛上的石刻人像惊人地相似。一些考古学家由此断定：复活节岛的最早居民和岛上巨石人像的创造者是秘鲁人。这两种观点至今仍在争论不休。

## 附　录

**美洲地区比较著名的文化还有：**洛斯马诺斯文化（阿根廷，约公元前1万—约公元1000年）、萨迈帕塔文化（玻利维亚，约公元1400年）、铁拉登特罗文化（哥伦比亚，约公元600—约公元.1000年）、卡塔赫纳文化（哥伦比亚，约公元1400年）、圣奥古斯丁文化（哥伦比亚，约公元前后—约公元800年）、霍亚—德赛伦文化（萨尔瓦多，约公元1400年）、基里瓜文化（危地马拉，约公元200—约公元1000年）、科潘文化（洪都拉斯，约公元前300—约公元1000年）、帕伦克文化（墨西哥，约公元600年）、埃尔塔欣文化（墨西哥，约公元前后—约公元900年）、霍奇卡尔科文化（墨西哥，约公元600—约公元900年）、乌斯马尔文化（墨西哥，约公元700—约公元900年）、萨巴特克文化（墨西哥，约公元300—约公元600年）、米斯特克文化（墨西哥，约公元700—约公元1500年）、帕魁姆文化（墨西哥，距今年代不详）、卡拉科姆鲁文化（墨西哥，距今年代不详）、昌昌城文化（秘鲁，约公元1200—约公元1500年）、梅萨沃德文化（美国，约公元前600—约公元700年）、卡俄基亚文化（美国，约公元700—约公元1300年）等。

# 五、大洋洲地区



## 澳大利亚古文化——澳洲土著人的杰作

（约公元前 2.8 万年）

### 文化概况与影响

澳大利亚古文化是指由澳洲土著人在古代创造的文化，这种文化始于数万年前，从古人类来到澳洲大陆就开始了，即使西方人到来之后，它们仍没改变。

澳大利亚所发现的人类化石都属于现代智人，年代最早的也有 3 万多年，因此估计人类最早到达澳洲的时间不会早于 5 万年前。

2006 年，澳大利亚新南威尔士西南部的“蒙哥国家公园”发现了数百只远古人类脚印，这是迄今为止澳大利亚发现的最古老的人类脚印，也是目前世界上最大的同类远古人类脚印群。

研究人员称，留下这些脚印的远古人类生活在距今 2 万年左右，他们当中有孩子、有青少年，也有成年人，他们在威兰德拉湖附近的湿粘土区奔跑或行走时留下了这些脚印。仔细辨别可以发现，他们当中有的人好像正在打猎，有一个非常高的人正在以大约每小时 20 公里的速度奔跑。脚印留在含有碳酸钙的粘土中，最终变得像混凝土一样坚硬。



第一个发现这些远古人类脚印的是当地的穆提穆提人，她的名字叫玛丽一帕品。2 年后，邦德大学的史蒂夫·韦布带领一个小组找到了另外 450 多处远古人类脚印。

澳大利亚发现的最古老的人类遗体、大约死于 4 万年前的“蒙哥夫人”和“蒙哥先生”也是在同一地区发现的。

澳大利亚发现的人类化石明显地分为两种类型。一类骨骼粗壮、身材魁梧，例如科萨克人、塔尔盖人、莫斯吉尔人、科阿沼泽人等；另一类骨骼较为轻巧、身材较为纤细，例如凯洛人、芒戈湖人等。他们的文化也不一样。

这些骨骼粗壮的类型与爪哇发现的直立人及早期智人（昂栋人）在形态上有明显的相似性；另一方面，那些骨骼轻巧纤细的类型则与中国柳江人在头骨上有明显相似的性状，显示他们之间存在一定的亲缘关系。此外，爪哇全新世的瓦贾克人类头骨、菲律宾塔邦洞发现的人类头骨化石，以及加里曼丹的尼亚头骨和新几内亚的艾塔普头骨，都表现出一方面与澳大利亚土著人相似、另一方面又和中国晚期智人所代表的原始黄种人相似的性状。



许多学者在分析了上面这些情况，尤其是澳大利亚两类不同的古人类化石的地理分布后相信，人类从亚洲向澳大利亚散布时曾经发生过两次互不相关的迁徙：一次是南路，一批来自东南亚的骨骼粗大身材魁梧的人从爪哇经过蒂汶迁入澳大利亚的西北部，然后沿其西海岸南下；另一次是北路，一批来自华南的骨骼轻巧身材纤细的人经过印度支那、加里曼丹和新几内亚迁入澳大利亚的东北部，然后沿其东海岸南下，其中的一部分还经过陆桥迁到塔斯马尼亚。后来，这两批来源不同的人群互相混居杂交，结果产生了现代澳洲土著人，他们的形态介于这两种祖先类型之间。

创造澳大利亚古代文化的澳洲土著部落是一个善良、温顺的部落，他们世世代代居住在地球南端，就是在这种与大自然抗争的漫长过程中，他们独立地创造了自己的文化。澳洲的土著文学一般也是靠口头相传的方式而保存，通常有神话传说、歌谣、咒词和童话等。其主题多关注人对生与死、自然环境与精神意念的理解与思考。他们主要喜欢咏唱歌谣，神话传说也多为诗体散文。

澳洲土著人的音乐和舞蹈也别具特色。他们的音乐一般以歌唱为主，通常由歌咏者和伴奏者代代相传的方式流传下来。乐器主要有一种硕大的迪杰勒度竹笛和一些打击乐器组成。一般说来，土著人没有乐器协奏和独奏的表演方式，他们对乐理几乎一窍不通，但却有强烈的节奏感。

## 生产生活与人文特色

1770年，英国航海家库克船长到达澳大利亚东海岸的时候，澳洲土著人还不知衣服为何物，几乎终年裸体，有时或以树叶遮体，或以兽皮裹腰。但他们却有很多装饰品，比如：羽毛、贝壳、花束、草冠、石制或贝壳制的项链和手镯等。

从他们以狩猎和采集为主的经济模式和生产工具来看，这时期的澳洲土著部落还处在原始社会的落后状态。他们没有农业和畜牧业，过着边走边打猎和采集野果的生活，但也只是用木棍和石块进行狩猎和采集，只靠采集野果就能填饱肚子，也不驯养家禽。他们猎旱龟、蜥蜴、蛇、鸸鹋、袋鼠等等。他们的生产工具有石器、木器；捕鱼及盛物用的纤维编制物，如鱼网、网袋等；缝补用的骨针和钓鱼用的骨制鱼钩等等。他们对植物的特性了解很深，用现代人的观点来看，他们个个都是生物学家。有人曾深入昆士兰州土著人群落，发现他们食用241种植物的根、茎、叶、花、果、籽，并能利用24种毒草投入水中毒鱼。

他们不但了解植物，对动物也很了解。他们懂得吃蚂蚁蜜来强身，并在夏天用清水泡蚂蚁制作出一种清凉可口带酸味的汽水来解暑。在澳洲中部沙漠地区有种旱蛙，肚中可长期贮藏水，每到干旱季节，他们就杀蛙取水、取肉。并且他们认为自己烧烤的袋鼠肉最好吃，据说他们仅从袋鼠的脚印就知道它的年龄、是否怀孕、是否健康。

因居无定所，只是不停地游荡觅食，故他们的住所也十分简单，通常是搭几个棍子，棚上放些树叶就是房子。但他们知道什么地方可以找到水，什么地方可以找到吃的。他们用木棍敲一敲树干便知道里边有没有水；木棉树开花了，便是鱼汛到了。他们不会造弓箭，却发明了飞去来器，并且早已懂得钻木取火或击石取火，也早已懂得将猎物烤熟或将谷物磨成粉和水揉团烤熟而食之。他们不会制陶，也没有金属制品。

在欧洲移民到达之前，这里的土著部落分散居住在澳洲大陆的大部分地区。每个部落讲一种或几种语言，总共有数百种截然不同的土著语言。在不同地区，他们有不同的生活方式和文化传统。他们善于适应环境，富于创造性，并掌握着简朴而很有效的技术。他们的部落也是一个有组织的系统化社会。从范围上看，澳洲东部、西部和南部的大部分部落多属父系社会，其余地方则多属母系社会。他们对一切生产资料包括领地和劳动工具均实行公有制，只有防身武器归个人所有；所获猎物和食物一般按公社全体享用的原则在氏族成员中进行分配。他们有着自己的部落制度、生活习俗、家庭模式、宗教信仰和文化艺术等。

直至目前，他们仍有 500 多个部落群体，每个部落群体又分成许多股，每股二三十人，各自在自己的地盘活动觅食。他们称自己的地盘为“家园”，每股都严格地守着各自的家园，很少来往，也各不相扰。在他们的意识中，没有国家、法律、军队的概念。在各个小股里，老人拥有相当高的权威，因为他们具有丰富的经验，并且他们往往是几个老人凑在一起就决定了当天的行动。

因自然条件的限制，澳大利亚土著部落的人口增长缓慢。到欧洲殖民者来到之前，澳大利亚土著居民也只有 30 万人；欧洲殖民者到来后，掠夺了不少土著人的土地，并强迫他们改变采集和打猎的生活习惯，使他们人口锐减到 4 万人。一直到今天，他们的人口还没达到原有的水平，只有 20 万人左右。

## 巴布亚古文化——具有独特风俗的文化

（约公元前 8000—约公元 1500 年）

### 部落状况与历史发展

巴布亚古文化是太平洋西部新几内亚岛及其附近岛屿的土著文化。据人类学家考证，公元前 8000 年以前，来自亚洲的狩猎者和农民取道印度尼西亚诸岛来到这里定居，逐渐创造了巴布亚古文化。

在巴布亚湾的遗址内发现的陶器与拉皮塔文化相近，另外还发现有石雕像，建筑结构以木制为主，社会体制处于部落状态。

创造巴布亚古文化的人现被称为巴布亚人。“巴布亚”在马来语中意

为“卷发”，是由岛上居民的卷头发特征而得名。16世纪初，欧洲人数次来到这里。至1545年，这里被西班牙占领，并因其居民的面貌与非洲西海岸的几内亚居民相似，被命名为新几内亚。

巴布亚人过着原始部落生活。他们喜文身和彩面，主要穿草裙，用树叶、树皮、布条和极乐鸟的羽毛等来装饰自己，有些部落的男子还以猪牙、鸟爪等做装饰品挂在鼻子上。

在生产方式上，巴布亚部落长期从事原始农业，盛行刀耕火种。山区的人辅以采集和狩猎，沿海的人则以渔业为主。他们的主要食品是番薯、芋头、沙壳米、椰子和香蕉，还爱吃用蕉叶裹着熏熟的鱼。在烹调方面，他们习惯将食物放在盐水里煮，或是放入油锅里炸熟了吃。

在商品交易上，有些部落使用的是“羽毛货币”。这种货币是用该岛上生长的绮丽小鸟——“绣眼鸟”的羽毛制成。一条“羽毛货币”要用大约300只绣眼鸟的羽毛才能制成。因此，“羽毛货币”又被当地视为一种珍品。故人们常以保存这种“羽币”的多来炫耀自己的家财。

## 奇特的人文风俗

据传说，在巴布亚新几内亚东部中央高地的土著部落里，一直流传着一种对死去亲人致哀的离奇而残酷的习俗：凡家中遇有亲属不幸死亡时，家里的妇人就要砍下一根手指，以向死者致哀。她断指的方法要按当地的传统方式进行：妇人先将手指放在石斧下，另有男子以木棒猛击石斧，将其手指切下。由于每个家庭总会有人去世，所以当地的土著妇女极少有人是十指齐全的。

巴布亚部落还有一种家族间的送礼习俗。每隔几年，他们都要举行一次送礼节。礼品多以香蕉、甘蔗、山药、芋头、玉米、蔬菜等为主。节前，他们要把这些东西扎成小包裹，写好送礼人和收礼人的姓名，然后堆放一起。被邀请来的收礼人手持弓箭、长矛等，先围着礼品边歌边舞，然后做出一种进攻的姿势，最后才点名送礼。每送一份，人们都要用喊声来表示祝贺。

巴布亚部落的人十分喜欢猪，有的部族酋长为了表示对猪的崇敬，会在自己的鼻子上挖洞将野猪的爪尖嵌进去；有的酋长还把野猪的睾丸串起来，戴在手腕上，以表示对猪的信仰和显示力量；有的部族的人还把用木炭和猪油制作的化妆墨涂抹在脸上，借以表现他具有不辱祖先的勇武。

他们忌讳“13”这个数。把“13”看成是不吉利的数字，认为会给人们带来厄运和灾难。在有些部落中，男子是绝不能提举笨重东西的，否则将被视为莫大的耻辱，就是在与女人同行时一般也不例外。如果一个男人被人发现肩负重物，他的妻子就可能遭受惩罚。据说古代时甚至有因这种行为而丢掉脑袋的危险。

## 毛利古文化——大洋上的独特文化

（约公元 1000 年）

### 文化概况与影响

毛利古文化是新西兰地区的毛利人创造的文化，约开始于 1000 年前。欧洲人到达这里之后，他们的文化仍得以继续。

毛利人是奥特亚罗瓦（纽西兰）的原住民，一直以来毛利人几乎全部生活在太平洋中的岛屿上，是大洋上的弄潮儿。约在 1000 年前，他们由太平洋中部诸岛和波利尼西亚中部的社会群岛乘木筏迁徙至新西兰，他们在传说中称故乡为哈瓦基，来到新西兰后开始定居，渐渐遍布新西兰南北二岛。



首次发现新西兰的是探险家库克船长，他将这块新发现的土地命名为“阿奥特亚罗瓦”，意思是“生长白云的地方”。他和水手们发现了早就生活在这里的毛利部落，此后这一部落才为世人所知。

毛利文化是十分丰富与多元的文化，包括传统与现代的艺术品。传统艺术品如雕刻、编织、卡帕哈卡（团体表演）、怀科雷罗（装饰）与摩科（刺青），流传于整个新西兰。毛利艺师则延续着提普那（祖先）的足迹，模仿数百年来的技术，也发展出令人叫绝的新技艺。

毛利文化是一种充满故事和传说的口头文化。根据毛利的创世说，原为一起的天父和地母被子女们活生生地分开之后，才有了天地之分。很多毛利人的雕刻与艺术作品都形象地描述了这场争斗过程。

毛利人是天生的艺术家，尤其对音乐和舞蹈有独到之处。木雕也表现了毛利的文化特征，无论是独木舟上的雕刻，城塞村入口处的雕刻，集会场所前面及周围的雕刻，皆充分显示了毛利人将雕刻艺术已融入到日常生活中。毛利人石雕手艺也不错，最著名的是在新西兰绿石上雕刻的提基神像，该绿石还被毛利人视为护身符使用。

19世纪初英国人入侵新西兰之前，毛利人约有20多万人，分为50个部落，奥克兰是毛利人的聚集中心，有部落联盟。这时的原始公社开始解体，阶级分化也很明显，社会以父系大家族公社为单位，有的开始向大家庭过渡。在部落制度上，毛利人采用夏威夷式亲属制度，即伯叔父与生父同一称呼，伯叔母和生母同一称呼，侄甥与儿女同一称呼。

## 生产生活和人文特色

毛利人的社会是一个建立在血缘关系和土地占有基础上的部族社会。人们有着严格的社会分工，每个人做些什么事，都有明确的规定。比如：男人种地，收粮食；女人则做饭，编织用具，纺线织布。毛利人对自己的家族历史也很重视，他们从不忘记下自己的族谱。由他们的族谱看，从他们到新西兰后，至今已有20多代。

古代毛利人以农业为主，实行刀耕火种；部分人从事渔猎和采集，手工业很发达。

毛利人对族人聚首的时刻，如葬礼尤为重视，分散各地的家人都珍惜这一会面的难得时刻。他们认为人一旦离世，便会与祖先会合，并凭着他们赐给的力量，赋予子孙精神力量与指引。

据说毛利人宗教的最大特点就是崇拜首领，他们把首领当作神。不仅首领本人不许别人随便接近，就是他住的房子、用的东西，包括吃的食品，普通人也不能动，要是谁动了，就要被处死。毛利人大都信奉原始的多神教。

毛利人极重视他们的传家宝物，如权杖、绿玉项链等，深信它们蕴藏着祖先的灵气。他们会将这些家传之宝传给世代子孙。过去，毛利人与他们居住的环境有极密切的关系，创造及流传着许多相关的神话传说，如森林之神、大海之神等，它们通过传统歌曲舞蹈的形式流传坊间，成为毛利文化不可或缺的一部分。

毛利人还喜欢文身，文身不仅是毛利人的一种装饰，同时也是地位的象征。男人可以在脸部、身体和臀部刺花纹，女人只能在嘴唇或鄂部刺花纹。据说，毛利人文身时很痛苦，先是用一把小刀子切割刺纹的部位，然后用煤渣摩擦伤口，使之产生刺纹。

## 附　　录

**大洋洲地区比较著名的文化还有：**蒙戈湖文化（澳大利亚，约公元前3.8万年）、威兰德拉湖文化（澳大利亚，约公元前2.8万—1.6万年）、卡卡杜文化（澳大利亚，约公元前1.8万年）、麦夸里岛文化（澳大利亚，约公元前2.3万—8000年）、库纳尔达文化（澳大利亚，约公元前1.8万年）、艾塔普文化（巴布亚新几内亚，约公元前8000年）、卢塞文化（新西兰，约公元1500年）等。

# 附　录

## 中国古文化时间表

泥河湾文化：约公元前 200 万—约前 8000 年
西侯渡文化：约公元前 180 万年
蓝田文化：约公元前 100 万—约前 60 万年
周口店文化：约公元前 70 万—约前 1.6 万年
大窑文化：约公元前 70 万—约前 8000 年
庙后山文化：约公元前 40 万年
万寿岩文化：约公元前 18 万年
丁村文化：约公元前 15 万—约前 10 万年
富源大河文化：约公元前 3.8 万年
柿子滩文化：约公元前 1.8 万—约前 5000 年
打耳窝崖厦文化：约公元前 1.3 万年
仙人洞文化：约公元前 1.2 万—约前 7000 年
甑皮岩文化：约公元前 1 万—约前 5000 年
大坌坑文化：约公元前 8000 年
长岗子文化：约公元前 8000—约公元 1300 年
罗布淖尔文化：约公元前 8000 年
玉水坪文化：约公元前 8000 年
东胡林文化：约公元前 8000—约前 6000 年

北辛文化：约公元前6400—约前5300年
后李文化：约公元前6200—约前5800年
兴隆洼文化：约公元前6000—约前5500年
郭村文化：约公元前6000—约公元前后
小客龙山文化：约公元前6000年
磁山文化：约公元前6000—约前5600年
北福地文化：约公元前6000—约前5000年
高庙文化：约公元前6000—约前3500年
跨湖桥文化：约公元前6000年
柴窝堡文化：约公元前6000—约前1000年
昂昂溪文化：约公元前5500年
青莲岗文化：约公元前5400—约前4400年
新乐文化：约公元前5200年
罗家角文化：约公元前5100年
河姆渡文化：约公元前5000—约前4000年
马家浜文化：约公元前5000—约前4000年
下汤文化：约公元前5000—约前4000年
双墩文化：约公元前5000年
彭祖墩文化：约公元前5000—约公元前后
赵宝沟文化：约公元前5000年
乌帕尔文化：约公元前5000年
大理巍山文化：约公元前5000—约前2000年
骆驼墩文化：约公元前5000—约公元前后
上宅文化：约公元前5000—约公元1200年
仰韶文化：约公元前4950—约前2950年
半坡文化：约公元前4800—约前4300年
姜寨文化：约公元前4600年
大溪文化：约公元前4400—约前3300年
大汶口文化：约公元前4300—约前2500年
红山文化：约公元前4000—约前3000年
米家崖文化：约公元前4000—约前3000年
三里河文化：约公元前4000—约前2000年

康家文化：约公元前 4000—约前 2000 年
后冈文化：约公元前 4000—约前 1000 年
庙底沟文化：约公元前 4000 年
西水坡文化：约公元前 4000—约前 500 年
雪山文化：约公元前 4000—约前 2000 年
城头山文化：约公元前 4000—约前 2800 年
马岙文化：约公元前 4000 年
磨嘴子文化：约公元前 4000—约公元 200 年
杨汛桥文化：约公元前 4000—约公元 1000 年
薛家岗文化：约公元前 4000—约公元 1000 年
辽瓦店子文化：约公元前 4000—约公元 1000 年
三合潭文化：约公元前 4000—约公元 800 年
崧泽文化：约公元前 3800—约前 2900 年
昙石山文化：约公元前 3500—约前 2000 年
良渚文化：约公元前 3300—约前 2000 年
青龙泉文化：约公元前 3200—约前 2400 年
马家窑文化：约公元前 3000—约前 2000 年
卡若文化：约公元前 3000—约前 2000 年
苍山文化：约公元前 3000 年
北阳平文化：约公元前 3000 年
广富林文化：约公元前 3000—约前 500 年
屈家岭文化：约公元前 3000 年
福泉山文化：约公元前 3000—约公元前后
居延文化：约公元前 3000—约公元 1000 年
凌滩文化：约公元前 3000 年
龙山文化：约公元前 2900—约前 2100 年
三星堆文化：约公元前 2800—约前 800 年
山背文化：约公元前 2800 年
石家河文化：约公元前 2600—约公元前后
罗家坝文化：约公元前 2500—约公元前后
哈巴湖文化：约公元前 2500 年
好川文化：约公元前 2200—约前 1700 年

齐家文化：约公元前 2200 年
二里头文化：约公元前 2100—约前 1700 年
客省庄文化：约公元前 2000 年
圆山文化：约公元前 2000—约前 1500 年
马厂文化：约公元前 2000 年
火烧沟文化：约公元前 2000 年
金沙文化：约公元前 2000—约前 400 年
曲贡文化：约公元前 2000 年
昭通文化：约公元前 2000 年
辛店文化：约公元前 1400—约前 800 年
殷墟文化：约公元前 1200 年
杜辛庄文化：约公元前 1200 年
高官庄文化：约公元前 1200—约前 400 年
屋背岭文化：约公元前 1000 年
船形山文化：约公元前 1000 年
卡约文化：约公元前 1000 年
昌果沟文化：约公元前 1000 年
诺木洪文化：约公元前 900 年
戚家墩文化：约公元前 700—约公元前后
深田湾文化：约公元前 500 年
楼兰文化：约公元前 200—约公元 770 年
尼雅文化：约公元前 2000—约公元 300 年
赫章可乐文化：约公元前后

## 世界古文化时间表

阿舍利文化：约公元前 150 万年
克拉克当文化：约公元前 80 万—约前 30 万年
勒瓦娄哇文化：约公元前 30 万—约前 8000 年
莫斯特文化：约公元前 15 万—约前 2.8 万年

尼安德特文化：约公元前 10 万—约前 2.2 万年
阿布维利文化：约公元前 3.8 万—约前 1.8 万年
岩宿文化：约公元前 3.8 万年
奥瑞纳文化：约公元前 3.2 万—约前 2.7 万年
大兽猎人文化：约公元前 2.8 万—约前 6000 年
澳大利亚古文化：约公元前 2.8 万年
梭鲁特文化：约公元前 1.9 万—约前 1.6 万年
塔邦洞文化：约公元前 2 万—约公元 1000 年
马格德林文化：约公元前 1.5 万—约前 9500 年
纳图夫文化：约公元前 1 万—约前 8000 年
塔德努瓦文化：约公元前 1 万年
阿齐尔文化：约公元前 8000—约前 6000 年
贝达文化：约公元前 8000—约前 3000 年
巴布亚古文化：约公元前 8000—约公元 1500 年
耶莫文化：约公元前 7000—约前 5800 年
绳纹文化：约公元前 6500—约前 200 年
苏撒文化：约公元前 6000 年
哈苏纳文化：约公元前 6000—约前 2000 年
砍斫器—刮削器文化：约公元前 6000—约前 5000 年
萨迈拉文化：约公元前 6000—约前 5000 年
基罗基蒂亚文化：约公元前 6000—约前 5000 年
卡拉诺沃文化：约公元前 6000—约前 2000 年
布格河—德涅斯特河文化：约公元前 5500—约前 4000 年
印纹陶文化：约公元前 5400—约前 3700 年
哈拉夫文化：约公元前 5000—约前 4300 年
巴达里文化：约公元前 4500—约前 4000 年
线纹陶文化：约公元前 4500—约前 3300 年
温查文化：约公元前 4500—约前 3000 年
欧贝德文化：约公元前 4300—约前 3500 年
乌鲁克文化：约公元前 4000—约前 3100 年
涅伽达文化：约公元前 4000—约前 3000 年
苏美尔文化：约公元前 4000—约前 3000 年

特里波利耶—库库泰尼文化：约公元前 4000—约前 3000 年
迪米尼文化：约公元前 4000—约前 2800 年
埃勃拉文化：约公元前 4000—约前 1600 年
小窝一篦纹陶文化：约公元前 4000—约前 1500 年
耶拉孔波利斯文化：约公元前 3200—约前 1000 年
杰姆代特奈斯尔文化：约公元前 3100—约前 2900 年
孟斐斯文化：约公元前 3100—约前 1000 年
阿拜多斯文化：约公元前 3100—约前 1000 年
埃利都文化：约公元前 3000—约前 2000 年
哈拉巴文化：约公元前 3000—约前 1700 年
摩亨佐·达罗文化：约公元前 2500—约前 1500 年
纳马兹加文化：约公元前 2500 年—约前 1500 年
基克拉泽斯文化：约公元前 2500—约前 1500 年
米诺斯文化：约公元前 2500—约前 1450 年
特洛伊文化：约公元前 2500—约公元 400 年
安诺文化：约公元前 2300—约前 1700 年
安德罗诺沃文化：约公元前 2000—约前 1000 年
腓尼基文化：约公元前 2000—约前 700 年
班清文化：约公元前 2000—约前 200 年
底比斯文化：约公元前 2000—约前 670 年
迈锡尼文化：约公元前 1500—约前 800 年
色雷斯文化：约公元前 1500—约公元 700 年
奥尔梅克文化：约公元前 1200—约前 400 年
哈马丹文化：约公元前 1000—约公元 1000 年
迦太基文化：约公元前 800—约公元 400 年
托尔特克文化：约公元前 800—约公元 900 年
斯基泰文化：约公元前 700—约公元 300 年
东山文化：约公元前 600—约公元前后
阿克苏姆文化：约公元前 600—约公元 700 年
庞贝文化：约公元前 600—公元 79 年
玛雅文化：约公元前 500—约公元 300 年
特奥蒂瓦坎文化：约公元前 500—约公元 1000 年

纳斯卡文化：约公元前 200—约公元 600 年
阿兹特克文化：约公元前 200—约公元 650 年
帕恰卡马克文化：约公元前 200—约公元 1500 年
蒂华纳科文化：约公元前后—约公元 1600 年
印加文化：约公元前后—约公元 1600 年
奇琴伊查文化：约公元 400—约公元 1500 年
大津巴布韦文化：约公元 800—约公元 1500 年
吴哥文化：约公元 1000—约公元 1300 年
毛利古文化：约公元 1000 年
复活节岛古文化：约公元 1200—约公元 1400 年
锡诺亚洞文化：距今时间不详

# 参考文献

1. 夏鼐著:《中国文明的起源》,北京文物出版社,1985 年。

2. 庄锡昌著:《世界文化史通论》,浙江人民出版社,1989 年。

3. 瞿林东、白寿彝主编:《中国通史纲要》,河南大学出版社,2001 年。

4. 王幼平编著:《中国远古人类文化的源流》,科学出版社,2005 年。

5. 费孝通著:《中国古代玉器和传统文化》,北京大学出版社,2001 年。

6. 张之恒、吴建民著:《中国旧石器时代文化》,南京大学出版社,1991 年。

7. 张之恒著:《中国新石器时代文化》,南京大学出版社,1992 年。

8. 张广智主编:《世界文化史》(古代卷),浙江人民出版社,1999 年。

9. 张广智、张广勇著:《史学,文化中的文化》,浙江人民出版社,1990 年。

10. 张之恒、周裕兴著:《夏商周考古》,南京大学出版社,1995 年。

11. 查瑞珍编著:《战国秦汉考古》,南京大学出版社,1990 年。

12. 王江复编著:《远古文明的沉浮》,甘肃科技出版社,2000 年。

13. 傅广典著:《远古人类遗存之发现》,大众文艺出版社,2003 年。

14. 田昌五著:《中华文化起源志》,上海人民出版社,1998 年。

15. 王恩田编著:《陶文图录》,齐鲁书社,2006 年。

16. 王春来主编:《世界远古文明之谜》,文汇出版社,2004 年。

17. 乔健主编:《社会学、人类学在中国的发展》,香港中文大学出版社,1998 年。

18. 陈钦庄、詹天祥、计翔翔著：《世界文明史简编》，浙江大学出版社，2000 年。

19. 生昌义，朱明编著：《史前文明之谜》，远方出版社，2005 年。

20. 吕振羽著：《史前期中国社会研究》，北京人文书店，1934 年。

21. 黄慰文著：《石器时代人类对工具原料的选择和打制》，中华书局，1999 年。

22. 贾兰坡著：《骨骼人类学纲要》，北京商务印书馆，1954 年。

23. 贾兰坡著：《中国大陆上的远古居民》，天津人民出版社，1987 年。

24. 贾兰坡著：《旧石器时代考古论文选》，北京物物出版社，1983 年。

25. 刘文鹏主编：《古代埃及史》，商务印书馆，2000 年。

26. 刘文鹏主编：《古代西亚北非文明》，中国社会科学出版社，1999 年。

27. 吴汝康著：《古人类学》，北京文物出版社，1989 年。

28. 吴汝康著：《人类的诞生与进化》，清华大学出版社、暨南大学出版社，2002 年。

29. 吴汝康主编：《人类发展史》，科学出版社，1978 年。

30. 刘德增、孙明良、刘英伟著：《亚细亚文明》，山东教育出版社，1998 年。

31. 陈晓红、毛锐：《失落的文明：巴比伦》，华东师大出版社，2001 年。

32. 尹达著：《中国新石器时代》，北京三联出版社，1995 年。

33. 周一良、吴于廑主编：《世界通史资料选辑》，商务印书馆，1991 年。

34. 苏秉琦主编：《考古文化论集》，北京文物出版社，1987 年。

35. 马雍著：《西域史地文物丛考》，北京文物出版社，1990 年。

36. 邓聪著：《玉器起源的一点认识》，紫禁城出版社，2002 年。

37. 郭瑞海等著：《稻作、陶器和都市的起源》，文物出版社，2000 年。

38. 裴文中著：《旧石器时代之艺术》，商务印书馆，1999 年。

39. 张泽乾著：《法国文明史》，武汉大学出版社，1997 年。

40. 杨学祥著：《印度文化神秘之谜》，解放军文艺出版社，1994 年。

41. 潘光、陈超南、余建华著：《犹太文明》，中国社会科学出版社，1999 年。

42. 朱维之主编：《希伯来文化》，浙江人民出版社，1988 年。

43. 易杰雄、叶盂主编：《欧洲文明的源头》，华夏出版社，2000 年。

44. 于贵信著：《古代罗马史》，吉林大学出版社，1988 年。

45. 中国社会科学院考古研究所编著：《中国考古学》，中国社会科学出版社。

46. 中国大百科全书编委会主编：《中国大百科全书考古卷》，中国大非科全书出版社，1986 年。

47. 董万斋著：《东北史纲要》，黑龙江人民出自动社，1986 年。

48. 米辰峰编：《世界古代史》，中国人民大学出版社，2001 年。

49. 于殿利、郑殿华著：《巴比伦古文化探研》，江西人民出版社，1998 年。

50. 张光直著，印群译：《古代中国考古学》，辽宁教育出版社，2002 年。

51. ［美］佩德利著，李冰清译：《希腊艺术与考古学》，广西师范大学出版社，2005 年。

52. ［美］斯塔夫里阿诺斯著，吴象婴、梁赤民译：《全球通史》上下卷，上海社会科学出版社，1999 年。

53. ［美］菲利普·李·拉尔夫等著，赵丰等译：《世界文明史》上下卷，商务印书馆，1998 年。

54. ［美］菲利普·巴格比著，夏克译：《文化：历史的投影》，上海人民出版社，1987 年。

55. ［美］詹姆斯·亨利·伯利斯坦德著，周作宇等译：《走出蒙昧》，江苏人民出版社，1998 年。

56. ［法］让·雅克·凡伯兰，韦德福译：《史前人类》，浙江教育出版社，1999 年。

57. ［德］思格斯著：《家庭私有制和国家的起源》，人民出版社，1972 年。

58. ［法］让·凡尔库德著，吴岳添译：《古埃及探秘》，上海书店出版社，1998 年。

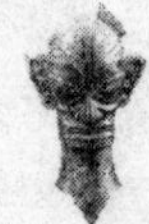


59.［英］麦高文著，章巽译：《中亚古国史》，北京中华书局，1958年。

60.［英］阿诺德·汤因比著，刘北成、郭小凌译：《历史研究》，上海人民出版社，2000年。

61.［英］理查德·利基著，吴汝康、吴新智等译：《人类的起源》，上海科技出版社，1995年。

62.［英］巴里·克姆普著，穆朝娜译：《解剖古埃及》，浙江人民出版社，2000年。

63.［澳］巴沙姆主编，闵光沛等译：《印度文化史》，商务印书馆，1997年。

64.［伊朗］志费尼著，何高济译：《世界征服者史》，内蒙古人民出版社，1981年。

65.［伊朗］拉施特著，余大钧等译：《史集》，北京商务印书馆，1983年。

66.［印］塔帕尔著，林太译：《印度古代文明》，浙江人民出版社，1990年。

**图书在版编目（CIP）数据**

中国世界古文化/刘丰　编著．—北京：时事出版社，2007.7
ISBN 978-7-80232-122-9

Ⅰ．中…　Ⅱ．刘…　Ⅲ．①文化史—中国—古代②文化史—世界—古代
Ⅳ．K203　K12

中国版本图书馆 CIP 数据核字（2007）第 098044 号

出版发行：时事出版社
地　　址：北京市海淀区万寿寺甲 2 号
邮　　编：100081
发行热线：（010）88547590　88547591
读者服务部：（010）88547595
传　　真：（010）68418647
电子邮箱：shishichubanshe@sina. com
网　　址：www. shishishe. com
印　　刷：北京百善印刷厂

---

开本：787×1092　1/16　印张：26 字数：425 千字
2007 年 9 月第 1 版　2007 年 9 月第 1 次印刷
定价：39.80 元